Die Wirkungen der Inflation auf die Einkommens- und Vermögensverteilung

Kommission für wirtschaftlichen
und sozialen Wandel 60

Wolfgang J. Mückl
Richard Hauser

Die Wirkungen der Inflation auf die Einkommens- und Vermögensverteilung

– Zwei Literaturstudien –

Verlag Otto Schwartz & Co., Göttingen

Die Wirkungen der Inflation auf die Einkommens- und Vermögensverteilung

– Zwei Literaturstudien –

Teil A
von
Dr. Wolfgang J. Mückl,
Institut für Angewandte Wirtschaftsforschung, Tübingen

Teil B
von
Prof. Dr. Richard Hauser,
Universität München

mit einem Anhang
von
Dipl.-Volksw. Michael Diefenbach

Verlag Otto Schwartz & Co., Göttingen

ISBN 3-509-00840-5

Druck: Mintzel-Druck, 867 Hof/Saale

Die Bundesregierung hat im Jahre 1971 die Kommission für wirtschaftlichen und sozialen Wandel berufen. Die Kommission ist in ihrer Tätigkeit unabhängig und setzt sich aus Vertretern der Arbeitgeber und Arbeitnehmer sowie der Wissenschaft zusammen. Sie ist beauftragt, die mit dem technischen, wirtschaftlichen und sozialen Wandel zusammenhängenden Auswirkungen und Aufgaben im Hinblick auf eine Weiterentwicklung der Gesellschaftspolitik zu untersuchen und wirtschafts-, sozial- und bildungspolitische Gestaltungsmöglichkeiten aufzuzeigen.

Die Kommission vergibt hierzu Forschungsaufträge. Sie legt hiermit unabhängig von ihrer Stellungnahme das Ergebnis eines Forschungsauftrags vor. Auf Beschluß der Bundesregierung äußert sich die Kommission gegenüber der Öffentlichkeit nur in Form eines Schlußgutachtens.

Teil A

Die Wirkungen der Inflation auf die Einkommens- und Vermögensverteilung

Literaturstudie
von
Dr. Wolfgang J. Mückl,
Institut für Angewandte Wirtschaftsforschung, Tübingen

(Seite 1 - 174)

Vorwort

Mit den in der Bundesrepublik Deutschland in den letzten Jahren registrierten hohen Inflationsraten ist das Problem jener Umverteilungswirkungen wieder aktuell geworden, die von anhaltenden Geldwertverschlechterungen ausgehen können. Ein Blick in die einschlägige Literatur über die Zusammenhänge zwischen Inflation, Einkommens- und Vermögensverteilung fördert mehrere theoretische Erklärungsansätze sowie eine Vielzahl von empirischen Untersuchungen zutage, die hierüber angestellt worden sind. Da diese Untersuchungen teilweise zu voneinander abweichenden Ergebnissen gekommen sind, erscheint eine kritische Literaturanalyse besonders nützlich. Denn sie erleichtert nicht nur die Übersicht über das vorhandene Schrifttum, sondern ermöglicht auch eine Beurteilung der Frage, inwieweit man für den Problembereich der inflationsbedingten Redistributionseffekte überhaupt mit einem Bestand an empirisch gesicherten Hypothesen rechnen kann.

Die vorliegende Literaturanalyse ist von der Kommission für wirtschaftlichen und sozialen Wandel in Auftrag gegeben worden. Die Bearbeitungszeit betrug sechs Monate. Für die Projektbetreuung war Herr A. HASSENCAMP zuständig, dem ich auch an dieser Stelle wieder besonders danke.

Ebenfalls zu Dank verpflichtet bin ich meinem Kollegen, Herrn Hans-Dieter FREY, der zur gleichen Zeit über die Auswirkungen von Preissteigerungen auf die Einkommens- und die Vermögensverteilung arbeitete und mir mit der freundlichen Überlassung der vorhandenen Literatur den Zugang zu den vorliegenden Problemen erleichterte.

Frau B. NEUMANN, Fräulein A. SCHÄTZLE und Fräulein G. SCHURR haben die Schreibarbeiten besorgt, während Herr stud.rer.pol. N. KLINKE mich beim Lesen der Korrekturen unterstützte. Ihnen gilt ebenfalls mein herzlicher Dank.

Der Verfasser

INHALT

Seite

I. Ziel und Aufbau der Untersuchung 1

II. Der Einfluß der Inflation auf die institutionelle und die personelle Einkommensverteilung 3

1. Die Beziehungen zwischen funktioneller, institutioneller und personeller Einkommensverteilung 3

a) Begriffliche Abgrenzungen 3

b) Wechselseitige Abhängigkeiten 5

c) Die möglichen Einflüsse der Inflation auf die funktionelle sowie auf die institutionelle und personelle Einkommensverteilung im wechselseitigen Zusammenhang 11

2. Aussagen über grundlegende Umverteilungswirkungen der Inflation: Darstellung und Kritik 15

3. Hypothesen über inflationsbedingte Umverteilungswirkungen 22

a) Die Hypothese der verzögerten Anpassung der Lohnentwicklung an die Preisinflation ("Wage-Lag-Hypothese") 22

b) Die Hypothese inflationsbedingter Realeinkommensverluste der Bezieher von Transferzahlungen 25

c) Die Hypothese inflationsbedingter Zwangssparprozesse 27

d) Die sogenannte Gläubiger-Schuldner-Hypothese 28

e) Die Auswirkungen der Inflation auf die Verteilung der Nettoeinkommen 32

f) Abschließende Bemerkungen 36

4. Die empirischen Untersuchungen zur Wage-Lag-Hypothese im Überblick 36

a) Vorbemerkungen 36

b) Die Überprüfungen der Wage-Lag-Hypothese auf der Grundlage von Vergleichen zwischen Preis- und Lohnindizes 38

Seite

i) Die Untersuchungen von E.J. HAMILTON 38

ii) Die Untersuchungen von W.C. MITCHELL und E.M. LERNER 39

iii) Die Untersuchung von A. H. HANSEN 41

iv) Die Untersuchungen von C. BRESCIANI-TURRONI sowie von K. LAURSEN und J. PEDERSEN 43

v) Zur Kritik der bisherigen Untersuchungen 44

vi) Die Untersuchungen von M. ZIERCKE 46

vii) Zur Kritik der Methode 51

c) Die Überprüfungen der Wage-Lag-Hypothese auf der Grundlage von Vergleichen zwischen der Entwicklung von Preisindizes und Veränderungen der Lohnquote 52

i) Die Untersuchungen von G.L. BACH und A. ANDO 52

ii) Die Untersuchung von J.W. CONARD 55

iii) Zur Kritik der bisherigen Untersuchungen 57

iv) Die Untersuchungen von M. ZIERCKE 58

v) Zur Kritik der Methode 70

d) Die Überprüfung der Wage-Lag-Hypothese auf der Grundlage einzelbetrieblicher Daten 71

i) Die Untersuchung von R.A. KESSEL und A.A. ALCHIAN 71

ii) Zur Kritik der Methode 77

5. Die empirischen Untersuchungen über inflationsbedingte Umverteilungseffekte auf die Einkommenssituation von ausgewählten sozialökonomischen Gruppen 79

a) Vorbemerkungen 79

b) Die Untersuchung von A.F. BRIMMER 80

c) Die Simulationsanalyse von E.C. BUDD und D.F. SEIDERS 87

d) Die Untersuchungen zur Hypothese inflationsbedingter Realeinkommenseinbußen der Bezieher von Transferzahlungen 93

Seite

i) Vorbemerkungen 93

ii) Die Berechnungen von S.E. HARRIS 94

iii) Die Berechnungen von A.F. BRIMMER 95

iv) Die Berechnungen von M. ZIERCKE 98

6. Abschließende Bemerkungen 100

III. Der Einfluß der Inflation auf die Vermögensverteilung 103

1. Ansatzpunkte 103

2. Die empirischen Untersuchungen zur Überprüfung der Gläubiger-Schuldner-Hypothese im Überblick 105

a) Vorbemerkungen 105

b) Die Überprüfung der Gläubiger-Schuldner-Hypothese auf der Grundlage von Vergleichen zwischen der Entwicklung von Preisindizes und Veränderungen bestimmter Einkommensanteile ("Quotenverfahren") 106

c) Die Überprüfung der Gläubiger-Schuldner-Hypothese auf der Grundlage einzelwirtschaftlicher Daten 108

i) Die Untersuchung von R.A.KESSEL 108

ii) Die Berechnungen von G.L. BACH und A. ANDO 114

iii) Die Berechnungen von R.A. KESSEL und A.A. ALCHIAN 120

iv) Die Untersuchung von L.de ALESSI 122

d) Der Vergleich von Nominalzins und Inflationsrate 128

e) Probleme bei der Überprüfung der Gläubiger-Schuldner-Hypothese 129

3. Die Berechnung des Umfangs inflationsbedingter Kaufkrafttransfers von Gläubigern zu Schuldnern 130

a) Voraussetzungen und einschränkende Annahmen 130

b) Die Berechnungen von G.L. BACH und A. ANDO 132

c) Die Berechnungen von M. ZIERCKE 135

Seite

4. Die Berechnung von inflationsbedingten Kaufkrafttransfers auf der Grundlage von Vermögensstrukturdaten 146

a) Allgemeine Zusammenhänge 146

b) Die Berechnungen von G.L. BACH und A. ANDO 149

c) Die Berechnungen von M. ZIERCKE 153

5. Abschließende Bemerkungen 158

IV. Zusammenfassung der wesentlichen Ergebnisse 160

V. Literaturverzeichnis 164

I. Ziel und Aufbau der Untersuchung

Das Ziel der vorliegenden Expertise ist es, einen Überblick über die wichtigsten Arbeiten zu geben, die sich in der Literatur über das Problem der Verteilungswirkungen der Inflation auf die Einkommens- und die Vermögensverteilung auffinden lassen. Dabei werden die verschiedenen Arbeiten und ihre Ergebnisse nicht nur dargestellt, sondern im Hinblick auf die jeweils zugrunde gelegten Prämissen und Methoden auch kritisch beurteilt. Schließlich wird versucht, die vorhandene Literatur über den genannten Problembereich möglichst vollständig zu dokumentieren.

Jede Analyse der Redistributionswirkungen der Inflation auf die institutionelle und die personelle Einkommensverteilung sowie auf Vermögensverteilung setzt voraus, daß über die entsprechenden Wirkungen auf die funktionelle Einkommensverteilung sowie über die wechselseitigen Zusammenhänge hinreichende Klarheit besteht. Aus diesem Grund wird im Abschnitt II 1 eine kurze Analyse der Beziehungen vorgenommen, die zwischen den verschiedenen Aspekten der Einkommensverteilung einerseits und der Vermögensverteilung andererseits isoliert werden können. Damit soll ein theoretischer Bezugsrahmen bereitgestellt werden, der es erlaubt,

a) die möglichen Einflüsse der Inflation auf die Einkommens- und die Vermögensverteilung aufzuzeigen,
b) dabei zwischen der kurz-, mittel- und langfristigen Perspektive unterscheidet - und der es schließlich ermöglicht,
c) die in der Literatur aufzufindenden Arbeiten über die verschiedenen Verteilungswirkungen der Inflation hinsichtlich ihrer Prämissen, Verfahren und Untersuchungsergebnisse zweckentsprechend beurteilen zu können.

In den beiden folgenden Abschnitten (II 2 und II 3) werden die verschiedenen Aussagen und Hypothesen über inflationsbedingte Redistributionseffekte dargestellt und kritisch gewürdigt. Dabei geht es im wesentlichen um eine Analyse des Aussagegehalts sowie der Voraussetzungen, auf denen die genannten Hypothesen beruhen.

Im Anschluß daran werden die wichtigsten empirischen Untersuchungen dargestellt und beurteilt, die zur Frage der inflationsbedingten Redistributionseffekte auf die funktionelle, die institutionelle und die personelle Einkommensverteilung angestellt worden sind. Es handelt sich dabei um eine Reihe von angelsächsischen und deutschen Arbeiten über die verschiedenen Aspekte der sogenannten Wage-Lag-Hypothese (Abschnitt II 4) sowie über die Umverteilungswirkungen auf die Einkommensposition von ausgewählten sozialökonomischen Gruppen (Abschnitt II 5). In beiden Fällen geht es nicht nur um das Problem der empirischen Überprüfung der einzelnen Aussagen und Hypothesen, die zu der Frage der Inflationswirkungen auf die verschiedenen Quoten der Einkommensverteilung vorliegen, sondern zum Teil auch um die Abschätzung des Ausmaßes tatsächlicher Umverteilungen.

Die empirischen Untersuchungen, die zum Problem der verschiedenen Verteilungswirkungen der Inflation auf die Vermögensverteilung angestellt worden sind, werden im Kapitel III dargestellt. Im Abschnitt III 1 werden zunächst die möglichen Ansatzpunkte für solche Untersuchungen analysiert; damit soll wiederum ein Bezugsrahmen zur kritischen Beurteilung geschaffen werden. Im Anschluß daran (Abschnitt III 2) werden die empirischen Arbeiten zur Überprüfung der sogenannten Gläubiger-Schuldner-Hypothese beschrieben; dabei wird erneut besonderes Gewicht auf die Prämissen, die angewandten Methoden und die unterschiedlichen Untersuchungsergebnisse gelegt. Es folgen die Arbeiten, in denen Berechnungen über den Umfang von inflationsbedingten Kaufkrafttransfers von Gläubigern zu Schuldnern angestellt werden (Abschnitt III 3). Diese Darstellung wird im Abschnitt III 4 durch die Beschreibung jener Untersuchungen ergänzt, in denen solche Schätzungen auf der Grundlage von Vermögensstrukturdaten vorgenommen werden, also unter Berücksichtigung der Inflationswirkungen auf die Sachvermögensbestände.

Im Kapitel IV werden die wesentlichen Ergebnisse der vorliegenden Studie zusammengefaßt. Den Abschluß bildet ein Verzeichnis der vorhandenen Literatur.

II. Der Einfluß der Inflation auf die institutionelle und die personelle Einkommensverteilung

1. Die Beziehungen zwischen funktioneller, institutioneller und personeller Einkommensverteilung

a) Begriffliche Abgrenzungen

Jede Untersuchung der von anhaltenden Preissteigerungen ausgehenden Redistributionswirkungen erfordert aus Gründen einer sauberen analytischen Trennung sowie der Identifizierung dieser Wirkungen eine genaue Unterscheidung der verschiedenen Verteilungskonzepte, so wie sie auch in der Distributionstheorie [1]) vorgenommen wird.

Der Begriff der <u>funktionellen Verteilung</u> (auch "Primärverteilung" [2]) genannt) bezieht sich in makroökonomischer Sicht auf die Verteilung des Volkseinkommens auf die gesamten Arbeitseinkommen (Löhne, Gehälter) einerseits und auf die Gesamtheit der Kapitaleinkünfte (Gewinne, Dividenden, Zinsen etc.) andererseits. Es handelt sich hier also um die Verteilung zwischen jenen Einkommen, die den beiden Produktionsfaktoren Arbeit und Kapital zugerechnet werden müssen.

Die Höhe dieser Einkommen (und damit auch die Verteilung zwischen diesen Einkommen) wird bestimmt durch die jeweiligen Einsatzmengen der beiden Produktionsfaktoren und durch die entsprechenden Faktorpreise (Lohnsätze, Kapitalrenditen).

---

1) Vgl. hierzu z.B.: A. STOBBE, Untersuchungen zur makroökonomischen Theorie der Einkommensverteilung, Tübingen 1962, S. 3 ff.

2) Eine Unterscheidung zwischen funktioneller und Primärverteilung des Volkseinkommens wird von M. ZIERCKE vorgenommen. Siehe: M. ZIERCKE, Die redistributiven Wirkungen von Inflationen, Göttingen 1970, S. 23 f.

Der Begriff der institutionellen Verteilung (auch "Sekundärverteilung" genannt) bezieht sich auf die Verteilung jener Einkommen, die den großen sozialökonomischen Gruppen (Sektoren) in der Volkswirtschaft, also den Arbeitnehmern insgesamt, den privaten Haushalten, dem Unternehmenssektor und dem Staat zufließen [1]). Dabei wird zwischen privater und staatlicher Sekundärverteilung unterschieden [2]).

Die institutionelle Verteilung innerhalb des privaten Sektors ist abhängig von der funktionellen Verteilung, von der Verfügbarkeit der einzelnen Gruppen über die jeweiligen Faktoreinsatzmengen sowie von den unterschiedlichen Faktorpreisen, mit denen einzelne Kategorien dieser Faktormengen (Arbeit unterschiedlicher Qualifikation, verschiedene Vermögensarten) entlohnt werden. Die Verteilung zwischen dem privaten und dem staatlichen Sektor wird zusätzlich bestimmt durch die verschiedenen "Transfers" (Steuern, Transferzahlungen i.e.S., Subventionen), die zwischen diesen beiden Sektoren regelmäßig auftreten.

Mit dem Begriff der personellen Verteilung wird schließlich die Verteilung der auf die einzelnen Individuen entfallenden Einkommen bezeichnet [3]). Es handelt sich hier also um eine Disaggregation der (privaten) Sekundärverteilung, wobei die individuellen Einkommensrelationen sowohl innerhalb der als

---

1) Der Begriff "institutionelle Verteilung" findet sich bei J. KROMPHARDT (Institutionelle versus funktionelle oder personelle Einkommensverteilung, in: Jahrbücher für Nationalökonomie und Statistik 181 (1967/68)).

2) Vgl. hierzu: A. STOBBE, Untersuchungen ..., a.a.O., S. 13 ff.

3) Vgl.: A. BOHNET, Zur Theorie der personellen Einkommensverteilung, Stuttgart 1967 und H.-J. KRUPP, Theorie der personellen Verteilung. Allgemeine Grundsätze und verteilungspolitische Simulationen, Berlin 1968.

auch zwischen den großen sozialökonomischen Gruppierungen interessieren. Wie bei der Sekundärverteilung so ist auch hier zu berücksichtigen, daß den Individuen verschiedene Einkommensarten aus unterschiedlichen Einkommensquellen zufließen können.

Die vorhandenen Statistiken erlauben allerdings kaum Aufschlüsse über die interpersonelle Struktur dieser "Querverteilung" [1]). Dies führt dazu, daß Aussagen über die personelle Einkommensverteilung allenfalls aufgrund von Durchschnittsbildungen möglich sind, die sich wiederum an institutionellen Unterscheidungen orientieren. Schlußfolgerungen hinsichtlich der personellen Verteilung im strengen Sinne sind hier also nur bedingt möglich.

b) Wechselseitige Abhängigkeiten

Zwischen den eben dargestellten Verteilungskategorien bestehen wechselseitige Abhängigkeiten, die auch bei der Analyse der von Inflationen ausgehenden Redistributionswirkungen nicht außer Betracht gelassen werden können. Die Beschreibung dieser Abhängigkeiten im einzelnen macht es allerdings erforderlich, eine Unterscheidung zwischen kurz-, mittel- und langfristigen Verteilungsprozessen vorzunehmen [2]).

Theoretische und empirische Gründe sprechen für den Sachverhalt, daß sich die funktionelle Verteilung sowohl im Konjunkturablauf als auch im Zuge des mittelfristigen Wachstumsprozesses einer Volkswirtschaft verhältnismäßig schnell ändern kann. Ausschlaggebend hierfür ist der vom Konjunkturverlauf abhängige Ausnutzungsgrad der Faktorangebotsmengen und die ebenfalls vom jeweiligen Aktivitätsniveau der Volkswirt-

1) Der Begriff "Querverteilung" findet sich bei A. STOBBE, Untersuchungen ..., a.a.O., S. 35 ff.

2) Vgl. zum folgenden: W. J. MÜCKL, Zwangsläufige Tendenz zur Einkommens- und Vermögenskonzentration? Bestimmungsgründe der Einkommens- und Vermögenskonzentration in der Bundesrepublik Deutschland, in: Der Bürger im Staat 20 (1970), S. 183 ff.

schaft abhängige Entwicklung der Faktorpreisrelationen. Im Gegensatz dazu vollziehen sich Änderungen bei den Faktorangebotsmengen, über die einzelne Gruppen (oder Personen) grundsätzlich verfügen können, vergleichsweise langsam; dies gilt auch in bezug auf die qualitative Ausstattung des jeweiligen Faktorangebots. Konkret bedeutet dies, daß die Vermögensverteilung und die Vermögensstruktur kurz- und mittelfristig als ebenso konstant gelten können wie die relative Knappheit sowie die qualitative Ausstattung des Faktors Arbeit.

Aus alldem ergibt sich, daß in kurz- und mittelfristiger Sicht die Sekundärverteilung sowie die personelle Verteilung des Volkseinkommens von den Veränderungen der funktionellen Einkommensverteilung abhängen. Dies bedeutet etwa, daß sich eine Verminderung des Anteils des Arbeitseinkommens am Sozialprodukt (Lohnquote) in der gleichen Richtung auf die gesamtwirtschaftliche Arbeitnehmerquote am Sozialprodukt [1]) sowie auf alle jene Individuen auswirkt, deren "querverteiltes" Einkommen in der Hauptsache aus Löhnen und Gehältern be-

---

1) Dies läßt sich an Hand der folgenden Zusammenhänge nachweisen. Bezeichnet man das Arbeitseinkommen (Löhne und Gehälter) mit L und die Kapitaleinkünfte der Arbeitnehmer mit G_A, dann ist das Gesamteinkommen dieser Gruppe Y_A:

(1) $Y_A = L + G_A$.

Berücksichtigt man darüber hinaus, daß sich die Aufteilung des Gesamtgewinns G entsprechend der Vermögensverteilung vollzieht und bezeichnet man den Vermögensanteil der Arbeitnehmer am gesamten Vermögensbestand mit q (= K_A/K), dann kann statt (1) auch

(2) $Y_A = L + qG$

geschrieben werden. Dividiert man diese Gleichung durch das Volkseinkommen Y und berücksichtigt man, daß Y = L + G ist, dann ergibt sich nach Umformungen

(3) $\frac{Y_A}{Y} = q + (1-q)\,\frac{L}{Y}$,

und somit die behauptete Abhängigkeit zwischen der Arbeitnehmerquote am Volkseinkommen (Y_A/Y) und der Lohnquote. Dabei wird allerdings mit $G_A = qG$ vorausgesetzt, daß alle Kapitalrenditen die gleiche Höhe erreichen.

steht [1]). Eine durch den gleichzeitigen Anstieg der Gewinnquote bewirkte Kompensation ist nur für einzelne Arbeitnehmer (-gruppen) möglich, und zwar dann, wenn deren Vermögensbestand eine Größenordnung erreicht hat, die dazu führt, daß das Gesamteinkommen im wesentlichen aus ("fundierten") Kapitaleinkünften besteht. Unabhängig davon jedoch, über welchen Anteil die Gesamtheit der Arbeiter am gesamtwirtschaftlichen Vermögensstock verfügt, gilt, daß sich die Einkommensposition dieser Gruppe im Verteilungsprozeß in der gleichen Richtung entwickelt wie die Lohnquote.

Kurzfristige Rückwirkungen der privaten Sekundärverteilung und der personellen Verteilung auf die Quoten der funktionellen Verteilung sind ebenfalls nicht ausgeschlossen. Aber sie

1) Der Nachweis hierfür läßt sich in entsprechender Weise erbringen: Für das Gesamteinkommen des einzelnen Arbeitnehmers i gilt:

(1) $Y_{A_i} = L_i + G_{A_i}.$

Setzt man für $L_i = (A_i/A)L$ und bezeichnet man den Arbeitsanteil A_i/A mit a_i, dann ergibt sich zunächst:

(2) $Y_{A_i} = a_i L + G_{A_i}.$

Setzt man darüber hinaus für $G_{A_i} = (K_{A_i}/K_A) G_A = mG_A = mqG$, dann erhält man:

(3) $Y_{A_i} = a_i L + mqG.$

Dividiert man diese Gleichung durch Y, dann ergibt sich nach Umformungen

(4) $\frac{Y_{A_i}}{Y} = mq + (a_i - mq) \frac{L}{Y},$

Hieraus ist zu ersehen, daß die Abhängigkeit zwischen dem individuellen Einkommensanteil Y_{A_i}/Y und der Lohnquote L/Y durch das Ausmaß an Querverteilung (repräsentiert durch die Differenz zwischen a_i und mq) bestimmt wird. Dabei wird - ebenfalls aus Gründen der Einfachheit - zusätzlich unterstellt, daß alle Lohnsätze die gleiche Höhe erreichen.

gelten nur dann, wenn man - was kurzfristig zutrifft - davon ausgeht, daß die funktionelle Verteilung nicht nur von "Angebotsfaktoren" (relative Knappheit der Faktorangebotsmengen, produktionstechnisch bestimmte Faktoreinsatzverhältnisse), sondern auch vom Niveau der effektiven Gesamtnachfrage und seinen Bestimmungsfaktoren abhängt [1]).

Zu diesen Bestimmungsfaktoren müssen auch die Sekundär- und die personelle Verteilung des Einkommens gezählt werden. Denn man kann davon ausgehen, daß die einzelnen Gruppen und Sektoren (Arbeitnehmer-, Rentner-, Unternehmerhaushalte, Unternehmenssektor) im Durchschnitt über ihr jeweiliges Einkommen mit unterschiedlichen Konsum- bzw. Sparquoten verfügen. Unter gesamtwirtschaftlichen Bedingungen, die nahe oder direkt am Vollbeschäftigungspunkt liegen, gilt jedoch, daß jede Steigerung im Niveau der effektiven Nachfrage zu einem Zwangssparprozeß führt, der die funktionelle Verteilung einseitig zu Lasten der Lohnquote verändert.

Da man unterstellen kann, daß die Konsumneigung der Arbeitnehmer vergleichsweise hoch ist, folgt hieraus, daß der durch eine anfängliche Lohnquotensteigerung bewirkten Änderung der Sekundärverteilung zugunsten der Arbeitnehmer Tendenzen innewohnen, die zumindest teilweise wieder eine Zurückführung der Lohnquote zum Ausgangswert zur Folge haben. Hier sind also gewisse Gleichgewichtstendenzen am Werk, die möglicherweise dazu beitragen, wenn sich die kurzfristig-zyklischen Ausschläge der Lohnquote in Grenzen halten.

Damit sind selbstverständlich gewisse Entwicklungstrends der Lohnquote, die sich langfristig vollziehen, nicht ausgeschlossen. Aber die Bestimmungsgründe für solche Trends müssen zunächst in langfristig wirksamen Veränderungen der Faktorange-

1) Auf diese Abhängigkeit haben die Anhänger der sogenannten postkeynesianischen Verteilungstheorie (N. KALDOR u.a.) hingewiesen.

botsmengen und ihres Einsatzverhältnisses sowie in (davon zum Teil abhängigen) Verschiebungen der Faktorpreisrelationen gesucht werden. Hier spielen zweifellos technisch-organisatorische Entwicklungen und demographische (Struktur-)Veränderungen eine erhebliche Rolle.

Die hiervon ausgehenden Auswirkungen auf die Sekundärverteilung und die personelle Verteilung sind vielfältig. Denn langfristige Veränderungen der Lohnquote führen unter den beschriebenen Umständen nicht nur zu entsprechenden Veränderungen des Arbeitnehmeranteils am Volkseinkommen; hinzu kommen vielmehr die Einflüsse, die von den Verschiebungen der Faktoreinsatzverhältnisse und der Faktorpreisrelationen auf die Quoten der Sekundärverteilung und auf die personelle Verteilung ausgehen.

Vor allem ist jedoch in langfristiger Sicht auf einen Mechanismus hinzuweisen, der zu erheblichen Veränderungen in den Quoten der Sekundärverteilung und der personellen Verteilung führen kann. Es handelt sich hier um Veränderungen, die sich von den langfristigen Trends der funktionellen Verteilung relativ unabhängig vollziehen. Gemeint ist der wechselseitige Zusammenhang zwischen Vermögensverteilung und institutioneller (personeller) Verteilung des Einkommens, auf den nun kurz eingegangen werden soll.

Ausgangspunkt ist die Tatsache, daß die Konsum- und damit die Sparquoten, mit denen die sozialen Gruppen und die Individuen über ihr jeweiliges Einkommen verfügen, nicht nur für das Niveau und die Struktur der gesamten effektiven Nachfrage ausschlaggebend sind, sondern auch für die zukünftige Verteilung des Vermögens. Denn die Ersparnisse der einzelnen Gruppen und Personen bestimmen die Verteilung der Vermögenszuwächse, von der wiederum - allerdings mit Zeitverzögerung - die Verteilung der Vermögensbestände, also die durchschnittliche Vermögensverteilung, abhängig ist [1]). Umgekehrt wird jedoch mit der jeweils bestehenden Vermögensverteilung über die Aufteilung der Kapitaleinkünfte entschieden - und damit auch über das Ausmaß an "Querverteilung" des Einkommens, das im Verhältnis zwischen den großen sozialökonomischen Gruppen und zwischen den einzelnen Individuen besteht. In langfristiger Sicht, das heißt hier unter Berücksichtigung des Vermögenseffekts des Sparens, bewirken also die Ausgabeentscheidungen der Gruppen und Individuen eine Veränderung der Vermögensverteilung und damit - rückwirkend - auch entsprechende Veränderungen der institutionellen Verteilung sowie der individuellen Einkommensrelationen. Die zuletzt genannten Veränderungen können sich wiederum auf das Verhältnis der Vermögenszuwächse und somit auf die durchschnittliche Vermögensverteilung auswirken.

Da sich jedoch die lange Frist aus sehr vielen kurzen Zeitperioden zusammensetzt, kann auch hier die funktionelle Einkommensverteilung, genauer: der oben beschriebene kurzfristige wechselseitige Zusammenhang zwischen funktioneller Verteilung einerseits und institutioneller (personeller) Verteilung andererseits, nicht unberücksichtigt bleiben. Konkret bedeutet dies, daß bei der Analyse der langfristigen Zusammenhänge zwischen Vermögensverteilung und institutioneller (personeller) Verteilung beachtet werden muß, daß mit dem kurzfristigen Einkommenseffekt, der von den Ausgabe-(Spar-)Entscheidungen auf die funktionelle Verteilung ausgeht, auch mit "Störwirkungen" auf die langfristigen Zusammenhänge zwischen Vermögens- und Sekundärverteilung gerechnet werden muß.

1) Auf diese langfristigen Wirkungen haben A. STOBBE (Untersuchungen ..., a.a.O., S. 131 ff.) und L. L. PASINETTI (Rate of Profit and Income Distribution in Relation to the Rate of Economic Growth, in: Review of Economic Studies 29 (1962)) aufmerksam gemacht.

Zieht man hieraus eine möglichst allgemeine Schlußfolgerung, dann läßt sich feststellen, daß Störungen oder Veränderungen, die sich in einem Verteilungsbereich ergeben, nicht auf diesen beschränkt bleiben, sondern sich in der beschriebenen Weise auf die übrigen Verteilungsbereiche - wenn auch mit unterschiedlicher Geschwindigkeit - fortpflanzen. Dies ist auch der Grund, warum die von anhaltenden Geldwertverschlechterungen ausgehenden Umverteilungswirkungen nicht isoliert betrachtet werden können.

c) Die möglichen Einflüsse der Inflation auf die funktionelle sowie auf die institutionelle und personelle Einkommensverteilung im wechselseitigen Zusammenhang

Im folgenden soll unter Zugrundelegung der eben dargestellten Zusammenhänge kurz gezeigt werden, mit welchen möglichen Einflüssen der Inflation auf die verschiedenen Quoten der Einkommens- und Vermögensverteilung bei unterschiedlicher zeitlicher Perspektive gerechnet werden muß. Dabei ist ausschlaggebend, daß diese Einflüsse nicht - wie dies gelegentlich geschieht - jeweils gesondert betrachtet werden können. Es muß vielmehr berücksichtigt werden, daß sich die mit anhaltenden Preissteigerungen zusammenhängenden Redistributionseffekte - früher oder später - auf alle Bereiche des Verteilungsgeschehens ausdehnen und sich dabei u.U. verstärken oder abschwächen können.

So muß man zunächst in kurz- und mittelfristiger Sicht davon ausgehen, daß sich die mit Preissteigerungen möglicherweise einhergehenden Verschiebungen der funktionellen Verteilung auch auf die Sekundärverteilung und die personelle Verteilung des Volkseinkommens auswirken [1]. Konkret bedeutet dies, daß eine inflationsbedingte Verminderung der Lohnquote auch zu

1) Vgl. hierzu auch M. ZIERCKE, Die redistributiven Wirkungen ..., a.a.O., S. 24. Voraussetzung ist allerdings, daß die Faktormengenrelationen und die qualitative Ausstattung der Produktionsfaktoren im wesentlichen konstant bleiben (vgl. Abschnitt II 1 b)).

einer Senkung der gesamtwirtschaftlichen Arbeitnehmerquote am Volkseinkommen führt und außerdem die Verteilungsposition aller jener Individuen verschlechtert, deren Einkommen sich in der Hauptsache aus Löhnen und Gehältern zusammensetzt.

Auch in umgekehrter Richtung sind inflationsbedingte Sekundäreffekte möglich; es kann sich dabei entweder um die endogenen Rückwirkungen des eben beschriebenen Zusammenhangs handeln oder um die Folgewirkungen unmittelbarer Einflüsse von Preissteigerungen auf die Sekundär- (personelle) Verteilung des Volkseinkommens. Berücksichtigt man nämlich, daß die Quoten der funktionellen Verteilung kurzfristig vom Niveau der effektiven Gesamtnachfrage abhängen und damit auch von den Konsum-(Spar-)Entscheidungen der verschiedenen Gruppen (Individuen) und Sektoren [1]), dann wird deutlich, daß von Preissteigerungen auch indirekte Einflüsse - über die Einkommensverwendung - auf die funktionelle Verteilung ausgehen können. Voraussetzung ist allerdings, daß sich die Preissteigerungen auf die Konsum- bzw. Sparentscheidungen der Gruppen und Sektoren tatsächlich auswirken; dies heißt nichts anderes, als daß diese Gruppen und Sektoren <u>ohne</u> "Geldillusion" handeln [2]).

Ist dies der Fall, dann führt jede durch eine Preissteigerung hervorgerufene Verschlechterung der Verteilungsposition der Arbeitnehmer (bzw. einkommensschwacher Gruppen) gegenüber dem Ausgangszustand zu einer Verminderung im Niveau der effektiven Gesamtnachfrage. Denn das Gewicht der hohen Ausgabenneigung dieser Gruppen an der Gesamtnachfrage ist zugleich geringer geworden. In der Tendenz kann dies dazu führen, daß sich der unter Vollbeschäftigungsbedingungen abspielende Zwangssparprozeß entschärft, mit der Folge, daß sich auch die Lohnquote

---

1) Vgl. hierzu ebenfalls die obigen Ausführungen im Abschnitt II 1 b).

2) Zum Begriff der "Geldillusion" siehe z.B.: H. MÖLLER, Die "Geldillusion" als Problem der nationalökonomischen Theorie, in: Jahrbücher für Nationalökonomie und Statistik 185 (1971), S. 13 ff. und G. SCHMÖLDERS, "Geldillusion" oder "Angst vor Geldentwertung"? in: J. SCHLEMMER (Hrsg.), Enteignung durch Inflation? München 1972, S. 77 ff.

relativ erhöhen kann. Unter Umständen wird also eine durch Preissteigerungen verursachte anfängliche Senkung der Lohnquote durch nachfragebedingte Rückwirkungen zum Teil wieder rückgängig gemacht. Aber es ist nochmals darauf hinzuweisen, daß dieser "Ausgleichsmechanismus" nur dann funktioniert, wenn alle Einkommensbezieher frei von Geldillusion sind [1]). Insoweit dies nicht oder nur zum Teil der Fall ist, muß mit einem inflationsbedingten Rückgang der Lohnquote gerechnet werden.

In langfristiger Sicht, d.h. unter Berücksichtigung der mit den Ersparnissen der Einkommensbezieher bewirkten Vermögensbildung, müssen darüber hinaus die Wechselwirkungen zwischen institutioneller (personeller) Einkommensverteilung einerseits und der Vermögensverteilung zwischen Individuen und Gruppen andererseits beachtet werden [2]). Geht man auch hier wieder davon aus, daß die am Realeinkommen orientierten Sparentscheidungen ohne Geldillusion vollzogen werden, dann ergibt sich, daß jede durch Preissteigerung bewirkte Verschlechterung der Verteilungsposition der Arbeitnehmer oder einkommensschwacher Gruppen auch zu einer Verminderung der von diesen Gruppen ersparten Vermögensbildung führt. Bei anhaltender Preissteigerung und bei entsprechend verschlechterter Einkommensposition der genannten Gruppen muß deshalb mit einem regressiven Effekt auf die durchschnittliche Vermögensverteilung gerechnet werden, von dem seinerseits wiederum entsprechende Rückwirkungen auf die Sekundärverteilung und die personelle Verteilung des Volkseinkommens ausgehen. Aus dem Abhängigkeitsverhältnis zwischen Sekundär- und personeller Verteilung einerseits und der Vermögensverteilung andererseits folgt also, daß sich die

---

1) Diese Voraussetzung dürfte als das Ergebnis eines "Lernprozesses", insbesondere bei anhaltender Preisinflation erfüllt sein.

2) Vgl. hierzu die Darstellung dieser Zusammenhänge im Abschnitt II 1 b).

inflationsbedingten Redistributionseffekte in den genannten Verteilungsbereichen wechselseitig verstärken. Dies gilt auch dann, wenn man berücksichtigt, daß sich Umverteilungswirkungen, die durch Preissteigerungen verursacht sind, auch bei der Verteilung der bereits bestehenden Vermögen ergeben können [1]). Auch hier kann nicht davon abgesehen werden, daß sich - über die Querverteilung - entsprechende Sekundäreffekte auf die institutionelle und die personelle Verteilung des Einkommens einstellen.

Dabei ist abschließend darauf hinzuweisen, daß sich die eben geschilderte wechselseitige Verstärkung inflationsbedingter Redistributionseffekte verhältnismäßig langsam vollzieht, so daß nachhaltige "destabilisierende" Wirkungen auf die institutionelle und die personelle Einkommensverteilung sowie auf die Vermögensverteilung insofern nicht sofort registriert werden können. Hinzu kommt jedoch der Sachverhalt, daß die kurzfristige Interdependenz zwischen funktioneller und institutioneller (personeller) Verteilung auch langfristig wirksam bleibt - mit der möglichen Konsequenz, daß die hier auftretende Gleichgewichtstendenz auch ein langfristiges Korrektiv darstellen kann, das destabilisierende Verteilungswirkungen innerhalb gewisser Grenzen hält. Wo diese Grenzen liegen, hängt vom Verhalten der von der Inflation betroffenen und begünstigten Individuen und Gruppen ab ("Geldillusion") und außerdem davon,wo für staatliche Instanzen die verteilungspolitische "Fühlbarkeitsschwelle" liegt, die zum Einsatz des (vorwiegend steuerpolitischen) Instrumentariums veranlaßt.

---

1) Gemeint sind hier die Redistributionseffekte, die sich im Verhältnis zwischen Geldvermögens- und Sachvermögensbesitzern sowie im Verhältnis zwischen Gläubigern und Schuldnern von Geldvermögenstiteln ("Gläubiger-Schuldner-Transfer") ergeben. Auf beide Effekte wird weiter unten näher eingegangen (siehe Abschnitt II 2 und Abschnitt II 3 d)).

2. Aussagen über grundlegende Umverteilungswirkungen der Inflation: Darstellung und Kritik

Durchsucht man die verteilungstheoretische und -politische Literatur nach Aussagen über die von anhaltenden Preissteigerungen ausgehenden Umverteilungswirkungen, dann fällt auf, daß dabei in aller Regel nicht die allgemeine Preissteigerung als die Ursache für Verschiebungen der Einkommens- und Vermögensrelationen angesehen wird, sondern die mit Inflationen einhergehenden Veränderungen der Preisstruktur. So stellt etwa M. ZIERCKE in Übereinstimmung mit vielen anderen Autoren fest: "Eine kontinuierliche Erhöhung des Preisniveaus beeinflußt unter anderem die Einkommens- und Vermögensverteilung, weil sich nicht alle Preise während einer Inflation gleichmäßig ändern" [1]).

Einen Schritt weiter geht B. MOLITOR, wenn er feststellt: "Es gibt allein eine gesamtwirtschaftliche Daten- und Verhaltenskonstellation, die trotz Preissteigerung das Verteilungsproblem verschwinden ließe: das 'inflatorische Gleichgewicht'. Dazu müßten sämtliche Bürger, unbeschadet ihrer unterschiedlichen ökonomischen Position, in gleicher Weise die Preisentwicklung und ihre entsprechend modifizierten Forderungen auf allen Ebenen voll und unverzüglich durchzusetzen in der Lage sein ..." [2]).

Mit dieser Auffassung werden die von der Inflation ausgehenden Redistributionswirkungen nicht nur auf ineffiziente Verhaltensweisen der Wirtschaftssubjekte (mangelnde Voraussicht, partielle und verzögerte Einkommensanpassungen) zurückgeführt; vielmehr wird mit dem "inflatorischen Gleichgewicht" das Modell einer Inflationsentwicklung konstruiert, von dem unterstellt wird, daß in ihm alle Verteilungseffekte(und -probleme) ausgeschlossen sind.

---

1) M. ZIERCKE, Die redistributiven Wirkungen ..., a.a.O., S.17.

2) B. MOLITOR, Verteilungswirkungen der schleichenden Inflation, in: Hamburger Jahrbuch für Wirtschafts- und Gesellschaftspolitik 18 (1973), S. 79.

Aus diesen Aussagen lassen sich zwei Schlußfolgerungen ziehen:

a) Zunächst ergibt sich, daß bei den Redistributionseffekten, die von Inflationen ausgehen, auch die jeweils verursachenden Verschiebungen in der Preisstruktur berücksichtigt werden müssen.

b) Außerdem ist dabei zu beachten, daß die Art und der Umfang dieser Redistributionseffekte in einem erheblichen Ausmaß von den (antizipierenden und reaktiven) Verhaltensweisen der Wirtschaftssubjekte abhängen.

Gegenüber der Auffassung, daß damit bereits alle Umverteilungswirkungen von Inflationen erfaßt seien, ist allerdings ebenso Skepsis angebracht wie gegenüber der theoretischen Konstruktion eines "inflatorischen Gleichgewichts". Denn jede Inflation ist nicht nur bezüglich ihrer (verschiedenen) Ursachen, sondern auch im Hinblick auf die von ihr ausgehenden (Verteilungs-)Wirkungen stets ein Zustand des Ungleichgewichts.

Damit ist bereits angedeutet, daß es auch Redistributionseffekte der Inflation gibt, die <u>nicht</u> auf Verschiebungen der verschiedenen Preisrelationen und <u>auch nicht</u> auf bestimmte Verhaltensweisen der Wirtschaftssubjekte zurückzuführen sind. Auf diesen Sachverhalt hat A. ALCHIAN [1]) hingewiesen, ohne daß dieser Hinweis auf größere Resonanz gestoßen wäre.

Wir lassen Verschiebungen der Preisrelationen und die genannten Verhaltensweisen der Wirtschaftssubjekte zunächst beiseite und definieren die Inflation als die - mehr oder minder - kontinuierliche Steigerung des allgemeinen Preisniveaus. Da dieser Prozeß nichts anderes bedeutet als die in Geldeinheiten gemessene fortwährende und einheitliche Erhöhung aller

1) Siehe: A. A. ALCHIAN, Inflation and Distribution of Income and Wealth, in: J. MARCHAL und B. DUCROS (Hrsg.), The Distribution of National Income, London 1968, S. 618 ff. insbesondere S. 620 f.

Preise, folgt, daß der relative Wert aller Geldvermögenstitel (Geld, Bankeinlagen, Forderungstitel) fällt. Zugleich steigt jedoch der Wert aller Bestandteile des Sachvermögens (Grundstücke, Anlage- und Ausrüstungskapital) proportional zum Anstieg des allgemeinen Preisniveaus. Hieraus ergibt sich, daß sich bereits bei einem Anstieg des allgemeinen Preisniveaus ein Umverteilungseffekt ergibt: Alle Besitzer von Geldvermögenstiteln müssen aufgrund der Festlegung ihrer Forderungsrechte auf einen bestimmten Nominalbetrag relative Werteinbußen hinnehmen, während demgegenüber die Besitzer von Sachvermögen durch die anhaltende Wertsteigerung ihrer Anlagen von der allgemeinen Preiserhöhung (relativ gesehen) profitieren [1]). Daß sich hier ein Redistributionseffekt zu Lasten der Geldvermögensbesitzer ergibt, wird dann besonders deutlich (aber nicht erst wirksam!), wenn die genannten Sachvermögensbestände jeweils aufgelöst und damit "realisiert" werden.

---

1) Dieser Zusammenhang ist von A. ALCHIAN (Inflation and Distribution ..., a.a.O., S. 620) anhand der folgenden Gleichungen verdeutlicht worden. Bezeichnet man mit E den (Anfangs-)Wert aller Vermögenstitel, mit R das Realvermögen und mit M das Nominalvermögen, dann gilt:

(1) $E = R + M.$

Bezeichnet man mit E' den (höheren) Wert des Gesamtvermögens, der sich ergibt, wenn sich das Preisniveau auf P erhöht ($P > 1$), dann gilt:

(2) $E' = PR + M.$

Definiert man den (proportionalen) Wertzuwachs des gesamten Vermögens mit $Q = E'/E$, dann ergibt sich aus (1) und (2)

(3) $$Q = \frac{PR + M}{E}$$

und nach Umformungen:

(4) $$Q = P - (P-1) \cdot \frac{M}{E}.$$

Hieraus kann ersehen werden, daß der durch eine Preissteigerung bewirkte Wertzuwachs des gesamten Vermögens positiv, gleich Null oder negativ ist, wenn das Nominalvermögen negativ, gleich Null oder positiv ist. Ein positives Nominalvermögen führt also (bei geringem Anteil) zu einer relativen oder (bei hohem Anteil) zu einer absoluten Wertminderung des Gesamtvermögens.

Im übrigen handelt es sich hier nicht um ein Problem, das lediglich die Besitzer von Vermögen oder nur die Vermögensstruktur betrifft. Denn der oben beschriebene Redistributionseffekt benachteiligt alle jene Wirtschaftssubjekte, die in ihrer Einkommenserzielung auf die Hingabe von Waren und Dienstleistungen gegen Geld (-forderungen) angewiesen sind oder deren Einkommensansprüche (z.B. Sozialrenten) in entsprechender Weise befriedigt werden. Außerdem berührt der beschriebene Redistributionseffekt keineswegs nur das Verhältnis zwischen Geld- und Sachvermögen, sondern beeinflußt auch die Einkommensverteilung zwischen einzelnen Individuen und Gruppen. Dies setzt allerdings einen differenzierten Einkommensbegriff voraus, der nicht nur auf die laufenden Leistungseinkommen beschränkt ist, wie sie etwa in der Volkswirtschaftlichen Gesamtrechnung registriert werden, sondern der auch Veränderungen der Vermögenswerte in der jeweiligen Periode umfaßt [1]). Ein solcher erweiterter Einkommensbegriff erschiene insbesondere im Hinblick auf den von einer allgemeinen Preissteigerung ausgehenden globalen Redistributionseffekt als angemessen. Denn in einer Geldwirtschaft ergeben sich Verschiebungen der Realeinkommen stets auch aufgrund von Wertänderungen der verschiedenen Vermögensbestände, und zwar unabhängig von den (monetären oder anderen) Ursachen der Inflation.

Leider fehlt es auch hier an statistischen Daten, mit deren Hilfe das genannte Einkommenskonzept und damit die beschriebenen Inflationswirkungen auf die Einkommensverteilung verifiziert werden könnten [2]). Damit ist allerdings über die reale Bedeutung der mit Preissteigerungen uno actu einhergehen-

1) Eine solche vermögenstheoretisch orientierte Einkommenskonzeption liegt dem von M. FRIEDMAN entwickelten Einkommensbegriff zugrunde. Siehe hierzu: M. FRIEDMAN, A Theory of the Consumption Function, Princeton 1957, S. 10.

2) Vgl. hierzu auch: M. ZIERCKE, Die redistributiven Wirkungen ..., a.a.O., S. 23.

den Umverteilungseffekte zu Lasten aller Besitzer von Geldvermögenstiteln nichts ausgesagt. Der Mangel an statistischen Informationen zwingt jedoch dazu, die Inflationswirkungen unter Verwendung des herkömmlichen Einkommenskonzepts einerseits und die Realwertverschiebungen im Verhältnis der verschiedenen Vermögensbestände andererseits so gut wie möglich gesondert zu untersuchen. Freilich ergeben sich auch hier stets Identifizierungsprobleme mit Inflationswirkungen, die andere Ursachen haben - etwa die Veränderungen der Preisstruktur, die nun etwas eingehender betrachtet werden sollen.

Hier trifft man nun auf zwei Feststellungen,die im wesentlichen auf G. L. BACH und A. ANDO [1]) zurückgehen, und die sich in der einen oder anderen Form auch in der darauf folgenden Literatur wiederfinden [2]):

a) Eine Inflation bewirkt eine Umverteilung von Kaufkraft zu Lasten derjenigen Einkommensbezieher, deren Einkommen als Folge der inflationären Entwicklung langsamer steigen als die Preise der Güter, die mit diesen Einkommen gekauft werden sollen. Diese Kaufkraftumverteilung begünstigt umgekehrt jene Einkommensbezieher, deren Einkommen aufgrund der inflationären Entwicklung schneller wächst als das Niveau der für sie relevanten Preise.

b) Eine Inflation bewirkt außerdem eine Kaufkraftumverteilung zu Lasten jener Vermögensbesitzer, deren Nettovermögenswerte als Folge der inflationären Entwicklung langsamer steigen als das Preisniveau. Diese Kaufkraftumverteilung begünstigt umgekehrt jene Vermögensbesitzer, deren Nettovermögenswerte im Vergleich zum Preisniveau überproportional steigen.

---

1) Siehe: G. L. BACH and A. ANDO, The Redistributional Effects of Inflation, in: Review of Economics and Statistics 39 (1957), S. 2.

2) Siehe z.B.: H. SCHERF, Inflation und Einkommensverteilung, in: Weltwirtschaftliches Archiv 100 (1968 I), S. 263 f. und M. ZIERCKE, Die redistributiven Wirkungen ..., a.a.O., S. 18.

Es wird allgemein hervorgehoben, daß es sich bei diesen Feststellungen um A-priori-Aussagen handelt. Dies ist zweifellos der Fall. Wichtiger ist jedoch der Sachverhalt, daß die Aussagekraft dieser Feststellungen relativ gering ist. Denn es handelt sich hier um bedingte Aussagen ("wenn - dann"), die so allgemein gehalten sind, daß es im dunkeln bleibt, welche Gruppen (oder Kategorien) von Einkommensbeziehern und Vermögensbesitzern zu den Inflationsverlierern und welche zu den Inflationsgewinnern zu zählen sind, welche institutionellen Gegebenheiten und Reaktionsmuster dabei jeweils maßgebend sind und schließlich, ob und wie sich diese Redistributionseffekte im Verlauf einer anhaltenden inflationären Entwicklung ändern können (etwa als Folge gewisser Verhaltensänderungen).

Noch geringer ist die Aussagekraft der Feststellungen, die sich bei H.-J. KRUPP über die Verteilungseffekte von inflationären Preissteigerungen finden [1]). KRUPP unterscheidet zwischen folgenden drei "Einflußgruppen":

a) Preisänderungen können die Verteilung des Realeinkommens beeinflussen, auch wenn die Verteilung des Nominaleinkommens unverändert bleibt.

b) Preisänderungen können über Änderungen der Faktorverteilung und der durchschnittlichen Faktorpreise die Verteilung des Nominaleinkommens beeinflussen.

c) Die von Preisänderungen ausgehenden Veränderungen in der Verteilung von Nominal- und Realeinkommen können das Verhalten der Haushalte beeinflussen. Aus den geänderten Verhaltensweisen können sich Einflüsse auf die Verteilung des Nominaleinkommens ergeben.

Bei diesen Unterscheidungen von KRUPP werden lediglich die Verteilungsbereiche genannt, die von inflationären Entwicklungen möglicherweise tangiert werden. Dagegen fehlt jeder konkrete Hinweis darauf, unter welchen - allgemeinen oder speziellen - Bedingungen mit entsprechenden Redistributionseffekten gerechnet werden muß. Infolgedessen sind hier auch keine Aussagen über die Richtung und das Ausmaß dieser Effekte möglich.

1) H.-J. KRUPP, Theorie der personellen Einkommensverteilung ..., a.a.O., S. 120 f.

Trotz der angedeuteten Mängel sind die Unterscheidungen von BACH und ANDO sowie von KRUPP von einer gewissen Bedeutung. Denn sie ermöglichen eine Art von Klassifikation der Bedingungen (Preisverschiebungen, Verhaltensweisen der betroffenen Wirtschaftsgruppen) und der Indikatoren (Verteilung der Nominal- und Realeinkommen, Vermögensverteilung), die für die Beurteilung von inflationären Redistributionswirkungen maßgebend sein können.

Freilich sind die Unterscheidungen, die damit ermöglicht werden, für die Analyse der Umverteilungseffekte anhaltender Preissteigerungen noch nicht ausreichend. Als nicht minder bedeutsam erscheint uns die Beantwortung der folgenden Fragen:

a) An Hand welcher Preisindices werden die Inflation und die von ihr ausgehenden Wirkungen gemessen? Ist - neben der Berücksichtigung eines "allgemeinen" Preisindex (z.B. Preisindex für das Bruttosozialprodukt) - die Verwendung verschiedener Lebenshaltungskostenindices immer ausreichend, um Verschiebungen in der Einkommens- und Vermögensposition bestimmter sozialökonomischer Gruppen oder Personen registrieren zu können?

b) Lassen sich institutionelle Gegebenheiten (z.B. Nominalwertprinzip im Gläubiger - Schuldner - Verhältnis, Bilanzierungsvorschriften) feststellen, die im Falle anhaltender Preissteigerungen zu Umverteilungswirkungen führen?

c) Mit welchen Verhaltensreaktionen der von der Inflation begünstigten und betroffenen Wirtschaftssubjekte auf bereits eingetretene Preissteigerungen ist zu rechnen? Wie und mit welcher Geschwindigkeit vollziehen sich u.U. die hier relevanten "Lernprozesse"?

d) Mit welchen Erwartungen über zukünftige Preissteigerungen ist bei den begünstigten und betroffenen Wirtschaftssubjekten jeweils zu rechnen? Wie und in welchem Ausmaß läßt sich diese Erwartungsstruktur auf bereits eingetretene Umverteilungseffekte zurückführen?

e) Welche Rolle spielen jeweils das "Verhalten im Gleichschritt", die koordinierte Aktion und die Marktmacht der einzelnen Gruppen bei den Verhaltensreaktionen sowie bei den Versuchen, bereits eingetretene oder für die Zukunft erwartete Redistributionseffekte zu neutralisieren?

f) Ist es für die Analyse inflationärer Redistributionswirkungen erforderlich, die jeweiligen Ursachen der Inflation zu diagnostizieren? Gibt es m.a.W. spezifische Umverteilungseffekte, je nachdem, ob die anhaltenden Preissteigerungen auf ein übermäßiges Geldmengenwachstum, auf einen Nachfragesog ("demand pull") oder auf den - etwa durch Steigerungen der Rohstoffpreise oder der Löhne bewirkten - Kostendruck ("cost push") zurückgehen?

g) Sind Redistributionseffekte der Inflation denkbar, die den Verteilungskampf zwischen einzelnen Gruppen nicht verstärken, sondern ihn im Gegenteil entschärfen?

h) Wie lassen sich inflationsbedingte Änderungen der Einkommens- und Vermögensverteilung von entsprechenden Änderungen trennen, die etwa auf Produktivitätssteigerungen, auf Verschiebungen des Faktorangebots und der Faktoreinsatzverhältnisse sowie auf Veränderungen des Investitions- und Sparverhaltens zurückzuführen sind?

Antworten auf die hier aufgeworfenen Fragen finden sich in der verteilungstheoretischen und -politischen Literatur nur sporadisch. Dies überrascht nicht, wenn man weiß, daß über einige Redistributionseffekte von Inflationen zwar viele Spezialuntersuchungen vorliegen, daß aber andererseits eine monographische Abhandlung über das Gesamtproblem immer noch aussteht [1]). Bevor wir jedoch darauf näher eingehen, sollen einige Hypothesen (und die hierzu angestellten Untersuchungen) beschrieben werden, die sich über diese Umverteilungswirkungen in der Literatur finden.

3. Hypothesen über inflationsbedingte Umverteilungswirkungen

a) Die Hypothese der verzögerten Anpassung der Lohnentwicklung an die Preisinflation ("Wage-Lag-Hypothese")

Die Hypothese des sogenannten Wage-Lag geht davon aus, daß sich die Anpassung der Geldlöhne an die Preisentwicklung nur

---

1) Vgl. auch: H.-J. KRUPP, Theorie der personellen Einkommensverteilung ..., a.a.O., S. 120.

mit Verzögerungen vollzieht, so daß das Reallohnniveau sinkt [1]). Dies bedeutet für den Fall einer einmaligen Preissteigerung, daß sich das Reallohnniveau temporär vermindert und sich nach einer Periode der Anpassung wieder erhöht. Für den Fall einer anhaltenden Preissteigerung ergibt sich hieraus aus jedoch ein permanentes Hinterherhinken der Reallohnentwicklung hinter der allgemeinen Inflationsrate. Dementsprechend verschiebt sich die Einkommensverteilung zeitweilig oder auf Dauer zuungunsten des Faktors Arbeit und damit zuungunsten der Bezieher von Arbeitseinkommen. Die Wage-Lag-Hypothese ist also zunächst eine Aussage über einen inflationsbedingten Redistributionseffekt, der sich auf die Quoten der funktionellen Einkommensverteilung auswirkt. Schlußfolgerungen hinsichtlich entsprechender Wirkungen auf die Sekundärverteilung und die personelle Verteilung des Einkommens (hier auf die Verteilungsposition der Arbeitnehmer) sind, wie wir gesehen haben, in kurzfristiger Betrachtung zulässig.

---

1) Aus der umfangreichen Literatur über die Wage-Lag-Hypothese sei auf folgende Studien hingewiesen: A. H. HANSEN, Factors Affecting the Trend of Real Wages, in: American Economic Review 15 (1925), S. 39 f.; A. T. PEACOCK und W. J. L. RYAN, Wage Claims and the Pace of Inflation, in: Economic Journal 63 (1953), S. 387 ff.; I. FISHER, The Purchasing Power of Money. Its Determination and Relation to Credit, Interest and Crises, New York 1963, S. 184 ff. (Reprints of Economic Classics); R. A. KESSEL und A. A. ALCHIAN, The Meaning and Validity of the Inflation-Induced Lag of Wages Behind Prices, in: American Economic Review 50 (1960), S. 43 ff.; G. L. BACH, Inflation. A Study in Economics, Ethics, and Politics, Providence (Rhode Island) 1958, S. 15 f.; A. A. ALCHIAN, Inflation and Distribution ..., a.a.O., S. 622 f.; M. ZIERCKE, Die redistributiven Wirkungen ..., a.a.O., S. 44 ff.; M. ZIERCKE, Inflation und Einkommensverteilung in der Bundesrepublik von 1950 bis 1969, in: Jahrbuch für Sozialwissenschaften 20 (1971), S. 131 ff.; B. MOLITOR, Verteilungswirkungen der schleichenden Inflation, a.a.O., S. 80 und A. JECK, Wer gewinnt, wer verliert bei einer Inflation? in: J. SCHLEMMER (Hrsg.), Enteignung durch Inflation? a.a.O., S. 94 f. und S. 100.

Für die Wage-Lag-Hypothese werden mehrere Begründungen gegeben, auf die kurz hingewiesen werden soll:

a) Eine erste Begründung geht davon aus, daß mit den aus Übernachfrage resultierenden Preissteigerungen zusätzliche Gewinne, nämlich sogenannte windfall profits, einhergehen würden, die zu einer sofortigen Verschiebung der Einkommensverteilung zugunsten der Gewinneinkommen führten. Lohnsteigerungen würden ebenso wie andere Kostensteigerungen erst mit Verzögerungen erfolgen, denn sie seien vom Konkurrenzverhalten der Unternehmen auf den entsprechenden Faktormärkten abhängig.

b) Bei der zweiten Argumentation wird aus der verzögerten Anpassung der Lohnentwicklung der Schluß gezogen, daß die Entlohnung des Faktors Arbeit nicht entsprechend seinem Grenzwertprodukt erfolge, wie dies von der Grenzproduktivitätstheorie des Lohnes unterstellt wird; als ausschlaggebend hierfür werden Marktunvollkommenheiten angesehen.

c) Bei der dritten Begründung wird argumentiert, daß der Wage-Lag entweder unvollkommene Voraussicht oder eine zu geringe Marktmacht der Arbeitnehmer bzw. ihrer Interessenvertreter reflektiere; letzteres bestimme auch die Möglichkeit, bestehende Lohnkontrakte (Tarifverträge) vorzeitig zu kündigen und verbesserte Vertragsbedingungen durchzusetzen. Die Argumentation stützt sich hier also im wesentlichen auf die Thesen der "bargaining-theory" des Lohnes.

Verschiedene Autoren haben die Auffassung vertreten, daß der Wage-Lag institutionelle und/oder verhaltensbedingte Ursachen habe [1]) und insoweit lediglich einen Mangel an Antizipation der inflationären Entwicklung durch die Arbeitnehmer(-vertreter) widerspiegele. Hieraus ist der Schluß gezogen worden, daß es nur einer möglichst genauen Voraussicht in die zukünftige Preisentwicklung bedarf, um über höhere Geldlohnforderungen den inflationsbedingten Reallohnminderungen zu entgehen [2]).

1) Siehe hierzu etwa: I. FISHER, The Purchasing Power of Money ..., a.a.O., S. 184 ff. und C. BRESCIANI-TURRONI, The Economics of Inflation, London 1937, S. 310.

2) Siehe hierzu z.B.: G. ACKLEY, Macroeconomic Theory, New York 1961, S. 426 und J. LÜBBERT, Untersuchungen zur Theorie der gesamtwirtschaftlichen Einkommensverteilung, Tübingen 1964, S. 170.

Abgesehen davon, daß vollkommene Voraussicht in zukünftige wirtschaftliche Entwicklungen nicht möglich ist [1]), muß darauf hingewiesen werden, daß auch bei sofortiger Anpassung der Geldlöhne an die Inflationsrate unternehmerische Reaktionen denkbar sind, die zu einer Verminderung des Reallohnsatzes und/oder der gesamten Lohnsumme führen [2]). Entscheidend für inflationsbedingte Reallohnminderungen sind also nicht immer die institutionellen Bedingungen auf dem Arbeitsmarkt und die Verhaltensreaktionen der unmittelbar betroffenen Arbeitnehmer.

b) Die Hypothese inflationsbedingter Realeinkommensverluste der Bezieher von Transferzahlungen

Während die Hypothese einer verzögerten Anpassung der Geldlöhne an die Preisentwicklung nicht unwidersprochen geblieben ist, besteht ein großes Maß an Übereinstimmung darüber, daß anhaltende Preissteigerungen unmittelbar und besonders hart alle Bezieher von Transferzahlungen, also (Sozial-)Rentner, Pensionäre, Fürsorgeempfänger und Kriegshinterbliebene, trifft [3]). Denn mit der Erhöhung des Preisniveaus vermindert

1) Siehe: O. MORGENSTERN, Vollkommene Voraussicht und wirtschaftliches Gleichgewicht, in: Zeitschrift für Nationalökonomie 5 (1934), S. 433 ff.

2) Vgl. hierzu die Ausführungen von M. ZIERCKE (Die redistributiven Wirkungen ..., a.a.O., S. 48 f.).

3) Vgl. hierzu z.B.: G. L. BACH und A. ANDO, The Redistributional Effects ..., a.a.O., S. 13; S. E. HARRIS, The Incidence of Inflation or Who Gets Hurt? Study Paper No. 7, Materials Prepared in Connection with the Study of Employment, Growth, and Price Levels for Consideration by the Joint Economic Committee, Congress of the United States, Washington DC 1959, S. 38 ff.; J. W. CONARD, The Causes and the Consequences of Inflation, in: Inflation, Growth, and Employment. A Series of Research Studies Prepared for the Commission on Money and Credit, Englewood Cliffs 1964, S. 77 f.; A. A. ALCHIAN, Inflation and Distribution ..., a.a.O., S. 624 f.; H. SCHERF, Inflation und Einkommensverteilung, a.a.O., S. 270; M. ZIERCKE, Die redistributiven Wirkungen ..., a.a.O., S. 38 ff.; M. ZIERCKE, Inflation und Einkommensverteilung ..., a.a.O., S. 128 ff.; B. MOLITOR, Verteilungswirkungen der schleichenden Inflation, a.a.O., S. 82 ff. und A. JECK, Wer gewinnt, wer verliert ...? a.a.O., S. 100 f.

sich unmittelbar der Realwert der nominal festgelegten Einkommen der Transferzahlungsempfänger, ohne daß diesen eine Möglichkeit der Ausweichreaktion gegeben wäre. Transferzahlungsempfänger zählen in aller Regel zu den Gruppen mit "passiver" Stellung im Einkommensprozeß [1]; d.h. das Einkommenswachstum dieser Gruppen kann kaum durch eigene Aktivitäten beeinflußt werden, sondern ist abhängig von den Entscheidungen politischer Institutionen. Von der Geschwindigkeit und der Reichweite dieser politischen Entscheidungen hängt es ab, wie weit die Einkommensumverteilung einer inflationären Entwicklung zu Lasten dieser Gruppen geht, die - aus verschiedenen Gründen - aus dem Produktionsprozeß ausgeschieden sind.

Ob sich diese Redistribution allerdings global zugunsten aller Bezieher von Leistungseinkommen auswirkt [2], ist fraglich. Denn auch diese Gruppen zählen, wie wir gesehen haben, teilweise zu den Verlierern des Inflationsprozesses. Letztlich sind es auch hier die Besitzer der verschiedenen Kategorien von Sachvermögen, bei denen sich die Inflationsgewinne in der Form von Wertsteigerungen bei den Realvermögen niederschlagen.

In der Bundesrepublik sind die Renten der Arbeiter und Angestellten seit 1957 dynamisiert worden, um sie an die allgemeine Einkommensentwicklung anzupassen. Diese Rentenautomatik gilt allerdings nur für die Neurenten; sie ist außerdem in ihrer allgemeinen Bemessungsgrundlage so konstruiert, daß die Anpassung an das Einkommenswachstum der Lohn- und Gehaltsempfänger nur mit Verzögerung erfolgen kann. Bei den "Altrenten" (Bestandsrenten), die den weitaus größten Teil der Sozialrenten ausmachen, sind hingegen stets neue Anpassungsgesetze erforderlich, um diese Renten an das gestiegene Einkommensniveau anzupassen. Hier wirken sich institutionell be-

1) Zur Unterscheidung zwischen "aktiven" und "passiven" Gruppen im Einkommensprozeß siehe: M. BRONFENBRENNER und F. D. HOLZMAN, A Survey of Inflation Theory, in: American Economic Review 53 (1963), wiederabgedruckt in: Surveys of Economic Theory, Band 1, London 1965, S. 97.

2) Diese Auffassung vertritt z.B. M. ZIERCKE (Die redistributiven Wirkungen ..., a.a.O., S. 38).

dingte Verzögerungen und die Rücksichtnahme der staatlichen Entscheidungsorgane auf konjunktur- und finanzpolitische Interessen besonders stark zum Nachteil der Sozialrentner aus. Aus alldem ergibt sich, daß die inflationsbedingten Realeinkommensverluste der Sozialrentner nur zum Teil und auch hier nur unvollständig kompensiert werden, da mit der allgemeinen Bemessungsgrundlage in der Rentenformel eine Anpassungsverzögerung gleichsam institutionalisiert ist. Zusätzliche Verzögerungen ergeben sich aus den genannten Gründen bei den Bestandsrenten, die insoweit als die Renten mit dem geringsten Inflationsschutz anzusehen sind.

c) Die Hypothese inflationsbedingter Zwangssparprozesse

Diese Hypothese, die sowohl in der Inflations- als auch in der Verteilungstheorie eine Rolle spielt [1]), ist auch zur Erklärung inflationsbedingter Redistributionseffekte herangezogen worden [2]). Hier wurde sie sowohl mit der Wage-Lag-Hypothese als auch mit der These der passiven Stellung aller Bezieher von kontraktbestimmten Einkommen im Wirtschaftsprozeß in Verbindung gebracht. In beiden Fällen war es das Ziel, die Dynamik des Inflationsprozesses und zugleich die damit verknüpften Umverteilungswirkungen zugunsten der Investoren (Gewinnbezieher) zu erklären.

Nach dieser Hypothese ist es die durch Geldschöpfung ermöglichte autonome Investitionstätigkeit der Unternehmungen (und des Staates), die im Prozeß der Einkommensentstehung und -verteilung die aktive Rolle spielt. Unter Vollbeschäftigungsbedingungen führt jede zusätzliche Investition zu einem Anstieg des Preisniveaus, der zu Lasten aller jener Gruppen geht, deren Einkommen aufgrund bestehender (Lohn-)Kontrakte nicht

---

1) In der Inflationstheorie liegt diese Hypothese dem "Demand-pull"-Ansatz und in der Verteilungstheorie dem sogenannten postkeynesianischen Verteilungsansatz zugrunde.

2) Siehe hierzu: A. A. ALCHIAN, Inflation and Distribution ..., a.a.O., S. 623 f.

sofort angepaßt werden kann. Demzufolge sinkt das Realniveau des Konsums dieser Gruppen, was wiederum impliziert, daß im Ausmaß der zusätzlichen Investition erzwungene Ersparnis entsteht, die sich in der Form höherer Gewinne bei den Unternehmungen niederschlägt. Den Unternehmungen wird es damit möglich gemacht, die mit den Investitionen ursprünglich eingegangenen Verbindlichkeiten zu konsolidieren.

Dieser Zwangssparprozeß führt somit zu einer "geräuschlosen" Umverteilung von Einkommen und Vermögen zugunsten der Investoren (Gewinnbezieher), wobei die den kontraktbestimmten Einkommen innewohnenden Verzögerungen als ausschlaggebend angesehen werden. Es läßt sich jedoch nachweisen, daß der beschriebene Zwangssparprozeß mit seinen Umverteilungseffekten auch dann wirksam ist, wenn Arbeitseinkünfte (und die übrigen kontraktbestimmten Einkommen) ohne Verzögerung der allgemeinen Einkommensentwicklung folgen [1]).

d) Die sogenannte Gläubiger - Schuldner - Hypothese

Ausgangspunkt dieser Hypothese ist der Sachverhalt, daß Preissteigerungen zu einer Verminderung des Realwerts von Geldschulden führen können, und zwar dann, wenn die Höhe der Schuld in Geldeinheiten unveränderlich festgelegt ist und wenn weder in der Höhe des Nominalzinses noch in jener der Tilgungsraten die Preissteigerungsrate berücksichtigt wird [2]).

1) Siehe hierzu: M. ZIERCKE, Die redistributiven Wirkungen ..., a.a.O., S. 48 f.

2) Aus der umfangreichen Literatur zur Gläubiger-Schuldner-Hypothese sei auf folgende Arbeiten hingewiesen: I. FISHER, The Purchasing Power of Money...,a.a.O., S. 57; R.A.KESSEL, Inflation-Caused Wealth Redistribution, A Test of a Hypothesis, in: American Economic Review 46 (1956), S. 128 ff.; G. L. BACH und A. ANDO, The Redistributional Effects ..., a.a.O., S. 64 ff.; R. A. KESSEL und A. A. ALCHIAN, Effects of Inflation, in: Journal of Political Economy 70 (1962), S. 533 f.; L. DE ALESSI, The Redistribution of Wealth. An Empirical Test With United Kingdom Data, in: Southern Economic Journal 30 (1963/64), S. 113 ff.; M. BRONFENBRENNER und F. D. HOLZMAN, A Survey of Inflation Theory, a.a.O., S. 95 ff.; H. SCHERF, Inflation und Einkommensverteilung, a.a.O., S. 267 ff.; M. ZIERCKE, Die redistributiven Wirkungen ..., a.a.O., S. 95 ff. und M. ZIERCKE, Inflation und Einkommensverteilung ..., a.a.O., S. 142 ff.

Ist dies der Fall, dann erleidet der Geldgläubiger einen Kaufkraftverlust und demzufolge der Geldschuldner einen entsprechend hohen Kaufkraftgewinn. D.h.: Im Verhältnis zwischen Geldgläubiger und Geldschuldner vollzieht sich eine hinsichtlich ihrer Wirkungen genau feststellbare Umverteilung von Einkommen bzw. Vermögen. Dabei ist zu beachten, daß dieser Redistributionseffekt nicht mit jenen oben beschriebenen Umverteilungswirkungen verwechselt werden darf, die sich zwischen den Besitzern von Geldvermögenstiteln einerseits und den Besitzern von Sachvermögen andererseits ergeben [1]).

Als ausschlaggebend für die hier interessierende Kaufkraftumverteilung wurde angesehen, daß die Preissteigerungsrate von den Geldgläubigern nicht oder nur unvollständig antizipiert werde. Dies komme in der Höhe des Nominalzinses zum Ausdruck, der - gemessen an der Inflationsrate - in diesem Fall zu niedrig sei. Ebenso sei es auf mangelnde oder unvollkommene Voraussicht der zukünftigen Preisentwicklung zurückzuführen, wenn bei Schuldkontrakten von seiten der Gläubiger auf Geldwertsicherungsklauseln verzichtet werde. Hier werde immer noch nach der - scheinbar - unanfechtbaren Gleichung "Mark gleich Mark" verfahren, unbeschadet der Tatsache, daß bei schleichender Inflation der Geldwert fortwährend sinke.

Nun besteht allerdings die Möglichkeit einer inflationsbedingten Minderung des Realzinses auch dann, wenn alle Wirtschaftssubjekte die Inflationsrate korrekt antizipieren. Der Nachweis für diesen möglichen Sachverhalt ist von R. MUNDELL[2]) erbracht worden. Die Beweisführung stützt sich allerdings auf einige Annahmen, wobei auf die folgenden vier Prämissen besonders hingewiesen werden soll [3]):

---

1) Vgl. hierzu unsere Ausführungen im Abschnitt II 2.

2) R. MUNDELL, Inflation and Real Interest, in: Journal of Political Economy 71 (1963), S. 280 ff.

3) Vgl. hierzu auch die Darstellung bei M. ZIERCKE (Die redistributiven Wirkungen ..., a.a.O., S. 96 ff.).

a) Die Geldmenge ist exogen gegeben.

b) Die reale Investition ist abhängig von der Höhe des Realzinses, wobei die Investitionstätigkeit mit sinkendem Realzins steigt.

c) Die reale Ersparnis ist bei - stets garantierter - Vollbeschäftigung ausschließlich vom Realwert des Geldvermögens abhängig; sie sinkt mit steigendem Realwert des Geldvermögens.

d) Für die Vermögenshaltung stehen die Formen des Realvermögens ("Aktien") und des Geldvermögens ("Kasse") zur Verfügung. Die Vermögensstruktur ist - bei gegebenen Risikopräferenzen - von den Opportunitätskosten der Kassenhaltung abhängig; diese Kosten sind bei Preisstabilität durch die Höhe des Nominal-(bzw. Real-)Zinses bestimmt. Steigen die genannten Opportunitätskosten, dann sinkt die Nachfrage nach Geldvermögen und damit auch der Anteil des Geldvermögens am Gesamtvermögen.

Ein Anstieg des Preisniveaus hat unter den genannten Voraussetzungen zur Folge, daß die Opportunitätskosten der Kassenhaltung wegen der Entwertung des Geldvermögens steigen. Wird dies antizipiert, dann sinkt die Nachfrage nach Geldvermögen. Mit der Verminderung des Realwerts des Geldvermögens sinkt jedoch zugleich die Höhe des Realzinses, bei dem die freiwillige (reale) Ersparnis gleich der beabsichtigten (realen) Investition ist. Daraus folgt wiederum, daß die Verminderung des Realzinses endgültig ist; denn nur bei reduzierter Höhe des Realzinses ist es möglich, daß sich die Ersparnis und die Investition im Gleichgewicht befinden, und sich zugleich die gesunkene Nachfrage nach Geldvermögen an den verminderten Realwert des Geldangebots anpaßt.

Es ist dabei nämlich zu berücksichtigen, daß der gesunkenen Nachfrage nach Geldvermögen auch ein - durch die Preissteigerung bewirktes - vermindertes Angebot an realer Kasse gegenübersteht. Der Realzins sinkt nicht zuletzt deshalb, weil einerseits die Nachfrage nach Realvermögenstitel (Aktien) und damit deren Preis (Kurs) steigt, während sich andererseits die nominellen Erträge, die den Realvermögensbesitzern (Aktionären) zufließen, nur um die Inflationsrate erhöhen. Die Antizipation dieser Inflationsrate erweist sich damit - gemessen an der Höhe des Realzinses - als <u>nicht</u> erfolgreich.

Gegenüber dem hier nur kurz skizzierten Modellansatz von MUNDELL ist kritisch darauf hinzuweisen, daß die hieraus gewonnenen Aussagen mit den gewählten Prämissen stehen und fallen. So ist etwa die Annahme, daß die realen Ersparnisse ausschließlich vom Realwert des Geldvermögens abhängen (und dabei steigen, wenn dieser Realwert - inflationsbedingt - sinkt), unter den Bedingungen einer anhaltenden Preisinflation wenig plausibel; das gleiche gilt für die unterstellte Abhängigkeit der realen Investitionen von der Höhe des Realzinses. Inflation würde auf diese Weise für ein Gleichgewicht zwischen Investition und Ersparnis auf einem höheren Niveau sorgen (und damit u.a. auch zu einer Forcierung des Wirtschaftswachstums beitragen). Diese Abhängigkeiten sind jedoch in der Realität kaum zu beobachten, ebensowenig der behauptete Kursanstieg von Aktien innerhalb von Perioden stärkerer Preisinflation. Das Modell von MUNDELL scheint uns eher dazu geeignet zu sein, um die Umverteilungswirkungen von einmaligen (vorübergehenden) Preissteigerungen zu analysieren. In längerfristiger Betrachtung, d.h. für eine Folge von Perioden mit anhaltender Preissteigerungstendenz, wird man - wie uns die Wirklichkeit zeigt - davon ausgehen müssen, daß sich die Antizipationen der Wirtschaftssubjekte ändern, wenn sie sich zunächst als nicht erfolgreich erweisen. Freilich ist damit nicht gesagt, daß es auf diese Weise allen Gruppen gelingt, den Umverteilungswirkungen der Inflation zu entgehen [1].

Unabhängig von den hier aufgeworfenen Fragen der (un-)vollständigen Antizipation zukünftiger Preissteigerungen ist jedoch darauf hinzuweisen, daß sich mit dem inflationsbedingten Gläubiger - Schuldner - Transfer nicht nur Redistributionseffekte hinsichtlich der Verteilung der bestehenden Vermögen, sondern auch entsprechende Veränderungen bei der Sekundärverteilung sowie der personellen Verteilung des Einkommens voll-

---

1) Vgl. hierzu auch die Kritik von E. S. PHELPS zur Analyse von R. MUNDELL (E. S. PHELPS, Anticipated Inflation and Economic Welfare, in: Journal of Political Economy 73 (1965) S. 5 ff.).

ziehen. Von besonderem verteilungspolitischem Interesse ist darüber hinaus, daß sich inflationsbedingte Gläubiger - Schuldner - Transfers auch im Verhältnis zwischen Staat und privatem Sektor sowie innerhalb des Unternehmenssektors (zwischen Produktionsunternehmen und Banken) ergeben können. Die Richtung und das Ausmaß dieser Transfers hängen bei gegebener Inflationsrate davon ab, wie die (Netto-)Gläubiger- und die (Netto-)Schuldnerpositionen zwischen und innerhalb der genannten Sektoren längerfristig aufgeteilt sind [1]).

e) Die Auswirkungen der Inflation auf die Verteilung der Nettoeinkommen

Die bisherigen Hypothesen und Aussagen über inflationsbedingte Redistributionseffekte betrafen durchweg die Auswirkungen auf die Verteilung der Bruttoeinkommen (und -vermögen) und damit der entsprechenden Verteilungsrelationen, wie sie sich vor Steuerabzug ergeben. Berücksichtigt man jedoch darüber hinaus auch das System der öffentlichen Abgaben (Steuern) und seine Konsequenzen für das verfügbare (Real-)Einkommen der Wirtschaftssubjekte, dann treten zusätzliche Umverteilungswirkungen der Inflation zutage, die gerade in jüngster Zeit in der Bundesrepublik zunehmendes Gewicht erlangt haben [2]).

Als ein globales Maß für den hier interessierenden Redistributionseffekt kann - unter gewissen Vorbehalten - die volkswirtschaftliche Steuerquote, also das Verhältnis zwischen den

---

1) Siehe hierzu: R. A. KESSEL, Inflation-Caused Wealth Redistribution, a.a.O., S. 131 sowie R. A. KESSEL und A. A. ALCHIAN, Effects of Inflation, a.a.O., S. 533 f.

2) Vgl. hierzu die in der Öffentlichkeit geführte Diskussion über die Umverteilungswirkungen der Inflation, bei der im zunehmenden Maße auch auf die vom bestehenden Steuersystem ausgehenden regressiven Effekte aufmerksam gemacht wird.

gesamten Steuereinnahmen und dem Sozialprodukt, angesehen werden [1]. Die Entwicklung dieser Größe vollzieht sich im Konjunkturverlauf aufgrund der im allgemeinen in das Steuersystem "eingebauten Flexibilität" prozyklisch; d.h. die Wachstumsraten der Steuereinnahmen entwickeln sich kurz- und mittelfristig überproportional im Vergleich zum Wachstum des Sozialprodukts. Diese Tatsache ist von erheblicher konjunkturstabilisierender Bedeutung [2]. Wird jedoch das Steuerrecht nicht von Zeit zu Zeit durch Veränderungen der Bemessungsgrundlagen, der Freibeträge und der Steuertarife revidiert, dann steigt die volkswirtschaftliche Steuerquote im langfristigen Trend, wodurch nicht nur Fragen der konjunkturpolitischen Effizienz des Steuersystems, sondern im zunehmenden Maße auch Probleme der Verteilungsgerechtigkeit dieses Systems aufgeworfen werden.

Die wichtigste Ursache für diese Zusammenhänge liegt in der progressiven Ausgestaltung der Steuersätze, besonders in der Progression der Einkommensteuer. Das Ausmaß dieser Progression ist maßgebend für die Höhe der Steuerelastizität. Von Bedeutung ist außerdem die Reichweite des fiskalischen Einkommensbegriffs (Freibeträge), denn diese bestimmt die Elastizität der Besteuerungsmenge. Beide Größen, also Besteuerungsmengen- und Steuerelastizität, bestimmen bei gegebener Veränderung der Besteuerungsmenge (Einkommen) das Verhältnis zwischen der prozentualen Zunahme der Steuereingänge und dem Wachstum des Sozialprodukts (= Aufkommenselastizität) und damit unmittelbar die Entwicklung der Steuerquote.

---

1) Vgl. hierzu etwa: G. ZEITEL, Die Steuerlastverteilung in der Bundesrepublik Deutschland, Tübingen 1959, S. 9 f.

2) Siehe hierzu und zum folgenden: W. J. MÜCKL, Steuerpolitik und Konjunkturstabilisierung. Über welches Instrumentarium verfügt die Konjunkturpolitik? in: Der Bürger im Staat 21 (1971), S. 213 ff.

Die Steuerprogression mit ihrer bereits beschriebenen Wirkung auf die langfristige Entwicklung der volkswirtschaftlichen Steuerquote wird verschärft, wenn sich mit dem durch eine anhaltende Preisinflation aufgeblähten Einkommenswachstum auch das Wachstum der steuerlichen Bemessungsgrundlagen beschleunigt. Dem Staat fallen quasi automatisch Mehreinnahmen zu, die nur zum geringeren Teil als ein Maß für die Anforderungen anzusehen sind, die die öffentliche Hand an den privaten Sektor stellt; diese Mehreinnahmen sind vielmehr in erheblichem Umfang inflationsinduziert. Aufgrund dieser "heimlichen" Steuererhöhungen, die oft als das Ergebnis einer "kalten Progression" bezeichnet werden, wird der Staat vielfach als diejenige Institution angesehen, die aus der Inflation Nutzen zieht.

Verteilungspolitisch ungleich bedeutsamer sind jedoch die Auswirkungen der Steuerprogression auf die Nettoeinkommenspositionen verschiedener sozial-ökonomischer Gruppen. Es ist zunächst allerdings darauf hinzuweisen, daß eine Zurechnung bestimmter Steuern auf bestimmte Gruppen von Einkommensbeziehern zu einem erheblichen Teil auf große Schwierigkeiten stößt (Überwälzungsproblematik!), so daß auch Aussagen über Struktur und Entwicklung der Steuerlastverteilung zwischen einzelnen Gruppen nur mit Vorbehalten (bzw. nur unter bestimmten Prämissen) möglich sind [1]).

Andererseits ist jedoch unbestreitbar, daß sich die Tarifprogression auf die Steuerschuld der verschiedenen Einkommensgruppen sehr ungleich auswirkt, so daß auch mit unterschiedlichen Auswirkungen auf die Durchschnitts- und die Grenzsteuerbelastung dieser Gruppen gerechnet werden muß. Hinzu kommt die

1) Siehe hierzu etwa: A. BOHNET, Wie hoch ist die Steuerlast und wer trägt sie? Konzepte und Schwierigkeiten bei der Ermittlung gruppenbezogener Steuerlastquoten, in: Der Bürger im Staat 21 (1971), S. 179.

unterschiedliche Bedeutung der Freibeträge für die Steuerschuld der einzelnen Einkommensgruppen. In beiden Fällen ist davon auszugehen, daß die damit einhergehenden Verteilungswirkungen regressiv sind, d.h. Gruppen mit kleinen und mittleren Einkommen - zumindest relativ - benachteiligen. Insgesamt läßt sich feststellen, daß ein mit progressiven Tarifen ausgestaltetes direktes Steuersystem bei anhaltender Preisinflation langfristig dazu führt, daß sich die Steuerlastproportionen und damit die Nettoeinkommenspositionen der verschiedenen Gruppen verzerren, sofern nicht die steuerrechtlichen Grundlagen in gewissen Zeitabständen korrigiert werden.

Mit zusätzlichen regressiven Verteilungswirkungen ist bei den indirekten Steuern (Umsatzsteuer, spezielle Verbrauchsteuern) zu rechnen, bei denen im allgemeinen mit ihrer Überwälzbarkeit gerechnet werden kann [1]). Hier erfolgt die Belastung in Höhe eines bestimmten Prozentsatzes von den Verbrauchsausgaben der Konsumenten; die Belastung einzelner Einkommensbezieher steigt hier also, je größer der Anteil der Konsumausgaben am Einkommen (= Konsumquote) ist. Da die Konsumquote im allgemeinen um so größer ist, je niedriger das Niveau des verfügbaren Einkommens ist, werden Gruppen mit niedrigem Einkommen durch die indirekten Steuern am stärksten belastet. Hinzu kommt, daß sich das Sparen der Gruppen mit niedrigem Einkommen vornehmlich in der Form des Zwecksparens (für höherwertige Gebrauchsgüter) vollzieht. Werden diese Ersparnisse früher oder später aufgelöst, so werden sie durch die indirekten Steuern ebenfalls belastet.

---

1) Vgl. hierzu und zum folgenden: G. GÖSEKE und D. ZAVLARIS, Die Belastung des privaten Verbrauchs durch indirekte Steuern, in: Vierteljahreshefte zur Wirtschaftsforschung, Berlin 1969, S. 50 ff. sowie F. X. BEA, Mehrwertsteuer unsozial? Einkommenshöhe und Belastung durch allgemeine Umsatzsteuer und spezielle Verbrauchssteuern, in: Der Bürger im Staat 21 (1971), S. 195 ff.

Die eben beschriebenen regressiven Wirkungen der indirekten Steuern verschärfen sich unter den Bedingungen einer anhaltenden Preisinflation. Denn auf jede inflationsbedingte Ausgaben-(Umsatz-)Steigerung erfolgt ein Steuerzuschlag, der das Preisniveau zusätzlich steigert und damit die Kaufkraft der Konsumenten weiter schmälert.

f) Abschließende Bemerkungen

Abschließend sei darauf hingewiesen, daß sich die Mehrzahl der empirisch-orientierten Arbeiten, die zur Überprüfung der oben dargestellten Hypothesen angestellt worden sind, auf einige wenige Aspekte der inflationsbedingten Umverteilungswirkungen beschränkt. Die meisten Untersuchungen, die bisher veröffentlicht worden sind, befassen sich mit der Überprüfung der Wage-Lag-Hypothese bzw. der Gläubiger-Schuldner-Hypothese. Aus diesem Grund muß diesen Untersuchungen bei unserer Darstellung in den folgenden Abschnitten ein relativ breiter Raum gewidmet werden. Demgegenüber liegen empirische Untersuchungen, die sich ausdrücklich mit den inflationsbedingten Umverteilungswirkungen auf die Sekundärverteilung und die personelle Verteilung befassen, nur in geringer Zahl vor. Maßgebend dafür dürften im wesentlichen die Lücken und Mängel im statistischen Datenmaterial sein, die sich sehr bald bei jeder empirischen Untersuchung über die Einkommens-(und Vermögens-) Verteilung als kaum überwindbare Hindernisse erweisen.

4. Die empirischen Untersuchungen zur Wage-Lag-Hypothese im Überblick

a) Vorbemerkungen

Der Inhalt der Wage-Lag-Hypothese ist die Aussage, daß die Entwicklung der nominellen Arbeitseinkommen (Löhne und Gehälter) einem inflationären Preisanstieg nur mit Verzögerungen folgen kann, so daß die realen Arbeitseinkünfte entweder zeitweilig oder auf Dauer sinken. Aus dieser Hypothese folgt, daß sich bei einer inflationären Preisentwicklung auch die Verteilungsposition der Arbeitnehmer verschlechtert.

Den empirischen Untersuchungen zur Überprüfung der Wage-Lag-Hypothese liegen im wesentlichen die folgenden Verfahren zugrunde [1]):

a) Vergleich von Zeitreihen (Indexreihen) für die Preis- und die Lohnentwicklung: Bei dieser Gegenüberstellung wird dann auf eine verzögerte Entwicklung der Arbeitseinkommen, also auf das Vorhandensein eines Wage-Lag, geschlossen, wenn die Reihe des Preisindex schneller ansteigt als die Reihe des Lohn- und Gehaltsindex.

b) Vergleich der zeitlichen Entwicklung der sogenannten Lohnquote mit der entsprechenden Entwicklung eines Preisindex: Dabei wird dann das Vorhandensein eines Wage-Lag festgestellt, wenn bei steigendem Preisindex die Lohnquote sinkt.

c) Überprüfung der Wage-Lag-Hypothese an Hand von einzelbetrieblichen Daten: Dieser Test, der von R. A. KESSEL und A. A. ALCHIAN vorgenommen worden ist [2]), beruht auf der Prämisse, daß bei Vorliegen eines Wage-Lag besonders lohnintensive Unternehmen auch überdurchschnittlich hohe (Zusatz-)Gewinne erzielen müßten; dementsprechend müßte das Kursniveau der Aktien dieser Unternehmen überproportional ansteigen. Die Wage-Lag-Hypothese wird unter diesen Annahmen dann als zutreffend akzeptiert, wenn im Verlauf einer Inflationsperiode die Steigerung der Aktienkurse der betreffenden Unternehmen um so stärker ist, je größer dabei das Verhältnis zwischen Lohnsumme und dem Wert des Grundkapitals ist.

Aus verschiedenen Gründen, auf die unten näher eingegangen wird, ist die Aussagefähigkeit des Testverfahrens von KESSEL und ALCHIAN beschränkt. Zum Teil gilt dies allerdings auch für die ersten beiden Verfahren, die den meisten empirischen Untersuchungen zur Wage-Lag-Hypothese zugrunde liegen. Hier sind jedoch methodische Verfeinerungen vorgenommen worden [3]), die zu einer gewissen Klärung der aus den jeweiligen Verfahren resultierenden Aussagemöglichkeiten geführt haben.

---

1) Vgl.: M. ZIERCKE, Die redistributiven Wirkungen ..., a.a.O., S. 50 f.

2) R. A. KESSEL und A. A. ALCHIAN, The Meaning and Validity ..., a.a.O., S. 59 ff.

3) Dies gilt besonders für die von M. ZIERCKE in seinen beiden Studien (Die redistributiven Wirkungen ..., a.a.O., S. 60 ff. und S. 70 ff. bzw. Inflation und Einkommensverteilung ..., a.a.O., S. 131 ff.) zugrunde gelegten Verfahren.

b) Die Überprüfungen der Wage-Lag-Hypothese auf der Grundlage von Vergleichen zwischen Preis- und Lohnindizes

i) Die Untersuchungen von E. J. HAMILTON

In großangelegten Untersuchungen über die Entwicklung von Preisen und Löhnen in Spanien und England für den Gesamtzeitraum zwischen 1351 und 1800 hat E. J. HAMILTON [1]) die dabei im Verlauf bestimmter Perioden auftretenden Minderungen der Reallöhne nahezu unterschiedslos auf inflationäre Preisentwicklungen zurückgeführt [2]). Diese Reallohnsenkungen sind von HAMILTON nicht nur als ein Beweis für die Wage-Lag-Hypothese angesehen worden; sie wurden von ihm vielmehr auch als ein bedeutsamer Faktor zur Ankurbelung der Wirtschaftsentwicklung im Zuge der industriellen Revolution betrachtet.

Die von HAMILTON verwandten Untersuchungsmethoden sind in der Literatur ebenso kritisch bewertet worden wie die festgestellten Ergebnisse und die aus ihnen gezogenen Schlußfolgerungen[3]). So ist darauf hingewiesen worden, daß die Beweisführungen HAMILTONS auf einer willkürlichen Auswahl und Abgrenzung der Untersuchungsperioden beruhten, und daß nicht-monetäre Determinanten der Lohnentwicklung in den genannten Ländern nahezu ausnahmslos vernachlässigt worden seien. Ebenso wird kritisch angemerkt, daß die Bewertung der Untersuchungsergebnisse nicht vorurteilsfrei erfolgt sei, wenn etwa Reallohnentwicklungen, die mit der Wage-Lag-Hypothese im Widerspruch stehen, als "anomal" beurteilt worden seien.

---

1) E. J. HAMILTON, American Treasure and the Price Revolution in Spain 1501-1650, Cambridge (Mass.) 1934; E. J. HAMILTON, Money, Prices and Wages in Valencia, Aragon, and Navarre 1351-1500, Cambridge (Mass.), 1936; E. J. HAMILTON, War and Prices in Spain 1651-1800, Cambridge (Mass.) 1947 und E. J. HAMILTON, Profit Inflation and the Industrial Revolution 1751-1800, in: Quarterly Journal of Economics 56 (1941/42), S. 256 ff.

2) Vgl. hierzu auch die Darstellungen bei R. A. KESSEL und A. A. ALCHIAN, The Meaning and Validity ..., a.a.O., S. 49 ff. und bei M. ZIERCKE, Die redistributiven Wirkungen ..., a.a.O., S. 52 ff.

3) Siehe hierzu vor allem: R. A. KESSEL und A. A. ALCHIAN, The Meaning and Validity ..., a.a.O., S. 49 ff.

Für alle der genannten Einwände lassen sich in den Arbeiten von HAMILTON Belege finden. Sie zwingen dazu, den Thesen HAMILTONS mit großer Vorsicht zu begegnen. Zum Teil lassen sich aus dem - statistisch unzureichenden - Datenmaterial entgegengesetzte Schlußfolgerungen ziehen. Außerdem bleiben die Beweisführungen so lange lückenhaft, als nicht auch der Einfluß demographischer und institutioneller Faktoren auf die Lohnentwicklung in Spanien und England zwischen dem 14. und dem 18. Jahrhundert berücksichtigt wird.

Vor allem ist jedoch darauf hinzuweisen, daß die von HAMILTON angewandte Methode mit einer grundsätzlichen Schwäche behaftet ist [1]). Denn bei Vergleichen zwischen Preis- und Lohnindexreihen ist nie ganz auszuschließen, daß die Wahl dieser Indexreihen sowie die Festlegung der Basisjahre und des Untersuchungszeitraumes einer gewissen Willkür unterliegt. Dies bedeutet, daß weder der Beginn noch das Ende einer inflationären Entwicklung exakt bestimmt werden können; zum Teil gilt dies auch für das Ausmaß inflationärer Preissteigerungen.

ii) Die Untersuchungen von W. C. MITCHELL und E. M. LERNER

In den Arbeiten von W. C. MITCHELL [2]) ist die Entwicklung der Preise und Löhne in den amerikanischen Nordstaaten während des Bürgerkriegs (1861 bis 1865) untersucht worden. Aus dem Vergleich von Preis- und Lohnindexreihen hat MITCHELL den Schluß gezogen, daß die registrierte Reallohnminderung auf die anhaltende Preisinflation während des Sezessionskrieges zurück-

---

1) Vgl.: M. ZIERCKE, Die redistributiven Wirkungen ..., a.a.O., S. 53 f.

2) W. C. MITCHELL, A History of the Greenbacks. With Special Reference to the Economic Consequences of Their Issue, 1862 - 65, Chicago 1903 und W. C. MITCHELL, Gold, Prices and Wages Under the Greenback Standard, Berkeley (Cal.) 1908.

zuführen sei, so daß sich auch für diese Periode die Wage-Lag-Hypothese bestätige [1]).

Auch hier ist auf Mängel in der Untersuchungsmethode hinzuweisen. MITCHEL verwendet zur Deflationierung der Geldlöhne einen Großhandelspreisindex, in dem zu einem erheblichen Teil auch international gehandelte Güter (Rohstoffe) eingehen. Damit ist jedoch die für die Empfänger von Arbeitseinkommen relevante Preisentwicklung zweifellos überschätzt worden; dies zeigt sich auch darin, daß die Verwendung von Lebenshaltungskostenindizes zur Deflationierung zu einer wesentlich geringeren Reallohnminderung in den amerikanischen Nordstaaten für den genannten Zeitraum führt. Eine weitere Verzerrung der Untersuchungsergebnisse ist auf das von MITCHELL ausgewählte Basisjahr 1860 zurückzuführen. In diesem Jahr besonders starker wirtschaftlicher Prosperität war auch das Reallohnniveau außergewöhnlich hoch; da das folgende Jahr eine leichte Rezession brachte, ist nicht auszuschließen, daß die Reallohnminderungen auch konjunkturbedingt waren.

Gegenüber den Thesen von MITCHELL weisen R. A. KESSEL und A. A. ALCHIAN kritisch darauf hin, daß die in den amerikanischen Nordstaaten während des Bürgerkriegs gesunkenen Reallöhne auch auf den Einfluß von nicht-monetären Faktoren zurückgeführt werden könnten [2]). Denn die mit dem Bürgerkrieg einhergehende Zerstörung der internationalen Handelsbeziehungen und der damit bewirkte Verzicht auf die Vorteile der internationalen Arbeitsteilung hätten zu einer Verschlechterung der "terms of trade" geführt, so daß Realeinkommensverluste als notwendige Folge eintreten mußten. Die Reallöhne hätten demzufolge auch <u>ohne</u> die Begleiterscheinung inflationärer Preissteigerungen sinken können.

---

1) Vgl. hierzu auch die Darstellungen bei: R. A. KESSEL und A. A. ALCHIAN, The Meaning and Validity ..., a.a.O., S. 54 ff.; H. SCHERF, Inflation und Einkommensverteilung, a.a.O., S. 260 ff. und M. ZIERCKE, Die redistributiven Wirkungen ..., a.a.O., S. 55 f.

2) Siehe hierzu vor allem: R. A. KESSEL und A. A. ALCHIAN, The Meaning and Validity ..., a.a.O., S. 54 ff.

Etwas differenzierter in den Schlußfolgerungen sind die Studien, die E. M. LERNER [1]) zur Reallohnentwicklung in den amerikanischen Südstaaten während des Sezessionskrieges angestellt hat. Zwar führt LERNER - ebenso wie dies MITCHELL für den Norden getan hat - die sinkende Tendenz der Reallöhne in den konföderierten Staaten auf das Vorhandensein eines Wage-Lag zurück; dieser Wage-Lag wird zudem als ein wesentlicher Faktor für die Kriegsanstrengungen des Südens angesehen. Auf der anderen Seite weist jedoch LERNER auch darauf hin, daß die Verminderung der Reallöhne auf nicht-monetäre Ursachen zurückgehe. Denn die Inflation sei zum Teil kriegsbedingt gewesen und hätte insofern den Charakter einer Steuer zur Finanzierung dieses Krieges angenommen. Außerdem sei das Realeinkommen im Süden deshalb gesunken, weil ein Großteil der weißen Facharbeiter Kriegsdienste geleistet habe und weil die internationalen Handelsbeziehungen durch die Blockade der Nordstaaten abgeschnitten worden seien.

R. A. KESSEL und A. A. ALCHIAN haben kritisch bemerkt, daß die von LERNER akzeptierte Hypothese eines Wage-Lag unvereinbar sei mit dem vom gleichen Autor analysierten Einfluß der genannten nicht-monetären Faktoren auf die Reallohnentwicklung in den Südstaaten [2]). Hier ist allerdings darauf hinzuweisen, daß von einer "Unvereinbarkeit" der verschiedenen Erklärungsmöglichkeiten nicht die Rede sein kann. Es dürfte allerdings äußerst schwierig sein, die einzelnen "Beiträge" monetärer und nicht-monetärer Faktoren auf die Reallohnentwicklung jeweils streng voneinander zu trennen.

iii) Die Untersuchung von A. H. HANSEN

In seinem Artikel über die Einflußfaktoren der langfristigen Reallohnentwicklung in den Vereinigten Staaten von 1820 bis 1923 untersucht A. H. HANSEN [3]) auch die Auswirkungen der In-

1) E. M. LERNER, The Monetary and Fiscal Programs of the Confederate Government 1861-65, in: Journal of Political Economy 62 (1954), S. 506 ff. und E. M. LERNER, Money, Prices, and Wages in the Confederacy 1861-65, in: Journal of Political Economy 63 (1955), S. 20 ff.

2) R. A. KESSEL und A. A. ALCHIAN, The Meaning and Validity ...,a.a.O.,S.56. Siehe hierzu auch: M. ZIERCKE, Die redistributiven Wirkungen ..., a.a.O., S. 57.

3) A. H. HANSEN, Factors Affecting the Trend of Real Wages, a.a.O., S. 40 ff.

flation im Gefolge des ersten Weltkrieges. Die Entwicklungen des Lebenshaltungskosten- und des Geldlohnindex stützen nach Meinung von HANSEN die Hypothese des Wage-Lag: "Rising prices cause a gap between the marginal productivity of the various factors employed by the entrepreneur and the return that each receives. Indeed in such periods it is literally true that 'labor does not receive the full value of its product'"[1]).

Diese Auffassung ist nicht unwidersprochen geblieben. R. A. KESSEL und A. A. ALCHIAN [2]) haben darauf hingewiesen, daß die von HANSEN verwendeten Daten die Wage-Lag-Hypothese nicht unterstützen; eine inflationsbedingte Reallohnsenkung könne nur dann konstatiert werden, wenn man das Jahr 1916 als Basisjahr heranziehe und dazu die Reallohnentwicklung von 1917 oder 1919 vergleiche. Sobald man jedoch 1913 als Basisjahr zugrunde lege, werde die Wage-Lag-Hypothese durch die Entwicklung bis 1920 falsifiziert. Denn in diesem Fall könne aus den Daten nicht auf eine inflationsinduzierte Minderung des Reallohnindex geschlossen werden.

KESSEL und ALCHIAN haben auch darauf aufmerksam gemacht, daß mit der von HANSEN verwendeten Indexreihe der wöchentlichen Arbeitsverdienste eine systematische Unterschätzung der tatsächlichen Reallohnentwicklung impliziert sein könne. Wenn nämlich Freizeit höher eingeschätzt werde (also ein "superiores Gut" sei) und die realen Stundenverdienste pro Kopf der Arbeiter ansteigen würden, dann könne die Substitution von Einkommen für mehr Freizeit in der Entwicklung der Wochenverdienste der Arbeiter nicht vollständig zum Ausdruck kommen. Hinter der an der Entwicklung der Wochenverdienste gemessenen Reallohnminderung könne sich also sehr wohl ein Anstieg des Reallohnniveaus verbergen. Aus diesem Grund sei die Möglichkeit solcher

---

1) A. H. HANSEN, Factors Affecting the Trend of Real Wages, a.a.O., S. 40.

2) R. A. KESSEL und A. A. ALCHIAN, The Meaning and Validity ..., a.a.O., S. 57 f.

systematischer Unterschätzungen der tatsächlichen Reallohnentwicklung besonders dann zu beachten (und durch die Wahl geeigneter Indexreihen auszuschließen), wenn die Umverteilungswirkungen von säkularen Inflationen untersucht werden.

iv) Die Untersuchungen von C. BRESCIANI-TURRONI sowie von K. LAURSEN und J. PEDERSEN

Die Preis- und Lohnentwicklung während der deutschen Hyperinflation (1913 bis 1923) ist sowohl von C. BRESCIANI-TURRONI[1]) als auch von K. LAURSEN und J. PEDERSON [2]) untersucht worden. Die für diese Periode registrierte Verminderung der Reallöhne wird jedoch jeweils auf unterschiedliche Ursachen zurückgeführt [3]).

BRESCIANI-TURRONI schreibt der deutschen Inflation massive Umverteilungswirkungen zu. Sie hat nach seiner Meinung die Unternehmen und die Eigentümer der Produktionsanlagen begünstigt und die Realeinkommensposition der Arbeitnehmer erheblich verschlechtert.

KESSEL und ALCHIAN weisen hierzu kritisch darauf hin, daß von einer sinkenden Gesamttendenz der Reallöhne für den genannten Zeitraum nicht die Rede sein könne. Auf der Basis von 1913 seien zwar die Reallöhne bis zum Jahre 1917 sowie im ersten Halbjahr 1920 und im Jahre 1922 gesunken. Aber nur für die beiden zuletzt genannten Jahre müsse davon ausgegangen werden, daß ein inflationsbedingter Wage-Lag vorlag. Der ab Ende 1922 festzustellende erhebliche Anstieg der Geld- und Reallöhne

1) C. BRESCIANI-TURRONI, The Economics of Inflation. A Study of Depreciation in Post-War Germany, London 1937.

2) K. LAURSEN und J. PEDERSEN, The German Inflation 1918-1923, Amsterdam 1964.

3) Vgl. hierzu auch die Darstellungen bei: R. A. KESSEL und A. A. ALCHIAN, The Meaning and Validity ..., a.a.O., S. 58 f, H. SCHERF, Inflation und Einkommensverteilung, a.a.O., S. 262 f. und M. ZIERCKE, Die redistributiven Wirkungen..., a.a.O., S. 57 ff. und S. 59 f.

sei darauf zurückzuführen, daß es den Arbeitnehmern und den Gewerkschaften im zunehmenden Maße gelungen sei, in ihren Lohnforderungen die erwarteten Preissteigerungen zu antizipieren. Ab Mitte 1923 seien beinahe alle Löhne an einen offiziellen Lebenshaltungskostenindex gekoppelt gewesen.

Auch K. LAURSEN und J. PEDERSEN kommen in ihrer Untersuchung der deutschen Hyperinflation zu dem Ergebnis, daß die Reallöhne im Zeitraum zwischen 1919 und 1923 gesunken seien. Aber sie führen diese Reallohnsenkungen auf nicht-monetäre Ursachen zurück und sehen deshalb darin keine Bestätigung der Wage-Lag-Hypothese. Die beiden Autoren sind außerdem im Gegensatz zu BRESCIANI-TURRONI auch nicht der Meinung, daß die Unternehmen in der genannten Periode auf Kosten der Arbeitnehmer inflationsbedingte Übergewinne erzielen konnten. Sie teilen jedoch mit BRESCIANI-TURRONI die Auffassung, daß die große deutsche Inflation zu erheblichen Umverteilungen innerhalb der Gruppe der Arbeitnehmer (und zwar in Richtung einer Nivellierung der Einkommensunterschiede zwischen Fach- und Hilfsarbeitern) geführt habe.

Die Verminderung der Reallöhne ab 1918 wird von LAURSEN und PEDERSEN im wesentlichen auf die durch den vorausgegangenen Weltkrieg bedingte Desorganisation der deutschen Wirtschaft zurückgeführt. Sie hat nach ihrem Urteil dazu geführt, daß sich die durchschnittliche Arbeitsproduktivität gegenüber dem Vorkriegsstand auf einem sehr niedrigen Niveau befand, so daß das Reallohnniveau auch ohne Inflation sinken mußte.

v) Zur Kritik der bisherigen Untersuchungen

Als Resümee aus den bisher dargestellten Untersuchungen zur Überprüfung der Wage-Lag-Hypothese kann festgehalten werden, daß die bloße Gegenüberstellung von Preis- und Lohnindexreihen mit folgenden methodischen Schwächen behaftet ist [1]):

1) Vgl. hierzu auch: M. ZIERCKE, Die redistributiven Wirkungen ..., a.a.O., S. 59 f.

a) Der Nachweis von tatsächlich eingetretenen Reallohnsenkungen ist deshalb schwierig, weil entsprechende Feststellungen aufgrund des vorliegenden Datenmaterials von dessen Güte, von der jeweiligen Auswahl der Preisindizes sowie der Indexbasisjahre und des Untersuchungszeitraumes abhängen. Als besonders "kritisch" erweist sich in dieser Hinsicht die Festlegung des Beginns und des Endes einer Untersuchungsperiode. Werden solche Festlegungen mehr oder minder willkürlich vorgenommen, dann kann dies dazu führen, daß Wage-Lags konstatiert werden, wo tatsächlich keine inflationsbedingten Reallohnsenkungen aufgetreten sind; ebenso ist es aber auch möglich, daß inflationsbedingte Realeinkommensminderungen der Arbeitnehmer auf diese Weise unentdeckt bleiben.

b) Ein bloßer Vergleich von Preis- und Lohnindexreihen kann außerdem verbergen, daß festgestellte Reallohnminderungen auf Ursachen zurückgehen können, die von der inflationären Preisentwicklung unabhängig sind. Wie sich am Beispiel der Untersuchungen von MITCHELL und von A. H. HANSEN gezeigt hat, können nicht-monetäre Einflußfaktoren der Reallohnentwicklung bereits durch die Wahl bestimmter Preis- und Lohnindices ausgeschlossen werden. Darüber hinaus bleibt beim bloßen Vergleich dieser Indexreihen stets außer Betracht, ob und inwieweit sich andere mögliche Ursachenfaktoren, die im realökonomischen Bereich gesucht werden müssen, konstant geblieben sind.

Aus alldem ergibt sich zunächst, daß die Wahl der Basisjahre und der Untersuchungszeiträume mit besonderer Vorsicht vorgenommen werden müssen; das gleiche gilt für die Heranziehung der jeweiligen Indexreihen. Bei der Wahl der Basisjahre ist von solchen "anomalen" Jahren abzusehen, die - inflationsbedingt oder nicht-inflationsbedingt - ein besonders hohes oder niedriges Reallohnniveau aufweisen. Bei der Bemessung des Untersuchungszeitraumes ist zu berücksichtigen, daß eine unterstellte Konstanz des Einflusses von nicht-monetären Faktoren um so fragwürdiger wird, je länger die Beobachtungsperiode ist. Sobald von solchen Einflüssen nicht mehr abgesehen werden kann, ist durch geeignete Methoden zu versuchen, inflationsbedingte Reallohnminderungen von gleichzeitig auftretenden Auswirkungen nicht-monetärer Entwicklungen auf das Reallohnniveau zu trennen.

vi) Die Untersuchungen von M. ZIERCKE

Analysen zur Entwicklung der Preise und Löhne in der Bundesrepublik Deutschland seit 1950 sind von M. ZIERCKE in zwei Arbeiten vorgelegt worden [1]). Diese Untersuchungen unterscheiden sich nicht in der angewandten Methode, die auf einen Vergleich von Preisindexreihen und "modifizierten" Lohnindizes beruht, sondern vielmehr in der Länge des Beobachtungszeitraums und des dabei verwendeten Datenmaterials.

Ausgangspunkt der von ZIERCKE beabsichtigten Überprüfung der Wage-Lag-Hypothese für die Bundesrepublik ist der Sachverhalt, daß die wirtschaftliche Nachkriegsentwicklung sowohl durch einen fortgesetzten Anstieg des Preisniveaus als auch durch eine anhaltende Erhöhung der durchschnittlichen Arbeitsproduktivität gekennzeichnet war. ZIERCKE weist darauf hin, daß das Reallohnniveau unter diesen Umständen ebenfalls steigen müsse, sofern es den Arbeitnehmern gelinge, ihre Realeinkommen der steigenden Arbeitsproduktivität anzupassen. Wenn nun aber gleichzeitig das Preisniveau steige und die Arbeitnehmer außerstande seien, ihre Löhne außer um die Produktivitätsfortschritte auch um die Preissteigerungsrate zu erhöhen, dann müsse ebenfalls ein Wage-Lag festgestellt werden.

Um diese möglichen Verzögerungen in der Reallohnentwicklung untersuchen zu können, formuliert ZIERCKE eine "modifizierte" Wage-Lag-Hypothese, in der die Änderungen der Arbeitsproduktivität gesondert berücksichtigt werden [2]). Nach dieser modifizierten Hypothese muß dann auf das Vorhandensein eines inflationsbedingten Wage-Lag geschlossen werden, wenn die Reallohnerhöhungen, die sich im Rahmen des Produktivitätsfort-

---

1) M. ZIERCKE, Die redistributiven Wirkungen ..., a.a.O., S. 60 ff. und M. ZIERCKE, Inflation und Einkommensverteilung ..., a.a.O., S. 131 ff.

2) Siehe: M. ZIERCKE, Die redistributiven Wirkungen ..., a.a.O., S. 62.

schritts halten oder darüber hinausgehen, zu gering sind, um gleichzeitig auftretende Preissteigerungen auszugleichen. Ist dies der Fall, dann ergibt sich nach ZIERCKE eine Änderung der funktionellen Einkommensverteilung bzw. der Primärverteilung zu Lasten der Bezieher von Arbeitseinkommen.

Zur Überprüfung dieser modifizierten Wage-Lag-Hypothese stellt ZIERCKE die Entwicklung des Nominallohns je durchschnittlich beschäftigten Arbeitnehmer, des Preisindex für die Lebenshaltung und der durchschnittlichen Arbeitsproduktivität in der Bundesrepublik von 1950 bis 1967 bzw. von 1950 bis 1969 gegenüber. Aus diesen Indexreihen werden zwei rechnerische Reihen gebildet: Ein Index des "produktivitätsbereinigten" Einkommens der Arbeitnehmer (= Nominallohn je durchschnittlich beschäftigter Arbeitnehmer dividiert durch durchschnittliche Arbeitsproduktivität) sowie ein Index des realen Pro-Kopf-Einkommens der Arbeitnehmer (= Nominallohn je Arbeitnehmer dividiert durch Preisindex für die Lebenshaltung). Die Entwicklung aller dieser Indexreihen bis zum Jahre 1967 läßt sich an Hand der Tabelle 1 ablesen (siehe folgende Seite) [1].

Bei der Interpretation dieser Indexreihen unterscheidet ZIERCKE zwischen drei Teilzeiträumen: Eine erste Periode, die von 1951 bis 1955 reicht, eine zweite Periode, die den Zeitraum von 1956 bis 1959 umfaßt, und eine dritte Periode für die Zeit ab 1960. Eine Überprüfung der modifizierten Wage-Lag-Hypothese führt dabei entsprechend ZIERCKE zu folgenden Schlußfolgerungen [2] [3]:

---

1) Vgl. hierzu die Tabelle 4 in: M. ZIERCKE, Die redistributiven Wirkungen ..., a.a.O., S. 61.

2) Siehe hierzu im einzelnen: M. ZIERCKE, Die redistributiven Wirkungen ..., a.a.O., S. 63 f.

3) Fortsetzung siehe übernächste Seite.

Tabelle 1: Die Entwicklung des Bruttoeinkommens aus unselbständiger Tätigkeit je durchschnittlich beschäftigten Arbeitnehmer, des Preisniveaus und der durchschnittlichen Arbeitsproduktivität in der Bundesrepublik Deutschland von 1950 bis 1967

Jahr	Einkommen aus unselbständiger Tätigkeit	Durchschnittliche Arbeitsproduktivität	Preisindex für die Lebenshaltung	"Produktivitätsbereinigtes" Einkommen ((1) : (2))	Reales Einkommen aus unselbständiger Tätigkeit ((1) : (3))
	(1)	(2)	(3)	(4)	(5)
1950	100,0	100,0	100,0	100,0	100,0
1951	116,0	108,0	107,7	107,4	107,7
1952	125,3	115,7	110,0	108,3	113,9
1953	133,0	121,9	108,0	109,1	123,1
1954	139,7	127,6	108,2	109,4	129,0
1955	151,0	137,8	110,0	109,5	137,3
1956	163,0	143,5	112,8	113,5	144,5
1957	173,3	148,5	115,1	116,7	150,6
1958	185,9	152,7	117,6	121,7	158,0
1959	195,6	161,9	118,8	120,8	164,6
1960	213,8	172,8	120,4	123,7	177,6
1961	235,2	180,2	123,2	130,5	190,9
1962	256,2	186,3	126,9	137,5	201,9
1963	271,7	191,9	130,7	141,6	207,9
1964	294,3	204,0	133,8	144,3	220,0
1965	320,8	214,0	138,3	149,9	232,0
1966	344,7	219,4	143,1	157,1	240,9
1967	356,5	226,2	145,2	157,6	245,5

Erläuterungen und Quellenhinweise zu Tabelle 1:

(1) Bruttoeinkommen aus unselbständiger Tätigkeit je durchschnittlich beschäftigten Arbeitnehmer 1950 = 100. Bis 1960 ohne Saarland und Berlin.
Quelle: Sachverständigenrat zur Begutachtung der gesamtwirtschaftlichen Entwicklung, Jahresgutachten 1968 (Bundestagsdrucksache V/3550), Bonn 1968, S. 125 (Tabelle 28). (Im Folgenden zitiert als: Jahresgutachten 1968).

(2) Durchschnittliche Arbeitsproduktivität = Bruttoinlandsprodukt (in Preisen von 1954) je durchschnittlich Erwerbstätigen 1950 = 100. Bis 1960 ohne Saarland und Berlin.
Quelle: Jahresgutachten 1968, a.a.O., S. 125 (Tabelle 28).

(3) Preisindex für die Lebenshaltung - mittlere Verbrauchergruppe - (verketteter Index) 1962 = 100, umbasiert 1950 = 100
Quelle: Statistisches Jahrbuch für die Bundesrepublik Deutschland 1968, S. 445.

(4) "Produktivitätsbereinigtes" Einkommen je durchschnittlich beschäftigten Arbeitnehmer (Spalte (1) : Spalte (2)) 1950 = 100.

(5) Reales Bruttoeinkommen aus unselbständiger Tätigkeit je durchschnittlich beschäftigten Arbeitnehmer
(Spalte (1): Spalte (3)) 1950 = 100.

a) Von 1951 bis 1955 weist (mit Ausnahme von 1954) der Preisindex für die Lebenshaltung jeweils höhere Werte auf als die Meßziffer der "produktivitätsbereinigten" Einkommen pro Arbeitnehmer; ebenso zeigt die Meßziffer der Arbeitsproduktivität höhere Werte an als der Realeinkommensindex pro Arbeitnehmer. In dieser Entwicklung erblickt ZIERCKE eine Bestätigung der modifizierten Wage-Lag-Hypothese. Denn aus dem Vergleich ergebe sich, daß die (nominellen) Bruttoeinkommen der unselbständig Beschäftigten nicht in dem Ausmaß gestiegen seien wie die durchschnittliche Arbeitsproduktivität und der Lebenshaltungskostenindex zusammen. Infolgedessen habe sich für den genannten Teilzeitraum die Primärverteilung zuungunsten der Arbeitnehmer entwickelt [1].

b) Von 1956 bis 1959 weist der Preisindex für die Lebenshaltung etwas niedrigere Werte auf als die Meßziffer der "produktivitätsbereinigten" Einkommen; ebenso zeigt die Meßziffer der Arbeitsproduktivität etwas niedrigere Werte als der Realeinkommensindex. Nach ZIERCKE wird dadurch weder die modifizierte noch die ursprüngliche Wage-Lag-Hypothese bestätigt.

c) Noch ausgeprägter zeigt sich diese Entwicklung für die Teilperiode ab 1960. Hier ergibt sich für das Bruttoeinkommen der unselbständig Beschäftigten eine jährliche Zunahme, die die Entwicklung der Arbeitsproduktivität und des Lebenshaltungskostenindex deutlich übersteigt. Für diesen Teilzeitraum wird also die Wage-Lag-Hypothese in jeder Hinsicht eindeutig widerlegt.

Die zuletzt beschriebene Entwicklung für den Teilzeitraum ab 1960 erfährt nach ZIERCKE auch dann keine wesentliche Änderung, wenn revidierte Zahlen herangezogen und die Zeitreihen bis zum Jahr 1969 verlängert werden. Dies wird aus der Tabelle 2 deutlich (siehe folgende Seite) [2].

Auch aus dem hier vorgelegten Zahlenmaterial wird deutlich, daß ab 1960 die Meßziffer des realen Pro-Kopf-Einkommens der Arbeitnehmer höhere Werte anzeigt als der Index der durchschnittlichen Arbeitsproduktivität. Demzufolge ist das Pro-Kopf-Einkommen der Arbeiter schneller gestiegen als die Arbeitsproduktivität und der Lebenshaltungskostenindex zusam-

---

1) Auf der Grundlage der "ursprünglichen" Wage-Lag-Hypothese hätte aus der beschriebenen Entwicklung geschlossen werden müssen, daß die Arbeitnehmer (lediglich) in der Lage waren, ihre Einkommen dem Produktivitätsfortschritt, jedoch nicht der Erhöhung des Preisniveaus anzupassen. Vgl. hierzu ebenfalls: M. ZIERCKE, Die redistributiven Wirkungen ..., a.a.O., S. 63.

2) Vgl. hierzu die Tabelle 2 in: M. ZIERCKE, Inflation und Einkommensverteilung ..., a.a.O., S. 132 f., die hier verkürzt wiedergegeben wird.

Tabelle 2: Die Entwicklung des Bruttoeinkommens aus unselbständiger Tätigkeit je durchschnittlich beschäftigten Arbeitnehmer, des Preisniveaus und der durchschnittlichen Arbeitsproduktivität in der Bundesrepublik Deutschland von 1960 bis 1969

Jahr	Einkommen aus unselbständiger Tätigkeit 1950=100 (1)	Durchschnittliche Arbeitsproduktivität 1950=100 (2)	Preisindex für die Lebenshaltung 1950=100 (3)	"Produktivitätsbereinigtes Einkommen ((1) : (2)) 1950=100 (4)	Reales Einkommen aus unselbständiger Tätigkeit ((1): (3)) 1950=100 (5)
1960	218,8	176,1	120,4	124,2	181,7
1961	240,2	183,6	123,2	130,8	195,0
1962	261,6	189,5	126,9	138,0	206,1
1963	277,4	195,3	130,7	142,0	212,2
1964	300,1	207,7	133,8	144,5	224,3
1965	326,7	218,1	138,3	149,8	236,2
1966	351,2	224,9	143,1	156,2	245,4
1967	363,3	231,0	145,1	157,3	250,4
1968	387,0	246,8	147,3	156,8	262,7
1969	424,4	261,0	151,4	162,6	280,3

Erläuterungen und Quellenhinweise zu Tabelle 2:

(1) Quelle: Revision der Volkswirtschaftlichen Gesamtrechnungen, in: Wirtschaft und Statistik, 1970, S. 70. Angaben einschließlich Saarland und Berlin. Ab 1967 vorläufige Ergebnisse.

(2) Quelle: Revision der Volkswirtschaftlichen Gesamtrechnungen, a.a.O., S. 67. Angaben einschließlich Saarland und Berlin. Ab 1967 vorläufige Ergebnisse.

(3) Quelle: Statistisches Jahrbuch für die Bundesrepublik Deutschland 1970, S. 431, Angaben sind umbasiert auf 1950 =100; einschließlich Saarland und Berlin. Ab 1967 vorläufige Ergebnisse.

mengenommen. ZIERCKE sieht hierin eine Bekräftigung dafür, daß die Wage-Lag-Hypothese für die Zeit ab 1960 als widerlegt gelten kann [1]).

vii) Zur Kritik der Methode

Gegenüber dem von ZIERCKE verwendeten Verfahren ist zunächst kritisch darauf hinzuweisen, daß wesentliche Einwände, auf die im Zusammenhang mit den Studien von E. J. HAMILTON, W. C. MITCHELL u.a. bereits aufmerksam gemacht worden ist, bestehen bleiben. Dies gilt besonders im Hinblick auf die Festlegung des Beginns und des Endes des gewählten Untersuchungszeitraumes, von der ein erheblicher Teil aller Aussagen über Umverteilungswirkungen abhängt. Darüber hinaus ist festzuhalten, daß mit der Berechnung eines produktivitätsbereinigten Einkommens und seiner Verwendung für die Überprüfung der "modifizierten" Wage-Lag-Hypothese lediglich ein nicht-monetärer Faktor ausgeschaltet wird, der zusammen mit anderen Faktoren die Reallohnentwicklung beeinflußt.
Die Verwendung des Bruttoinlandsprodukts je durchschnittlich Erwerbstätigen als Produktivitätsmaß impliziert zudem, daß Arbeitszeitverkürzungen statistisch wie Minderungen des Produktivitätsfortschritts behandelt werden [2]). Schließlich ist darauf hinzuweisen, daß das von ZIERCKE vorgelegte Zahlenmaterial im Grunde genommen keine Aussagen darüber erlaubt, ob eine (u.U. nicht ausreichende) Anpassung der Arbeitnehmereinkommen entweder in bezug auf die Produktivitätsentwicklung oder in bezug auf die Preisentwicklung erfolgte [3]).

1) Siehe: M. ZIERCKE, Inflation und Einkommensverteilung ..., a.a.O., S. 134 ff.

2) Vgl. hierzu: M. ZIERCKE, Die redistributiven Wirkungen ..., a.a.O., S. 62.

3) Siehe hierzu ebenfalls: M. ZIERCKE, Die redistributiven Wirkungen ..., a.a.O., S. 63.

c) Die Überprüfungen der Wage-Lag-Hypothese auf der Grundlage von Vergleichen zwischen der Entwicklung von Preisindizes und Veränderungen der Lohnquote

i) Die Untersuchung von G. L. BACH und A. ANDO

Die von BACH und ANDO [1]) vorgelegte Studie über die Redistributionseffekte der in den Vereinigten Staaten für den Zeitraum zwischen 1939 und 1952 (bzw. 1954) registrierten "schleichenden" Inflation befaßt sich in ihrem ersten Teil mit den entsprechenden Auswirkungen auf die funktionelle Verteilung und die Sekundärverteilung des Einkommens [2]). Das dabei angewandte Verfahren besteht darin, die an einem geeigneten Preisindex gemessene Preisentwicklung den Veränderungen verschiedener Einkommensquoten gegenüberzustellen. Auf das Vorhandensein eines Wage-Lag wird demzufolge dann geschlossen, wenn bei steigendem Preisindex die Lohnquote fällt und wenn die Verminderung der Lohnquote eindeutig der Preisinflation zugeordnet werden kann. Inflationsbedingte Veränderungen der Sekundärverteilung des Einkommens werden an den Anteilen bestimmter Einkommenskategorien am gesamten persönlichen Einkommen gemessen [3]).

---

1) G. L. BACH und A. ANDO, The Redistributional Effects ..., a.a.O., S. 2 ff.

2) Vgl. hierzu auch die Darstellung bei: M. ZIERCKE, Die redistributiven Wirkungen ..., a.a.O., S. 64 ff.

3) Ähnliche Untersuchungen mit dem von BACH und ANDO verwendeten Verfahren sind außer von J. W. CONARD (siehe unten) auch von folgenden Autoren vorgenommen worden: E. S. PHELPS, A Test for the Presence of Cost Inflation in the United States 1955-57, in: Yale Economic Essays 1 (1961), S. 39 ff.; S. E. HARRIS, The Incidence of Inflation ..., a.a.O., S. 83 ff. und O. ECKSTEIN, Staff Report on Employment, Growth and Price Levels. Prepared for Consideration by the Joint Economic Committee, Congress of the United States, Washington D. C. 1960.

Die gesamte Untersuchungsperiode von 1939 bis 1954 wird von BACH und ANDO in vier Teilabschnitte unterteilt, die sich durch eine unterschiedliche Geschwindigkeit der Inflationsentwicklung auszeichneten:

a) Die Periode zwischen 1939 und 1946, die durch staatliche Kontrolle der Löhne und Preise gekennzeichnet ist.

b) Die Periode des Nachkriegsbooms zwischen 1946 und 1949.

c) Die mit dem Koreakrieg verbundene Periode anhaltender Preissteigerungen von 1949 bis 1952.

d) Die darauf eintretende Reaktionsperiode von 1952 bis 1954.

Sowohl für die Gesamtperiode als auch jeweils für die genannten vier Teilabschnitte werden die in Prozentpunkten gemessenen Veränderungen der Anteile bestimmter Einkommenskategorien am persönlichen Gesamteinkommen bzw. am Volkseinkommen ausgewiesen. Um welche Einkommenskategorien es sich dabei handelt, wird aus der folgenden Tabelle deutlich. Dabei werden für jede Einkommenskategorie jeweils zwei Angaben über Quotenveränderungen gemacht. Die erste Angabe betrifft die in Prozentpunkten gemessene Veränderung des jeweiligen Anteils am gesamten persönlichen Einkommen, während sich die (in Klammern gesetzte) zweite Angabe auf die ebenso gemessene Veränderung des entsprechenden Anteils am Volkseinkommen bezieht [1]).

Betrachtet man zunächst nur die Veränderungen der verschiedenen Einkommensanteile am gesamten persönlichen Einkommen (erste Angaben) für den Gesamtzeitraum zwischen 1939 und 1952, dann wird deutlich, daß sich die Quote der Lohn- und Gehaltseinkommensbezieher nicht unwesentlich erhöht hat, und zwar in der Hauptsache auf Kosten der Empfänger von Zins- und Dividendeneinkommen. BACH und ANDO sehen in diesem Sachverhalt eine Widerlegung der Wage-Lag-Hypothese. Die Einkommensquoten aller übrigen Gruppen sind demgegenüber relativ konstant geblieben.

1) Diese Tabelle ist eine Zusammenfassung der Tabellen 1 und 2 in: G. L. BACH und A. ANDO, The Redistributional Effects ..., a.a.O., S. 2 f., wobei jedoch von einigen Angaben abgesehen worden ist.

Tabelle 3: Die Veränderung ausgewählter Einkommensanteile am gesamten persönlichen Einkommen sowie am Volkseinkommen in den Vereinigten Staaten von 1939 bis 1954 in v.H. der Bezugsbasis

Einkommenskategorie	1939-52	39-46	46-49	49-52	52-54
Total Labor Income	+6 (+1)	0 (-1)	+3 (0)	+3 (+2)	+1 (+2)
Unincorporated Businesses:	-1 (-2)	+4 (+4)	-4 (-4)	-1 (-2)	-2 (-1)
Nonfarm	0 (-1)	+2 (+2)	-2 (-2)	0 (-1)	-1 (0)
Farm	-1 (-1)	+2 (+2)	-2 (-2)	-1 (-1)	-1 (-1)
Rental Income	0 (-1)	0 (-1)	0 (+1)	0 (-1)	0 (+1)
Interest Income	-4 (-3)	-4 (-4)	+1 (0)	-1 (+1)	+1 (0)
Dividends	-2 (-2)	-2 (-2)	0 (0)	0 (+2)	0 (-1)
Transfer Payments	+1 (.)	+2 (.)	0 (.)	-1 (.)	0 (.)

Betrachtet man jedoch die jeweiligen Entwicklungen innerhalb der einzelnen Teilperioden, dann zeigt sich ein verwirrendes Bild. Zunächst ist darauf hinzuweisen, daß die "Gewinne" der Lohn- und Gehaltsbezieher nicht in jenen Perioden auftreten, in denen die Empfänger von Zins- und Dividendeneinkommen "Verluste" erleiden. Außerdem ist zu erkennen, daß die Veränderungen der Einkommensquoten der übrigen Gruppen in den einzelnen Teilabschnitten sehr unregelmäßig schwanken. Eindeutige Zuordnungen zwischen "Inflationsgewinnern" und "Inflationsverlierern" sind auf diese Weise also kaum möglich. Ebenso dürfte es äußerst schwierig sein, zwischen inflationsbedingten und autonomen (d.h. von nicht-monetären Faktoren ausgelösten) Veränderungen der jeweiligen Einkommensquoten zu unterscheiden.

Ein Blick auf die Entwicklung der verschiedenen Einkommensanteile am Volkseinkommen (zweite Angaben) macht deutlich, daß die dabei auftretenden Veränderungen in ihrer Tendenz (nicht jedoch in den Ausschlägen!) im wesentlichen den zuvor beschriebenen Veränderungen der Anteile am gesamten persönlichen Einkommen entsprechen. Die Lohnquote weist für den Gesamtzeitraum eine leicht steigende Tendenz auf; sie setzt sich in den Jahren von 1952 bis 1954 verstärkt fort. Von einer inflationsbedingten Umverteilungswirkung zu Lasten der Arbeitseinkommen kann also hier ebenfalls nicht gesprochen werden, wenn man von der Kriegsperiode zwischen 1939 und 1946 absieht. Im übrigen sind auch hier eindeutige Zuordnungen zwischen "Inflationsgewinnern" und "Inflationsverlierern" nur schwer möglich; das gleiche gilt für die Unterscheidung zwischen inflationsinduzierten und autonomen Veränderungen der jeweiligen Einkommensquoten. Man wird vielmehr davon ausgehen müssen, daß sich in diesen unregelmäßigen Veränderungen eine Vielzahl von (nur zum Teil inflationsbedingten) Störungen im Einkommensgefüge der Gruppen widerspiegelt, die sich durch Anpassungsprozesse der verschiedensten Art fortpflanzen.

ii) Die Untersuchung von J. W. CONARD

J. W. CONARD [1]) stützt sich in seiner Analyse der Ursachen und Wirkungen der Inflation in den Vereinigten Staaten seit 1939 auf die gleiche Methode der Gegenüberstellung von Preisindizes und Einkommensquoten wie BACH und ANDO. Die beiden Untersuchungen sind also insofern vergleichbar [2]). Allerdings reicht der Beobachtungszeitraum in der Studie von CONARD bis zum Jahre 1958, und außerdem wird hier eine Periodisierung in einzelne Teilabschnitte vorgenommen, die von jener von BACH und ANDO erheblich abweicht. Schließlich ist darauf hinzuweisen, daß CONARD lediglich die Entwicklung von zwei Einkommensquoten berücksichtigt, nämlich die

1) J. W. CONARD, The Causes and the Consequences..., a.a.O., S. 79 f.

2) Vgl. hierzu auch die Darstellung bei: M. ZIERCKE, Die redistributiven Wirkungen ..., a.a.O., S. 68 ff.

Veränderungen der Lohnquote (in der üblichen Definition) und die Veränderungen des Profitanteils am Volkseinkommen ("corporate profit share of national income").

Die von CONARD vorgenommene Periodisierung umfaßt Teilabschnitte von durchschnittlich drei Jahren. Für den ersten Teilzeitraum von 1939 bis 1942 wird bei steigendem Preisniveau eine erhebliche Verminderung der Lohnquote (von 66 v.H. auf 62 v.H.) registriert, wohingegen sich die Lohnquote im folgenden Zeitabschnitt (1942 bis 1945) trotz anhaltender Preissteigerungen auf 68 v.H. erhöhte. Die dritte Periode von 1946 bis 1948 brachte bei gleichbleibender Inflationstendenz eine Verminderung der Lohnquote auf 63 v.H., während zugleich der Profitanteil von 10 v.H. auf 14 v.H. anstieg. Während der vom Koreakrieg ausgelösten Inflationsperiode von 1949 bis 1953 erhöhte sich wiederum die Lohnquote (auf 68 v.H.) ebenso wie in der darauffolgenden Inflationsperiode von 1955 bis 1958 (auf 70 v.H.); in diesen Abschnitten verminderte sich der Profitanteil von 13 auf 12 v.H. bzw. von 12 auf 11,5 v.H.

Aus diesen Veränderungen der genannten Einkommensquoten zieht CONARD mit Recht den Schluß, daß der Zusammenhang zwischen Preisinflation und Einkommensverteilung sehr unterschiedlich sein kann. Tatsächlich läßt sich - mit Vorbehalten - nur die Entwicklung der Lohnquote in der ersten und der dritten Teilperiode im Sinne einer Bestätigung der Wage-Lag-Hypothese interpretieren; die Entwicklung im Verlauf aller übrigen Perioden widerspricht dieser Hypothese.

Aufgrund dieses empirischen Befunds vertritt CONARD die Auffassung, daß allgemeine und zugleich eindeutige Aussagen über den Einfluß der Inflation auf die Einkommensverteilung erst dann möglich seien, wenn die Ursachen und Mechanismen einzelner Inflationen jeweils bekannt seien [1]). Damit wird

1) Siehe: J. W. CONARD, The Causes and Consequences ..., a.a.O., S. 79.

von CONARD eine Verknüpfung zwischen den Umverteilungswirkungen der Inflation und ihren jeweiligen Ursachen hergestellt. Dies läßt sich auch seiner detaillierten Interpretation der Untersuchungsergebnisse entnehmen, die darauf hindeutet, daß einerseits inflationsbedingte Verminderungen der Lohnquote auf eine übersteigerte Entwicklung der Nachfrage ("demand-pull") zurückgeführt werden, während andererseits Steigerungen der Lohnquote bei gleichzeitiger Preisinflation mit expansiven Lohnforderungen und dem davon ausgehenden Kostendruck ("cost-push") erklärt werden.

iii) Zur Kritik der bisherigen Untersuchungen

Am Beispiel der Arbeiten von BACH und ANDO sowie von CONARD zeigt sich, daß auch die Gegenüberstellung von Preisindizes und Zeitreihen für die Entwicklung der Lohnquote mit methodischen Schwächen behaftet ist, die die Feststellung eines inflationsbedingten Wage-Lag ebenso erschweren wie dies bei Vergleichen zwischen Preis- und Lohnindexreihen der Fall ist. Auch hier handelt es sich im wesentlichen um die folgenden zwei Schwächen:

1. Die Untersuchungsergebnisse sind in einem erheblichen Ausmaß abhängig von der Wahl der Preisindizes sowie von der Abgrenzung der Beobachtungsperiode, wobei sich für diese Abgrenzung kaum objektive Kriterien finden lassen.

2. Bloße Gegenüberstellungen zwischen Preisindexreihen und Zeitreihen der Lohnquote können die Tatsache verbergen, daß Änderungen der Lohnquote auch realwirtschaftliche und somit nicht-monetäre Ursachen haben können. In der Hauptsache handelt es sich dabei um folgende Faktoren:

a) Verschiebungen im Verhältnis zwischen der Zahl der unselbständig Beschäftigten und der Zahl der Selbständigen.

b) Strukturwandlungen, gemessen an der Veränderung der Wertschöpfungsanteile von Produktionszweigen mit über- bzw. unterdurchschnittlich hohen (sektoralen) Lohnquoten.

c) Änderungen der Faktorproportionen, gemessen an der Entwicklung der Kapitalintensität, die bei einer Substitutionselastizität $\neq 1$ zu Veränderungen der funktionellen Einkommensverteilung führen.

d) Änderungen der gesamtwirtschaftlichen Wachstumsrate, die unabhängig von Strukturverschiebungen die funktionelle Verteilung beeinflussen.

e) "Autonome" Änderungen des Konsumverhaltens innerhalb des privaten Sektors sowie des Ausgabegebarens der öffentlichen Hand.

Eine "Zurechnung" von Lohnquotenverschiebungen auf diese verschiedenen Ursachenfaktoren ist nicht in jedem Fall und außerdem nicht immer in objektiver Weise möglich.

iv) Die Untersuchungen von M. ZIERCKE

In seinen beiden Arbeiten hat M. ZIERCKE die Wage-Lag-Hypothese am Beispiel der Wirtschaftsentwicklung in der Bundesrepublik Deutschland seit 1950 auch an Hand von Vergleichen zwischen Preisindexreihen und der Entwicklung "der" Lohnquote überprüft [1]). Dabei wird als Maßstab für die Messung von Preisniveauänderungen der Preisindex für die Lebenshaltung der mittleren Verbrauchergruppe (Basis 1962) verwendet.

Hinsichtlich der Aussagekraft der Lohnquote für den beabsichtigten Test der Wage-Lag-Hypothese weist ZIERCKE darauf hin, daß damit nur dann eine adäquate Analyse inflationsbedingter Redistributionseffekte möglich sei, "wenn von der Inflation unabhängig wirksame Determinanten der Änderung der Einkommens-

1) Siehe: M. ZIERCKE, Die redistributiven Wirkungen ..., a.a.O., S. 70 ff. und M. ZIERCKE, Inflation und Einkommensverteilung ..., a.a.O., S. 137 ff.

verteilung keinen dominierenden Einfluß haben" [1]). Dafür müßten verschiedene Voraussetzungen erfüllt sein. Eine dieser Voraussetzungen sei, daß das Verhältnis zwischen der Zahl der unselbständig Beschäftigten und der Zahl der Selbständigen konstant bleibe.

Im Anschluß daran weist ZIERCKE nach, daß die gesamtwirtschaftliche Lohnquote trotz verzögerter Anpassung aller Arbeitseinkommen an das steigende Preisniveau konstant bleiben oder sich sogar erhöhen kann, wenn sich die Zahl der unselbständig Beschäftigten (und mit dieser das reale Sozialprodukt) erhöht [2]). Hieraus zieht ZIERCKE mit Recht den Schluß, daß die Entwicklung der tatsächlichen Lohnquote (= Anteil des Bruttoeinkommens aus unselbständiger Tätigkeit am Sozialprodukt zu Faktorkosten) für die Überprüfung der Wage-Lag-Hypothese dann ungeeignet sei, wenn für den Beobachtungszeitraum mit strukturellen Verschiebungen im Verhältnis zwischen abhängig Beschäftigten und Selbständigen gerechnet werden muß.

Aus diesem Grund stellt ZIERCKE dem oben genannten Preisindex als Maßstab für die Preisentwicklung nicht nur die Entwicklung der tatsächlichen Lohnquote gegenüber, sondern auch die Zeitreihe einer "rechnerischen Lohnquote (4)" [3]), bei der der Anteil der unselbständig Beschäftigten an der Gesamtzahl der Erwerbstätigen im Jahre 1950 konstant gehalten wird, so daß strukturelle Änderungen im Verhältnis zwischen Abhängigen und Selbständigen ausgeschaltet bleiben [4]).

---

1) M. ZIERCKE, Die redistributiven Wirkungen ..., a.a.O., S. 70.

2) Siehe: M. ZIERCKE, Die redistributiven Wirkungen ..., a.a.O., S. 70 f.

3) Die Bezeichnung dieser und der folgenden "rechnerischen Lohnquoten" erklärt sich aus den tabellarischen Zusammenstellungen dieser Quoten in den zitierten Arbeiten von M. ZIERCKE.

4) Der Berechnungsmodus für diese Lohnquote kann aus den unten wiedergegebenen Erläuterungen zur Tabelle 4, Spalte 4, entnommen werden.

Darüber hinaus hat ZIERCKE drei weitere "rechnerische Lohnquoten" ermittelt und sie der Preisentwicklung gegenübergestellt:

a) Bei der "rechnerischen Lohnquote (5)" wird der Anteil des Pro-Kopf-Einkommens der Arbeitnehmer aus unselbständiger Tätigkeit am Volkseinkommen je durchschnittlich Erwerbstätigen im Jahre 1950 konstant gehalten. Die "rechnerische Lohnquote (5)" zeigt somit an, wie sich die Entwicklung des Lohnanteils vollzogen hätte, wenn die Relation zwischen den Pro-Kopf-Einkommen der abhängig Beschäftigten und der Selbständigen konstant geblieben wäre [1]).

b) Bei der "rechnerischen Lohnquote (6)" wird ein unterstelltes Einkommen der sogenannten mithelfenden Familienangehörigen berücksichtigt, und zwar in Höhe des jahresdurchschnittlichen Einkommens der abhängig Beschäftigten. Dieses unterstellte Einkommen wird dem Bruttoeinkommen aus unselbständiger Arbeit zugeschlagen. Der Zweck dieses Vorgehens besteht darin, eine Lohnquote zu ermitteln, in der weitere Einkommen berücksichtigt sind, die dem Produktionsfaktor Arbeit zugerechnet werden können [2]).

c) Der "rechnerischen Lohnquote (7)" liegt der Gedanke zugrunde, daß auch den Selbständigen Arbeitseinkommen in Form von Unternehmerlöhnen zufließen. Bei der Berechnung dieser Lohnquote wurde deshalb auch den Selbständigen ein Arbeitseinkommen in Höhe des jährlichen Durchschnittseinkommens der abhängig Beschäftigten zugerechnet [3]).

Die Preisentwicklung und die Entwicklung der nach verschiedenen Berechnungsarten ermittelten Lohnquote läßt sich an der folgenden Tabelle 4 ablesen [4]). Ein Blick auf diese Tabelle zeigt zunächst, daß das Preisniveau in der Bundesrepublik von 1950 bis 1967 mit Ausnahme der Jahre 1950 und 1953 ständig gestiegen ist. Die Entwicklung der gesamtwirtschaftlichen Lohnquoten, die nach verschiedenen Berechnungsarten ermittelt worden sind, vollzog sich demgegenüber sehr unterschiedlich.

---

1) Zum Berechnungsmodus der "rechnerischen Lohnquote (5)" siehe die Erläuterungen zur Tabelle 4, Spalte (5).

2) Näheres hierzu siehe Erläuterungen zur Tabelle 4, Spalte (6).

3) Näheres hierzu siehe Erläuterungen zur Tabelle 4, Spalte (7).

4) Diese Tabelle ist identisch mit der Tabelle 7 in: M. ZIERCKE, Die redistributiven Wirkungen ..., a.a.O., S. 73.

Tabelle 4: Die Veränderung des Preisniveaus und die Entwicklung der Lohnquote nach verschiedenen Berechnungsarten in der Bundesrepublik Deutschland von 1950 bis 1967

Jahr	Preisentwicklung		Entwicklung der gesamtwirtschaftlichen Lohnquote nach verschiedenen Berechnungsarten				
	(1)	(2)	(3)	(4)	(5)	(6)	(7)
1950	78,8	(-7,4)	58,6	58,6	58,6	71,9	85,6
1951	84,9	+7,7	58,7	57,6	59,7	71,1	84,1
1952	86,7	+2,1	57,4	55,7	60,5	68,9	81,3
1953	85,1	-1,8	58,7	56,0	51,4	69,7	81,8
1954	85,3	+0,2	59,4	55,9	62,2	69,9	81,7
1955	86,7	+1,6	58,8	54,5	63,2	68,5	79,5
1956	88,9	+2,5	59,5	54,5	64,0	68,9	79,6
1957	90,7	+2,0	59,7	54,3	64,4	68,9	79,4
1958	92,7	+2,2	60,5	54,9	64,6	69,5	80,1
1959	93,6	+1,0	60,2	54,2	65,2	68,8	79,1
1960	94,9	+1,4	60,8 o)	53,7 o)	66,4 o)	68,7 o)	78,5 o)
1961	97,1	+2,3	62,5	54,8	66,8	70,4	80,1
1962	100,0	+3,0	63,9	55,6	67,4	71,6	81,3
1963	103,0	+3,0	64,5	55,7	68,0	71,9	81,4
1964	105,4	+2,3	64,6	55,3	68,5	71,6	81,9
1965	109,0	+3,4	65,4	55,6	59,0	72,2	81,3
1966	112,8	+3,5	66,6 x)	56,4 xx)	69,3 xx)	73,3 xx)	82,5 xx)
1967	114,4	+1,4	67,0 x)	56,8 xx)	68,8 xx)	73,5 xx)	83,0 xx)

Erläuterungen und Quellenhinweise siehe folgende Seite!

Erläuterungen und Quellenhinweise zu Tabelle 4:

(1) Preisindex für die Lebenshaltung der mittleren Verbrauchergruppe, 1962 = 100 (verketteter Index)
Quelle: Jahresgutachten 1968, a.a.O., S. 167 (Tabelle 59)

(2) Veränderung des Preisindexes gegenüber dem Vorjahr in v.H. (jährliche Inflationsraten)

(3) Tatsächliche Lohnquote im Jahre i

$$= \frac{\text{Bruttoeinkommen aus unselbständiger Arbeit (B) im Jahr i}}{\text{Nettosozialprodukt zu Faktorkosten (NSPzF) im Jahre i}} \cdot 100$$

i = 1950, ..., 1967
Quelle: Statistisches Jahrbuch für die Bundesrepublik Deutschland, 1969, S. 496

o) Bis 1959 ohne Saarland und Berlin
x) vorläufige Ergebnisse

(4) Rechnerische Lohnquote im Jahre i bei konstant gehaltenem Anteil der Abhängigen an den Erwerbstätigen des Jahres 1950 = Rechnerische Lohnquote (4) im Jahre i
Es gelten folgende Bezeichnungen:
Abhängig Beschäftigte = Abh.
Erwerbstätige = Erw.
Bruttoeinkommen aus unselbständiger Arbeit, je durchschnittlich beschäftigten Arbeitnehmer = L

Rechnerische Lohnquote (4) im Jahre i

$$= \frac{\frac{\text{Abh. im Jahre 1950}}{\text{Erw. im Jahre 1950}} \cdot \text{Erw. im Jahre i} \cdot \text{L im Jahre i}}{\text{NSPzF im Jahre i}} \cdot 100$$

i = 1950, ..., 1967

(5) Rechnerische Lohnquote im Jahre i bei konstant gehaltenem Anteil des Einkommens aus unselbständiger Arbeit je durchschnittlich beschäftigten Arbeitnehmer am Volkseinkommen je Erwerbstätigen des Jahres 1950 = Rechnerische Lohnquote (5) im Jahre i
Zusätzlich zu den eingeführten Bezeichnungen gilt folgende Abkürzung:
Volkseinkommen je durchschnittlich Erwerbstätigen = V
Rechnerische Lohnquote (5) im Jahre i

$$= \frac{\frac{\text{L im Jahre 1950}}{\text{V im Jahre 1950}} \cdot \text{V im Jahre i} \cdot \text{Abh. im Jahre i}}{\text{NSPzF im Jahre i}} \cdot 100$$

i = 1950, ..., 1967

Fortsetzung siehe nächste Seite!

Erläuterungen und Quellenhinweise zu Tabelle 4 (Fortsetzung):

Quelle zu (4) und (5): Bis 1964: Sachverständigenrat zur Begutachtung der gesamtwirtschaftlichen Entwicklung, Jahresgutachten 1965/66, Stabilisierung ohne Stagnation, Stuttgart und Mainz 1965, S. 58 (Tabelle 30), (im Folgenden zitiert als: Jahresgutachten 1965/66), ders. Jahresgutachten 1967 (Bundestagsdrucksache V/2310), Bonn 1967, S. 304 (Tabelle 84), (im Folgenden zitiert als: Jahresgutachten 1967). Ab 1965: Eigene Berechnungen (M. ZIERCKE) aus den Angaben in den Tabellen 23, 27, 28 im Jahresgutachten 1968, a.a.O., S. 118 ff. sowie im Statistischen Jahrbuch für die BRD 1969, S. 469.

xx) Eigene Schätzungen (M. ZIERCKE) aufgrund der vorläufigen Ergebnisse

(6) Rechnerische Lohnquote im Jahre i bei Berücksichtigung eines unterstellten Arbeitseinkommens der mithelfenden Familienangehörigen (MF) = Rechnerische Lohnquote (6) im Jahre i

Rechnerische Lohnquote (6) im Jahre i:

$$= \frac{\text{B im Jahre i} + (\text{MF} \cdot \text{L}) \text{ im Jahre i}}{\text{NSPzF im Jahre i}} \cdot 100$$

i = 1950, ..., 1967

(7) Rechnerische Lohnquote im Jahre i bei Berücksichtigung eines unterstellten Arbeitseinkommens der mithelfenden Familienangehörigen und der Selbständigen (S) = Rechnerische Lohnquote (7) im Jahre i

Rechnerische Lohnquote (7) im Jahre i:

$$= \frac{\text{B im Jahre i} + (\text{MF} + \text{S})\text{L im Jahre i}}{\text{NSPzF im Jahre i}} \cdot 100$$

i = 1950, ..., 1967

Quelle zu (6) und (7): E. HELMSTÄDTER, Die Entwicklung der Einkommensverteilung in der Bundesrepublik Deutschland unter verteilungstheoretischem Aspekt, 1950-1965, in: Jahrbücher für Nationalökonomie und Statistik 179 (1966), S. 409 f., ab 1965: Eigene Berechnungen (M. ZIERCKE) aus den Angaben im Statistischen Jahrbuch für die BRD 1969, S. 122 sowie in Tabelle 28 im Jahresgutachten 1968, a.a.O., S. 125.

Dies gilt sowohl für den 18 Jahre umfassenden gesamten Beobachtungszeitraum als auch dann, wenn man, wie ZIERCKE, Teilabschnitte von 5 bzw. 7 Jahren unterscheidet. Diese unterschiedliche Entwicklung wird aus der Tabelle 5 deutlich, die von ZIERCKE entsprechend den tabellarischen Übersichten von G. L. BACH und A. ANDO zusammengestellt worden ist [1]):

Tabelle 5: Die Veränderung der Lohnquote nach verschiedenen Berechnungsarten in der Bundesrepublik Deutschland von 1950 bis 1967 in v.H. der Bezugsbasis

Lohnquote	1950-1967	1950-1955	1955-1960	1960-1967
Tatsächliche Lohnquote Sp. 3 Tab. 4	+ 8	0	+ 2	+ 6
Rechnerische Lohnquote (4) Sp. 4 Tab. 4	- 2	- 4	- 1	+ 3
Rechnerische Lohnquote (5) Sp. 5 Tab. 4	+10	+ 5	+ 3	+ 2
Rechnerische Lohnquote (6) Sp. 6 Tab. 4	+ 2	- 3	0	+ 5
Rechnerische Lohnquote (7) Sp. 7 Tab. 4	- 3	- 6	- 1	+ 4

Die Zeitreihen für die nach verschiedenen Berechnungsarten ermittelten Lohnquoten und die dabei auftretenden Veränderungen werden von ZIERCKE wie folgt interpretiert [2]):

1) Vgl. hierzu die Tabelle 8 in: M. ZIERCKE, Die redistributiven Wirkungen ..., a.a.O., S. 75.

2) Näheres hierzu siehe: M. ZIERCKE, Die redistributiven Wirkungen ..., a.a.O., S. 72 ff.

a) Gemessen an der tatsächlichen Lohnquote sei der Anteil der Arbeitseinkommen am Sozialprodukt bis etwa 1955 relativ konstant geblieben und im zweiten Teilabschnitt von 1955 bis 1960 leicht angestiegen, während sich diese Aufwärtsentwicklung im dritten Teilabschnitt von 1960 bis 1967 im verstärkten Ausmaß fortgesetzt habe. Bei Heranziehung der tatsächlichen Lohnquote werde die Wage-Lag-Hypothese weder für den Gesamtzeitraum noch für die einzelnen Teilabschnitte bestätigt.

ZIERCKE macht jedoch im Zusammenhang damit darauf aufmerksam, daß die tatsächliche Lohnquote lediglich die Entwicklung nach Einkommensarten, nicht jedoch die nach der Zahl der Einkommensempfänger beschreibe. Da sich jedoch im Verlauf der Beobachtungsperiode erhebliche Veränderungen im Verhältnis zwischen unselbständig Beschäftigten und Selbständigen vollzogen habe, seien auf der Grundlage der Entwicklung der tatsächlichen Lohnquote keine sinnvollen Aussagen über Antizipationen ("leads") und Verzögerungen ("lags") in der Anpassung der Lohn- und Gehaltseinkommen an das gestiegene Preisniveau möglich.

b) Gemessen an der "Rechnerischen Lohnquote (4)", bei der der Anteil der unselbständig Beschäftigten an der Gesamtzahl der Erwerbstätigen des Jahres 1950 konstant gehalten wird, sei die Lohnquote im ersten Teilabschnitt (1950 bis 1955) erheblich gesunken, denn die Einkommen der Selbständigen seien in dieser Periode ungleich stärker angestiegen als jene der Lohn- und Gehaltsempfänger. Diese Entwicklung sei somit mit der Wage-Lag-Hypothese vereinbar. Im folgenden Teilabschnitt sei die "Rechnerische Lohnquote (4)" nahezu konstant geblieben, während sie sich in der Periode von 1960 bis 1967 sogar erhöht habe. ZIERCKE führt dies auf eine aktive Lohnpolitik der Gewerkschaften zurück, die es den Arbeitnehmern ermöglicht habe, ihre Einkommen an die Produktivitäts- und die Preisentwicklung anzupassen. Ein Wage-Lag könne hier deshalb nicht festgestellt werden.

c) Eine Bestätigung für diese Interpretation sieht ZIERCKE in der Entwicklung der "Rechnerischen Lohnquote (5)", bei der der Anteil des Einkommens aus unselbständiger Tätigkeit je Arbeitnehmer am Volkseinkommen pro Kopf der Erwerbstätigen im Jahre 1950 konstant gehalten wird. Zum besseren Verständnis ist darauf hinzuweisen, daß die fiktive Entwicklung, die mit der "Rechnerischen Lohnquote (5)" aufgezeigt wird, nur dann angemessen interpretiert werden kann, wenn sie mit der Entwicklung der tatsächlichen Lohnquote verglichen wird. Denn die "Rechnerische Lohnquote (5)" gibt an, wie sich die Lohnquote im Zeitablauf hätte entwickeln müssen, wenn das Pro-Kopf-Einkommen der unselbständig Beschäftigten im gleichen Ausmaß gestiegen wäre wie das Pro-Kopf-Einkommen der Selbständigen. Aussagen lassen sich somit dann ableiten, wenn aus den Veränderungen der tatsächlichen Lohnquoten und jenen der "Rechnerischen Lohnquote (5)" die jeweiligen Differenzen gebildet werden [1]).

Aus der Tabelle 5 (Zeile 1 und 3) ergibt sich, daß diese Differenz im ersten Teilzeitraum negativ ist. ZIERCKE weist darauf hin, daß in dieser Periode, in die auch der Koreaboom fällt, das Einkommen der Selbständigen wesentlich stärker gestiegen sei als die Einkommen der Lohn- und Gehaltsempfänger. Die Wage-Lag-Hypothese werde somit auch hier bestätigt. Die wesentlich niedrigere negative Differenz zwischen der tatsächlichen Lohnquote und der "Rechnerischen Lohnquote (5)" im zweiten Teilabschnitt von 1955 bis 1960 wird darauf zurückgeführt, daß die Einkommen der Selbständigen nur noch geringfügig schneller gestiegen seien als die Löhne und Gehälter. Eine Umkehr dieser Entwicklung wird für die dritte Teilperiode (1960 bis 1967) angezeigt, denn hier ist die Differenz zwischen den genannten Lohnquoten positiv. ZIERCKE erblickt hierin eine Bestätigung dafür, daß die Wage-Lag-Hypothese für diesen Teilzeitraum als widerlegt gelten kann.

d) Die Veränderungen der "Rechnerischen Lohnquote (6)" und der "Rechnerischen Lohnquote (7)" spiegeln in den einzelnen Teilperioden im wesentlichen die gleiche Entwicklung wider wie sie durch die "Rechnerische Lohnquote (4)" bereits aufgezeigt worden ist. Das statistische Bild wird also durch die Einbeziehung eines unterstellten Arbeitseinkommens für die mithelfenden Familienangehörigen bzw. für die Selbständigen kaum verändert. ZIERCKE interpretiert diesen Sachverhalt als eine Bestätigung dafür, daß die Einkommensentwicklung bis 1955 durch einen Wage-Lag gekennzeichnet gewesen sei. Demgegenüber sei die Entwicklung der Lohnquote in den 60er Jahren mit der Hypothese eines "Wage-Lead" vereinbar.

Aus diesen Ergebnissen zieht ZIERCKE den Schluß, daß die Einkommensentwicklung in der Bundesrepublik Deutschland seit 1950 eine gewisse Ähnlichkeit mit jener in den Vereinigten Staaten

1) Es ist darauf hinzuweisen, daß ZIERCKE die positiven Differenzen zwischen den genannten Lohnquoten bildet und nicht - wie wir - die (aussagefähigeren) negativen Differenzen.

aufweise [1]). Denn in Übereinstimmung mit CONARDS Resultaten für die USA könne auch für die Bundesrepublik festgestellt werden, daß ein Wage-Lag allenfalls in kurzen Teilperioden vorgelegen habe.

In seiner zweiten Arbeit setzt ZIERCKE den Vergleich zwischen Preisindexreihen und Zeitreihen für die gesamtwirtschaftliche Lohnquote nach verschiedenen Berechnungsarten auf der Grundlage des revidierten Zahlenmaterials fort [2]). Dabei wird auch hier der gesamte Beobachtungszeitraum bis zum Jahre 1969 verlängert. Die Einteilung in Teilperioden ist im wesentlichen die gleiche; lediglich der dritte Zeitabschnitt umfaßt nunmehr die Jahre 1960 bis 1969. Die Entwicklung der genannten Größen innerhalb dieses Abschnitts läßt sich an Hand der Tabelle 6 ablesen [3]).

Die Veränderungen, die sich bei den verschiedenen Lohnquoten für den Teilabschnitt von 1960 bis 1969 vollzogen haben, sind in der Tabelle 7 (letzte Spalte) wiedergegeben [4]). Sie beeinflussen - zusammen mit jenen, die sich in den beiden vorausgegangenen Abschnitten ergeben haben - auch die Veränderungen dieser Lohnquoten im Gesamtzeitraum von 1950 bis 1969 (siehe erste Spalte in Tabelle 7).

---

1) M. ZIERCKE, Die redistributiven Wirkungen ..., a.a.O., S. 79 f.

2) Siehe: M. ZIERCKE, Inflation und Einkommensverteilung ..., a.a.O., S. 137 ff.

3) Mit dieser Tabelle wird die Tabelle 3 in: M. ZIERCKE, Inflation und Einkommensverteilung ..., a.a.O., S. 135 verkürzt wiedergegeben.

4) Vgl. hierzu die Tabelle 4 in: M. ZIERCKE, Inflation und Einkommensverteilung ..., a.a.O., S. 138.

Tabelle 6: Die Veränderung des Preisniveaus und die Entwicklung der Lohnquote nach verschiedenen Berechnungsarten in der Bundesrepublik Deutschland von 1960 bis 1969

Jahr	Preisentwicklung		Entwicklung der gesamtwirtschaftlichen Lohnquote nach verschiedenen Berechnungsarten				
	(1)	(2)	(3)	(4)	(5)	(6)	(7)
1960	94,9	+1,4	60,6o)	53,7o)	66,4o)	68,5o)	78,3o)
1961	97,1	+2,3	62,2	54,6	66,8	70,1	79,8
1962	100,0	+3,0	64,0	55,6	67,4	71,6	81,4
1963	103,0	+3,0	64,4	55,6	68,0	71,7	81,2
1964	105,4	+2,3	64,3	55,0	68,5	71,3	80,5
1965	109,0	+3,4	64,7	55,0	69,0	71,5	80,5
1966	112,8	+3,5	65,7	55,6	69,2	72,2	81,3
1967	114,4	+1,4	66,1x)	56,1xx)	69,1xx)	72,7xx)	82,1xx)
1968	116,1	+1,5	64,1x)	54,1xx)	68,2xx)	70,2xx)	79,1xx)
1969	119,3	+2,8	65,2x)	54,6xx)	70,1xx)	71,0xx)	79,8xx)

Erläuterungen und Quellenhinweise zu Tabelle 6:

(1) Quelle: Statistisches Jahrbuch für die Bundesrepublik Deutschland, 1970, S. 431.

(2) Quelle: Statistisches Jahrbuch für die Bundesrepublik Deutschland 1970, S. 490
o) Ab 1960 einschließlich Saarland und Berlin.
x) Vorläufige Ergebnisse.

(4) xx) Eigene Schätzungen (M. ZIERCKE) aufgrund der vorläufigen Ergebnisse.

(5) Quellen: Eigene Schätzungen (M. ZIERCKE) aus den Angaben in: Revision der Volkswirtschaftlichen Gesamtrechnungen, a.a.O., S. 57 ff., im Statistischen Jahrbuch 1970, S. 119 und S. 490 sowie im Jahresgutachten des Sachverständigenrates 1968, a.a.O., S. 118 (Tabelle 23).

(6) xx) Eigene Schätzungen (M. ZIERCKE) aufgrund der vorläufigen Ergebnisse.

(7) Quellen: Eigene Schätzungen (M. ZIERCKE) aus den Angaben in: Revision der Volkswirtschaftlichen Gesamtrechnungen, a.a.O., S. 57 ff., im Statistischen Jahrbuch 1970, S. 119 und S. 490 sowie im Jahresgutachten des Sachverständigenrates 1968, a.a.O., S. 118 (Tabelle 23).

<u>Tabelle 7:</u> Die Veränderung der Lohnquote nach verschiedenen Berechnungsarten in der Bundesrepublik Deutschland von 1950 bis 1969 in v.H. der Bezugsbasis

Lohnquote	1950-1969	1950-1955	1955-1960	1960-1969
Tatsächliche Lohnquote Sp. 3 Tab. 5 und 6	+ 6,6	+ 0,2	+ 1,8	+ 4,6
Rechnerische Lohnquote (4) Sp. 4 Tab. 5 und 6	- 4,0	- 4,1	- 0,8	+ 0,9
Rechnerische Lohnquote (5) Sp. 5 Tab. 5 und 6	+11,5	+ 4,6	+ 3,2	+ 3,7
Rechnerische Lohnquote (6) Sp. 6 Tab. 5 und 6	- 0,9	- 3,4	0	+ 2,5
Rechnerische Lohnquote (7) Sp. 7 Tab. 5 und 6	- 5,8	- 6,1	- 1,2	+ 1,5

Ein Blick auf die Tabelle 6 und vor allem auf die Tabelle 7 zeigt, daß die (prozentuale) Erhöhung der verschiedenen Lohnquoten im Durchschnitt der Jahre zwischen 1960 und 1969 niedriger ausfällt als für den Zeitabschnitt zwischen 1960 und 1967. Die tatsächliche Lohnquote ist zwar um 4,6 v.H. gestiegen; aber dieser Anstieg geht - wie sich an der "Rechnerischen Lohnquote (4)" zeigt, die sich nur um 0,9 v.H. erhöht hat - zu einem erheblichen Teil auf den gestiegenen Anteil der unselbständig Beschäftigten an der Gesamtzahl der Erwerbstätigen zurück. Aus dem Vergleich zwischen der Entwicklung der tatsächlichen Lohnquote und der "Rechnerischen Lohnquote (5)" ergibt sich außerdem, daß das Pro-Kopf-Einkommen der Arbeitnehmer nur noch geringfügig schneller gestiegen ist als jenes der Selbständigen. Eine ähnliche Tendenz läßt sich an der Entwicklung der "Rechnerischen Lohnquote (6)" und der "Rechnerischen Lohnquote (7)" ablesen, deren durchschnittliches Wachstum im Zeitabschnitt zwischen 1960 und 1969 ebenfalls unter jenem der Periode 1960 und 1967 liegt.

Trotz dieser abgeschwächten Aufwärtsentwicklung der verschiedenen Lohnquoten in den Jahren zwischen 1960 und 1969 hält ZIERCKE an der Auffassung fest, daß in den 60er Jahren in der Bundesrepublik kein anhaltender, durch die Inflation verursachter Wage-Lag festgestellt werden könne. Er weist jedoch darauf hin, daß in einzelnen Jahren (wie etwa in 1959, 1963/64 und 1968) Verzögerungen in der Anpassung der Lohnentwicklung, die sich auch in den verschiedenen Lohnquoten niederschlügen, registriert werden könnten. Aber dabei handele es sich nicht um inflationsbedingte Wage-Lags, sondern um verzögerte Lohnanpassungen an die Konjunkturentwicklung in den jeweiligen Aufschwungsphasen [1]). Insgesamt sieht ZIERCKE in der beschriebenen Entwicklung eine Unterstützung der These, "daß die Arbeitnehmer und die Gewerkschaften die schleichende Inflation mit zunehmender Dauer durch eine inflationsbewußte Lohnpolitik erfolgreich antizipiert haben" [2]).

v) Zur Kritik der Methode

Im Anschluß an seine empirische Untersuchung in der ersten Studie weist ZIERCKE selbst darauf hin, daß bei der Verwendung von rechnerischen Lohnquoten zur Bestimmung von Wage-Lags nicht ausgeschlossen werden könne, daß inflationsbedingte Umverteilungswirkungen verdeckt bleiben [3]). Dies sei dann der Fall, wenn weitere Determinanten der Einkommensverteilung, die von der Inflation unabhängig sind (aber de facto der Inflation zugerechnet werden!), unberücksichtigt bleiben würden; insbesondere die Veränderungen der Wirtschaftsstruktur und ihre Auswirkungen auf die Lohnquote seien in dieser Hinsicht schwierig zu erfassen. Diese Mängel könnten jedoch u.E. durch eine

1) Siehe: M. ZIERCKE, Inflation und Einkommensverteilung ..., a.a.O., S. 140 f.

2) M. ZIERCKE, Inflation und Einkommensverteilung ..., a.a.O., S. 141. Vgl. hierzu auch: A. JECK, Wer gewinnt ...? a.a.O., S. 100.

3) Siehe: M. ZIERCKE, Die redistributiven Wirkungen ..., a.a.O., S. 80.

Disaggregation der Lohnquote, also durch entsprechende Untersuchungen der Lohnquotenentwicklung innerhalb einzelner Sektoren (Industrien) beseitigt werden; ebenso ist es möglich, die Entwicklung der gesamtwirtschaftlichen Lohnquote von Strukturverschiebungen der sektoralen Lohnquoten zu "bereinigen".

Sehr viel "kritischer" ist jedoch u.E. der Berechnungsmodus der von ZIERCKE ermittelten "rechnerischen" Lohnquoten (4) bis (7), auf den abschließend kurz eingegangen werden soll. Denn ZIERCKE legt dabei für den Anteil der Abhängigen an der Gesamtzahl der Erwerbstätigen sowie für alle übrigen Strukturgrößen als Basis das Jahr 1950 fest, ohne hierfür eine Begründung zu geben. Dieses Jahr erscheint uns jedoch wegen der nachkriegsbedingten Strukturverzerrungen als Basis denkbar ungeeignet zu sein. Denn damit werden diese Verzerrungen gleichsam als "Norm" für mögliche oder wünschenswerte Entwicklungen der Lohnquote im weiteren Zeitablauf festgesetzt. Alle Aussagen, die von ZIERCKE auf der Grundlage der so ermittelten rechnerischen Lohnquoten getroffen werden, sind somit mit erheblichen Vorbehalten zu versehen. Dies gilt insbesondere in bezug auf die Schlußfolgerungen, die ZIERCKE aus dem von ihm vorgelegten Material für die Zeit nach 1960 zieht. Letztlich zeigt sich auch hier wieder die grundlegende Schwäche jedes auf Zeitreihen beruhenden Verfahrens zur Ermittlung von inflationsbedingten Wage-Lags - nämlich die Abhängigkeit der diesbezüglichen Aussagen von der Abgrenzung der Untersuchungsperiode.

d) Die Überprüfung der Wage-Lag-Hypothese auf der Grundlage einzelbetrieblicher Daten

i) Die Untersuchung von R. A. KESSEL und A. A. ALCHIAN

Im Anschluß an ihre Kritik an den Untersuchungen von HAMILTON, MITCHELL, LERNER und anderen Autoren, die die Wage-Lag-Hypothese auf der Grundlage von Vergleichen zwischen Preis- und

Lohnindexreihen überprüft haben, schlagen R. A. KESSEL und A. A. ALCHIAN eine Methode vor, bei der der Einfluß eines möglichen Wage-Lag auf die einzelbetriebliche Gewinnsituation analysiert werden kann [1]).

Diese Methode beruht auf der Überlegung, daß bei Vorliegen eines inflationsbedingten Wage-Lag bei den Unternehmen Zusatzgewinne anfallen müssen, deren Ausmaß von der (relativen) Höhe der betrieblichen Lohnsumme abhängig sind [2]). Unternehmen mit einem vergleichsweise hohen Lohnanteil müßten demzufolge bei einem Hinterherhinken der Lohnentwicklung hinter der Preisinflation höhere Zusatzgewinne erhalten als Unternehmen mit einem niedrigeren Lohnanteil. Grundlage des Verfahrens ist also nicht unmittelbar die Feststellung inflationsinduzierter Reallohnminderungen, sondern die Feststellung, inwieweit im Verlauf einer inflationären Entwicklung bei den Unternehmen Extragewinne entstehen, die auf eine Verzögerung der Lohnentwicklung zurückgehen. Wird dieser Zusammenhang durch die tatsächliche Gewinnentwicklung bestätigt, dann gilt dies als ein - indirekter - Beweis für das Vorliegen eines inflationsbedingten Wage-Lag.

Die für das von KESSEL und ALCHIAN gewählte Testverfahren entscheidende Annahme besteht in der Prämisse, daß die relative Höhe des (inflationsbedingten) Zusatzgewinnes der Unternehmen eine Funktion des jeweiligen Verhältnisses zwischen der Lohnsumme und dem Grundkapital ist. Da sich diese Zusatzgewinne jedoch in den Börsenkursen der Aktien der betreffenden Unternehmen niederschlagen müssen, kann das Verhältnis zwischen Lohnsumme und Grundkapital als eine Indikatorgröße für Kurssteigerungen angesehen werden, die inflationsbedingte Wage-Lags signalisieren. M.a.W.: Der Kursanstieg der Aktien bestimmter Unternehmen muß unter der genannten Prämisse um so höher ausfallen, je größer das jeweilige Verhältnis zwi-

1) Siehe: R. A. KESSEL und A. A. ALCHIAN, The Meaning and Validity ..., a.a.O., S. 59 ff.

2) Vgl. hierzu auch die Darstellung des Verfahrens bei: M. ZIERCKE, Die redistributiven Wirkungen ..., a.a.O., S. 86 ff.

schen Lohnsumme und Grundkapital und damit der inflationsbedingte Gewinn pro Aktie ist.

Damit läßt sich mit Hilfe von Korrelationen zwischen Aktienpreissteigerungen einzelner Unternehmen und den jeweiligen Lohn/Grundkapital-Verhältnissen feststellen, ob für den Untersuchungszeitraum ein inflationsbedingter Wage-Lag vorgelegen hat oder nicht. Eine wesentliche Voraussetzung dieses Vorgehens ist allerdings, daß nicht-monetäre Einflußfaktoren der Aktienkursentwicklung entweder ausgeschlossen oder gegenüber dem Verhältnis zwischen Lohn und Grundkapital als stochastisch unabhängig angesehen werden können.

Der beschriebene Zusammenhang ist von KESSEL und ALCHIAN an Hand einer Stichprobe von 113 amerikanischen Aktiengesellschaften für den Zeitraum zwischen 1939 (1940) und 1952 überprüft worden. Dabei sind nicht die Zeitreihen der jährlichen Aktienkursveränderungen und der Lohn/Grundkapital-Verhältnisse für die betreffenden Gesellschaften gegenübergestellt worden. Vielmehr sind arithmetische Durchschnitte der "wage-to-equity-ratios" aus den entsprechenden Jahreswerten von 1940 bis 1952 für jedes Unternehmen berechnet worden, um sie den durchschnittlichen Aktienkurssteigerungen im gleichen Zeitraum gegenüberstellen zu können. Dabei sind die Unternehmen entsprechend ihres durchschnittlichen Lohn/Grundkapital-Verhältnisses in eine Rangfolge gebracht worden, wobei drei Kategorien unterschieden wurden: Unternehmen mit einem Lohn/Grundkapital-Verhältnis unter 0,5; Unternehmen mit einem entsprechenden Verhältnis zwischen 0,5 und 0,99 sowie solche mit einem Verhältnis größer als 1. Die Resultate, die sich aus dem Vergleich mit den jeweiligen durchschnittlichen Aktienkurssteigerungen für den Zeitraum zwischen 1939 und 1952 ergeben haben, sind in der Tabelle 8 zusammengefaßt [1]).

1) Vgl. hierzu die Tabelle 5 in: R. A. KESSEL und A. A. ALCHIAN, The Meaning and Validity ..., a.a.O., S. 61.

Tabelle 8: Die durchschnittlichen Aktienkurssteigerungen ausgewählter amerikanischer Unternehmen im Vergleich zum durchschnittlichen Verhältnis zwischen Lohnsumme und Grundkapital (Zeitraum: 1939/40 bis 1952)

Lohn/Grundkapital-Verhältnis	Durchschnittliche Aktienkurssteigerung	Anzahl der Unternehmen	Varianz
Unter 0,5	8,41	34	48,4
Von 0,5 bis 0,99	7,40	30	39,1
Über 1,0	6,19	49	26,5
t-Wert für 8,41 - 6,19 = 1,58	Irrtumswahrscheinlichkeit $P(t \geq 1{,}26) = 0{,}12$		

Aus dieser Tabelle kann ersehen werden, daß die durchschnittliche Aktienkurssteigerung der in Betracht gezogenen Unternehmen um so geringer ist, je höher das jeweilige Verhältnis zwischen Lohnsumme und Grundkapital ist. Dieses Resultat widerspricht also dem nach der Wage-Lag-Hypothese zu erwartenden Zusammenhang. Aus diesem Grund mußte die Wage-Lag-Hypothese für den von KESSEL und ALCHIAN ausgewählten Beobachtungszeitraum abgelehnt werden.

Bei der Interpretation dieses Ergebnisses haben KESSEL und ALCHIAN auf die Möglichkeit hingewiesen, daß weitere Variablen mit dem Lohn/Grundkapital-Verhältnis in einer Weise korreliert sein könnten, die dazu führe, daß der Einfluß dieser Größe auf die Aktienkursentwicklung verborgen bleibe. Eine in dieser Hinsicht "kritische" Variable könnte die monetäre Nettoposition der Unternehmen sein, von der aus einer früheren Studie von KESSEL [1]) bekannt sei, daß sie in Inflationsperioden das Aktienkursniveau dieser Unternehmen beeinflusse.

In der vorliegenden Untersuchung ergab sich eine Bestätigung der damaligen Resultate: Die Aktienkurse der Unternehmen (43), die sich während des Beobachtungszeitraumes überwiegend in einer Nettoschuldnerposition befanden, stiegen erheblich stärker als die Kurse jener Firmen, die sich in dieser Zeit überwiegend in einer Nettogläubigerposition befanden. Infolgedessen konnte der erwartete Einfluß der "wage-to-equity-ratio" auf das Aktienkursniveau möglicherweise deshalb verborgen bleiben, weil die Unternehmen mit einem hohen (niedrigen) Lohn/Grundkapital-Verhältnis zugleich auch solche mit einer hohen Nettogläubigerposition (Nettoschuldnerposition) waren.

Um die möglichen Nebeneinflüsse der Gläubiger-Schuldner-Positionen auf den beschriebenen Zusammenhang zwischen inflationsbedingtem Wage-Lag und Unternehmensgewinnen empirisch zu überprüfen, haben KESSEL und ALCHIAN mittels einfacher und multipler Korrelationen die Beziehungen zwischen den folgenden vier Größen untersucht, für die Angaben von allen 113 Unternehmen vorlagen:

(1) Änderungen der Aktienkurse
(2) Lohn/Grundkapital-Verhältnisse
(3) Gläubiger- bzw. Schuldnerposition
(4) Umsatz/Grundkapital-Relationen.

Die Korrelationskoeffizienten, die sich hieraus ergaben, sind in der Tabelle 9 zusammengefaßt [2]).

---

1) R. A. KESSEL, Inflation-Caused Wealth Redistribution..., a.a.O., S. 128 ff.

2) Vgl. hierzu die Tabelle 6 in: R. A. KESSEL und A. A. ALCHIAN, The Meaning and Validity ..., a.a.O., S. 62.

Tabelle 9: Matrix der Korrelationskoeffizienten zwischen den Variablen Aktienkurssteigerung, Lohn/Grundkapital-Verhältnis, monetäre Nettoposition und Umsatz/Grundkapital-Relation

Variable \ Variable	(1)	(2)	(3)	(4)
Aktienkurssteigerung 1952/1939 (1)	1,00	0,04	0,01	0,10
Lohn/Grundkapital-Verhältnis (2)		1,00	0,33	0,51
Monetäre Nettoposition (3)			1,00	0,10
Umsatz/Grundkapital-Relation (4)				1,00

Partielle Korrelationskoeffizienten [1]: $r_{12.34} = -0,09$

$r_{13.24} = 0,04$

$r_{14.23} = 0,16$

Auch an dieser Matrix der Korrelationskoeffizienten kann abgelesen werden, daß sich die Wage-Lag-Hypothese nicht bestätigen läßt. Im übrigen wird durch den Wert des partiellen Korrelationskoeffizienten $r_{12.34}$ bestätigt, daß zwischen den Aktienkurssteigerungen und dem Lohn/Grundkapital-Verhältnis auch dann eine (wenn auch schwache) negative Beziehung besteht, wenn die monetäre Nettoposition und die Umsatz/Grundkapital-Relation als zusätzliche erklärende Variablen berücksichtigt werden.

1) Zur Symbolik: Bei den Koeffizienten $r_{ij.k\ell}$ handelt es sich um die partiellen Korrelationskoeffizienten der (abhängigen) Variablen i in bezug auf die (unabhängige) Größe j bei Konstanz der (ebenfalls unabhängigen) Variablen k und ℓ.

Abschließend weisen KESSEL und ALCHIAN darauf hin, daß auch eine weitere Möglichkeit der Verfälschung der vorliegenden Untersuchungsergebnisse überprüft worden ist. Es handelte sich dabei um den Sachverhalt, daß sich in der Gruppe der 34 Unternehmen mit dem niedrigsten Lohn/Grundkapital-Verhältnis (unter 0,5) acht Ölfirmen befanden. Wegen dieser Überrepräsentation war nicht auszuschließen, daß von den Veränderungen einzelner Preise eine Verzerrung der Testergebnisse ausging. Aber das Resultat der Untersuchung änderte sich auch dann nicht wesentlich, nachdem die genannten Ölfirmen aus der Stichprobe entfernt wurden. Vielmehr bestätigte sich der negative Zusammenhang zwischen der durchschnittlichen Aktienkurssteigerung und dem Lohn/Grundkapital-Verhältnis, so daß hierin eine erneute Widerlegung der Wage-Lag-Hypothese gesehen werden kann.

ii) Zur Kritik der Methode

Gegenüber dem von KESSEL und ALCHIAN entwickelten Testverfahren ist zunächst darauf hinzuweisen, daß damit eine Methode aufgefunden wurde, die von dem mit erheblichen Vorbehalten zu versehenden Vergleich zwischen gesamtwirtschaftlichen Lohn- und Preisindexreihen Abstand nimmt und die - im Prinzip - dazu geeignet erscheint, die aufgrund von inflationären Entwicklungen hervorgerufene Entwertung der Arbeitseinkommen anhand der Gewinnsituation der Unternehmen festzustellen.

Unabhängig davon ist jedoch auf einige Mängel des benutzten Verfahrens aufmerksam zu machen, die die Aussagefähigkeit der aufgefundenen Ergebnisse beeinträchtigen [1]). Dies gilt bereits für die implizite Voraussetzung, wonach die Inflationsrate für alle Unternehmen gleich hoch ist. Denn nur unter dieser Annahme ist der Schluß berechtigt, daß ein in-

1) Vgl. hierzu auch: M. ZIERCKE, Die redistributiven Wirkungen ..., a.a.O., S. 88 ff.

flationsbedingter Wage-Lag generell zu einem Zusatzgewinn führt, der zur Lohnsumme proportional ist. Verschiebungen der Preisstruktur, die gerade bei längeren Beobachtungsperioden nicht auszuschließen sind, können also den genannten Zusammenhang zwischen dem Gewinnwachstum der Unternehmen und der Lohnsumme sehr wohl "verfälschen".

Außerdem ist darauf hinzuweisen, daß dieser Zusammenhang nur jeweils für <u>eine</u> Periode, also etwa für ein Jahr, gilt. KESSEL und ALCHIAN verwenden jedoch bei ihrer Querschnittsanalyse ein ungewogenes arithmetisches Mittel aller jährlichen Lohn/Grundkapital-Verhältnisse für den Gesamtzeitraum als Indikatorgröße für den von einem möglichen Wage-Lag bewirkten Zusatzgewinn. Da aber grundsätzlich davon ausgegangen werden muß, daß dieser Zusatzgewinn auch von den unterschiedlichen jährlichen Inflationsraten (sowohl einzelner Unternehmen als auch im Zeitablauf) abhängig ist, muß der Inflationsgewinn der Unternehmen für den gesamten Beobachtungszeitraum nicht notwendigerweise proportional zur Lohnsumme im gleichen Zeitraum sein. Wird eine solche Proportionalität dennoch unterstellt, dann wird damit impliziert, daß entweder die jährlichen Preissteigerungsraten über den gesamten Beobachtungszeitraum hinweg konstant bleiben oder sich das Verhältnis der Lohnsummen nicht verändert [1]).

Im übrigen muß auch ein positiver Zusammenhang zwischen Aktienkurssteigerungen der Unternehmen und ihrem Lohn/Grundkapital-Verhältnis nicht notwendigerweise auf inflationsbedingte Mehrgewinne hindeuten. KESSEL und ALCHIAN haben selbst auf die Möglichkeit aufmerksam gemacht, daß andere Größen mit der "wage-to-equity-ratio" korreliert sein können, so daß

---

1) M. ZIERCKE hat anhand eines einfachen Rechenbeispiels gezeigt, daß sich die nach dem Lohn/Grundkapital-Verhältnis gebildete Rangfolge der Unternehmen ändert, wenn man von unterschiedlichen jährlichen Inflationsraten und von unterschiedlichen Veränderungen der jährlichen Lohnsummen ausgeht, diese aber nicht berücksichtigt (siehe: M. ZIERCKE, Die redistributiven Wirkungen ..., a.a.O., S. 88 ff.).

positive (ebenso wie negative) Korrelationskoeffizienten zwischen den genannten Variablen für sich genommen noch wenig aussagekräftig sind. Hier ist insbesondere auf die Wirkung von nicht-monetären Faktoren auf das Aktienkursniveau hinzuweisen, die den möglichen Einfluß eines Wage-Lag auf das Gewinnwachstum und damit auf die Kursbildung verstärken oder abschwächen kann. Es kann also m.a.W. nie ausgeschlossen werden, daß nicht-monetäre Faktoren sowohl die Unternehmensgewinne als auch - zum Teil unabhängig davon - das Aktienkursniveau unmittelbar beeinflussen.

5. Die empirischen Untersuchungen über inflationsbedingte Umverteilungseffekte auf die Einkommenssituation von ausgewählten sozialökonomischen Gruppen

a) Vorbemerkungen

Im Vergleich zu den in den vorausgegangenen Abschnitten beschriebenen Arbeiten über die Wage-Lag-Hypothese ist die Zahl der empirischen Untersuchungen über die Auswirkungen der Inflation auf die Verteilungsposition bestimmter sozialökonomischer Gruppen gering. Der Grund hierfür ist im Mangel an (verläßlichen) statistischen Daten zu suchen, die Aufschluß darüber geben könnten, wie sich in einzelnen Ländern die institutionelle und die personelle Einkommensverteilung im Verlauf von länger anhaltenden Inflationsperioden verändert haben.

Den im folgenden dargestellten empirischen Untersuchungen liegen im wesentlichen drei Verfahren zugrunde, von denen die ersten beiden bereits bekannt sind:

a) Vergleich der zeitlichen Entwicklung von Einkommensquoten bestimmter Gruppen (oder bestimmter Einkommensgrößenklassen) mit der entsprechenden Entwicklung der Inflationsrate.

b) Vergleich von Zeitreihen für die Einkommensentwicklung bestimmter Gruppen mit entsprechenden Indexreihen der Preisentwicklung.

c) Simulation von inflationsbedingten Änderungen der Einkommens- und Vermögensverteilung auf der Grundlage von empirisch geschätzten Werten für die Preis- (=Inflations-) Elastizität bestimmter Einkommens- und Vermögenskategorien sowie unter Vorgabe bestimmter hypothetischer Werte für die Inflationsrate. Dieses Verfahren, das von E. C. BUDD und D. F. SEIDERS verwendet worden ist [1]), unterscheidet sich insofern von den üblichen Methoden, als es nicht zu Aussagen über die tatsächlichen Umverteilungswirkungen der Inflation führt, sondern lediglich zu Aussagen über mögliche Redistributionseffekte.

Die Frage, wie leistungsfähig dieses dritte Verfahren für die hier vorliegenden Fragestellungen ist (oder sein kann), wird unten im Zusammenhang mit der Darstellung der Simulationsanalyse von BUDD und SEIDERS erörtert.

b) <u>Die Untersuchung von A. F. BRIMMER</u>

Eine umfassende Untersuchung über die Auswirkungen der durch den Vietnam-Krieg bedingten Inflation auf die regionale und die institutionelle (personelle) Einkommensverteilung in den Vereinigten Staaten ist von BRIMMER vorgelegt worden [2]). In der folgenden Darstellung der wichtigsten Ergebnisse dieser Studie beschränken wir uns auf den zweiten Aspekt [3]).

---

1) Siehe: E. C. BUDD und D. F. SEIDERS, The Impact of Inflation on the Distribution of Income and Wealth, in: American Economic Review, Papers and Proceedings, 61 (1971), S. 128 ff.

2) A. F. BRIMMER, Inflation and Income Distribution in the United States, in: Review of Economics and Statistics 53 (1971), S. 37 ff.

3) Die regionalen Auswirkungen der genannten Inflation zeigten sich in einer verstärkten wirtschaftlichen Aufwärtsentwicklung bisher zurückgebliebener Landstriche, etwa im Mittelwesten der USA.

Der von BRIMMER abgegrenzte Untersuchungszeitraum beginnt mit dem Jahre 1961 und endet 1968. Dieser Zeitraum ist von dem Autor in die zwei Teilperioden 1961 bis 1965 und 1965 bis 1968 zerlegt worden, da die erste Teilperiode eine niedrige durchschnittliche Inflationsrate und die zweite Periode eine vergleichsweise hohe (und sich beschleunigende) Preissteigerungsrate aufwies. Die Entwicklung der Wachstumsraten des Bruttosozialprodukts in den USA und seines Preisindex läßt sich aus der Tabelle 10 entnehmen [1]).

Tabelle 10: Die Wachstumsraten des Bruttosozialprodukts und des Preisindex des Bruttosozialprodukts in den Vereinigten Staaten von 1961 bis 1969 (Angaben in v. H.)

Periode/Jahr	Wachstumsraten des ...		
	BSP (in jeweiligen Preisen)	BSP (in Preisen von 1958)	Preis-index
	(1)	(2)	(3)
1961 - 1965	7,1	5,6	1,5
1965	8,2	6,3	1,9
1965 - 1968	8,1	4,6	3,3
1968	9,1	4,9	4,0
1969	7,7	2,8	4,7
1968 (IV.Quartal) -1969 (IV.Quartal)	6,8	1,6	5,1

Die erste Teilperiode (1961 bis Mitte 1965) war durch einen steigenden Beschäftigungsgrad sowie durch hohe Produktivitätszuwächse gekennzeichnet. In der zweiten Teilperiode führte die schnell anwachsende Nachfrage des Staates bei nur noch geringfügig ausdehnungsfähigem Angebot zu den sich beschleunigenden Inflationsraten.

---

1) Vgl. hierzu die - ausführlichere - Tabelle 1 in: A. F. BRIMMER, Inflation and Income Distribution..., a.a.O., S. 38.

Wie sich in diesen beiden Teilperioden die personelle Einkommensverteilung in den Vereinigten Staaten entwickelte, ist in der Tabelle 11 dargestellt [1]. In dieser Tabelle sind jene prozentualen Anteile am gesamten Einkommen der privaten Haushalte angegeben, welche einzelne Einkommensgrößenklassen dieser Haushalte in ausgewählten Jahren erreicht hatten. Als Größe zur Messung der Ungleichheit der Einkommensverteilung sind auch die entsprechenden GINI-Koeffizienten aufgeführt.

Tabelle 11: Entwicklung der personellen Einkommensverteilung in den Vereinigten Staaten von 1950 bis 1968

	1950	1961	1965	1967	1968
Alle Familien (Haushalte)	100,0	100,0	100,0	100,0	100,0
Niedrigstes Einkommens-Quintil	4,5	4,8	5,3	5,4	5,7
Zweites Einkommens-Quintil	12,0	11,7	12,1	12,2	12,4
Drittes Einkommens-Quintil	17,4	17,4	17,7	17,5	17,7
Viertes Einkommens-Quintil	23,5	23,6	23,7	23,7	23,7
Höchstes Einkommens-Quintil	42,6	42,6	41,3	41,2	40,6
5 % der Familien mit dem höchsten Einkommen	17,0	17,1	15,8	15,3	14,0
GINI-Koeffizienten	0,375	0,376	0,358	0,356	0,343

Ein Blick auf die Tabelle 11 zeigt, daß sich die Einkommensverteilung in den beiden Teilperioden trotz unterschiedlicher Inflationsentwicklung überraschend gleichläufig verändert hat. Denn in beiden Perioden veränderte sich die Einkommensverteilung zugunsten der zwei niedrigsten Einkommensquintile, während sich der Einkommensanteil des höchsten Einkommensquintils erheblich verringerte. Diese Verringerung vollzog sich, wie sich ebenfalls

1) Diese Tabelle ist ein Auszug aus Tabelle 2 in: A. F. BRIMMER, Inflation and Income Distribution..., a.a.O., S. 41.

aus der Tabelle 11 entnehmen läßt, ausschließlich zu Lasten der 5 % Haushalte mit dem größten Einkommen, so daß sich innerhalb des höchsten Einkommensquintils nicht unerhebliche Umverteilungsvorgänge ergeben haben mußten.

Diese Entwicklungen spiegeln sich auch im GINI-Koeffizienten wider, dessen Werte sich von 1961 bis 1968 fortwährend verringerten und damit eine Tendenz zu einer größeren Gleichverteilung der Einkommen zwischen den privaten Haushalten anzeigten.

Zur Analyse der eben skizzierten Entwicklungslinien der Einkommensverteilung untersuchte BRIMMER etwas genauer die Lohn- und Gehaltsentwicklung, die für die Einkommenssituation der unteren Einkommensgrößenklassen von besonderem Gewicht ist [1]. Gemessen am Bruttowochenverdienst eines repräsentativen Vier-Personen-Arbeitnehmerhaushaltes ergab sich für die Periode von 1961 bis 1965 ein Einkommensanstieg von 92,00 $ auf 107,50 $ (Jahresdurchschnittsrate: 3,9 %) und für die Periode von 1965 bis 1968 ein Anstieg auf 122,50 $ (Jahresdurchschnittsrate: 4,4 %). Ein wesentlich anderes Bild ergab sich hinsichtlich des entsprechenden Nettowochenverdienstes. Unter Abzug der Einkommenssteuern und der Sozialversicherungsabgaben errechnete sich für die Periode 1961 bis 1965 ein Nettoeinkommensanstieg von 82,00 $ auf 97,00 $ (4,2 % Wachstumsrate) und von 1965 bis 1968 ein Anstieg auf 107,00 $ (3,3 % Wachstumsrate). Damit ergab sich nur für die erste Periode ein Anstieg des realen Nettoeinkommens, während in der zweiten Periode das Wachstum der Bruttowochenlöhne durch Steuern und Abgaben sowie durch die Inflation vollständig absorbiert wurde. Es stellte sich nun die Frage, wie diese Entwicklung zu vereinbaren ist mit dem oben beschriebenen Sachverhalt, wonach der Einkommensanteil der beiden Haushaltsgruppen mit der niedrigsten Einkommenshöhe durchweg (also auch zwischen 1965 und 1968) stieg.

1) Vgl.: A. F. BRIMMER, Inflation and Income Distribution..., a.a.O., S. 41 f. und die hierzu gehörende Tabelle 3.

BRIMMER hat zur Erklärung dieser zunächst paradox erscheinenden Einkommensentwicklungen auf zwei Faktoren hingewiesen [1]. Auf den rapiden Anstieg der Zahl von Haushalten mit mehr als einem Verdiener sowie auf den beschleunigten Aufstieg der Beschäftigten in höhere Berufsgruppen ("occupational upgrading") und damit höhere Lohn- und Gehaltsgruppen. Im ersten Faktor erblickte BRIMMER eine Reaktion der Haushalte auf die Stagnation des Realeinkommens, während sich der zweite Faktor als Folgewirkung der Überschußnachfrage nach Arbeitskräften ergab. Der Effekt dieser beiden Faktoren in Richtung auf eine gleichmäßigere personelle Einkommensverteilung war naturgemäß in der zweiten Teilperiode von 1965 bis 1968 besonders stark; in der ersten Teilperiode von 1961 bis 1965 hatte hingegen die Tatsache besonderes Gewicht, daß eine nicht unerhebliche Arbeitslosigkeit relativ schnell abgebaut werden konnte.

In Ergänzung zu dieser Analyse hat BRIMMER auch untersucht, wie sich in den genannten (Teil-) Perioden die Verteilung des gesamten persönlichen Einkommens auf verschiedene sozialökonomische Gruppen der Bevölkerung vollzogen hat. Dabei wurden im wesentlichen nur die jeweiligen prozentualen Anteile bestimmter Einkommenskategorien (und -subkategorien) für einzelne Stichjahre angegeben; eine Zuordnung dieser Kategorien auf bestimmte Bevölkerungsgruppen ist jedoch nur dann möglich, wenn mit diesen Kategorien (zumindest!) die wichtigsten Einkommensquellen einzelner Gruppen erfaßt sind. Inwieweit dies für die Einkommensentwicklung in den Vereinigten Staaten zwischen 1947 und 1968 der Fall war, geht aus der Tabelle 12, in welcher die entsprechenden Angaben für die Einkommensverteilung wiedergegeben sind [2], nicht hervor.

---

1) Siehe zum folgenden: A. F. BRIMMER, Inflation and Income Distribution..., a.a.O., S. 42 f. und die hierzu gehörenden Tabellen 4 und 5.

2) Siehe Tabelle 6 in: A. F. BRIMMER, Inflation and Income Distribution..., a.a.O., S. 44.

Tabelle 12: Das gesamte persönliche Einkommen und seine prozentuale Verteilung auf ausgewählte Gruppen von Einkommensbeziehern in den Vereinigten Staaten von 1947 bis 1968

Einkommen	1947	1961	1965	1968
Gesamtes persönliches Einkommen (in Mrd.$)	191,3	416,8	538,9	685,8
Prozentuale Verteilung (in v.H.)	100,0	100,0	100,0	100,0
Einkommen des landwirtschaftlichen Sektors	9,6	4,0	3,6	2,9
Einkommen aller übrigen Sektoren	90,4	96,0	96,4	97,1
Arbeitseinkommen	65,5	69,7	70,1	71,8
Löhne und Gehälter	64,3	66,7	66,6	68,3
Andere Arbeitseinkünfte	1,2	3,0	3,5	3,5
Vermögenseinkünfte	10,9	13,1	14,4	14,1
Mieten und Pachten	3,7	3,8	3,5	2,9
Zinseinkünfte	3,9	6,0	7,2	7,9
Dividenden	3,3	3,3	3,7	3,3
Einkommen aus Unternehmertätigkeit	18,6	11,6	10,6	8,9
Unternehmensgewinne und Geschäftseinkünfte	10,6	8,5	7,9	6,7
Einkünfte der Farmer	7,9	3,1	2,7	2,2
Transferzahlungen (netto)	5,0	5,5	4,9	5,2

Aus dieser Tabelle kann im wesentlichen folgendes entnommen werden:

a) Für die Periode von 1961 bis 1965 fällt auf, daß die Einkommensverteilung (nach Einkommenskategorien) nahezu unverändert geblieben ist. Dies gilt insbesondere für die Lohn- und Gehaltsentwicklung, obgleich sich innerhalb dieser Einkommenskategorien nicht unbeträchtliche Verschiebungen vollzogen haben. Die einzige signifikante Veränderung ergab sich bei den Einkommen aus Unternehmertätigkeit (von 11,6 % auf 10,6 %) die jedoch durch entgegengerichtete Entwicklungen bei den Dividenden (von 3,3 % auf 3,7 %) und bei den Zinseinkünften (von 6,0 % auf 7,2 %) wieder ausgeglichen wurde. BRIMMER hat diese Entwicklungstendenzen auf Strukturwandlungen der amerikanischen Wirtschaft (verstärktes Wachstum von Kapitalgesellschaften) zurückgeführt [1].

1) Näheres hierzu siehe: A. F. BRIMMER, Inflation and Income Distribution..., a.a.O., S. 44.

b) Im Gegensatz zur ersten Periode haben sich in der zweiten Periode von 1965 bis 1968 erhebliche Verschiebungen in der Einkommensverteilung (nach Einkommenskategorien) ergeben. Auffallend ist der starke Anstieg der Löhne und Gehälter (von 66,6 % auf 68,3 %) als Folge der Übernachfrage nach Arbeitskräften in diesem Zeitraum. Das gleiche gilt für die Verringerung des Anteils der Einkommen aus Unternehmertätigkeit (von 10,6 % auf 8,6 %), wobei auch die entsprechenden Anteile der Mieten und Pachten sowie des Dividendeneinkommens in Mitleidenschaft gezogen wurden. Bei den Vermögenseinkünften ergab sich lediglich bei den Zinseinkommen eine Steigerung des prozentualen Anteils.

Die Verringerung der Anteile des Einkommens aus Unternehmertätigkeit, der Dividenden sowie der Mieten und Pachten in der Periode zwischen 1965 bis 1968 (ca. 2,9 %) hat nach Meinung BRIMMERS zu erheblichen Veränderungen in der personellen Einkommensverteilung geführt und insbesondere dazu beigetragen, daß sich der Einkommensanteil der 5 % Haushalte mit dem höchsten Einkommen um 1,8 % verminderte.

Im Anschluß daran hat BRIMMER auch die Einkommenssituation von Minoritätsgruppen in den USA (dargestellt am Beispiel des Haushaltseinkommens von Farbigen) sowie die Verteilungsposition von alten Menschen und von Farmerhaushalten [1]) für die genannten (Teil-) Perioden untersucht. Da diese Untersuchungen z. T. nur deshalb von Interesse sind, weil sie demographische und sektorale Besonderheiten in den Vereinigten Staaten berücksichtigen, soll hier nicht weiter auf sie eingegangen werden [2]).

Zur Untersuchung von BRIMMER sei abschließend auf folgendes hingewiesen:

---

1) Siehe hierzu die Abschnitte VII bis IX in: A. F. BRIMMER, Inflation and Income Distribution..., a.a.O., S. 44 ff.

2) Siehe jedoch unten den Abschnitt II 5d iii), in dem die Ergebnisse BRIMMERS über die Verteilungsposition der Familien (Haushalte) mit einem Haushaltsvorstand von 65 Jahren und mehr kurz dargestellt sind.

a) Die Studie enthält trotz ihres Titels keine Analyse über die Auswirkungen inflationärer Preissteigerungen auf die personelle Einkommensverteilung. Sie stellt lediglich die in den beiden Teilperioden mit unterschiedlicher Geschwindigkeit verlaufene Preisentwicklung den Verschiebungen in der personellen (und funktionellen) Einkommensverteilung gegenüber, ohne daß hieraus im einzelnen deutlich wird, welcher "Beitrag" in Höhe und Richtung von der Inflationsentwicklung ausgegangen sein könnte.

b) Positiv ist hingegen zu vermerken, daß die Studie viele Hinweise auf den Einfluß von nicht-monetären Faktoren struktureller und konjunktureller Art enthält; ebenso wird plausibel gezeigt, wie diese Faktoren zur Erklärung bestimmter Verschiebungen in der Einkommensverteilung im Beobachtungszeitraum herangezogen werden können.

Da jedoch der Einfluß der Inflation auf die Verteilung weitgehend unklar bleibt, wird auch nicht immer deutlich, inwieweit die genannten nicht-monetären Faktoren kompensierend oder verstärkend gewirkt haben könnten.

c) Die Simulationsanalyse von E. C. BUDD und D. F. SEIDERS

Zweck der Studie von BUDD und SEIDERS [1]) war die Untersuchung der Frage, wie sich die Wirkungen der Inflation auf einzelne Haushalte bzw. Individuen, klassifiziert nach Einkommens- bzw. Vermögensgrößenklassen, verteilen. Für die beiden Autoren war diese Fragestellung von erheblich größerem Interesse als die üblicherweise bei der Behandlung der Redistributionseffekte der Inflation gewählten Problemzugänge.

Auch das methodische Vorgehen von BUDD und SEIDERS weicht von den sonst gebräuchlichen Verfahren ab. Es sei deshalb kurz beschrieben [2]):

1) Siehe: E. C. BUDD und D. F. SEIDERS, The Impact of Inflation ..., a.a.O., S. 128 ff.

2) Vgl. zum folgenden: E. C. BUDD und D. F. SEIDERS, The Impact of Inflation..., a.a.O., S. 128.

a) In einem ersten Schritt wurden auf der Grundlage von Zeitreihen für die Nachkriegsperiode in den USA Werte für Preiselastizitäts- bzw. Anpassungskoeffizienten geschätzt, wobei diese Aufschluß über die Auswirkungen der Inflationsraten auf die Realwerte verschiedener Vermögensarten, Verbindlichkeiten und Einkommenskategorien geben sollten.

b) Im Anschluß daran wurden die Schätzwerte für diese Preiselastizitäts- bzw. Anpassungskoeffizienten verwendet, um die Auswirkungen zu quantifizieren, die von vorgegebenen (d.h. simulierten) Inflationsraten auf die von den Haushalten empfangenen Einkommen und auf die jeweils gehaltenen Vermögenspositionen [1]) ausgegangen sind [2]).

c) In einem dritten Schritt wurden die Haushalte vor und nach der simulierten Inflation je nach der Höhe des Einkommens und des (Netto-) Vermögens in verschiedene Größenklassen aufgeteilt. Auf diese Weise war es möglich, die Auswirkungen dieser simulierten Inflation auf die personelle Einkommensverteilung sowie auf die Vermögensverteilung darzustellen.

Zur Begründung für dieses methodische Vorgehen haben BUDD und SEIDERS darauf hingewiesen, daß es ihnen darauf ankomme, bestimmte Anpassungsmuster der Individuen an die Inflation festzustellen und dann zu untersuchen, wie sich (simulierte) Veränderungen der Preissteigerungsrate auf die Einkommens- und Vermögensverteilung auswirken: "Given the historical evidence on the extent to which economic decisions have become adjusted to inflation, how would a change in the rate of inflation affect the size distribution of income and wealth?" [3]). Das Problem

1) Grundlagen hierfür waren Daten über die Verteilung der Einkommen, Vermögen und Verbindlichkeiten im Jahre (bzw. am Ende von) 1962 des "Survey of Financial Characteristics of Consumers" (SFCC). Näheres hierzu siehe: E. C. BUDD und D. F. SEIDERS, The Impact of Inflation..., a.a.O., S. 129.

2) Bei den Einkommen handelt es sich dabei grundsätzlich um Bruttoeinkommen (vor Steuerabzug). Je nach Zurechnung der unverteilten Unternehmensgewinne und der Körperschaftssteuer (etwa auf das Bruttoeinkommen von Aktionären) ergeben sich dabei unterschiedliche Abgrenzungen der Einkommen (und damit auch unterschiedliche Verteilungsrelationen).

3) E. C. BUDD und D. F. SEIDERS, The Impact of Inflation..., a.a.O., S. 129.

der inflationsbedingten Redistributionswirkungen wird damit im wesentlichen auf unterschiedliche individuelle Erwartungen von zukünftigen Inflationsentwicklungen und auf Anpassungsverzögerungen zurückgeführt. Denn: Würden die zukünftigen Inflationsraten stets und ohne Verzögerungen von allen Individuen antizipiert, dann ergäben sich auch keine Verschiebungen in den relativen Einkommens- und Vermögenspositionen.

Das oben skizzierte methodische Vorgehen von BUDD und SEIDERS ist gewissen Einschränkungen unterworfen, von denen vor allem auf folgende hingewiesen werden soll [1]):

a) Das Verfahren ist eher dazu geeignet, die auf die simulierte Veränderung der Inflationsrate unmittelbar folgenden Verteilungswirkungen abzuschätzen; es eignet sich weniger dazu, die Redistributionseffekte zu quantifizieren, die einer (über mehrere Perioden hinweg) konstanten Preissteigerungsrate zugeschrieben werden können.

b) Die simulierten Inflationsraten sollten nicht außerhalb der Größenordnung liegen, die von den Preissteigerungsraten in der Vergangenheit erreicht worden sind.

c) Das Verfahren abstrahiert von Änderungen des Produktionsvolumens und des Beschäftigungsgrads, die durch Veränderungen der Inflationsrate ebenfalls hervorgerufen werden können (und die ihrerseits verschiedene Verteilungswirkungen induzieren können).

Die Anpassungskoeffizienten, die in der folgenden Tabelle 13 in zusammengefaßter Form wiedergegeben sind [2]), sind definiert als das Verhältnis zwischen der proportionalen Änderung des Geldwertes einer bestimmten Einkommens- oder Vermögenskategorie (einschließlich Verbindlichkeiten) einerseits und der Inflationsrate andererseits [3]). Sind die empirischen Werte für diese

---

1) Vgl. zum folgenden: E. C. BUDD und D. F. SEIDERS, The Impact of Inflation..., a.a.O., S. 129 f.

2) Vgl. hierzu die Tabellen 1 und 2 in: E. C. BUDD und D. F. SEIDERS, The Impact of Inflation..., a.a.O., S. 128 f.

3) Bezeichnet man mit $\hat{x}_i$ die proportionale Änderung des Geldwertes einer bestimmten Einkommens- oder Vermögenskategorie x_i und mit $\hat{p}$ die Inflationsrate, dann ist der Elastizitäts- bzw. Anpassungskoeffizient ε_i

$$(1) \quad \varepsilon_i = \frac{\hat{x}_i}{\hat{p}}.$$

Tabelle 13: Preisanpassungskoeffizienten für einzelne Nettovermögens- und Einkommenskomponenten in den Vereinigten Staaten

Nr.	Netto-Vermögens-Komponenten	Anpassungskoeffizient
W- 1	Publicly traded common stock, including mutual funds	1.118
W- 2	Equity in closely-held corporations	1.207
W- 3	Equity in nonfarm proprietorships and partnerships	1.144
W- 4	Equity in farm business	1.122
W- 5	Investment real estate, owner-occupied homes, equity in profit sharing plans, and "other assets" (royalties, patents, etc.)	1.000
W- 6	Claims (checking, saving, and brokerage accounts; bonds, mortgages, notes, and other loans; preferred stock)	0.000
W- 7	Debts (mortgages, loans, and noninstallment debt; debit balance on brokerage accounts)	0.000
Nr.	**Einkommens-Komponenten**	**Anpassungskoeffizient**
I- 1	Wage and salary income	1.000
I- 2	Income of unincorporated enterprises (farm and nonfarm)	1.037
I- 3	Dividends from publicly-held corporations	0.854
I- 4	Income (after tax) from closely-held corporations	-0.757
I- 5	Interest on U.S. government bills	6.790
I- 6	Interest on other U.S. government marketable securities	0.775
I- 7	Interest on U.S. savings bonds	0.183
I- 8	Interest on state and local securities	0.327
I- 9	Interest on corporate and foreign securities	0.178
I-10	Interest on mortgages and other loans	0.294
I-11	Interest on time deposits of commercial banks	0.698
I-12	Interest on savings accounts, savings and loan associations	0.280
I-13	Interest on savings accounts, mutual savings banks	0.370
I-14	Interest on credit union shares	0.148
I-15	Net rental income	0.230
I-16	Royalty income	1.000
I-17	Transfer income:	
	Pensions and annuities, $\hat{p}$ = .05	0.620
	Pensions and annuities, $\hat{p}$ = .02	0.390
	Other income	0.000
I-18	Income items imputed to consumer units as owners of corporations:	
	Retained earnings, publicly-held corporations	-1.916
	Profits before tax, publicly-held corporations	1.074
	Profits before tax, closely-held corporations	1.115

Koeffizienten gegeben, dann lassen sich für hypothetische Werte der Inflationsrate die sich hieraus ergebenden relativen Veränderungen des Realwertes der einzelnen Einkommens- und Vermögenskomponenten ermitteln [1]).

Bei den in der Tabelle 13 enthaltenen Angaben über die Anpassungskoeffizienten der einzelnen Nettovermögenskomponenten handelt es sich in den Positionen W-5 bis W-7 um A-priori-Festsetzungen, bei allen übrigen Positionen um empirisch ermittelte Werte. Die Anpassungskoeffizienten bei den einzelnen Einkommenskomponenten sind durchweg empirisch geschätzte Werte. Der Anpassungskoeffizient der Lohn- und Gehaltseinkommen (Position I-1), der mit Eins angegeben ist, beruht hingegen auf einer - allerdings empirisch abgesicherten - Annahme. Denn BUDD und SEIDERS haben darauf hingewiesen, daß mehrere Tests weder Hinweise für die Wage-Lag-Hypothese noch Hinweise für das Vorhandensein von Wage-Leads ergeben hätten, so daß für den Anpassungskoeffizienten der Wert Eins angesetzt worden sei [2]).

Zur Simulierung der Inflation wurden alternativ Preissteigerungsraten von 2 % und 5 % vorgegeben. Die privaten Haushalte wurden nach (Netto-) Vermögens- bzw. Einkommensgrößenklassen angeordnet, wobei die jeweiligen Größenrelationen vor (und z. T. auch nach) den Simulationen maßgebend waren. Zur Messung von Verteilungsänderungen wurden zwei Maße verwendet [3]): Die prozentuale Veränderung

---

1) Ist der Wert ε eines bestimmten Anpassungskoeffizienten gegeben, dann ergibt sich bei einem hypothetischen (simulierten) Wert $\hat{p}$ für die entsprechende proportionale Änderung des Realwerts $\hat{x}_r$ der Einkommens- oder Vermögenskategorie die Beziehung:

$$(2) \quad \hat{x}_r = \frac{\hat{x}-\hat{p}}{1+\hat{p}} .$$

2) Vgl. hierzu im einzelnen: E. C. BUDD und D. F. SEIDERS, The Impact of Inflation..., a.a.O., S. 131.

3) Siehe: E. C. BUDD und D. F. SEIDERS, The Impact of Inflation ..., a.a.O., S. 133.

des durchschnittlichen realen Nettovermögens bzw. des realen Durchschnittseinkommens in jedem Quartil sowie die prozentuale Veränderung im relativen Anteil jedes Quartils. Die für diese beiden Maßgrößen ermittelten Werte differierten nicht allzu sehr, da sich der Einfluß der simulierten Inflationsraten selbst auf die Realwerte der Gesamtvermögens- und Einkommensgrößen als nicht besonders erheblich herausstellte.

Über die Simulationsergebnisse, die BUDD und SEIDERS erhalten haben, soll hier nur kurz referiert werden [1]). Insgesamt hat sich ergeben, daß die beiden hypothetischen Preissteigerungsraten (2 % und 5 %) weder bei der Vermögensverteilung noch bei der Einkommensverteilung zwischen den jeweiligen Größenklassen zu erheblichen Verschiebungen geführt haben. Bei der Verteilung der Nettovermögen wurde eine leichte Verschiebung in Richtung auf eine gleichmäßigere Verteilung errechnet, wofür die für die einzelnen Vermögensgrößenklassen jeweils charakteristischen Verteilungen zwischen Forderungen, Verbindlichkeiten und Sachvermögen ausschlaggebend waren. Weniger eindeutig waren die errechneten Veränderungen bei der Einkommensverteilung, bei denen sich - je nach Einkommenskonzept - unterschiedliche Ergebnisse einstellten. Zum Teil ergaben sich verminderte (verstärkte) Ungleichheiten in den oberen (unteren) Größenklassen, zum Teil aber auch eine leichte Verstärkung der Einkommensunterschiede in allen Größenklassen.

Eine Beurteilung der Simulationsstudie von BUDD und SEIDERS fällt nicht leicht, da das Datenmaterial, das zur Überprüfung der empirisch ermittelten Anpassungskoeffizienten sowie zur Kontrolle der berechneten Ergebnisse erforderlich wäre, nicht vorgelegt wurde. Ex-post-Simulationen wie sie von den beiden Autoren vorgenommen worden sind, haben ohnehin nur eine begrenzte Aussagefähigkeit, namentlich dann, wenn man die einschränkenden Prämissen berücksichtigt, unter denen solche

---

1) Die Ergebnisse sind ausführlicher beschrieben in: E. C. BUDD und D. F. SEIDERS, The Impact of Inflation..., a.a.O., S. 133 ff.

hypothetischen Rechnungen vorgenommen werden müssen. Wünschenswert wäre es gewesen - soweit dies möglich ist - die Rechenergebnisse an Hand der tatsächlichen Entwicklungen zu überprüfen.

d) Die Untersuchungen zur Hypothese inflationsbedingter Realeinkommenseinbußen der Bezieher von Transferzahlungen

i) Vorbemerkungen

Als besonders inflationsgefährdet gilt das Einkommen aller jener Personen, die aus verschiedenen Gründen als Anbieter von Arbeitskraft aus dem Marktprozeß ausgeschieden und somit auf Transferzahlungen durch den Staat oder unmittelbar durch Private angewiesen sind. Zu dieser "Marktpassivität" können unfreiwillige Arbeitslosigkeit, Unfall oder Krankheit und Invalidität ebenso führen wie Alter oder der Tod des Ernährers. Da die entsprechenden Transferzahlungen, wie z. B. Unfall-, Invaliden- und Altersrenten, einseitig nominal fixiert sind, werden die genannten Personengruppen durch anhaltende Preissteigerungen in ihrer Realeinkommenssituation unmittelbar betroffen.

Eine Kompensierung dieser Realwertverluste ist zwar möglich, aber nur durch politisch-institutionelle Entscheidungen. Die hierzu notwendigen Erhöhungen der Transferzahlungen implizieren jedoch je nach Umfang und Finanzierungsform eine Entscheidung darüber, welcher Personenkreis in welchem Ausmaß an der Entlastung der Transferzahlungsempfänger beteiligt und damit seinerseits belastet werden soll. Da politisch-institutionelle Entscheidungen in aller Regel auf Kompromisse (und damit auf eine Verteilung der Lasten) hinauslaufen, ist es unwahrscheinlich, daß die Transferzahlungsempfänger einen vollen Ausgleich ihrer Realwertverluste erhalten. Auch (quasi-)automatische Anpassungen der Transferzahlungen an die Inflationsentwicklung (wie z. B. die Rentenautomatik in der Bundesrepublik) zeigen in ihrer konkreten Ausgestaltung diesen Kompromißcharakter.

Inflationäre Preisentwicklungen können auf mehrfache Weise zu Realwerteinbußen der Transfereinkommensbezieher führen:

a) Zunächst sind solche Einbußen immer dann zu erwarten, wenn - aufgrund der angedeuteten politisch-institutionellen Anpassungsverzögerungen die Entwicklung der Sozialrenten, Pensionen und aller übrigen Transferzahlungen mit der Inflationsrate nicht Schritt hält. In diesem Fall ergeben sich unmittelbar entsprechende Realeinkommensverluste.

b) Zusätzliche Belastungen der Transferzahlungsempfänger ergeben sich aufgrund des allgemein hohen Konsumanteils dieser Personengruppe bei der Einkommensverwendung. Steigende Nahrungsmittelpreise und hohe Mieten (um nur zwei Beispiele zu nennen) belasten das Haushaltsbudget dieser Gruppe mehr als das anderer Haushalte.

c) Insoweit schließlich von Transferzahlungsempfängern Vermögen angespart worden sind, ergeben sich aufgrund des in aller Regel hohen Geldvermögensanteils, den diese Personengruppe hält, weitere Realwerteinbußen. Die Empfänger von Transferzahlungen zählen insoweit zu den Verlierern des Gläubiger-Schuldner-Transfers.

Die wenigen empirischen Untersuchungen, die zur Frage der inflationsbedingten Realeinkommensverluste der Bezieher von Transferzahlungen angestellt worden sind, beschränken sich im wesentlichen auf einen Vergleich zwischen der Einkommensentwicklung dieses Personenkreises und der Inflationsrate. Zum Komplex des Gläubiger-Schuldner-Transfers liegt lediglich eine Schätzung aus den Vereinigten Staaten vor, die in etwa Aufschluß über die Realvermögensverluste von Transferzahlungsempfängern geben kann [1]).

ii) <u>Die Berechnungen von S. E. HARRIS</u>

In seiner Studie über die Verteilungswirkungen der Inflation in den Vereinigten Staaten während der Jahre 1939 bis 1957 hat HARRIS auch die entsprechenden Einflüsse auf die

---

1) Vgl. hierzu: G. L. BACH und A. ANDO, The Redistributional Effects..., a.a.O., S. 8 (Tabelle 6) und die im Abschnitt III 3 b) dieser Arbeit enthaltene Darstellung.

Einkommenssituation der Empfänger von staatlichen und privaten Transferzahlungen untersucht [1]). Dabei fand der Autor die Hypothese von der besonderen Belastung der Transfereinkommen durch anhaltende Preissteigerungen im wesentlichen bestätigt. Die Belastung war jedoch bei den einzelnen Transfers unterschiedlich hoch.

Das von HARRIS angewandte Verfahren bestand in einfachen Vergleichen zwischen den Nominalreihen verschiedener Transfereinkommen und der Preisentwicklung. Dabei zeigte sich, daß der Anstieg der Unterstützungszahlungen für Arbeitslose im genannten Zeitraum zwar unter dem der Löhne und Gehälter blieb [2]), aber dennoch größer war als die Steigerung des Preisniveaus. Demgegenüber ist der Realwert der privaten Transferzahlungen in der gleichen Zeit gesunken. Die Entwicklung bei den Altersrenten verlief unterschiedlich. Ihr Realwert wurde bis zum Jahre 1951 erheblich vermindert; nach diesem Zeitpunkt verlief die Entwicklung wesentlich günstiger. Der Grund hierfür lag darin, daß ab 1952 in den verschiedenen Anpassungen der Altersrenten die Inflationsraten jeweils berücksichtigt wurden.

iii) Die Berechnungen von A. F. BRIMMER

BRIMMER hat in seiner Untersuchung [3]) über die Verteilungswirkungen der Inflation in den Vereinigten Staaten zwischen 1961 und 1968 auch die entsprechenden Auswirkungen auf die

1) Siehe: S. E. HARRIS, The Incidence of Inflation..., a.a.O., S. 38 ff. Vgl. hierzu auch: M. ZIERCKE, Die redistributiven Wirkungen..., a.a.O., S. 38 f.

2) Zu einem ähnlichen Ergebnis sind BACH und ANDO in ihrer von 1939 bis 1952 (1954) reichenden Untersuchung gekommen. In diesem (Gesamt-)Zeitraum erhöhte sich nach den Berechnungen der beiden Autoren der Anteil der Transferzahlungen am gesamten persönlichen Einkommen um 1 %, während der entsprechende Anteil aller Arbeitseinkünfte um 6 % stieg. Dabei verlief allerdings die Entwicklung der genannten Anteile in den einzelnen Teilperioden unterschiedlich. Näheres hierzu siehe: G. L. BACH und A. ANDO, The Redistributional Effects..., a.a.O., S. 3 (Tabelle 1).

3) Siehe: A. F. BRIMMER, Inflation and Income Distribution ..., a.a.O., S. 45 f.

Einkommenssituation der Familien (Haushalte) mit einem Haushaltsvorstand von 65 Jahren und älter dargestellt; eine Aufgliederung dieser Haushaltsgruppe in verschiedene Kategorien von Transferzahlungsempfängern ist dabei nicht vorgenommen worden. Die Tabelle 14, in der die Ergebnisse zusammengefaßt sind [1]), enthält im wesentlichen Angaben über die Entwicklung der Einkommensquote der genannten Gruppe am Gesamteinkommen der privaten Haushalte sowie Zahlen über den entsprechenden Anteil an der Gesamtzahl aller Haushalte. Auf diese Weise sind auch Angaben über das Verhältnis zwischen den jeweiligen Durchschnittseinkommen möglich.

Tabelle 14 : Das Einkommen von Familien mit einem Haushaltsvorstand von 65 Jahren und älter in den Vereinigten Staaten von 1961 bis 1968

Jahr	Einkommen (in Mrd.$)		Anteil des Einkommens der Familien mit 65 Jahren und älter am Gesamteinkommen (in v.H.)	Anteil der Familien mit 65 Jahren und älter an der Gesamtzahl der Haushalte (in v.H.)	Verhältnis des Durchschnittseinkommens der Familien mit 65 Jahren und älter am Durchschnittseinkommen aller Haushalte
	Insgesamt	65 Jahre und älter			
	(1)	(2)	(3)	(4)	(5)
1961	306,6	33,0	10,8	14,5	0,53
1964	355,8	35,4	9,9	14,1	0,51
1968	488,4	43,9	9,0	14,0	0,53

Aus der Tabelle 14 kann im wesentlichen folgendes entnommen werden:

a) In der Teilperiode zwischen 1961 und 1964 [2]) sank die Einkommensquote der Familien mit einem Haushaltsvorstand von 65 Jahren und älter um 0,9 Prozentpunkte (Spalte (3)),

---

1) Vgl.: A. F. BRIMMER, Inflation and Income Distribution ..., a.a.O., S. 46, Tabelle 9.

2) Angaben für das Jahr 1965 lagen nicht vor und mußten deshalb durch die des Jahres 1964 ersetzt werden.

während sich der Anteil der genannten Familien an der Gesamtzahl der Haushalte zugleich um 0,4 Prozentpunkte verminderte (Spalte (4)). Die um 0,9 Prozentpunkte gesunkene Einkommensquote ist somit zu einem erheblichen Teil auf den relativen Rückgang der Familien mit einem Haushaltsvorstand von 65 Jahren und mehr zurückzuführen, zum geringeren Teil aber auch auf ein (inflationsbedingtes?) vermindertes Durchschnittseinkommen (Spalte (5)).

b) In der zweiten Teilperiode zwischen 1964 und 1965 verminderte sich die Einkommensquote der Familien mit einem Haushaltsvorstand von 65 Jahren und älter um weitere 0,9 Prozentpunkte, während ihr Anteil an der Gesamtzahl aller Haushalte nahezu konstant blieb und ihr relatives Durchschnittseinkommen sogar wieder anstieg.

Die Erklärung für dieses zunächst paradox erscheinende Ergebnis ist nach BRIMMER auf einen Struktureffekt zurückzuführen. Denn innerhalb der Haushaltsgruppe mit einem Haushaltsvorstand von 65 Jahren und älter haben sich im Verlauf des Untersuchungszeitraums beträchtliche Einkommensverschiebungen zwischen den verschiedenen Einkommensgrößenklassen ergeben. Diese Verschiebungen vollzogen sich zuungunsten der höchsten Einkommensklasse und begünstigten insbesondere die niedrigste Größenklasse, wodurch die Einkommensunterschiede innerhalb der gesamten Haushaltsgruppe tendenziell geringer wurden [1]). Auf diese Weise läßt sich plausibel begründen, warum die Einkommensquote der gesamten Haushaltsgruppe um zusätzliche 0,9 Prozentpunkte sank, während zugleich ihr relatives Durchschnittseinkommen wieder auf den alten Wert von 0,53 anstieg. Auf die naheliegende Frage, inwieweit die beschriebenen Entwicklungen durch die Inflation in den Jahren zwischen 1964 und 1968 verursacht oder begünstigt worden sind, ist BRIMMER nicht näher eingegangen [2]).

1) Die genauen Einzelergebnisse sind zusammengestellt in der Tabelle 10 in: A. F. BRIMMER, Inflation and Income Distribution..., a.a.O., S. 46. Auf die Wiedergabe dieser Tabelle ist hier verzichtet worden.

2) Der Autor vertrat die Meinung, daß die Verschlechterung der Verteilungsposition der höchsten Einkommensklasse innerhalb der Gesamtgruppe der Familien mit einem Haushaltsvorstand von 65 Jahren und älter im wesentlichen auf den Rückgang der Einkommensanteile von Dividenden, Mieten und Pachten sowie von Einkünften aus Unternehmertätigkeit zurückgeführt werden müsse. Vgl.: A. F. BRIMMER, Inflation and Income Distribution..., a.a.O., S. 46.

iv) Die Berechnungen von M. ZIERCKE

Es wurde bereits an anderer Stelle darauf hingewiesen, daß in der Bundesrepublik die Renten der Arbeiter und Angestellten seit dem Jahre 1957 dynamisiert worden sind, um sie an das allgemeine Einkommenswachstum anzupassen. Die Rentenautomatik gilt jedoch nur für die Neurenten; bei den Bestandsrenten bedarf es hingegen jährlich neuer Anpassungsgesetze [1]).

Allgemeine Bemessungsgrundlage der Renten ist der durchschnittliche Verdienst aller Versicherten ohne Lehrlinge und Anlernlinge in einer dreijährigen Periode vor dem Kalenderjahr, das dem Eintritt des Versicherungsfalles vorausgegangen ist. Damit ist bereits zwischen den Änderungen der (durchschnittlichen) Bruttoarbeitsentgelte und den Änderungen der Bemessungsgrundlage eine Verzögerungsperiode von drei Jahren eingebaut. Eine zusätzliche Anpassungsverzögerung von einem Jahr entsteht dadurch, daß die Bestandsrenten durch Gesetze seit 1959 jeweils erst in den folgenden Jahren an die veränderte Bemessungsgrundlage angepaßt worden sind.

Eine Darstellung dieser "Lag-Struktur" der Rentenanpassungen in der Bundesrepublik seit 1957 (1959) findet sich in beiden Arbeiten von ZIERCKE [2]). Die bis zum Jahre 1970 reichenden Zeitreihen sind in der Tabelle 15 wiedergegeben (vgl. hierbei die Spalten (1) bis (3)) [3]). Instruktiv für die vorliegende Fragestellung ist der Vergleich zwischen den Prozentsätzen der jährlichen Rentenanpassungen (Spalte (3)) und den Inflationsraten (Spalte (4)), wobei letztere durch die jährlichen Veränderungen des Preisindex für die Haushalte von Rentnern und Sozialhilfeempfängern gemessen worden sind.

---

1) Vgl. hierzu unsere Darlegungen im Abschnitt II 3 b).

2) Siehe: M. ZIERCKE, Die redistributiven Wirkungen..., a.a.O., S. 40 ff. und M. ZIERCKE, Inflation und Einkommensverteilung..., a.a.O., S. 128 ff.

3) Vgl. hierzu die Tabelle 1 in: M. ZIERCKE, Inflation und Einkommensverteilung..., a.a.O., S. 130.

Dabei zeigt sich, daß die Rentenerhöhungen mit wenigen Ausnahmen mehr als doppelt so hoch waren wie die Inflations-

Tabelle 15 : Änderungen der durchschnittlichen Bruttojahresarbeitsentgelte und der allgemeinen Bemessungsgrundlage der Renten sowie Rentenanpassungen und Preisniveauerhöhungen in der Bundesrepublik Deutschland von 1956 bis 1970 (alle Angaben in v. H.)

Jahr	Änderungen der durchschnittlichen Bruttojahresarbeitsentgelte	Änderungen der allgemeinen Bemessungsgrundlage	Rentenanpassungen	Preisniveauerhöhungen
	(1)	(2)	(3)	(4)
1956	+ 6,5	-	-	-
1957	+ 4,1	-	-	-
1958	+ 5,7	+ 6,1	-	-
1959	+ 5,1	+ 5,9	+ 6,1	+ 1,8
1960	+ 8,9	+ 5,4	+ 5,94	+ 0,5
1961	+ 10,2	+ 5,0	+ 5,4	+ 1,2
1962	+ 9,0	+ 6,6	+ 5,0	+ 5,0
1963	+ 6,1	+ 8,2	+ 6,6	+ 3,5
1964	+ 8,9	+ 9,4	+ 8,2	+ 2,8
1965	+ 9,0	+ 8,3	+ 9,4	+ 4,0
1966	+ 7,2	+ 8,0	+ 8,3	+ 4,1
1967	+ 3,3	+ 8,1	+ 8,0	+ 1,4
1968	+ 6,1	+ 8,3	+ 8,1	+ 1,5
1969	-	+ 6,35	+ 8,3	+ 3,4
1970	-	+ 5,5	+ 6,35	> 3,5

Quelle: Spalte (1) und (2) errechnet aus den Angaben in: Soziale Sicherheit, Zeitschrift für Sozialpolitik, 19. Jahrgang, 1970, S. 144; Spalte (3) ebenda; Spalte (4): Bis 1962 errechnet aus den Angaben im Statistischen Jahrbuch für die BRD 1963, S. 485; ab 1964 aus den Angaben im Statistischen Jahrbuch für die BRD 1970, S. 431.

raten im gleichen Jahr. Daraus könnte geschlossen werden, daß in der Bundesrepublik Inflationsverluste für die Rentner vermieden werden konnten. ZIERCKE hat jedoch darauf aufmerksam gemacht, daß durch die Rentenautomatik lediglich ein Teil der potentiellen Inflationsbelastung der Transferzahlungsempfänger neutralisiert werden konnte [1]. Denn die

1) Vgl.: M. ZIERCKE, Inflation und Einkommensverteilung..., a.a.O., S. 129.

Altrenten seien eben nur mit einer (insgesamt vierjährigen) Verzögerung an die Änderungen der durchschnittlichen Bruttojahresarbeitsentgelte angepaßt worden. Bezüglich der Entwicklung ihrer verfügbaren Einkommen seien jedoch die Rentner besser gestellt als die Lohn- und Gehaltsbezieher, da nur ein Teil der Renten (bzw. Rentenerhöhungen) als Einkommen zu versteuern sei, so daß die Einkommensteuerprogression die nominalen Bruttolöhne und -gehälter in weit stärkerem Maße treffe [1]).

Daß ein bloßer Vergleich zwischen nominellen Einkommenssteigerungen und Inflationsraten für die Frage nach inflationsbedingten Realeinkommensverlusten nicht ausreicht, zeigt sich auch am Beispiel der Beamtenpensionen. ZIERCKE hat darauf hingewiesen, daß diese Pensionen - formal betrachtet - noch dynamischer seien als die Arbeiter- und Angestelltenrenten. Denn sie seien unmittelbar an die Beamtengehälter gekoppelt. Da jedoch diese wiederum nicht im Ausmaß der übrigen Löhne und Gehälter oder nur mit Verzögerungen an diese angepaßt würden, entständen für die pensionierten Beamten selbst im Vergleich zu den Sozialrentnern Nachteile.

6. Abschließende Bemerkungen

Versucht man ein Resümee über die Untersuchungen zu ziehen, die über die Einflüsse der Inflation auf die Einkommensverteilung angestellt worden sind, dann ist zunächst auf das große Gewicht hinzuweisen, das mit den zahlreichen Arbeiten zur Wage-Lag-Hypothese auf die Verschiebungen der funktionellen Einkommensverteilung gelegt worden ist. Untersuchungen über inflationsbedingte Einwirkungen auf die institutionelle Einkommensverteilung sind dagegen weit weniger häufig anzutreffen.

---

1) Sobald jedoch die Belastung durch indirekte Steuern (Mehrwertsteuer, spezielle Verbrauchssteuern) ebenfalls berücksichtigt wird, ändert sich das Bild wieder zuungunsten der Transfereinkommensbezieher.

Der Grund hierfür ist zum Teil im Mangel an verläßlichen Daten über diese Einkommensverteilungen zu suchen. Außerdem erweisen sich traditionelle Fragestellungen oft als wissenschaftlich besonders reizvoll, namentlich dann, wenn - wie dies bei der Wage-Lag-Hypothese der Fall ist - Aussagen der Theorie vorliegen, die durch empirische Untersuchungen bestätigt oder verworfen werden können. Andererseits lassen sich, wie in den Abschnitten II 1 a) ff. gezeigt worden ist, mit Hilfe von Plausibilitätsüberlegungen durchaus auch theoretisch begründbare Aussagen über inflationsbedingte Verschiebungen der institutionellen und der personellen Einkommensverteilung ableiten, sofern man bestimmte Zusammenhänge mit der funktionellen Verteilung als gegeben unterstellt.

Ein weiterer Mangel ist im Fehlen von empirischen Untersuchungen über die Redistributionseffekte von inflationsbedingten Zwangssparprozessen auf alle kontraktbestimmten Einkommen zu sehen, obgleich gerade über diese Effekte weitgehende Einigkeit besteht und auch eine empirische Überprüfung dieser theoretischen Vorstellungen nicht aussichtslos erscheint. Ähnliches gilt zum Teil auch für die Frage nach den Auswirkungen der Inflation auf die Verteilung der Nettoeinkommen (nach Steuerabzug), wobei jedoch eingeräumt werden muß, daß empirische Untersuchungen auf diesem Gebiet wegen der Problematik der Zurechnung einzelner Steuern auf bestimmte Gruppen von Einkommensbeziehern mit erheblichen Schwierigkeiten behaftet sind.

In den in diesem Kapitel beschriebenen empirischen Arbeiten sind folgende Verfahren zur Anwendung gekommen:

a) Der Vergleich zwischen Indexreihen der Preisentwicklung und Zeitreihen der Entwicklung bestimmter Einkommenskategorien.

b) Die Gegenüberstellung zwischen Indexreihen der Preisentwicklung und Zeitreihen der Entwicklung bestimmter Einkommensquoten.

c) Die Simulation von möglichen Verschiebungen der Einkommensverteilung auf der Grundlage von empirisch geschätzten (Preis-) Anpassungskoeffizienten bestimmter Einkommenskategorien sowie von hypothetisch vorgegebenen Werten der Inflationsrate.

d) Die Überprüfung der Wage-Lag-Hypothese auf mikroökonomischer Grundlage an Hand von einzelbetrieblichen Daten über Lohnanteile (gemessen am Wert des Grundkapitals) und Vermögenswertänderungen (gemessen an Aktienkursveränderungen).

Auf die Vor- und Nachteile dieser Verfahren ist im einzelnen bereits hingewiesen worden. Die Schwächen der beiden ersten Verfahren bestehen vor allem in der nicht auszuschließenden Gefahr der willkürlichen Abgrenzung bestimmter Zeitabschnitte als Inflationsperioden sowie in der stets problematischen Zurechnung bestimmter Verteilungsverschiebungen auf inflationäre Ursachen. Der zweite Aspekt spielt auch bei den übrigen Verfahren eine Rolle. Denn bei der Schätzung von (Preis-) Anpassungskoeffizienten bestimmter Einkommenskategorien (Verfahren c)) erfolgt eine vollständige Zurechnung von Wertveränderungen auf inflationäre Preisveränderungen, die auch in den Simulationsergebnissen implizit enthalten ist. Und ebenso werden auch beim mikroökonomischen Testansatz zur Überprüfung der Wage-Lag-Hypothese (Verfahren d)) alle Faktoren ausgeschlossen, die unabhängig von der inflationsbedingten Verzögerung der Lohnentwicklung die Einkommensverteilung beeinflussen können.

Die Isolierung von spezifischen Inflationswirkungen gegenüber gleichzeitig auftretenden Einflüssen von nicht-monetären Faktoren auf die Einkommensverteilung erweist sich somit als kritisches (und bisher nicht befriedigend gelöstes) Problem aller empirischen Untersuchungen über inflationsbedingte Redistributionswirkungen.

III. Der Einfluß der Inflation auf die Vermögensverteilung

1. Ansatzpunkte

Eine umfassende Analyse aller Einflüsse, die von inflationären Preissteigerungen auf die Vermögensverteilung ausgehen, müßte von den folgenden zwei Ansatzpunkten ihren Ausgang nehmen [1]:

a) Zunächst müßte untersucht werden, ob und in welchem Ausmaß die durch das Sparverhalten einzelner Gruppen (Sektoren) bewirkte Vermögensbildung durch die Inflation beeinflußt wird. In diesem Fall geht es somit nicht um die Analyse inflationsbedingter Redistributionseffekte auf die bestehenden Vermögensbestände, sondern um die Frage, ob sich die Inflation bereits auf die Vermögenszuwächse (und ihre Verteilung) auswirken kann.

   Eine solche Untersuchung müßte sich im wesentlichen auf zwei Aspekte konzentrieren. Als erstes müßten die inflationsbedingten Redistributionswirkungen auf die institutionelle (und personelle) Einkommensverteilung berücksichtigt werden. Als zweites müßte analysiert werden, inwieweit durch die Inflation auch das Sparverhalten einzelner Personen (-gruppen) oder Sektoren beeinflußt wird. Dabei geht es nicht nur um den möglichen Einfluß der Inflation auf die Höhe der Sparquoten, sondern auch um die Frage, inwieweit dadurch Veränderungen in der Struktur der Vermögensbildung (konkret: Veränderungen im Verhältnis zwischen Sach- und Geldvermögensbildung) bewirkt werden.

b) Der zweite Ansatzpunkt, von dem oben die Rede war, ist die Analyse der Einflüsse, die von inflationären Preissteigerungen auf die Verteilung der Vermögensbestände zwischen einzelnen Personen (-gruppen) und Sektoren ausgehen. In diesem Fall geht es um die Untersuchung möglicher inflationsbedingter Redistributionseffekte, die sich auf die Struktur dieser Vermögensbestände, also auf die jeweilige Aufteilung zwischen Sach- und Geldvermögen, zurückführen lassen.

---

1) Vgl. zum folgenden auch die Ausführungen in den Abschnitten II 1 b) und II 1 c).

Auch diese Untersuchung müßte sich im wesentlichen auf zwei Aspekte konzentrieren. Als erstes müßten die Redistributionseffekte analysiert werden, die sich über inflationsbedingte Realwertverschiebungen bei den genannten Vermögensarten auf die (nominellen) Nettovermögen der einzelnen Personen (-gruppen) und Sektoren auswirken. Diese Analyse schließt den Gläubiger-Schuldner-Transfer im Verhältnis zwischen den nominal fixierten monetären Nettopositionen ("fixed price assets") ein, aber auch die Redistributionswirkungen, die sich zusätzlich aus der Verteilung der Sachvermögen ("variable price assets") ergeben. Dabei wäre es wünschenswert, wenn innerhalb dieser beiden großen Vermögenskategorien weitere Unterteilungen in einzelne Vermögensarten vorgenommen würden [1]). Der zweite Aspekt wäre die Untersuchung der Frage, inwieweit durch inflationäre Preissteigerungen die Zusammensetzung der (nominellen) Vermögensbestände, die von einzelnen Personen (-gruppen) oder Sektoren gehalten werden, beeinflußt wird. Bei dieser Frage geht es also um mögliche Rückwirkungen der Inflation auf die "Portfolioauswahl" und damit um das Problem, wie sich zukünftige Inflationsgewinne und -verluste auf Personen (-gruppen) und Sektoren verteilen.

Bei der Unterscheidung der inflationsbedingten Redistributionseffekte auf die Vermögenszuwächse und auf die Vermögensbestände dürfen nicht die wechselseitigen Zusammenhänge übersehen werden, die zwischen diesen Vorgängen bestehen. Auf diesen Sachverhalt ist bereits an früherer Stelle aufmerksam gemacht worden [2]). Hier sei lediglich darauf hingewiesen, daß jede Untersuchung inflationärer Redistributionswirkungen auf die Vermögensverteilung in ihrer Aussagekraft beschränkt bleibt, so lange sie sich mit einem der oben dargestellten Ansatzpunkte begnügt.

Allen empirischen Untersuchungen, die in den folgenden Abschnitten näher beschrieben werden, liegt der zweite Ansatzpunkt zugrunde. Sie beschränken sich somit auf die Analyse

1) Der Grund hierfür liegt in der unterschiedlichen Verzinsung der verschiedenen Geldvermögenstitel sowie in der abweichenden Preisvariabilität einzelner Arten des Sachvermögens.

2) Siehe hierzu insbesondere den Abschnitt II 1 c).

inflationärer Redistributionseffekte auf die bestehende Vermögensverteilung. Dabei herrscht die Fragestellung vor, ob und in welchem Ausmaß sich bei gegebenen Vermögensstrukturen (zwischen Gläubiger- und Schuldnerpositionen einerseits und zwischen Geld- und Sachvermögen andererseits) die Vermögensverteilung durch Realwertverschiebungen verändern kann. Im ersten Fall geht es um die Überprüfung bestimmter Hypothesen über inflationsbedingte Redistributionseffekte (z.B. Gläubiger-Schuldner-Hypothese), im zweiten Fall um die Abschätzung des Umfangs möglicher Realwertverschiebungen. Das Problem, inwieweit der Inflation auch Rückwirkungen auf die Vermögensstruktur (Portfolioauswahl) und damit auf Veränderungen in der Verteilung der Inflationsgewinne und -verluste zugeschrieben werden können, bleibt dabei unberücksichtigt.

2. Die empirischen Untersuchungen zur Überprüfung der Gläubiger-Schuldner-Hypothese im Überblick

a) Vorbemerkungen

Der Inhalt der Gläubiger-Schuldner-Hypothese ist die Aussage, daß ein inflationärer Preisanstieg zu einer Kaufkraft- (und damit Vermögens-) Umverteilung von Geldgläubigern zu Geldschuldnern führt. Der Grund hierfür ist in dem sinkenden Realwert von Geldschulden im Verlauf einer Inflation zu suchen, wobei Voraussetzung ist, daß diese Schulden in Geldeinheiten unveränderlich festgelegt sind und daß die Preissteigerungsrate weder in der Höhe des Nominalzinssatzes noch in den Tilgungsmodalitäten berücksichtigt ist. Ist diese Voraussetzung erfüllt, dann lassen sich Inflationsgewinne und -verluste auf die Partner von Kreditkontrakten eindeutig zurechnen.

Den empirischen Untersuchungen zur Überprüfung der Gläubiger-Schuldner-Hypothese liegen in der Hauptsache die folgenden Verfahren zugrunde:

a) Vergleich zwischen der zeitlichen Entwicklung von Preisindizes und den Veränderungen bestimmter Einkommensanteile ("Quotenverfahren"). Dabei werden in Analogie zu den oben dargestellten Untersuchungen zur Wage-Lag-Hypothese aus der relativen Entwicklung des Zins- und Dividendeneinkommens Schlußfolgerungen hinsichtlich eines möglichen Gläubiger-Schuldner-Transfers gezogen.

b) Überprüfung der Gläubiger-Schuldner-Hypothese auf der Grundlage von einzelwirtschaftlichen Daten. Dieses Verfahren, das - mit Modifikationen - von mehreren Autoren angewandt worden ist, beruht auf der Prämisse, daß in Inflationsperioden Unternehmen mit einer (vergleichsweise) hohen Nettoschuldnerposition auch eine (überdurchschnittlich) hohe Steigerung ihres nominellen Nettovermögens erfahren müßten; dementsprechend müßte das Kursniveau der Aktien von Kapitalgesellschaften mit dem entsprechenden monetären Nettostatus (überproportional) ansteigen. Die Gläubiger-Schuldner-Hypothese wird unter dieser Annahme als zutreffend akzeptiert, wenn sich im Verlauf von Inflationsperioden positive Zusammenhänge zwischen Aktienkurssteigerungen und der absoluten bzw. relativen Höhe von Nettoschuldnerpositionen der Unternehmen nachweisen lassen.

c) Vergleich zwischen Zeitreihen von Nominalzins und Inflationsrate. Mit diesem Vergleich sollen Aufschlüsse darüber gewonnen werden, ob und inwieweit die Inflationsrate in der Höhe des Nominalzinses antizipiert worden ist.

Auch hier gilt, daß die Aussagefähigkeit der verschiedenen Testverfahren unterschiedlich zu beurteilen ist. Zum Teil ist diese unterschiedliche Aussagefähigkeit aber auch das Ergebnis der Modifikationen, die bei einzelnen der genannten Verfahren angewandt werden können.

b) <u>Die Überprüfung der Gläubiger-Schuldner-Hypothese auf der Grundlage von Vergleichen zwischen der Entwicklung von Preisindizes und Veränderungen bestimmter Einkommensanteile ("Quotenverfahren")</u>

Die bereits oben dargestellte Untersuchung von G. L. BACH und A. ANDO [1]) enthält auch eine Gegenüberstellung zwischen

---

1) G. L. BACH und A. ANDO, The Redistributional Effects..., a.a.O., S. 1 ff. Vgl. hierzu auch die kurze Beschreibung des von BACH und ANDO zugrunde gelegten "Quotenverfahrens" bei M. ZIERCKE, Die redistributiven Wirkungen..., a.a.O., S. 101 ff.

dem Anstieg des Lebenshaltungskostenindex in den Vereinigten Staaten zwischen 1939 und 1952 (1954) einerseits und der zeitlichen Entwicklung der Anteile des Zins- und Dividendeneinkommens am gesamten persönlichen Einkommen sowie am Volkseinkommen andererseits. Dieser Vergleich ist von BACH und ANDO als ein Verfahren zur Überprüfung der Gläubiger-Schuldner-Hypothese herangezogen worden; die dabei gewonnenen Ergebnisse werden von BRONFENBRENNER und HOLZMAN als eine Bestätigung dieser Hypothese gewertet [1]).

Die prozentualen Veränderungen der genannten Einkommensanteile im Verlauf der gesamten Inflationsperiode 1939 - 1952 (1954) und ihrer vier Teilperioden sind in der Tabelle 16 wiedergegeben [2]). Aus ihr ist zu ersehen, daß sowohl die Zins- als

Tabelle 16 : Die Veränderung der Zins- und Dividendenanteile am gesamten persönlichen Einkommen sowie am Volkseinkommen in den Vereinigten Staaten von 1939 bis 1954 in v. H. der Bezugsbasis

Einkommens-kategorie	1939-52	39-46	46-49	49-52	52-54
Interest Income	-4(-3)	-4(-4)	+1(0)	-1(+1)	+1(0)
Dividends	-2(-2)	-2(-2)	0(0)	0(+2)	0(-1)

auch die Dividendenanteile im Verlauf der gesamten Inflationsperiode zwischen 1939 bis 1952 gesunken sind; maßgebend hierfür ist offenbar vor allem die Entwicklung der genannten Anteile im Verlauf der ersten Teilperiode zwischen 1939 und 1946 gewesen.

Dieses Ergebnis könnte als eine Bestätigung der Gläubiger-Schuldner-Hypothese gewertet werden, wenn man es damit erklärt, daß in den (vorwiegend kontraktbestimmten) Zins- und Dividen-

---

1) M. BRONFENBRENNER und F. D. HOLZMAN, A Survey of Inflation Theory..., a.a.O., S. 98.

2) Diese Tabelle stellt einen Ausschnitt aus der in dieser Arbeit im Abschnitt II 4c i) wiedergegebenen Tabelle 3 dar. Die Anteile des Zins- und Dividendeneinkommens am Volkseinkommen sind in Klammern gesetzt.

densätzen die Inflationsrate nicht (oder nicht ausreichend) antizipiert werden konnte. Eine solche Erklärung läßt jedoch den möglichen Einfluß von nicht-monetären Faktoren auf die genannten Ertragsraten völlig unberücksichtigt. Außerdem läßt sich nicht feststellen, in welchem (Teil-) Zeitraum die (u.U. inflationsinduzierte) Verzögerung in der Anpassung der Zins- und Dividendeneinkommen stattgefunden hat. Insgesamt ist darauf hinzuweisen, daß die methodischen Schwächen des von BACH und ANDO verwendeten Quotenverfahrens auch hier deutlich zutage treten und die Aussagefähigkeit der Resultate beeinträchtigen.

c) Die Überprüfung der Gläubiger-Schuldner-Hypothese auf der Grundlage einzelwirtschaftlicher Daten

i) Die Untersuchung von R. A. KESSEL

Zu Beginn seiner bereits zitierten Arbeit [1]) weist KESSEL darauf hin, daß für die These, wonach der Unternehmenssektor bei anhaltenden Preissteigerungen Inflationsgewinne erzielt, drei Begründungen gegeben werden könnten. Die erste sei die Hypothese des Gläubiger-Schuldner-Transfers, wobei hier die Annahme eingeschlossen sei, daß sich die Unternehmen in der Hauptsache in einer Nettoschuldnerposition befänden. Das zweite Argument sei das der Wage-Lag-Hypothese. Schließlich werde auch darauf hingewiesen, daß Inflationsgewinne im Unternehmenssektor durch Wertsteigerungen bei Lagerbeständen entstehen könnten.

Nach KESSEL hat die Gläubiger-Schuldner-Hypothese, auf deren empirische Überprüfung er sich beschränkt hat, zwei Implikationen [2]):

---

1) R. A. KESSEL, Inflation-Caused Wealth Redistribution..., a.a.O., S. 128 ff. Eine Darstellung der Untersuchung von KESSEL findet sich auch bei M. ZIERCKE, Die redistributiven Wirkungen..., a.a.O., S. 110 ff.

2) Vgl. hierzu: R. A. KESSEL, Inflation-Caused Wealth Redistribution..., a.a.O., S. 129 f

a) Als erste Konsequenz ergeben sich absolute Veränderungen in den jeweiligen realen Vermögenspositionen; d.h.: im Vergleich zu den entsprechenden Ausgangspositionen bei Beginn der Inflation erzielen die Schuldner Gewinne und die Gläubiger Verluste. Insoweit sich Unternehmen (Unternehmensgruppen) in einer Nettoschuldnerposition befinden, sind die Unternehmenseigner Nutznießer der Inflation; insoweit sich bestimmte Unternehmensgruppen in einer Nettogläubigerposition befinden, erleiden diese Verluste.

b) Als zweite Konsequenz ergeben sich relative Veränderungen in den jeweiligen realen Vermögenspositionen in Abhängigkeit vom Umfang des jeweiligen Gläubiger- (Schuldner-) Status einzelner Unternehmen bzw. Unternehmensgruppen. Demzufolge ist der Inflationsgewinn (-verlust) aus dem Gläubiger-Schuldner-Verhältnis um so größer, je größer die jeweilige Schuldner- (Gläubiger-) Position eines Unternehmens gegenüber allen übrigen Unternehmen ist.

Eine empirische Überprüfung der Gläubiger-Schuldner-Hypothese macht es laut KESSEL erforderlich, daß beide Implikationen dieser Hypothese getestet werden. Zu diesem Zweck untersuchte der Autor an Hand mehrer Zufallsstichproben die Aktienkursveränderungen großer amerikanischer Unternehmen, deren Aktien an der New Yorker Börse (New York Stock Exchange) notiert waren. Dabei wurden sowohl Inflationsperioden (1942 bis 1948) als auch Deflationsperioden (1929 bis 1933) berücksichtigt.

Die erste Stichprobe umfaßt die Aktienkursveränderungen von 16 Banken, deren Vermögensposition spätestens seit der Untersuchung von C. BRESCIANI-TURRONI [1]) als besonders inflationsgefährdet angesehen wird [2]). Im Verlauf der kriegsbedingten Inflationsperiode von 1942 bis 1948 stieg der (nicht bereinigte [3])) Aktienkurs dieser Banken um 47 v. H., während der

---

1) C. BRESCIANI-TURRONI, Economics of Inflation, a.a.O., S. 253 und S. 298.

2) Näheres hierzu siehe: R. A. KESSEL, Inflation-Caused Wealth Redistribution..., a.a.O., S. 131 f.

3) D.h.: Bei den Aktienkursen wurden Dividendenzahlungen der Gesellschaften sowie Kapitalerhöhungen nicht berücksichtigt.

Anstieg des Großhandelspreisindex 60 v. H. betrug. In dieser Entwicklung erblickte KESSEL eine Bestätigung der ersten Implikation der Gläubiger-Schuldner-Hypothese. Denn bei allen 16 Banken überstieg im Jahre 1942 die Summe der Forderungen erheblich diejenige der Schulden, so daß sich aus den hieraus resultierenden Nettogläubigerpositionen inflationsbedingte Entwertungsverluste einstellen mußten. Zur Überprüfung der zweiten Implikation der Gläubiger-Schuldner-Hypothese stellte KESSEL die Entwicklung der bereinigten Kurse der 16 Banken den jeweiligen Relationen zwischen monetärer Nettoposition und Bilanzsumme gegenüber, wobei diese Relationen als Maßstab für die Intensität der Nettogläubigerpositionen und zugleich als erklärende Variable für die Aktienkursveränderungen dienten [1]). Die Korrelation der Rangfolgen der Aktienkurssteigerungen mit den Rangfolgen der relativen Nettogläubigerpositionen der 16 Banken ergab einen statistisch signifikanten negativen Zusammenhang: Der Aktienkursanstieg von Banken mit einem relativ hohen Nettogläubigerstatus war gering im Vergleich zum Kursanstieg von Banken mit einer relativ niedrigen Gläubigerposition. Dieser Zusammenhang bestätigt nach KESSEL die zweite Implikation der Gläubiger-Schuldner-Hypothese.

Eine zweite Stichprobe umfaßte 30 Industrieunternehmen, deren Aktien zwischen 1942 und 1948 ebenfalls an der New Yorker Börse notiert waren [2]). Auch diese Unternehmen wurden entsprechend ihrem jeweiligen Geldvermögensstatus klassifiziert; dabei ergab sich, daß sich zu Beginn des Untersuchungszeitraums (1942) je 15 Unternehmen in einer Nettogläubiger- bzw. in einer Nettoschuldnerposition befanden. Dieser Sachverhalt beweist nach KESSEL, daß das Ausmaß der im Sektor (Produktions-) Unternehmen gehaltenen Nettoschuldnerpositionen

---

1) Maßgebend hierfür waren die Daten aus den Jahresschlußbilanzen der Banken im Jahre 1942.

2) Näheres hierzu: R. A. KESSEL, Inflation -Caused Wealth Redistribution..., a.a.O., S. 132 ff.

häufig überschätzt wird [1]).

Gemessen an der Entwicklung der Aktienkurse im gesamten Untersuchungszeitraum zeigte sich, daß das Kursniveau der 15 Unternehmen mit einer Nettogläubigerposition um 13 v. H. fiel, während das der 15 Unternehmen mit einer Nettoschuldnerposition um 81 v. H. stieg. Dieses Ergebnis war statistisch ebenso signifikant wie das Resultat eines zweiten Tests, bei dem die 30 Industrieunternehmen in eine Rangfolge entsprechend ihres jeweiligen Nettogläubiger- (bzw. -schuldner-) Status von 1942 gebracht und diese mit den Rangfolgen der Aktienkursveränderungen verglichen wurden. Hier ergab sich der gleiche negative Zusammenhang wie bei der oben dargestellten Rangkorrelation bei den 16 Banken. KESSEL erblickte hierin eine erneute Bestätigung der beiden Implikationen der Gläubiger-Schuldner-Hypothese.

Um den Erklärungsgehalt dieser Hypothese unabhängig von den Besonderheiten der Kriegs- und Nachkriegsinflation in den Vereinigten Staaten im Verlauf der Jahre 1942 bis 1948 feststellen zu können, hat KESSEL an Hand einer dritten Stichprobe einen weiteren Test unternommen [2]). In diesem Test wurde die Gläubiger-Schuldner-Hypothese am Beispiel der Deflationsperiode von Ende 1929 bis Ende 1933 ("Große Depression") überprüft. Die Stichprobe umfaßte 31 Unternehmen, deren Aktien an der New Yorker Börse gehandelt wurden; Ende 1929 befanden sich davon 12 in einer Nettogläubiger- und 19 in einer Nettoschuldnerposition. Der Großhandelspreisindex fiel im genannten Untersuchungszeitraum um ca. 33 v. H.

1) KESSEL zitiert in diesem Zusammenhang die Arbeiten von J. M. KEYNES, Tract on Monetary Reform, London 1923, S. 18 und von I. FISHER, The Purchasing Power of Money, a.a.O., S. 58 ff. und S. 190 f.

2) Näheres hierzu siehe: R. A. KESSEL, Inflation-Caused Wealth Redistribution..., a.a.O., S. 136 ff.

Trifft die Gläubiger-Schuldner-Hypothese zu, dann sind in einer Deflationsperiode folgende Ergebnisse zu erwarten: Der Realwert der Aktien von Unternehmen mit Gläubigerstatus steigt, während jener der Aktien von Unternehmen mit einer Schuldnerposition sinken muß. Im gegenseitigen Vergleich - gemessen wiederum an Hand der entsprechenden Aktienkursveränderungen - müssen dabei die Unternehmen mit der größten Gläubigerposition am besten und die Unternehmen mit der größten Schuldnerposition am schlechtesten abschneiden.

Bei der Überprüfung ergab sich zunächst, daß das Kursniveau der Aktien der 12 Gläubigerunternehmen Ende 1933 auf einen Stand von 72 v. H. des Ausgangsniveaus (Ende 1928) gesunken war, tatsächlich erhöhte sich jedoch - unter Berücksichtigung der Preisdeflation - der Realwert der genannten Aktien um 6 v. H. Andererseits sanken die Aktienkurse der 19 Schuldnerunternehmen erheblich mehr, so daß auch der Realwert dieser Aktien fiel, und zwar um 34 v. H. In diesem Sachverhalt kann eine Bestätigung der ersten Konsequenz der Gläubiger-Schuldner-Hypothese gesehen werden. Ebenso erfolgreich verlief die Überprüfung der zweiten Implikation dieser Hypothese, wobei - wie bisher - die Unternehmen entsprechend ihrer jeweiligen Nettogläubiger- (bzw. -schuldner-) Position von 1928 in Rangfolgen gebracht und diese mit den Rangfolgen der Aktienkursveränderungen verglichen wurden.

KESSEL wertete diese Resultate als Beweis für die große Bedeutung, die der Gläubiger-Schuldner-Hypothese als einem Instrument zur Erklärung und Prognose inflationsbedingter Redistributionseffekte zukomme [1]). Er machte allerdings

1) Siehe: R. A. KESSEL, Inflation-Caused Wealth Redistribution..., a.a.O., S. 137 f.

auch auf die Notwendigkeit weiterer Überprüfungen aufmerksam, z. B. auf der Grundlage von Daten der monetären Nettopositionen kleiner (und mittlerer) Unternehmen. Ebenso ist es laut KESSEL erforderlich, den Erklärungsgehalt der Gläubiger-Schuldner-Hypothese gegenüber dem konkurrierender Hypothesen (z. B. Lohn-Lag-Hypothese) abzugrenzen.

Gegenüber der Untersuchung von KESSEL sind einige kritische Einwendungen zu machen, auf die abschließend hingewiesen werden soll:

a) Zunächst ist zu fragen, ob als Maßstab für den relativen monetären Status einer Unternehmung das Verhältnis zwischen der jeweiligen monetären Nettoposition und der Bilanzsumme geeignet ist. ZIERCKE weist mit Recht darauf hin, daß dieses Verhältnis als erklärende Variable für die (relative) Veränderung der Aktienkurse ungeeignet ist [1]). Denn mit dieser Größe bleiben die jeweilige Höhe des Grundkapitals der Unternehmen sowie der Aktienkurs zu Beginn der Untersuchungsperiode, die zusammen mit dem inflationsbedingten Vermögenstransfer die Aktienkursveränderungen bestimmen können, unberücksichtigt [2]). Dies kann zur Folge haben, daß bei den von KESSEL berechneten Rangkorrelationen systematische Verzerrungen enthalten sind. Diese Verzerrungen ließen sich u.U. vermeiden, wenn als unabhängige Variable das Verhältnis zwischen monetärer Nettoposition und Grundkapital zum Marktwert verwendet wird.

b) Der hohe Anteil von Unternehmen mit Nettogläubigerposition, der in den von KESSEL verwendeten Stichproben zutage tritt, ist mit hoher Wahrscheinlichkeit atypisch und rechtfertigt deshalb nicht die von dem Autor vertretene Meinung, daß die Häufigkeit (und der Umfang) der vom Unternehmenssektor gehaltenen Nettoschuldnerpositionen gemeinhin überschätzt werde. Da für die Ermittlung der relativen Nettopositionen nur Daten aus den Unternehmensbilanzen des Jahres 1942 (für die ersten beiden Stichproben) bzw. des Jahres 1928 (dritte Stichprobe) verwendet worden sind, spiegeln sich in den berechneten Größen lediglich die außergewöhnlichen Finanzierungsstrukturen der

---

1) Siehe: M. ZIERCKE, Die redistributiven Wirkungen..., a.a.O., S. 112 f.

2) Vgl. hierzu die von L. de ALESSI (The Redistribution of Wealth..., a.a.O., S. 113 ff.) entwickelten Formeln; sie sind in der vorliegenden Arbeit im Abschnitt III 2c i) dargestellt.

Unternehmen in den genannten Jahren wider; darüber hinausgehende Schlußfolgerungen sind deshalb nicht zulässig [1]).

c) Ein dritter Einwand gegenüber dem von KESSEL angewandten Verfahren hängt eng damit zusammen. Wenn sich die (absoluten) monetären Nettopositionen sowie die Struktur dieser Positionen im Verlauf des Untersuchungszeitraumes ändern, dann ist zu erwarten, daß die für den Beginn dieser Periode berechneten (relativen) Gläubiger- bzw. Schuldnerpositionen nicht mit den Aktienkursveränderungen korreliert sind, die sich über den gesamten Untersuchungszeitraum hinweg erstrecken. In diesem Fall macht es ein Ansatz, der Aktienkursveränderungen durch Gläubiger-Schuldner-Transfers erklären will, erforderlich, daß die Veränderungen der jeweiligen monetären Nettopositionen, die sich im Zeitablauf ergeben, ebenfalls berücksichtigt werden. Ein solches Verfahren wäre angesichts der singulären Finanzierungsstrukturen der amerikanischen Unternehmen in den Jahren 1928 und 1942 um so mehr angebracht gewesen [2]).

ii) <u>Die Berechnungen von G. L. BACH und A. ANDO</u>

In ihrer Arbeit haben BACH und ANDO auch den Versuch unternommen, die Bedeutung abzuschätzen, die den Nettoschuldner- und den Nettogläubigerpositionen der Unternehmen für die Erklärung inflationsbedingter Vermögenswertänderungen zukommt [3]). Dieser Test ist von den beiden Autoren auf der Grundlage einer Zufallsstichprobe von 100 Unternehmen (die schließlich auf 52 Unternehmen reduziert werden mußte) für die Inflationsperiode in den Vereinigten Staaten zwischen 1939 und 1952 durchgeführt worden. Dabei wurde der gesamte Untersuchungszeitraum wiederum in drei Teilperioden unterteilt: Eine erste Periode von 1939 - 1946, eine zweite Periode von 1946 - 1949 und eine dritte Periode von 1949 - 1952.

---

1) Die während des Krieges im Unternehmenssektor der Vereinigten Staaten akkumulierten hohen Nettogläubigerpositionen wurden in der Nachkriegszeit sehr schnell wieder abgebaut. Vgl. hierzu: R. W. GOLDSMITH, D. S. BRADY und H. MENDERSHAUSEN, A Study of Saving in the United States, Vol. III, Princeton 1956, S. 51 ff. sowie G. L. BACH und A. ANDO, The Redistributional Effects..., a.a.O., S. 10 f.

2) Ein Testverfahren, das den Einfluß periodenbezogener (relativer) monetärer Nettopositionen auf entsprechend abgegrenzte Aktienkursveränderungen überprüft (Periodenlänge: 1 Jahr) ist von de ALESSI, The Redistribution of Wealth..., a.a.O., S. 113 ff., angewandt worden. Näheres hierzu siehe im Abschnitt III 2c i) dieser Arbeit.

3) Siehe: G. L. BACH und A. ANDO, The Redistributional Effects..., a.a.O., S. 9 ff. sowie die kurze Darstellung bei M. ZIERCKE, Die redistributiven Wirkungen..., a.a.O., S. 113 ff.

Als Maßstab für die Klassifizierung der Unternehmen nach Gläubiger- und Schuldnerunternehmen ist der absolute Nettovermögensstatus zu Beginn der jeweiligen Periode verwendet worden, nachdem umfangreiche Berechnungen mit entsprechenden relativen Maßgrößen (z. B. Verhältnis zwischen Schulden und monetärem Nettovermögen u.a.) nicht zu wesentlich verschiedenen Ergebnissen geführt hatten. Die Unterteilung der Gesamtperiode von 1939 bis 1952 in die drei Teilabschnitte wurde vorgenommen, weil sich zeigte, daß die Unternehmen relativ häufig den Nettovermögensstatus (von einer Gläubiger- zur Schuldnerposition und umgekehrt) wechselten [1]).

Als abhängige Variablen, die den Einfluß der Inflation auf den Realwert der jeweiligen monetären Nettoposition wiedergeben sollten, sind zwei Größen ausgewählt worden:

a) Die relativen Veränderungen der Aktienkurse in den jeweiligen Teilperioden, wobei korrigierte Kurse verwendet wurden.
b) Die Nettoerträge der Investitionen [2]) zu Beginn und am Ende jeder Teilperiode (sowie die Veränderungen, die sich hieraus ergaben).

Die Ergebnisse, die BACH und ANDO aufgrund ihrer Berechnungen für die Nettoschuldner- und die Nettogläubigerunternehmen in den einzelnen Teilperioden jeweils erhalten haben, sind in der Tabelle 17 aufgeführt [3]). Dabei sei besonders auf die folgenden Resultate hingewiesen:

---

1) Außerdem zeigte sich, daß die Inflationsrate in den genannten Teilperioden unterschiedlich hoch war.

2) Diese Nettoerträge sind definiert als Verhältnis zwischen Gewinn vor Steuerabzug und Kapitalinvestition ("reported investment figures, excluding bonds").

3) Vgl. hierzu die Tabelle 8 in: G. L. BACH und A. ANDO, The Redistributional Effects..., a.a.O., S. 11.

Tabelle 17 : Die Entwicklung der Aktienkurse sowie der Nettoertragsraten der Investitionen von Unternehmen mit Nettoschuldner- bzw. Nettogläubigerposition in den Vereinigten Staaten von 1939 bis 1952 (alle Angaben in v. H.)

	1939 bis 1946		1946 bis 1949		1949 bis 1952	
	35 Schuldner	17 Gläubiger	22 Schuldner	30 Gläubiger	35 Schuldner	17 Gläubiger
	(1)	(2)	(3)	(4)	(5)	(6)
1. Medianwert aller Aktienkursveränderungen	224	231	-35	-30	54	13
2. Nettoertragsrate der Investitionen am Beginn der Periode:						
Medianwert aller Nettoertragsraten	5	14	15	26	14	21
Globaler Durchschnitt	29	15	24	22	19	28
3. Nettoertragsrate der Investitionen am Ende der Periode:						
Medianwert aller Nettoertragsraten	14	32	13	17	19	28
Globaler Durchschnitt	23	22	18	26	21	30
4. Zuwachs der Nettoertragsrate im Verlauf der Periode:						
Medianwert des Zuwachses	9	18	- 2	- 8	5	7
Globaler Durchschnitt des Zuwachses	- 6	7	- 6	4	2	2

a) In der ersten Teilperiode (1939 bis 1946) waren in der Stichprobe 35 Nettoschuldner- und 17 Nettogläubigerunternehmen enthalten. Gemessen am Medianwert aller einzelnen Kursveränderungen stiegen die Kurse der Gläubigerunternehmen mit 231 v. H. etwas stärker als jene der Schuldnerunternehmen (224 v. H.). Im Jahre 1939 ergab sich für die Schuldnerunternehmen eine höhere durchschnittliche Nettoertragsrate der Investitionen (29 v. H. gegenüber 15 v. H. bei den Gläubigerunternehmen); gemessen am Medianwert aller Ertragsraten stellte sich jedoch für 1939 die umgekehrte Reihenfolge (5 v. H. gegenüber 14 v. H.) ein. Ähnliche Unterschiede ergaben sich für die genannten Ertragsraten am Ende der Periode, also im Jahre 1946 (vgl. die 4. und 5. Zeile in den Spalten 1 und 2).

b) In der zweiten Teilperiode (1946 bis 1949) erhöhte sich die Zahl der Nettogläubigerunternehmen auf 30, während die der Nettoschuldnerunternehmen auf 22 fiel. In dieser Periode fielen die Aktienkurse der Schuldnerunternehmen mit - 35 v. H. stärker als die der Gläubigerunternehmen (-30 v. H.). Auch hier zeigen die durchschnittliche Nettoertragsrate der Investitionen und der Medianwert aller Ertragsraten zu Beginn der Periode (1946) eine unterschiedliche Reihenfolge zwischen Schuldner- und Gläubigerunternehmen an, während die Ertragsraten am Ende dieser Periode (1949) bei den Gläubigerunternehmen jeweils höher sind.

c) In der dritten Teilperiode (1949 bis 1952) hat sich das alte Übergewicht der Nettoschuldnerunternehmen (35) gegenüber den Nettogläubigerunternehmen (17) wieder eingestellt [1]). In dieser Periode war der Kursanstieg der Aktien der Schuldnerunternehmen mit 54 v. H. erheblich größer als jener der Aktien der Gläubigerunternehmen (13 v. H.). Im Gegensatz dazu waren die Medianwerte aller Nettoertragsraten und die durchschnittlichen Ertragsraten der Investitionen sowohl zu Beginn der Periode (1949) als auch am Ende (1952) bei den Gläubigerunternehmen höher als bei den Schuldnerunternehmen.

Aus diesen Ergebnissen haben BACH und ANDO den Schluß gezogen, daß die Gläubiger-Schuldner-Hypothese für keine der drei Teilperioden bestätigt werden konnte [2]). Tatsächlich ließe

1) Im kommentierenden Text machten BACH und ANDO davon abweichende Angaben (i.e. 33 Schuldner- und 17 Gläubigerunternehmen). Siehe hierzu: G. L. BACH und A. ANDO, The Redistributional Effects..., a.a.O., S. 11).

2) Siehe hierzu: G. L. BACH und A. ANDO, The Redistributional Effects..., a.a.O., S. 11.

sich lediglich aus der Aktienkursentwicklung in der letzten Teilperiode (1949 bis 1952), die zugunsten der Unternehmen mit Nettoschuldnerposition verlaufen ist, eine Bestätigung der Gläubiger-Schuldner-Hypothese herauslesen. BACH und ANDO haben jedoch die Entwicklung der Nettoertragsraten der Investitionen, die in der genannten Teilperiode zu Ungunsten der Schuldnerunternehmen verlaufen war, offensichtlich als gleichrangiges Kriterium angesehen. Deshalb sind die beiden Autoren auf diesen Fall nicht weiter eingegangen.

Da die Aktienkursveränderungen innerhalb der beiden Gruppen der Nettoschuldner- und der Nettogläubigerunternehmen in allen drei Teilperioden unterschiedlich hoch waren, haben BACH und ANDO außerdem die Korrelationskoeffizienten berechnet, die sich zwischen den Rangfolgen der absoluten monetären Nettoposition der einzelnen Unternehmen einerseits und den Rangfolgen der Veränderungen der Nettoertragsraten sowie den Rangfolgen der korrigierten Aktienkursveränderungen andererseits jeweils ergaben [1]). Auch hierbei sind keine statistisch signifikanten Resultate erzielt worden, die die Gläubiger-Schuldner-Hypothese hätten bestätigen können.

Aus alldem kann nach BACH und ANDO zumindest für die ausgewählten Unternehmen gefolgert werden, daß die jeweiligen Nettovermögenspositionen ohne großen Einfluß auf die Inflationsgewinne und -verluste im betrachteten Untersuchungszeitraum waren. Andere Faktoren, wie etwa Lead-Lag-Beziehungen

1) In einer Fußnote haben die beiden Autoren (The Redistributional Effects..., a.a.O., S. 11) darauf hingewiesen, daß hier auch die Verwendung von Maßgrößen der relativen monetären Nettopositionen sinnvoll sein könnten. Proberechnungen hätten allerdings zu keiner signifikanten Änderung der Rangkorrelationskoeffizienten geführt.

zwischen (Absatz-) Preisen und einzelnen Kostenbestandteilen, seien demgegenüber von erheblich größerem Gewicht [1]).

Der Aussagewert der von BACH und ANDO aufgefundenen Ergebnisse ist abhängig von dem dabei praktizierten methodischen Vorgehen. Hier ist auf folgende Punkte kritisch hinzuweisen [2]):

a) Die ausschließliche Verwendung der absoluten Nettopositionen der Unternehmen als erklärende Variable für die Veränderung der Aktienkurse läßt die Höhe des Grundkapitals sowie den Aktienkurs der jeweiligen Ausgangsperiode, die ebenfalls die weitere Kursentwicklung bestimmen können, unberücksichtigt.

b) Aus den in der Tabelle 17 enthaltenen Angaben wird nicht deutlich, ob die Kursveränderungen der Aktien von Nettoschuldnerunternehmen von jenen der Aktien von Nettogläubigerunternehmen signifikant abweichen. Außerdem erscheint der Medianwert der ungewichteten Aktienkursveränderungen als Maßgröße für die inflationsinduzierte durchschnittliche Kursentwicklung wenig geeignet, da relative Kursgewinne und -verluste auf diese Weise außer Betracht bleiben. Die zwischen den Gläubiger- und Nettoschuldnerunternehmen aufgefundenen Unterschiede in der Aktienkursentwicklung können schließlich auch auf die Verwendung des Medianwerts als Durchschnittsmaß zurückgehen. Es ist nicht ausgeschlossen, daß die Verwendung anderer Mittelwerte (z. B. arithmetisches Mittel) zu entgegengesetzten Ergebnissen geführt hätte.

c) Ein entsprechender Einwand ist gegenüber den in der Tabelle 17 ebenfalls enthaltenen Medianwerten der Nettoertragsraten und ihren Unterschieden zwischen Gläubiger- und Schuldnerunternehmen zu machen. Davon abgesehen, muß jedoch bezweifelt werden, ob der Nettoertrag der Investitionen als Größe zur Messung inflationsbedingter Realwertveränderungen der monetären Nettoposition überhaupt geeignet ist. Hier ist nicht nur auf den geringen Aussagewert der in den Handelsbilanzen ausgewiesenen Gewinne hinzuweisen, die zur Berechnung der Ertragsraten herangezogen worden sind.

---

1) Bei den Rangkorrelationen erwies sich, daß zwischen Umsatzzuwächsen sowie Aktienkurssteigerungen und Steigerungen der Nettoerträge der Investitionen relativ enge Zusammenhänge vorlagen.

2) Vgl. zum folgenden auch: M. ZIERCKE, Die redistributiven Wirkungen..., a.a.O., S. 115 f.

Vielmehr ist überhaupt zu bezweifeln, ob zwischen der absoluten Nettogläubiger- bzw. Schuldnerposition einerseits und der (Veränderung der) Nettoertragsrate der Investitionen andererseits plausibel begründbare Zusammenhänge bestehen [1]).

iii) <u>Die Berechnungen von R. A. KESSEL und A. A. ALCHIAN</u>

In dem Aufsatz von KESSEL und ALCHIAN sind auch Korrelationsrechnungen über den Zusammenhang zwischen den Aktienkursveränderungen von 56 amerikanischen Industrieunternehmen und den jeweiligen monetären Nettopositionen für die Jahre 1940 bis 1952 enthalten [2]). Die Ergebnisse sind in der vorliegenden Arbeit bereits dargestellt worden [3]). Da sie von den Resultaten abweichen, zu denen BACH und ANDO gekommen sind, soll das von KESSEL und ALCHIAN angewandte Verfahren kurz beschrieben werden [4]).

Im Gegensatz zum ursprünglichen Testansatz von KESSEL haben die beiden Autoren die absolute Höhe der monetären Nettoposition der einzelnen Unternehmen als unabhängige (erklärende) Variable verwendet. Dabei ist jedoch nicht nur der jeweilige Nettogläubiger- bzw. Nettoschuldnerstatus im Ausgangsjahr (hier 1940) berücksichtigt worden, sondern auch jener, der sich über die gesamte Untersuchungsperiode hinweg (bis 1952) ergab. Zu diesem Zweck wurde für jedes Jahr das Produkt aus der durchschnittlichen monetären Nettoposition und der Preissteigerungsrate gebildet und anschließend hieraus die Summe aus

1) Dies gilt namentlich dann, wenn man berücksichtigt, daß als erklärende Größen stets nur die monetären Nettopositionen zu Beginn der Untersuchungsperiode fungierten.

2) Siehe: R. A. KESSEL und A. A. ALCHIAN, The Meaning and Validity..., a.a.O., S. 62 f.

3) Vgl. hierzu Abschnitt II 4d i).

4) Eine kurze Darstellung des von KESSEL und ALCHIAN angewandten Verfahrens findet sich in: M. ZIERCKE, Die redistributiven Wirkungen..., a.a.O., S. 117 f.

allen Jahreswerten berechnet. Als abhängige Variable sind die durchschnittlichen Aktienkursveränderungen über den gesamten Untersuchungszeitraum hinweg verwendet worden.

Die von KESSEL und ALCHIAN berechneten positiven Rangkorrelationskoeffizienten zwischen den Rangfolgen der absoluten monetären Nettopositionen (beginnend mit der größten Nettoschuldnerposition) und den Aktienkursveränderungen sind statistisch gesichert und scheinen somit mit der Gläubiger-Schuldner-Hypothese vereinbar zu sein.

Damit sind die beiden Autoren zu grundlegend anderen Ergebnissen gekommen als BACH und ANDO. Mehrere Gründe sind vermutlich hierfür maßgebend [1]). Vor allem ist darauf hinzuweisen, daß den genannten Untersuchungen verschiedene Stichproben zugrunde lagen. Außerdem ist die absolute monetäre Nettoposition, die als erklärende Variable auch für die Ermittlung der Rangfolgen bestimmend war, in den Untersuchungen jeweils unterschiedlich definiert worden.

Ungeachtet dieser Unterschiede ist jedoch bei den Berechnungen von KESSEL und ALCHIAN auf eine Schwäche des Testverfahrens hinzuweisen, auf die bereits im Zusammenhang mit der Untersuchung von BACH und ANDO aufmerksam gemacht worden ist. Die Verwendung der absoluten Nettoposition als erklärende Variable für inflationsinduzierte Gläubiger-Schuldner-Transfers läßt andere wichtige Bestimmungsgrößen unberücksichtigt [2]). Außerdem hat KESSEL selbst in seiner ersten Untersuchung mit Nachdruck darauf hingewiesen, daß relative Maßgrößen für den monetären Status eines Unternehmens zur Erklärung von relativen Aktienkursveränderungen besser geeignet seien [3]).

1) Vgl. hierzu im einzelnen: G. L. BACH und A. ANDO, The Redistributional Effects..., a.a.O., S. 11 f. und M. ZIERCKE, Die redistributiven Wirkungen..., a.a.O., S. 119 f.

2) Dies gilt insbesondere hinsichtlich der Einflüsse, die von der Höhe des Grundkapitals der Unternehmen sowie vom Aktienkurs zu Beginn der Untersuchungsperiode auf die Kursveränderungen ausgehen.

3) Siehe hierzu: R. A. KESSEL, Inflation-Caused Wealth Redistribution..., a.a.O., S. 129 f.

iv) Die Untersuchung von L. de ALESSI

Eine empirische Überprüfung der Gläubiger-Schuldner-Hypothese auf der Grundlage von statistischen Daten aus dem Vereinigten Königreich ist von de ALESSI vorgelegt worden [1]. Zu diesem Zweck hat der Autor zwei Branchenstichproben aus der Gesamtheit aller britischen Brauerei- und Destillierungsunternehmen (BD) sowie der Industrie- und Handelsunternehmen (IH) herangezogen, deren Aktienkurse in der "Stock Exchange Daily Official List" vom 31. 12. 1948 notiert waren. Der Untersuchungszeitraum beginnt demzufolge mit dem genannten Datum und endet 9 Jahre später mit dem 31. 12. 1957.

Für die zugrunde gelegte Testkonstruktion hat de ALESSI eine ausführliche wirtschaftstheoretische Begründung gegeben, auf die zunächst eingegangen werden soll [2]. Geht man vom (gesamten) nominellen Nettovermögen W_t einer Wirtschaftseinheit aus und berücksichtigt, daß es sich im allgemeinen Fall aus dem Marktwert des Realvermögens R_t und der (bereits saldierten) monetären Nettoposition MN_t zusammensetzt [3], dann gilt zunächst

(1) $W_t = R_t + MN_t$.

Für die absolute Änderung des nominellen Nettovermögens im Zeitintervall zwischen t-1 und t kann

(2) $\Delta W_t = \Delta R_t + \Delta MN_t$

---

1) Siehe L. de ALESSI, The Redistribution of Wealth..., a.a.O., S. 113 ff. und die Darstellung bei M. ZIERCKE, Die redistributiven Wirkungen..., a.a.O., S. 120 ff.

2) Eine Darstellung der folgenden Zusammenhänge, die sich weitgehend auf das von de ALESSI entwickelte "Testmodell" stützt, findet sich auch bei M. ZIERCKE, Die redistributiven Wirkungen..., a.a.O., S. 104 ff.

3) Die hier verwendeten Symbole weichen von jenen de ALESSIS ab.

geschrieben werden. Bleiben die Höhe und die Zusammensetzung der Vermögensportfolios unverändert, dann erhöht sich das Realvermögen im genannten Zeitintervall um den Betrag rR_{t-1}, wobei mit r der durchschnittliche Realzinssatz bezeichnet ist. Bei einer negativen monetären Nettoposition (= Nettoverschuldung) ergibt sich demgegenüber für das gleiche Zeitintervall ein Abfluß von liquiden Mitteln (Ausgaben) in Höhe von mMN_{t-1}, wobei m den durchschnittlichen Geldzinssatz angibt. Bei Preisstabilität soll der Realzinssatz r gleich dem Geldzinssatz m sein, so daß anstelle von (2) die Gleichung

(3) $\Delta W_t = rR_{t-1} + mMN_t = r\ (R_{t-1}+MN_{t-1})$

tritt. Bei einer (prozentualen) Inflationsrate $\hat{p}$ [1] erhöhen sich die dem Realvermögen zufließenden Erträge auf den Betrag $(r+\hat{p})R_{t-1}$. Die Liquiditätsveränderungen, die sich aufgrund der monetären Nettoposition ergeben, bleiben jedoch konstant. Wird aber die erwartete Inflationsrate in der Höhe des Marktzinses berücksichtigt, dann setzt sich dieser aus dem Realzinssatz r und der durchgesetzten Antizipationsrate $\hat{p}_a$ zusammen, so daß $m = r + \hat{p}_a$ gilt. Dabei ist $\hat{p}_a \lesseqgtr \hat{p}$, je nachdem, wie erfolgreich die Inflationsrate antizipiert werden konnte. Dementsprechend ergeben sich aus der monetären Nettoposition Ausgaben (oder Einnahmen im Falle einer Nettogläubigerposition) in Höhe von $(r+\hat{p}_a)MN_{t-1}$. Unter Berücksichtigung dieser Prämissen erhält man für den Zuwachs des nominellen Nettovermögens

(4) $\Delta W_t = (r+\hat{p})R_{t-1} + (r+\hat{p}_a)MN_{t-1}$

bzw. nach Umformungen

(5) $\Delta W_t = (r+\hat{p})W_{t-1} + (\hat{p}-\hat{p}_a)\cdot(-MN_{t-1})$.

---

1) Die Größe $\hat{p}$ ist definiert $(p_t-p_{t-1})/p_{t-1}$, wobei p_t das Preisniveau zum Zeitpunkt t angibt. Entsprechendes gilt für die unten definierte Größe $\hat{p}_a$.

Hierfür kann auch

(6) $\Delta W_t = (r+\hat{p}) W_{t-1} + b\hat{p}_a \, (-MN_{t-1})$

geschrieben werden, wobei $b = (\hat{p}-\hat{p}_a)/\hat{p}$ als "Antizipationsgrad" bezeichnet wird. Dividiert man beide Seiten von (6) durch W_{t-1}, dann erhält man die entsprechende Beziehung für die Wachstumsrate des nominellen Nettovermögens:

(7) $$\frac{\Delta W_t}{W_{t-1}} = r + \hat{p} + b\hat{p} \, \frac{(-MN_{t-1})}{W_{t-1}} \; .$$

Anhand dieser Gleichung kann ein möglicher Gläubiger-Schuldner-Transfer empirisch überprüft werden. Denn bei mangelnder oder fehlender Antizipation der Inflationsrate ($1 \geqq b > o$) ist bei Korrelationsrechnungen ein <u>positiver</u> Zusammenhang zwischen der Wachstumsrate des nominellen Nettovermögens (als abhängige Größe) und der mit der Inflationsrate $\hat{p}$ gewichteten <u>relativen</u> Nettoverschuldung ($(-MN_{t-1})/W_{t-1}$ als unabhängige Variable) zu erwarten. Dabei ist das Produkt aus $\hat{p}$ und $(-MN_{t-1})/W_{t-1}$ nichts anderes als die inflationsinduzierte Wertänderung der monetären Nettoposition (hier Nettoschuldnerposition), die entsteht, wenn die Inflation nicht in der Höhe des Geldzinses antizipiert wird.

Wenn man, wie dies von de ALESSI unternommen worden ist, von (7) ausgeht, um die Gläubiger-Schuldner-Hypothese am Beispiel von Aktiengesellschaften zu überprüfen, dann ist diese Gleichung wie folgt zu interpretieren: Der Marktwert des gesamten Nettovermögens W_t ist gleich dem aus dem Börsenkurs zu errechnenden Kurswert des Grundkapitals; Änderungen des Marktwertes werden somit durch Aktienkursveränderungen reflektiert [1]). Daraus folgt für den Fall, daß ein inflationsbedingter Gläubiger-Schuldner-Transfer stattfindet, daß die Aktienkurssteigerung im Zeitintervall zwischen t-1 und t

---

1) Dabei sind zwecks Ausschaltung von möglichen systematischen Fehlern die Aktienkurse um die Einflüsse von Dividendenzahlungen und Kapitalerhöhungen zu korrigieren.

um so größer ist, je höher das Verhältnis zwischen Nettoschuldnerposition und dem Marktwert des Grundkapitals in der Periode t-1 ist. M.a.W.: Bei einem tatsächlichen Gläubiger-Schuldner-Transfer sind die Aktienkurssteigerungen mit den Inflationsgewinnen $\hat{p}MN_{t-1}$ positiv und mit dem Aktienkurs der Vorperiode W_{t-1} negativ korreliert [1]). Mit diesem Ansatz ist es folglich möglich, die Gläubiger-Schuldner-Hypothese für jährliche (oder zeitlich kürzere) Aktienkursveränderungen empirisch zu überprüfen.

Zum methodischen Vorgehen de ALESSIS im einzelnen sei noch auf folgendes hingewiesen: Die Inflationsrate $\hat{p}$ wurde gemessen an der (prozentualen) Entwicklung des Index der Einzelhandelspreise in Großbritannien für den genannten Beobachtungszeitraum. Für das Verhältnis zwischen monetärer Nettoposition und dem Marktwert des Grundkapitals in der Periode t-1, also für die Variable $(-MN_{t-1})/W_{t-1}$, sind jeweils zwei Maßgrößen verwendet worden, nämlich das Verhältnis am Jahresanfang sowie jenes für den Jahresdurchschnitt der einzelnen Perioden. Da de ALESSI zwei Stichproben (BD- und IH-Unternehmen) für jeweils 9 Jahre untersucht hat, ergaben sich hieraus insgesamt 36 (=2·2·9) Ergebnisse, an Hand derer die Gültigkeit der Gläubiger-Schuldner-Hypothese überprüft werden konnte.

Für die Signifikanzprüfungen hat sich de ALESSI auf verschiedene, voneinander unabhängige, parametrische und nichtparametrische

---

1) Diese Zusammenhänge können verdeutlicht werden, wenn man die Gleichung (7) etwas umformt. Unter Verwendung von $\hat{p} = (p_t - p_{t-1})/p_{t-1} = (p_t/p_{t-1}) - 1$ ergibt sich zunächst:

$$(8)\quad \frac{W_t}{W_{t-1}} = r + \frac{p_t}{p_{t-1}} + b\,\frac{p_t - p_{t-1}}{p_{t-1}}\;\frac{(-MN_{t-1})}{W_{t-1}}$$

Zwecks Anwendung dieser Gleichung auf die entsprechenden Zusammenhänge bei Aktiengesellschaften ist es sinnvoll, die abhängige Variable durch die Relation A_t^*/A_{t-1} zu ersetzen, wobei A_t^* den (um Dividendenzahlungen und Kapitalerhöhungen) bereinigten Aktienkurs angibt. Statt (8) ergibt sich folglich:

$$(9)\quad \frac{A_t^*}{A_{t-1}} = r + \frac{p_t}{p_{t-1}} + b\,\frac{p_t - p_{t-1}}{p_{t-1}}\;\frac{(-MN_{t-1})}{W_{t-1}}\,.$$

Tests gestützt [1]). Bei jedem dieser Tests sind die Null- und die Alternativhypothesen formuliert worden, wobei die Alternativhypothese jeweils die Gläubiger-Schuldner-Hypothese war. Als Irrtumswahrscheinlichkeit hat der Autor zunächst einen Wert von $\alpha = 0,1$ vorgegeben; dieser Wert entschied über die Annahme oder Ablehnung der Nullhypothese. Nachträglich hat de ALESSI eine Irrtumswahrscheinlichkeit von $\alpha = 0,5$ vorgegeben, wodurch die Annahme der alternativen Gläubiger-Schuldner-Hypothese erheblich begünstigt wird [2]).

Im folgenden sollen die wichtigsten Tests und die dabei erzielten Ergebnisse kurz dargestellt werden:

a) Grundlage des ersten Tests war die aus der Gleichung (9) hergeleitete lineare Regressionsgleichung

$$(8)\quad Y_t = a + bX_t + v_t,$$

wobei als abhängige Variable die Differenz

$$(9)\quad Y_t = \frac{A_t^*}{A_{t-1}} - \frac{p_t}{p_{t-1}}$$

und als unabhängige Variable das Produkt

$$(10)\quad X_t = \frac{p_t - p_{t-1}}{p_{t-1}} \; \frac{(-MN_{t-1})}{W_{t-1}}$$

zugrunde gelegt wurden [3]). Besteht zwischen den genannten Variablen kein Zusammenhang, dann ist $b = 0$. Um diese Nullhypothese zu testen, hat de ALESSI einen t-Test verwendet, wobei jedoch gewisse Bedingungen erfüllt sein müssen [4]). Der Test hat zu folgenden Resultaten geführt: Bei einer Irrtumswahrscheinlichkeit von $\alpha = 0,1$ ($\alpha=0,5$) kann die - alternative - Gläubiger-Schuldner-Hypothese nur in 5 (20) der untersuchten 36 Fälle angenommen werden. In 16 Fällen wurden als

---

1) Siehe hierzu im einzelnen: L. de ALESSI, The Redistribution of Wealth..., a.a.O., S. 118 ff.

2) Zur Kritik dieses Vorgehens siehe: M. ZIERCKE, Die redistributiven Wirkungen..., a.a.O., S. 120 f.

3) Die Variable v_t stellt dabei eine Störgröße dar.

4) Vgl. hierzu: L. de ALESSI, The Redistribution of Wealth..., a.a.O., S. 118.

Schätzwerte für den Regressionskoeffizienten b negative (und somit der Theorie widersprechende) Werte ermittelt. Die Gläubiger-Schuldner-Hypothese konnte also nur für einen sehr geringen Teil der untersuchten Fälle bestätigt werden.

b) Der zweite Test de ALESSIS war ein Rangkorrelationstest, wobei die Rangfolgen der korrigierten Aktienkursveränderungen mit den Rangfolgen der relativen monetären Nettopositionen korreliert wurden. Das Ergebnis dieses Tests: Von den auch hier untersuchten 36 Fällen konnte nur für 3 (14) Fälle ein Rangkorrelationskoeffizient berechnet werden, der bei einer Irrtumswahrscheinlichkeit von $\alpha = 0{,}10$ ($\alpha=0{,}5$) signifikant größer als Null und damit mit der Gläubiger-Schuldner-Hypothese vereinbar war.

c) Der dritte Test war ein t-Test auf die Differenz zwischen zwei Mittelwerten. Als Nullhypothese wurde die Hypothese formuliert, daß der durchschnittliche Kursanstieg der Aktien von Nettoschuldner- und Nettogläubigerunternehmen gleich hoch ist; als Maßgröße für die durchschnittlichen Aktienkursveränderungen wurden ungewichtete arithmetische Durchschnitte der einzelnen Kursveränderungen verwendet. Das Ergebnis dieses Tests fiel ebenfalls ungünstig aus: Bei einer Irrtumswahrscheinlichkeit von $\alpha = 0{,}1$ ($\alpha=0{,}5$) ist die Nullhypothese nur in 3 (15) von 36 Fällen zugunsten der alternativen Gläubiger-Schuldner-Hypothese abgelehnt worden.

d) Dem von de ALESSI ebenfalls eingesetzten (nichtparametrischen) sog. Mann-Whitney-U-Test liegt als Nullhypothese zugrunde, daß die beobachteten Aktienkursveränderungen innerhalb der Gruppen der Nettoschuldner- und der Nettogläubigerunternehmen jeweils gleich verteilt sind. Diese Hypothese konnte bei einer Irrtumswahrscheinlichkeit von $\alpha = 0{,}1$ ($\alpha=0{,}5$) nur in 2 (13) der insgesamt 36 Fälle zugunsten der Gläubiger-Schuldner-Hypothese abgelehnt werden [1].

Aus alldem ergibt sich, daß sich bei Zugrundelegung strenger Signifikanzkriterien die Gläubiger-Schuldner-Hypothese in der überwiegenden Mehrzahl der Fälle nicht bestätigen läßt. Auch de ALESSI hat auf die geringe Übereinstimmung zwischen den von dieser Hypothese geforderten Ergebnissen einerseits und den statistischen Daten andererseits hingewiesen [2].

---

1) Im Anschluß daran hat de ALESSI noch einen sog. Portfolio-Test durchgeführt, auf den hier jedoch nicht näher eingegangen werden soll.

2) Vgl.: L. de ALESSI, The Redistribution of Wealth..., a.a.O., S. 122 f.

Er hat jedoch diese Divergenz nicht auf den mangelnden Erklärungsgehalt der Gläubiger-Schuldner-Hypothese zurückgeführt, sondern auf den zu geringen Umfang der Stichproben. Unter Berücksichtigung dieses Sachverhalts hat de ALESSI die Auffassung vertreten, daß das von ihm untersuchte Datenmaterial mit den Aussagen der Gläubiger-Schuldner-Hypothese vereinbar sei.

d) Der Vergleich von Nominalzins und Inflationsrate

Für den Kaufkrafttransfer, der im Verhältnis zwischen den Gläubigern und den Schuldnern von Geldvermögenstiteln auftreten kann, ist es entscheidend, ob in der Höhe des Nominalzinssatzes die Inflationsrate berücksichtigt ist oder nicht. Es liegt somit nahe, die zeitliche Entwicklung bestimmter Nominalzinssätze (z. B. Sparzins) den Preissteigerungsraten gegenüberzustellen, um auf diese Weise Aufschlüsse über mangelnde oder erfolgreiche Preisantizipation durch die Gläubiger von Geldvermögenstiteln zu erlangen. Solche Vergleiche sind mehrfach vorgenommen worden [1]).

Es ist allerdings darauf hinzuweisen, daß die Aussagekraft der Realzinssätze, sie sich hieraus ergeben, für die vorliegende Fragestellung beschränkt ist. Ist der Nominalzinssatz gleich oder kleiner als die Preissteigerungsrate, dann kann zwar daraus geschlossen werden, daß die Inflation nicht (erfolgreich) antizipiert werden konnte, so daß ein Kaufkrafttransfer von Gläubigern zu Schuldnern stattgefunden haben mußte. Über die Höhe und die Verteilung des inflationsbedingten Redistributionseffektes lassen sich hingegen keine

---

1) So z.B. von M. ZIERCKE (Die redistributiven Wirkungen..., a.a.O., S. 129 f. und Inflation und Einkommensverteilung ..., a.a.O., S. 142 f.). Dabei hat ZIERCKE jedoch anstelle eines repräsentativen Sparzinses (z.B. für Einlagen mit gesetzlicher Kündigungsfrist) den Diskontsatz als zu deflationierende Größe verwendet.

Aussagen machen, so lange die hierzu erforderlichen Angaben (etwa über den Umfang und die Verteilung der monetären Gläubiger- bzw. Schuldnerpositionen) fehlen.

e) Probleme bei der Überprüfung der Gläubiger-Schuldner-Hypothese

Zum Abschluß dieses Abschnitts soll auf einige Probleme aufmerksam gemacht werden, die die empirische Überprüfung der Gläubiger-Schuldner-Hypothese auf der Grundlage von einzelwirtschaftlichen Daten erschweren [1]):

a) Vorab ist auf die Schwierigkeiten bei der Beschaffung und der modellgerechten Aufbereitung der erforderlichen statistischen Daten hinzuweisen. Dies gilt insbesondere für die Ermittlung exakter Daten über die monetären Aktiva und Passiva der Unternehmen, die durch die jeweiligen Bilanzierungsvorschriften und -gewohnheiten oft verhindert wird.

b) Zusätzliche Probleme ergeben sich selbst dann, wenn sich die monetäre Nettoposition der Unternehmen jeweils exakt ermitteln ließe. Die Addition aller monetären Aktiva und Passiva läßt nämlich den Sachverhalt unberücksichtigt, daß die verschiedenen Bestandteile durch inflationäre Preissteigerungen durchaus unterschiedlich (negativ oder positiv) beeinflußt werden können. Voneinander abweichende Inflationsgewinne oder -verluste können deshalb nicht nur auf unterschiedliche monetäre Nettopositionen zurückgehen, sondern auch auf eine unterschiedliche Struktur der Forderungen und Verbindlichkeiten. Im Zeitvergleich müßten demzufolge auch Verschiebungen in der Struktur dieser Forderungen und Verbindlichkeiten berücksichtigt werden.

c) Die Verwendung von Aktienkursveränderungen als Maßgröße für inflationsbedingte Realwerttransfers aufgrund unterschiedlicher Gläubiger-Schuldnerpositionen läßt den möglichen Einfluß von nichtmonetären Faktoren auf das Kursniveau außer Betracht. Hier sei nur auf Strukturverschiebungen (z.B. Konzentrationsvorgänge) und auf Sondereinflüsse der verschiedenen Art hingewiesen, die den isoliert betrachteten Zusammenhang zwischen monetärer Nettoposition der Unternehmen und Aktienkursveränderungen systematisch verzerren können. Aktienkurse werden von so vielen ökonomischen und außerökonomischen Faktoren beeinflußt, daß die ausschließliche Verwendung der mone-

---

1) Vgl. hierzu: M. ZIERCKE, Die redistributiven Wirkungen..., a.a.O., S. 123 ff.

tären Nettoposition als erklärende Variable in aller Regel einer Unterspezifizierung des Testansatzes gleichkommt. Aus einem unterspezifizierten Testmodell läßt sich jedoch der empirische Gehalt der Gläubiger-Schuldner-Hypothese nicht ermitteln.

d) Schließlich sei darauf hingewiesen, daß (statistisch signifikante) positive Korrelationen zwischen monetären Nettopositionen und Aktienkursveränderungen, die mit der Gläubiger-Schuldner-Hypothese vereinbar erscheinen, noch nichts über den tatsächlichen Kausalnexus aussagen. Eine Erklärung in der umgekehrten Richtung ist ebenfalls möglich und plausibel: Je ertragreicher (oder wachstumsintensiver) ein Unternehmen ist, desto höher sind auch (z.B. im Verhältnis zum Eigenkapital) die Verschuldungsmöglichkeiten. Kommt die hohe Ertragskraft des betreffenden Unternehmens (oder sein überdurchschnittliches Expansionstempo) in einer entsprechenden Bewertung des Aktienkurses zum Ausdruck, dann ist hierin die Ursache für überdurchschnittliche Kurssteigerungen zu sehen und nicht in der hohen Fremdfinanzierungsquote.

Auch der zuletzt gemachte Hinweis spricht dafür, nicht nur die jeweilige monetäre Nettoposition, sondern zusätzlich auch andere mögliche Einflußfaktoren als erklärende Variablen für Aktienkursveränderungen zu berücksichtigen, wenn der empirische Gehalt der Gläubiger-Schuldner-Hypothese mit Hilfe von Korrelationsrechnungen überprüft werden soll.

3. Die Berechnung des Umfangs inflationsbedingter Kaufkrafttransfers von Gläubigern zu Schuldnern

a) Voraussetzungen und einschränkende Annahmen

Die im folgenden dargestellten empirischen Untersuchungen stützen sich nicht auf Verfahren, mit deren Hilfe die Gläubiger-Schuldner-Hypothese unmittelbar getestet werden soll. Es handelt sich vielmehr um Arbeiten, die für die empirische Bedeutung (und damit den Aussagewert) dieser Hypothese gewisse Anhaltspunkte geben sollen.

Berechnungen zur Abschätzung inflationsbedingter Kaufkrafttransfers im Gläubiger-Schuldner-Verhältnis sind von G. L. BACH und A. ANDO [1]) für die Vereinigten Staaten sowie von M. ZIERCKE [2]) für die Bundesrepublik Deutschland vorgenommen worden. Bevor wir auf diese Untersuchungen näher eingehen, soll das dabei angewandte Verfahren kurz beschrieben werden.

Inflationsgewinne (-verluste) im Gläubiger-Schuldner-Verhältnis lassen sich nur dann exakt ermitteln, wenn Angaben über folgende Sachverhalte vorliegen [3]):

a) Umfang (und Verteilung) der monetären Schuldner- bzw. Gläubigerpositionen
b) Höhe des Schuldzinses und Laufzeit der Kredite
c) jährliche Inflationsraten
d) Höhe eines hypothetischen Zinssatzes zu Beginn jeder Kreditbeziehung, die sich in einem nicht durch wirtschaftspolitische Maßnahmen herbeigeführten inflationslosen Zustand ergeben hätte.

Informationen hierüber lassen sich wie folgt verwenden: Die durchgesetzte Rate der Antizipation von Preissteigerungen ergibt sich als Differenz zwischen Schuldzins und "hypothetischem Zins". Bildet man daraufhin zwischen der Inflationsrate und der Rate der Antizipation die Differenz und multipliziert diese mit der Kreditsumme, dann erhält man die jährliche inflationsbedingte Kaufkraftumverteilung aus jeder einzelnen Kreditbeziehung. Durch Aggregation ließe sich das pro Jahr insgesamt entstandene Redistributionsvolumen zwischen Gläubigern und Schuldnern bestimmen.

---

1) G. L. BACH und A. ANDO, The Redistributional Effects..., a.a.O., S. 5 ff.

2) M. ZIERCKE, Die redistributiven Wirkungen..., a.a.O., S. 134 ff. und M. ZIERCKE, Inflation und Einkommensverteilung..., a.a.O., S. 143 ff.

3) Vgl. hierzu z.B.: M. ZIERCKE, Die redistributiven Wirkungen..., a.a.O., S. 130 f.

Diejenige Größe, über die sich keine (oder bestenfalls willkürliche) Angaben machen lassen, ist der "hypothetische Zinssatz". Damit läßt sich auch die durchgesetzte Rate der Antizipation nicht (verläßlich) feststellen. Es bleibt deshalb die Möglichkeit, die Kaufkraftredistribution von Gläubigern zu Schuldnern unter der Prämisse der fehlenden Antizipation von Preissteigerungen durch die Gläubiger zu ermitteln. Der Inflationsgewinn (-verlust) ergibt sich auf diese Weise als einfaches Produkt aus Inflationsrate und jahresdurchschnittlicher monetärer Nettoposition. Sofern es sich um verzinsliche Geldvermögenspositionen handelt, gibt der so ermittelte Inflationsgewinn (-verlust) eine Obergrenze an, die nicht überschritten werden kann [1].

Kritisch ist hierzu einzuwenden, daß mit der dabei zugrunde gelegten Prämisse der Nichtantizipation von Preissteigerungen ein wesentlicher Bestandteil der Kreditbeziehungen zwischen Gläubigern und Schuldnern ausgeschlossen wird. Man muß sich davor hüten, die unter dieser Prämisse errechneten Zahlen als effektives Transfervolumen von Gläubigern zu Schuldnern zu interpretieren. Geschieht dies nicht, dann besteht die Gefahr der Überschätzung der tatsächlich entstandenen Kaufkrafttransfers.

b) Die Berechnungen von G. L. BACH und A. ANDO

In der bereits mehrfach zitierten Arbeit von BACH und ANDO findet sich auch eine Schätzung über das Volumen des Gläubiger-Schuldner-Transfers in den Vereinigten Staaten im Verlauf der Inflationsperiode zwischen 1939 und 1952 [2]. Unter

1) Die tatsächlichen Inflationsgewinne bzw. -verluste liegen unter dieser Obergrenze, wenn mit der Höhe des Zinssatzes ein Teil der zukünftigen Preissteigerungen eskomptiert ist.

2) Siehe hierzu: G. L. BACH und A. ANDO, The Redistributional Effects..., a.a.O., S. 5 sowie M. ZIERCKE, Die redistributiven Wirkungen..., a.a.O., S. 132.

Verwendung eines Preisindex für Konsumgüter sowie der Zahlen über Stand und Entwicklung des Geldvermögens in den USA seit 1939 [1]) haben die beiden Autoren ein Transfervolumen in Höhe von ca. 500 Mrd Dollar (in Preisen von 1952) errechnet. Dabei wird zugegeben, daß diese Summe äußerst ungenau sei; dennoch wird die Meinung vertreten, daß sie in der richtigen Größenordnung liege.

Im Anschluß daran haben BACH und ANDO Angaben über die monetären Nettopositionen gemacht, die von verschiedenen Sektoren in den Vereinigten Staaten innerhalb des Untersuchungszeitraums gehalten worden sind (siehe Tabelle 18 [2])). Auf diese Weise sollte abgeschätzt werden, welche Sektoren bei dem oben angegebenen Transfervolumen zu den Verlierern und welche zu den Gewinnern zählten.

Tabelle 18: Nettogläubiger- und Nettoschuldnerpositionen der wichtigsten Sektoren in den Vereinigten Staaten in den Jahren 1939, 1945 und 1949 (in Mrd.$)

Sektoren	1939	1945	1949
Households	+ 87,0	+ 230,2	+ 249,2
Unincorporated businesses	+ 2,5	+ 19,0	+ 15,7
Nonfinancial corporations	- 25,3	- 6,4	- 17,4
Financial corporations	- 2,9	+ 10,1	+ 16,9
Government	- 68,4	- 261,1	- 262,2

Aus dieser Tabelle ist zu entnehmen, daß sich die privaten Haushalte im Verlauf des gesamten Untersuchungszeitraums in einer wachsenden Nettogläubigerposition befanden und deshalb den größten Inflationsverlust zu tragen hatten. Im

1) Vgl. hierzu: R. W. GOLDSMITH, D. S. BRADY und H. MENDERSHAUSEN, A Study of Saving..., a.a.O., Tabelle W-14.

2) Vgl. hierzu: G. L. BACH und A. ANDO, The Redistributional Effects..., a.a.O., S. 6 Tabelle 4.

Vergleich dazu waren die von den Personengesellschaften und Einzelunternehmen sowie die von Banken und Versicherungen aufgebauten Nettogläubigerpositionen wesentlich niedriger, so daß auch die durch die Inflation bewirkten Entwertungsverluste dieser Sektoren geringer waren. Als Sektor mit der größten Nettoschuldnerposition mußte der Staat als der größte Inflationsgewinner angesehen werden [1]); im Vergleich dazu ist die Nettoschuldnerposition der Kapitalgesellschaften (Produktionsunternehmen) und damit auch der vermutliche Inflationsgewinn als gering zu veranschlagen.

Bei diesen Angaben darf nicht übersehen werden, daß sie auf Schätzungen beruhen. Dies gilt vor allem hinsichtlich des von BACH und ANDO ermittelten inflationsbedingten Transfervolumens in Höhe von 500 Mrd. Dollar. Der von den beiden Autoren angedeutete Berechnungsmodus läßt den Schluß zu, daß diese Summe unter der Prämisse der Nichtantizipation von Preissteigerungen durch die Gläubiger ermittelt worden ist und deshalb das tatsächliche Transfervolumen überschätzt. Wie sich dieses tatsächliche Transfervolumen als Inflationsverluste und -gewinne auf die einzelnen Sektoren aufteilt, läßt sich nicht exakt bestimmen; hier sind im Grunde genommen ebenfalls nur verhältnismäßig grobe Tendenzaussagen möglich.

---

1) Hieraus ergeben sich weitere verteilungspolitische Konsequenzen, auf die kurz hingewiesen werden soll: Der Inflationsgewinn des Staates impliziert eine Entlastung der Steuerzahler, da diese über ihre Abgaben nur den verminderten Realwert des staatlichen Schuldenzinses aufbringen müssen. In einem Steuersystem mit progressiven Tarifen werden dadurch wiederum vor allem die oberen Einkommensklassen begünstigt, da diese nunmehr im Ausmaß ihres Steueranteils geringere Steuerlasten zu tragen haben. Vgl. hierzu die Schlußfolgerungen von G. L. BACH und A. ANDO (The Redistributional Effects..., a.a.O., S. 6 f.), die sich auf das von R. A. MUSGRAVE (The Incidence of the Tax Structure and Its Effects on Consumption, in: Federal Tax Policy for Economic Growth and Stability, Washington DC 1955, S. 97) und von A. H. CONRAD (Redistribution Through Government Budgets in the United States, in: A. T. PEACOCK (Hrsg.), Income Distribution and Social Policy, London 1954, S. 204) vorgelegte Material stützen.

c) Die Berechnungen von M. ZIERCKE

Schätzungen über das Ausmaß der in der Bundesrepublik Deutschland von 1950 bis 1967 (1969) erfolgten Vermögensredistribution von den Gläubigern zu den Schuldnern sind von M. ZIERCKE vorgelegt worden [1]). Dabei wurden die zwischen diesen Gruppen erfolgten jährlichen Transfers ebenfalls als Produkt aus Inflationsrate und jahresdurchschnittlicher monetärer Nettoposition berechnet. Die Inflationsrate wurde gemessen durch die jährliche Veränderung des Preisindex für die Lebenshaltung für die mittlere Verbrauchergruppe (1962 = 100), während sich die jahresdurchschnittlichen monetären Nettopositionen als arithmetische Mittel aus den jeweiligen Jahresanfangs- und

Tabelle 19: Die Veränderung des Preisniveaus in der Bundesrepublik von 1950 bis 1967

Jahr	Preisindex für die Lebenshaltung - mittlere Verbrauchergruppe - 1962 = 100	Inflationsraten	$\frac{\text{Preisindex 1967}}{\text{Preisindex i}}$ i=1950,...,1967	$\frac{\text{Preisindex 1969}}{\text{Preisindex j}}$ j=1950,...,1969
	(1)	(2)	(3)	(4)
1950	78,8	(- 6,9)	1,45	1,51
1951	84,9	+ 7,7	1,35	1,41
1952	86,7	+ 2,1	1,32	1,38
1953	85,1	- 1,8	1,34	1,40
1954	85,3	+ 0,2	1,34	1,40
1955	86,7	+ 1,6	1,32	1,38
1956	88,9	+ 2,5	1,29	1,34
1957	90,7	+ 2,0	1,26	1,32
1958	92,7	+ 2,2	1,23	1,29
1959	93,6	+ 1,0	1,22	1,27
1960	94,9	+ 1,4	1,21	1,26
1961	97,1	+ 2,3	1,18	1,23
1962	100,0	+ 3,0	1,14	1,19
1963	103,0	+ 3,0	1,11	1,15
1964	105,4	+ 2,3	1,09	1,13
1965	109,0	+ 3,4	1,05	1,09
1966	112,8	+ 3,5	1,01	1,06
1967	114,4	+ 1,4	1,00	1,04
1968	116,1	+ 1,5	.	1,03
1969	119,3	+ 2,8	.	1,00

Quelle: Spalte (1): Statistisches Jahrbuch für die Bundesrepublik Deutschland 1970, S. 431.

---

1) M. ZIERCKE, Die redistributiven Wirkungen..., a.a.O., S. 134 ff. und M. ZIERCKE, Inflation und Einkommensverteilung..., a.a.O., S. 144 ff.

endbeständen ergaben. Die jährlichen Transferverluste und -gewinne wurden sowohl in laufenden Preisen als auch in Preisen von 1967 (bzw. 1969) berechnet.

Eine Abschätzung inflationsbedingter Vermögenstransfers ist in der Bundesrepublik aufgrund des vorhandenen Datenmaterials sowohl für bestimmte Arten des Geldvermögens (z.B. Kasse, Spareinlagen) als auch für bestimmte Sektoren (z.B. private Haushalte, Unternehmen) möglich. Im letzteren Fall wird der Umverteilungscharakter dieser Transfers besonders deutlich. Eine Berechnung der inflationsbedingten Vermögensverluste, die sich bei einzelnen Arten des Geldvermögens in der Bundesrepublik seit 1950 (1951) ergeben haben, findet sich in der ersten Arbeit von ZIERCKE [1]). Bevor wir jedoch näher darauf eingehen, sei auf die Tabelle 19 verwiesen, aus der sich die Entwicklung der Inflationsraten in der Bundesrepublik von 1950 bis 1969 entnehmen läßt. Die in den Spalten (3) und (4) dieser Tabelle enthaltenen Angaben sind erforderlich, um die durch die inflationäre Entwicklung hervorgerufenen realen Vermögenstransfers (Inflationsverluste bzw. -gewinne) ermitteln zu können [2]).

Die Ergebnisse, die ZIERCKE aus seinen Berechnungen der inflationsbedingten Vermögenstransfers für verschiedene Arten des Geldvermögens gewonnen hat, sind in den Tabellen 20 bis 21 wiedergegeben [3]).

---

1) Vgl.: M. ZIERCKE, Die redistributiven Wirkungen..., a.a.O., S. 136 ff.

2) Die Tabelle 19 entspricht im wesentlichen der Tabelle 7 in: M. ZIERCKE, Inflation und Einkommensverteilung..., a.a.O., S. 145; lediglich die Spalte (3) ist aus der entsprechenden Tabelle in der ersten Arbeit von ZIERCKE entnommen.

3) Vgl. hierzu die Tabellen 14 bis 16 in: M. ZIERCKE, Die redistributiven Wirkungen..., a.a.O., S. 136 ff.

Tabelle 20 : Die inflationsbedingten Verluste aus dem Besitz von Bargeld und inländischen Sichteinlagen sowie aus dem Besitz von Spareinlagen (unter der Annahme der Nicht-Antizipation der Inflation in der Höhe des Sparzinses) in der Bundesrepublik Deutschland von 1951 bis 1967

	Bargeld und Sichteinlagen			Spareinlagen		
Jahr	BS (in Mrd DM)	IT_{LP} (in Mio DM)	IT_{1967} (in Mio DM)	SP (in Mrd DM)	IT_{LP} (in Mio DM)	IT_{1967} (in Mio DM)
	(1)	(2)	(3)	(4)	(5)	(6)
1951	20,7	- 1.593,9	- 2.151,8	4,6	- 354,2	- 478,2
1952	23,1	- 485,1	- 640,3	6,3	- 132,3	- 174,6
1953	25,3	+ 459,0	+ 615,1	9,6	+ 172,8	+ 231,6
1954	27,9	55,8	- 74,8	14,3	- 28,6	- 38,3
1955	31,9	- 510,4	- 673,7	19,3	- 308,8	- 407,6
1956	36,2	- 905,0	- 1.180,4	22,8	- 570,0	- 735,3
1957	40,1	- 802,0	- 1.010,5	26,9	- 538,0	- 677,9
1958	44,6	- 981,2	- 1.206,9	32,7	- 719,4	- 884,9
1959	48,1	- 481,0	- 586,8	40,2	- 402,0	- 490,4
1960	51,9	- 726,6	- 879,2	48,7	- 681,8	- 825,0
1961	58,9	- 1.354,7	- 1.598,5	56,8	- 1.306,4	- 1.541,6
1962	65,4	- 1.962,2	- 2.236,9	65,0	- 1.950,0	- 2.223,0
1963	69,7	- 2.091,0	- 2.321,0	75,6	- 2.268,0	- 2.517,5
1964	73,9	- 1.699,7	- 1.852,7	87,8	- 2.019,4	- 2.201,1
1965	78,3	- 2.662,2	- 2.795,3	102,5	- 3.485,0	- 3.659,3
1966	81,1	- 2.838,5	- 2.866,8	118,9	- 4.161,5	- 4.203,1
1967	85,7	- 1.199,8	- 1.199,8	136,0	- 1.904,0	- 1.904,0

Erläuterungen und Quellenhinweise zu Tabelle 20:

Erläuterungen:

Spalte (1): BS = Bargeldumlauf und inländische Sichteinlagen jahresdurchschnittlich in Mrd.DM ((Jahresanfangsbestand + Jahresendbestand) : 2)

Spalte (2): IT_{LP} = "Inflationsverlust" (-) bzw. "Inflationsgewinn" (+) in laufenden Preisen in Mio DM (∓1) · (1) · jeweilige Änderung des Preisniveaus gegenüber dem Vorjahr (Spalte (2) in Tabelle 19))

Spalte (3): IT_{1967} = Inflationsinduzierter Verlust (-) bzw. Gewinn (+) in Preisen von 1967 in Mio DM ((2) · Spalte (3) Tabelle 19)

Spalte (4): SP = Jahresdurchschnittlicher Spareinlagenbestand in Mrd DM ((Jahresanfangsbestand + Jahresendbestand) : 2)

Spalte (5): IT_{LP} = Inflationsinduzierter Verlust (-) bzw. Gewinn (+) in laufenden Preisen in Mio DM ((∓ 1) · (4) · jeweilige Änderung des Preisniveaus gegenüber dem Vorjahr (Spalte (2) Tabelle 19)

Spalte (6): IT_{1967} = Inflationsinduzierter Verlust (-) bzw. Gewinn (+) in Preisen von 1967 in Mio DM ((5) · Spalte (3) Tabelle 19)

Quellen:

Spalte (1) errechnet aus den Angaben im Jahresbericht der Deutschen Bundesbank 1967, S. 159 sowie in den Monatsberichten der Deutschen Bundesbank Jan. 1953, S. 82 und Jan. 1968, S. 58. Spalte (4) errechnet aus dem Monatsbericht der Deutschen Bundesbank Jan. 1968, S. 78.

Erläuterungen und Quellenhinweise zu Tabelle 21 (siehe folgende Seite):

Erläuterungen:

Spalten (1),(4) und (7): B = Durchschnittlicher Jahresbestand in Mrd.DM ((Jahresanfangsbestand + Jahresendbestand) : 2)

Spalten (2),(5) und (8): IT_{LP} = Inflationsinduzierter Verlust (-) bzw. Gewinn (+) in laufenden Preisen (in Mio DM)

Spalten (3),(6) und (9): IT_{1967} = Inflationsinduzierter Verlust (-) bzw. Gewinn (+) in Preisen von 1967 (in Mio DM)

Quellen:

Spalten (1), (4) und (7) errechnet aus den Angaben in den Monatsberichten der Deutschen Bundesbank, Januar 1968, S. 101 und entsprechende Jahrgänge.

Tabelle 21 : Mögliche Inflationsverluste aus dem Besitz von festverzinslichen Wertpapieren inländischer Emittenten in der Bundesrepublik Deutschland von 1951 bis 1967

Jahr	Neugeschäft nach der Währungsreform (insg.)			Anleihen der öffentlichen Hand			Festverzinsl.Wertpapiere insg. (einschl.Altgeschäft)		
	B (in Mrd DM)	IT_{LP} (in Mio DM)	IT_{1967} (in Mio DM)	B (in Mrd DM)	IT_{LP} (in Mio DM)	IT_{1967} (in Mio DM)	B (in Mrd DM)	IT_{LP} (in Mio DM)	IT_{1967} (in Mio DM)
	(1)	(2)	(3)	(4)	(5)	(6)	(7)	(8)	(9)
1951	1,8	- 138,6	- 187,1	0,6	- 46,2	- 62,4	Bis 1955 kein Ausweis, da der Altumtausch noch nicht abgeschlossen war.		
1952	2,9	- 60,9	- 80,3	0,9	- 18,9	- 24,9			
1953	5,2	+ 93,6	+ 125,4	1,5	+ 27,0	+ 36,2			
1954	8,9	- 17,8	- 23,8	2,0	- 4,0	- 5,4			
1955	13,0	- 208,0	- 274,7	2,6	- 41,6	- 54,9			
1956	15,8	- 395,0	- 509,6	3,0	- 75,0	- 96,7			
1957	18,7	- 374,0	- 471,2	3,0	- 60,0	- 75,6	20,1	- 402,0	- 506,5
1958	24,1	- 530,2	- 652,1	4,0	- 88,0	- 108,2	25,7	- 565,4	- 695,4
1959	32,3	- 323,0	- 394,1	5,8	- 58,0	- 70,8	34,1	- 341,0	- 416,0
1960	38,6	- 540,4	- 653,9	6,9	- 96,6	- 116,9	40,4	- 565,6	- 684,4
1961	44,4	- 1.021,2	- 1.205,0	7,8	- 179,4	- 211,7	46,5	- 1.069,5	- 1.262,0
1962	53,1	- 1.593,0	- 1.816,0	10,0	- 300,0	- 342,0	55,4	- 1.662,0	- 1.894,7
1963	63,9	- 1.917,0	- 2.127,9	12,8	- 384,0	- 426,2	66,2	- 1.986,0	- 2.204,5
1964	76,7	- 1.764,1	- 1.922,9	16,1	- 370,3	- 403,6	79,0	- 1.817,0	- 1.980,5
1965	89,8	- 3.053,2	- 3.205,9	19,2	- 652,8	- 685,4	91,9	- 3.124,6	- 3.280,8
1966	98,7	- 3.454,5	- 3.489,0	21,0	- 735,0	- 742,4	101,0	- 3.535,0	- 3.570,3
1967	109,0	- 1.526,0	- 1.526,0	23,6	- 330,4	- 330,4	111,2	- 1.556,8	- 1.556,8

a) Die Tabelle 20 enthält in den Spalten (1) bis (3) Angaben über den Besitz von Bargeld und von inländischen Sichteinlagen. Von einem Jahr (1953) abgesehen, mußten die Besitzer von Bargeld und Sichteinlagen seit 1951 fortwährend Inflationsverluste hinnehmen. Dabei ist zu berücksichtigen, daß die hier angegebenen Zahlen über die jährlichen Inflationsverluste den tatsächlichen Vermögensverlusten entsprechen, die der genannte Personenkreis erlitten hat. Denn bei Bargeld und unverzinslichen Sichteinlagen ist eine Inflationssicherung (durch erhöhte Zinsforderungen) nicht möglich. Addiert man die in Spalte (3) angegebenen realen Inflationsverluste, so ergibt sich eine Summe von 22,660 Mrd DM. Dieser Betrag ist als effektiver Vermögensverlust anzusehen, den die Besitzer von Bargeld und Sichteinlagen in der Bundesrepublik von 1951 bis 1967 erlitten haben.

b) Die Tabelle 20 enthält in den Spalten (4) bis (6) Angaben über die Entwicklung der Spareinlagen sowie die errechneten Inflationsverluste in laufenden Preisen und in Preisen von 1967. Dabei ist darauf hinzuweisen, daß es sich lediglich um mögliche und nicht um tatsächliche Vermögensverluste handelt; denn die Berechnungen sind, wie bereits erwähnt, unter der Prämisse vorgenommen worden, daß die Inflationsraten von den Gläubigern nicht antizipiert worden sind. Addiert man die in Spalte (6) enthaltenen realen Inflationsverluste aus dem Besitz an Spareinlagen, so ergibt sich ein Betrag von 22,702 Mrd DM. Auch in diesem Betrag ist lediglich eine Obergrenze für mögliche Inflationsverluste zu sehen.

c) In der Tabelle 21 sind schließlich die Zahlen für die Inflationsverluste aufgeführt, die von ZIERCKE für den Zeitraum von 1951 bis 1967 für die Besitzer von festverzinslichen Wertpapieren ermittelt worden sind. Hier ist ebenfalls auf den hypothetischen Charakter dieser Berechnungen hinzuweisen; die angegebenen Zahlen sind demzufolge als mögliche (Maximal-) Verluste der Besitzer von festverzinslichen Wertpapieren zu interpretieren. Als Gesamtverluste für den Zeitraum von 1951 bis 1967 ergeben sich aus dem Neugeschäft nach der Währungsreform ein Betrag von 18,414 Mrd DM, aus den Anleihen der öffentlichen Hand ein Betrag von 3,721 Mrd DM und aus den festverzinslichen Wertpapieren insgesamt eine Summe in Höhe von 18,051 Mrd DM [1]).

---

1) Ergänzend hierzu bemerkt ZIERCKE, daß "die Verluste aus dem Besitz an festverzinslichen Wertpapieren im wesentlichen Verluste aus Neugeschäften nach der Währungsreform sind, weil ein großer Teil der Wertpapierforderungen aus Altgeschäften durch die Währungsreform vernichtet wurde". (Vgl.: M. ZIERCKE, Die redistributiven Wirkungen..., a.a.O., S. 139).

Berechnungen über das Gesamtvolumen des inflationsbedingten Gläubiger-Schuldner-Transfers in der Bundesrepublik seit 1950 und seine Verteilung auf die Sektoren Private Haushalte, Unternehmen, Gebietskörperschaften, Sozialversicherung und Ausland sind von ZIERCKE in seinen beiden Studien vorgenommen worden. Grundlage hierfür sind die vorhandenen Daten über die Kreditverflechtungen zwischen den genannten Sektoren. Wir beschränken uns im folgenden auf die Kommentierung der Ergebnisse in der zweiten Arbeit von ZIERCKE, wie sie in der Tabelle 22 wiedergegeben sind [1]).

Zunächst ist darauf aufmerksam zu machen, daß nur die Nettoveränderungen des Geldvermögens der verschiedenen Sektoren in der Bundesrepublik seit 1951 berücksichtigt werden konnten. ZIERCKE hat mit Recht darauf hingewiesen, daß die damit verbundene Begrenzung der Aussagefähigkeit seiner Schätzergebnisse nicht allzu bedeutsam ist. Denn ein erheblicher Teil der monetären Verbindlichkeiten, die in den 40er Jahren bestanden haben, ist vor der Währungsreform getilgt worden. Zu den geringen absoluten Nettopositionen der verschiedenen Sektoren zu Beginn der 50er Jahre hat außerdem beigetragen, daß ein Großteil der verbliebenen Forderungen und Geldbestände durch die Währungsreform vernichtet worden ist [2]).

1) Siehe: M. ZIERCKE, Inflation und Einkommensverteilung..., a.a.O., S. 146 f. (Tabelle 8).

2) "Die Aussagefähigkeit der Ergebnisse könnte eingeschränkt sein, weil nur die Nettoänderungen des monetären Vermögens der betrachteten Sektoren seit 1950 berücksichtigt werden konnten. Diese Begrenzung der Aussagefähigkeit ist aber nicht bedeutsam, denn ein erheblicher Teil der monetären Verbindlichkeiten, die in den vierziger Jahren bestanden haben, wurde vor der Währungsreform getilgt und außerdem wurde ein Großteil der verbliebenen Forderungen und Geldbestände durch die Währungsreform vernichtet, so daß die absoluten Nettopositionen der verschiedenen Sektoren zu Beginn der fünfziger Jahre gering waren". (M. ZIERCKE, Inflation und Einkommensverteilung..., a.a.O., S. 144).

Tabelle 22 : Die mögliche inflationsinduzierte Kaufkraftumverteilung aufgrund der Kreditbeziehungen zwischen Gläubiger- und Schuldnersektoren in der Bundesrepublik Deutschland von 1950 bis 1969

Jahr	Private Haushalte			Unternehmen			Gebietskörperschaften		
	(1a) in Mrd DM	(1b) in Mio DM	(1c) in Mio DM	(2a) in Mrd DM	(2b) in Mio DM	(2c) in Mio DM	(3a) in Mrd DM	(3b) in Mio DM	(3c) in Mio DM
	(1)	(2)	(3)	(4)	(5)	(6)	(7)	(8)	(9)
1950	+ 1,00	+ 69,00	+ 104,19	- 2,45	- 169,05	- 255,27	+ 1,05	+ 72,45	+ 109,40
1951	+ 3,10	- 238,70	- 336,57	- 7,00	+ 539,00	+ 759,99	+ 3,75	- 288,75	- 407,14
1952	+ 6,30	- 132,30	- 182,57	- 12,45	+ 261,45	+ 360,80	+ 7,30	- 153,30	- 211,55
1953	+ 11,30	+ 203,40	+ 284,76	- 20,05	- 360,90	- 505,26	+ 11,40	+ 205,20	+ 287,28
1954	+ 17,95	- 35,90	- 50,26	- 29,70	+ 59,40	+ 83,16	+ 15,75	- 31,50	- 44,10
1955	+ 25,05	- 400,80	- 553,10	- 41,75	+ 668,00	+ 921,16	+ 20,75	- 332,00	- 458,16
1956	+ 31,50	- 787,50	- 1.055,25	- 54,30	+ 1.357,50	+ 1.819,05	+ 26,70	- 667,50	- 894,45
1957	+ 39,55	- 791,00	- 1.044,12	- 66,15	+ 1.323,00	+ 1.746,36	+ 32,35	- 647,00	- 854,04
1958	+ 50,35	- 1.107,70	- 1.428,93	- 77,10	+ 1.696,20	+ 2.188,10	+ 35,95	- 790,90	- 1.020,26
1959	+ 62,60	- 626,00	- 795,02	- 89,30	+ 893,00	+ 1.134,11	+ 39,00	- 390,00	- 495,30
1960	+ 76,65	- 1.073,10	- 1.352,11	- 107,30	+ 1.502,20	+ 1.892,77	+ 44,45	- 622,30	- 784,09
1961	+ 92,85	- 2.135,55	- 2.626,73	- 131,95	+ 3.034,85	+ 3.732,87	+ 50,30	- 1.156,90	- 1.422,99
1962	+ 110,55	- 3.316,50	- 3.946,63	- 158,70	+ 4.761,00	+ 5.665,59	+ 53,95	- 1.618,50	- 1.926,02
1963	+ 130,45	- 3.913,50	- 4.500,53	- 184,55	+ 5.536,50	+ 6.366,98	+ 55,75	- 1.672,50	- 1.923,38
1964	+ 154,60	- 3.555,80	- 4.018,05	- 213,45	+ 4.909,35	+ 5.547,56	+ 56,75	- 1.305,25	- 1.474,93
1965	+ 184,45	- 6.271,30	- 6.835,72	- 248,60	+ 8.452,40	+ 9.213,12	+ 54,40	- 1.849,60	- 2.016,06
1966	+ 216,45	- 7.575,75	- 8.030,29	- 283,10	+ 9.908,50	+10.503,01	+ 49,55	- 1.734,25	- 1.838,31
1967	+ 247,30	- 3.462,20	- 3.600,69	- 305,65	+ 4.279,10	+ 4.450,26	+ 44,85	- 627,90	- 653,01
1968	+ 280,20	- 4.203,00	- 4.329,09	- 323,35	+ 4.850,25	+ 4.850,25	+ 40,50	- 607,50	- 625,73
1969	+ 318,55	- 8.919,40	- 8.919,40	- 357,75	+10.017,00	+10.017,00	+ 42,40	- 1.187,20	- 1.187,20
Summe 1950 - 1969			-53.216,11			+70.637,80			-17.840,04

Tabelle 22 (Fortsetzung): Die mögliche inflationsinduzierte Kaufkraftumverteilung aufgrund der Kreditbeziehungen zwischen Gläubiger- und Schuldnersektoren in der Bundesrepublik Deutschland von 1950 bis 1969

Jahr	Sozialversicherung			Ausland		
	(4a) in Mrd DM	(4b) in Mio DM	(4c) in Mio DM	(5a) in Mrd DM	(5b) in Mio DM	(5c) in Mio DM
	(10)	(11)	(12)	(13)	(14)	(15)
1950	+ 0,55	+ 37,69	+ 57,31	- 0,15	- 10,35	- 15,63
1951	+ 1,95	- 150,15	- 211,71	- 1,80	+ 138,60	+ 195,43
1952	+ 3,55	- 74,55	- 102,88	- 4,70	+ 98,70	+ 136,20
1953	+ 5,45	+ 98,10	+ 137,34	- 8,10	- 145,80	- 204,12
1954	+ 7,95	- 15,90	- 22,26	- 11,95	+ 23,90	+ 33,46
1955	+ 10,85	- 173,60	- 239,57	- 14,90	+ 238,40	+ 328,99
1956	+ 14,20	- 335,00	- 475,70	- 18,10	+ 452,50	+ 606,35
1957	+ 17,25	- 345,00	- 455,40	- 23,00	+ 460,00	+ 607,20
1958	+ 19,45	- 427,90	- 551,99	- 28,65	+ 630,30	+ 813,08
1959	+ 21,35	- 213,50	- 271,15	- 33,65	+ 336,50	+ 427,36
1960	+ 23,80	- 333,20	- 419,83	- 37,60	+ 526,40	+ 663,26
1961	+ 27,95	- 642,85	- 790,70	- 39,15	+ 900,45	+ 1.107,55
1962	+ 32,30	- 969,00	- 1.153,11	- 38,10	+ 1.143,00	+ 1.360,17
1963	+ 35,65	- 1.069,50	- 1.229,92	- 37,30	+ 1.119,00	+ 1.286,85
1964	+ 39,25	- 902,75	- 1.020,11	- 37,15	+ 854,45	+ 965,53
1965	+ 43,10	- 1.465,40	- 1.597,29	- 33,35	+ 1.133,90	+ 1.235,95
1966	+ 46,80	- 1.638,00	- 1.736,28	- 29,70	+ 1.039,50	+ 1.101,87
1967	+ 48,05	- 672,70	- 699,61	- 34,55	+ 483,70	+ 503,05
1968	+ 47,15	- 707,25	- 728,47	- 44,50	+ 667,50	+ 687,53
1969	+ 47,70	- 1.335,60	- 1.335,60	- 50,90	+ 1.425,20	+ 1.425,20
Summe 1950 - 1969			-12.846,93			+13.265,28

Erläuterungen und Quellenhinweise zu Tabelle 22:

Erläuterungen:

Spalten (a): Monetäre Nettoposition im Jahresdurchschnitt in Mrd.DM ((Jahresanfangsbestand + Jahresendbestand) : 2).
Spalten (b): Inflationsinduzierte Vermögensumverteilung in laufenden Preisen in Mio.DM ((a) · jeweilige Änderung des Preisniveaus gegenüber dem Vorjahr (Spalte (2) Tabelle 19).
Spalten (c): Inflationsinduzierte Vermögensumverteilung in Preisen von 1969 in Mio.DM ((b) · Spalte (4) Tabelle 19).

Quellen:

Spalten (a) bis 1959 errechnet aus den Angaben in: Sachverständigenrat zur Begutachtung der gesamtwirtschaftlichen Entwicklung, Jahresgutachten 1966 (Bundestagsdrucksache V/1160), Bonn 1966, S. 258 f. (Tabelle 98); ab 1960 errechnet aus den Angaben in: Zahlenübersichten und methodische Erläuterungen zur gesamtwirtschaftlichen Finanzierungsrechnung der Deutschen Bundesbank 1960 bis 1969, erweiterter Tabellenteil mit methodischen Erläuterungen zu dem in den Monatsberichten der Deutschen Bundesbank für Mai 1970 veröffentlichten Aufsatz "Gesamtwirtschaftliche Finanzierungsrechnung für das Jahr 1969".

Aus den in der Tabelle 22 zusammengefaßten Angaben [1]) läßt sich für die einzelnen Sektoren folgendes feststellen:

a) Der Sektor der privaten Haushalte befand sich während der gesamten Untersuchungsperiode in einer erheblichen und ständig wachsenden Nettogläubigerposition. Von zwei Ausnahmen (1950, 1953) abgesehen [2]), erlitten die privaten Haushalte und damit die Sparer in jedem Jahr Inflationsverluste. Addiert man die in Preisen von 1969 gemessenen realen Verluste, dann ergibt sich bereits für den Untersuchungszeitraum ein Betrag in Höhe von 53,216 Mrd.DM. Der tatsächliche Vermögensverlust, den die Gesamtheit der privaten Haushalte zwischen 1950 und 1969 hinnehmen mußte, dürfte jedoch aus den bereits genannten Gründen niedriger gewesen sein [3]).

b) Auch die Sektoren Gebietskörperschaften und Sozialversicherung waren im Untersuchungszeitraum Nettogläubiger, so daß auch sie aufgrund der laufenden Entwertung der Geldvermögen zu den Verlierern der Inflationsperiode zwischen 1950 und 1969 zu zählen sind. In der Bundesrepublik befindet sich also - im Gegensatz zu den Vereinigten Staaten - der (Gesamt-) Sektor "Staat" in einer Nettogläubigerposition, was nicht ohne Einfluß auf die Belastung der Steuerzahler bleiben kann [4]). Addiert man die für die beiden (Teil-) Sektoren Gebietskörperschaften und Sozialversicherung ermittelten realen Inflationsverluste, dann ergibt sich ein Gesamtvermögensverlust für den Staat in Höhe von 30,687 Mrd.DM; dieser Betrag ist ebenfalls als Obergrenze der tatsächlich eingetretenen Entwertungseinbußen zu sehen.

---

1) Auf die Wiedergabe der Zahlen für das Inland insgesamt wurde verzichtet, da sie in ihrer absoluten Höhe jenen des Auslandssektors entsprechen.

2) Der Grund hierfür liegt in dem singulären Phänomen negativer Inflationsraten in den beiden Jahren (vgl. Tabelle 19). Entsprechende Ausnahmen ergeben sich auch bei den übrigen Sektoren in den Jahren 1950 und 1953.

3) ZIERCKE weist außerdem darauf hin, daß der effektive Verlust der Haushalte in jedem Falle geringer sei, "wenn Teile der Spar- und Bausparprämien sowie der Steuerminderungen durch die Sonderausgabenregelung des Einkommensteuergesetzes für Beiträge zu Lebensversicherungen, für Kapitalansammlungsverträge und für Bausparkassenbeiträge als Kompensationszahlungen für die Minderung des Realwertes der Sparguthaben betrachtet werden". (M. ZIERCKE, Inflation und Einkommensverteilung..., a.a.O., S. 145).

4) Im Vergleich zu den Konsequenzen einer Nettoschuldnerposition des Staates (s.o.) ergeben sich hier die gegenteiligen Belastungswirkungen.

c) Eine beträchtliche und ständig zunehmende Nettoschuldnerposition ist im Untersuchungszeitraum vom Unternehmenssektor aufgebaut worden. Dies hat beinahe fortwährend zu jährlich auftretenden Inflationsgewinnen geführt. In der Bundesrepublik kann also der Unternehmenssektor als der Gewinner der Inflationsentwicklung seit 1950 angesehen werden [1]). Ein Indiz hierfür ist auch die Größenordnung des akkumulierten realen Inflationsgewinns in Höhe von 70,638 Mrd.DM. Eine Disaggregation in die Teilsektoren Produktionsunternehmen und Finanzunternehmen hätte allerdings die divergierenden Entwicklungen der monetären Nettovermögensbildung innerhalb des Unternehmenssektors aufgezeigt - und ebenso den Sachverhalt, daß sich die Inflationsgewinne im wesentlichen im Teilsektor Produktionsunternehmen ansammelten.

d) Nettoschuldner gegenüber den inländischen Sektoren war schließlich auch das Ausland, so daß dieser Sektor ebenfalls zu den Gewinnern der Nachkriegsinflation in der Bundesrepublik gezählt werden muß [2]). Der akkumulierte Inflationsgewinn in Höhe von 13,265 Mrd.DM entspricht in der Größenordnung dem für die gleiche Periode errechneten Entwertungsverlust der in der deutschen Sozialversicherung angesammelten monetären Aktiva. In beiden Fällen sind jedoch die errechneten Zahlen nicht mit den tatsächlich eingetretenen Inflationsgewinnen und -verlusten identisch.

Das gleiche gilt auch für die Interpretation des Gesamtbetrages aller zu konstanten Preisen (Basis 1969) berechneten Inflationsgewinne bzw. Inflationsverluste. Die Summe von 83,903 Mrd.DM, die sich hieraus ergibt, kann nicht als das Gesamtvolumen des Gläubiger-Schuldner-Transfers in der Bundesrepublik von 1950 bis 1969 angesehen werden. Denn in dieser Summe sind mögliche Antizipationen der Preisinflation seitens der Gläubiger sowie Beträge, die als Kompensationszahlungen für Entwertungsverluste aufgefaßt werden können, nicht berücksichtigt.

---

1) Diese Entwicklung kann als eine Bestätigung der KEYNES-FISHER-These angesehen werden, wonach dem Unternehmenssektor in Inflationsperioden via Gläubiger-Schuldner-Transfer zusätzliche Gewinne zufallen.

2) Gegenüber der Gesamtheit aller inländischen Sektoren kann der Auslandssektor sogar als der eigentliche Inflationsgewinner betrachtet werden.

4. Die Berechnung von inflationsbedingten Kaufkrafttransfers auf der Grundlage von Vermögensstrukturdaten

a) Allgemeine Zusammenhänge

Will man den Gesamteinfluß abschätzen, der durch inflationäre Entwicklungen auf die nominellen Vermögenswerte (und auf die Einkommen hieraus) ausgeübt wird, dann genügt die Berücksichtigung möglicher Gläubiger-Schuldner-Transfers nicht. Vielmehr sind bei den inflationsbedingten Umverteilungseffekten auch die Auswirkungen einzubeziehen, die von fortwährenden Preissteigerungen auf die verschiedenen Bestandteile des Sachvermögens ausgehen. M.a.W.: Eine Beurteilung aller inflationsbedingten Umverteilungseffekte auf die Vermögenswerte (und Vermögenseinkünfte) setzt voraus, daß die Zusammensetzung der Vermögensportfolios aus Geld- und Sachvermögen berücksichtigt wird.

Dies hat wiederum zur Folge, daß für jeden Bestandteil der genannten Vermögensarten gesondert untersucht werden müßte, wie sich anhaltende Preissteigerungen auf die jeweilige Wertentwicklung auswirken. Die zusätzliche Berücksichtigung der verschiedenen Vermögenseinkünfte, die wünschenswert wäre, wirft allerdings wieder die genannten methodischen Schwierigkeiten auf, da nicht eindeutig entschieden werden kann, ob und inwieweit in den Renditesätzen eine Antizipation weiterer Preissteigerungen enthalten ist.

Geht man zunächst von den bekannten Wirkungen des Gläubiger-Schuldner-Transfers bei Geldvermögenstiteln sowie von der Prämisse aus, daß sich der Wert des Sachvermögens mit der allgemeinen Inflationsrate erhöht, dann ergibt sich für alle jene Vermögensportfolios ein abgeschwächter (prozentualer) Wertzuwachs, die ein positives Geldvermögens enthalten [1]). Eine Gläubigerposition genügt also bereits, um zu einer verlangsamten Wertentwicklung des Portfolios zu führen. Je größer der Anteil des Geldvermögens am Gesamtvermögen ist, desto niedriger ist die Wachstumsrate des gesamten Nettovermögens; dieser negative Zusammenhang verstärkt sich, je höher die Inflationsrate ist. Umgekehrt erhöht sich die Wachstumsrate des gesamten Nettovermögens je höher der Anteil des Sachvermögens am Gesamtvermögen ist; dieser positive Zusammenhang verstärkt sich mit steigender Inflationsrate. Aus dem zuletzt Gesagten folgt wiederum, daß jene Portfolios eine überproportionale (und u.U. über den Maximalwert $r + \hat{p}$ hinausgehende) Wertentwicklung nehmen können, deren Sachvermögensbestände hoch und besonders "preisvariabel" sind (d.h. in ihrer Wertentwicklung über die durchschnittliche

---

1) Dieser Zusammenhang sowie die folgenden Aussagen lassen sich anhand der Gleichung

$$(1) \quad \frac{\Delta W_t}{W_{t-1}} = r + \hat{p}\,\frac{R_{t-1}}{W_{t-1}} + \hat{p}_a\,\frac{MN_{t-1}}{W_{t-1}}$$

überprüfen. Diese Gleichung ergibt sich aus den von L. de ALESSI (The Redistribution of Wealth..., a.a.O., S. 120 ff.) entwickelten Gleichungen (s.o.). Unter der Voraussetzung, daß $\hat{p} > \hat{p}_a$ ist, gilt: Die Wachstumsrate $\Delta W_t/W_{t-1}$ nähert sich dem Maximalwert $r + \hat{p}$, je höher der Anteil R_{t-1}/W_{t-1} ist. Die Wachstumsrate $\Delta W_t/W_{t-1}$ nähert sich dem Minimalwert, je höher der Anteil MN_{t-1}/W_{t-1} ist. M.a.W.: Gemessen am Maximalwert führt jeder positive Anteil MN_{t-1}/W_{t-1} zu einer (relativen) Wertminderung des gesamten Nettovermögens.

Inflationsrate hinausgehen)[1]).

Berücksichtigt man diese Zusammenhänge, dann kann über die von anhaltenden Preissteigerungen ausgehenden Redistributionseffekte auf die Vermögenswertentwicklung bei verschiedenen sozialen Gruppen (oder Sektoren) folgendes gesagt werden:

a) Die Redistributionseffekte wirken sich am stärksten zu Lasten von Gruppen (Sektoren) mit einer hohen (absoluten oder relativen) Gläubigerposition aus. Dieser "negative Gläubigertransfer" wächst mit steigender Inflationsrate.

b) Im Gegensatz dazu werden solche Gruppen (Sektoren) am stärksten begünstigt, die über eine hohe (absolute oder relative) Nettoschuldnerposition verfügen. Dieser "positive Schuldnertransfer" wächst mit steigender Inflationsrate.

c) Die Redistributionseffekte beeinträchtigen die Vermögensposition jener Gruppen (Sektoren) am wenigsten, die über einen hohen Anteil des Sachvermögens am gesamten Vermögensportfolio verfügen. Enthalten diese Portfolios vorwiegend Sachvermögensbestände mit überproportionaler Wertentwicklung, dann werden die genannten Gruppen (Sektoren) durch die Inflation begünstigt.

---

1) Definiert man in der Gleichung (1) der vorausgehenden Fußnote die Größe $\hat{p}$ als (überdurchschnittlich hohe) Wachstumsrate solcher preisvariabler Sachvermögensbestände, dann kann $\hat{p} = a\hat{p}_o$ angesetzt werden (wobei $\hat{p}_o$ = allgemeines Preisniveau und $a > 1$). Entsprechend kann für $\hat{p}_a = c\hat{p}_o$ (mit $0 < c < 1$) angenommen werden. Unter Berücksichtigung dieser Beziehungen erhält man aus (1) nach Umformungen:

$$(2)\quad \frac{\Delta W_t}{W_{t-1}} = r + c\hat{p}_o + (a-c)\hat{p}_o \frac{R_{t-1}}{W_{t-1}} .$$

Als Maximalwert der Wachstumsrate $\Delta W_t/W_{t-1}$ dieses Portfolios ergibt sich (bei $R_{t-1} / W_{t-1}=1$) der Wert $r + a\hat{p}_o > r + \hat{p}_o$. Der entsprechende Minimalwert (bei $R_{t-1}/W_{t-1} = 0$) ist $r + c\hat{p}_o < r + \hat{p}_o$. Die durchschnittliche Wertsteigerung aller Sachvermögen $r + \hat{p}_o$ kann durch das vorliegende Vermögensportfolio selbst dann übertroffen werden, wenn es nicht nur aus Sachvermögen besteht, sondern auch monetäre Nettopositionen enthält. Ein Vergleich von (2) mit der durchschnittlichen Wachstumsrate $r + \hat{p}_o$ ergibt, daß dies dann der Fall ist, wenn

$$(3)\quad a\frac{R_{t-1}}{W_{t-1}} + c\frac{MN_{t-1}}{W_{t-1}} \geq 1$$

bzw.

$$(4)\quad (a-1)\frac{R_{t-1}}{W_{t-1}} - (1-c)\frac{MN_{t-1}}{W_{t-1}} \geq 0$$

ist.

Hieraus folgt wiederum, daß von einer anhaltenden Preisinflation um so stärkere regressive (Umverteilungs-) Wirkungen auf die intersektorale (und auch auf die personelle) Vermögensverteilung ausgehen, je einseitiger die Nettogläubiger- und die Nettoschuldnerpositionen sowie der Besitz von ("preisvariablem") Sachvermögen auf einzelne Gruppen oder Sektoren verteilt ist.

b) Die Berechnungen von G. L. BACH und A. ANDO

Die Tabelle 23 , die zugleich eine verkürzte Wiedergabe und Erweiterung der Tabelle 6 in dem Aufsatz von BACH und ANDO darstellt [1], enthält Angaben über die Vermögensstruktur der privaten Haushalte in den Vereinigten Staaten zu Beginn des Jahres 1950 [2]; dabei sind die Haushalte nach der Höhe ihres Einkommens vor Steuerabzug im Jahre 1949 (Bruttoeinkommen) sowie nach der Höhe ihres Nettovermögens im Jahre 1950 klassifiziert. Die entsprechenden Zahlen für die von den beiden Autoren außerdem angegebenen Klassifikationsmerkmale soziale Stellung und Alter des Haushaltsvorstandes sind in der Tabelle 23 nicht enthalten.

BACH und ANDO haben darauf aufmerksam gemacht, daß mit den angegebenen Zahlen die Geldvermögenspositionen vermutlich nicht unbeträchtlich unterschätzt worden seien [3]. Unabhängig davon würde jedoch deutlich werden, daß sich die privaten Haushalte aller Einkommensniveaus in einer ausgeprägten Nettogläubigerposition befunden hätten.

---

1) Vgl. G. L. BACH und A. ANDO, The Redistributional Effects ..., a.a.O., S. 8 und M. ZIERCKE, Die redistributiven Wirkungen..., a.a.O., S. 146, Tabelle 19. Der dort angewandte Berechnungsmodus wurde auch für die vorliegende Tabelle übernommen.

2) Die Berechnungen erfolgten auf der Grundlage des Datenmaterials in: R. W. GOLDSMITH, D. S. BRADY und H. MENDERSHAUSEN, A Study of Saving..., a.a.O., Tabellen W-46 bis W-49.

3) Siehe: G. L. BACH und A. ANDO, The Redistributional Effects..., a.a.O., S. 8.

Tabelle 23 : Die Vermögensstruktur der privaten Haushalte in den Vereinigten Staaten, klassifiziert nach der Höhe des Einkommens vor Steuerabzug (1949) und nach der Höhe des Nettovermögens (1950)

	Bruttoeinkommen bzw. Nettovermögen aller Haushalte	v.H. aller Haushalte	Bruttovermögen in Mrd $	in v.H. des Bruttovermögens: Geldvermögen	Sachvermögen	Schulden	Schulden in Mrd. $ $\frac{(5) \cdot (2)}{100}$	Nettovermögen in Mrd. $ (2) - (6)	Monetäres Nettovermögen in Mrd. $ $\frac{(3) \cdot (2)}{100} - (6)$	$\frac{\text{Monet.Nt.Verm.}}{\text{Nettovermögen}} \cdot 100$ $\frac{(8)}{(7)} \cdot 100$
		(1)	(2)	(3)	(4)	(5)	(6)	(7)	(8)	(9)
Bruttoeinkommen (1949)	unter $ 1.000	14	39	19	81	12	4,7	34,3	2,7	7,9
	1.000 - 2.900	40	119	26	74	13	15,5	103,5	15,5	14,9
	3.000 - 4.900	29	150	27	73	16	24,0	126,0	16,5	13,1
	5.000 - 7.499	11	107	25	75	12	12,8	94,2	13,9	14,8
	7.500 und mehr	5	188	19	81	5	9,4	178,6	26,3	14,7
Nettovermögen (1950)	negatives Nettoverm.	5	2	30	70	490	9,8	(-) 7,8	(-)9,2	(-)117,9
	$ 0 - 1.999	33	17	46	54	33	5,6	11,4	2,2	19,4
	2.000 - 9.999	34	117	29	71	20	23,4	93,6	10,5	11,3
	10.000 - 24.999	18	162	24	76	9	14,6	147,4	24,3	16,5
	25.000 - 59.999	7	135	22	78	6	8,1	126,9	21,6	17,0
	60.000 und mehr	3	180	17	83	3	5,4	174,6	25,2	14,4

Aus den von den beiden Autoren vorgelegten Daten sowie aus den Berechnungen hieraus ergeben sich folgende Aussagen:

a) Klassifiziert man die privaten Haushalte nach der Höhe ihres Bruttoeinkommens [1]), dann zeigt sich an den in der Spalte (9) angegebenen Anteilen des monetären Nettovermögens an dem jeweiligen Gesamtnettovermögen, daß das Gewicht der einzelnen Nettogläubigerpositionen zwar unterschiedlich ist, aber doch nicht in einem Ausmaß, wie man es vielleicht erwarten konnte. Lediglich die niedrigste Einkommensklasse (unter 1.000 $) weicht mit einem niedrigen Nettogläubigeranteil von denjenigen der anderen Gruppen ab. Daraus kann geschlossen werden, daß alle Einkommensklassen (mit Ausnahme der Klasse unter 1.000 $) relativ gleich hohe Inflationsverluste aus den jeweiligen Geld- und Forderungsbeständen hinnehmen mußten (Bezugsbasis ist das entsprechende Nettovermögen). Über die tatsächlichen Entwertungsverluste, die die einzelnen Haushaltsgruppen hinnehmen mußten, ist damit allerdings noch wenig ausgesagt.

b) Aus der Klassifikation der privaten Haushalte nach der Höhe des Nettovermögens [2]) läßt sich zunächst entnehmen, daß für 5 v. H. der Haushalte ein negatives Nettovermögen ausgewiesen wird (da die Schulden das Bruttovermögen überstiegen). Alle übrigen Haushaltsklassen verfügten über eine Nettogläubigerposition (siehe Spalte (8)), deren Anteil am jeweiligen gesamten Nettovermögen unterschiedlich hoch war (siehe Spalte (9)). Hieraus kann geschlossen werden, daß die niedrigste Vermögensklasse als einzige aller Haushaltsgruppen aus dem Gläubiger-Schuldner-Transfer einen Kaufkraftgewinn erlangt hatte. Alle übrigen Vermögensklassen haben demgegenüber absolut (siehe Spalte (8)) und relativ (siehe Spalte (9)) Inflationseinbußen erlitten. Dabei ist von Interesse, daß die größten absoluten Einbußen von der Haushaltsklasse mit dem höchsten Vermögen und die größten relativen Einbußen von der Klasse mit dem niedrigsten (positiven) Vermögen hingenommen werden mußten.

---

1) Siehe obere Hälfte der Tabelle 23.

2) Siehe untere Hälfte der Tabelle 23.

Aus den von BACH und ANDO ebenfalls gemachten Angaben über die Vermögensstruktur der nach den Merkmalen "soziale Stellung" und "Alter" klassifizierten Haushalte [1]) sei auf folgendes besonders hingewiesen:

a) Rentner und Pensionäre hielten (ebenso wie der größte Teil aller Unselbständigen) einen überdurchschnittlich hohen Anteil (31 v.H.) ihres Bruttovermögens in Form von Geld und Forderungstiteln; der entsprechende Anteil der Schulden war mit 2 v.H. äußerst niedrig. Hieraus kann geschlossen werden, daß die Rentner und Pensionäre, die bereits bei den einseitig festgelegten Transferzahlungen Entwertungsverluste erleiden, auch zu den Verlierern des Gläubiger-Schuldner-Transfers zählten.

b) Bei den nach dem Alter des Haushaltsvorstandes klassifizierten Haushalten zeigte sich, daß die Anteile des Geldvermögens am Bruttovermögen nahezu konstant blieben (zwischen 22 und 24 v. H.). Aus den entsprechenden Anteilen der Schulden kann jedoch eine durchgehende Tendenz abgelesen werden: "Junge Haushalte" hatten hohe Schuldenanteile (20. v.H. in der Altersklasse von 18 - 24 Jahren, 27 v. H. in der Klasse von 25 - 34 Jahren) und befanden sich z. T. in einer erheblichen Nettoschuldnerposition. Die Anteile der Schulden am Bruttovermögen sanken mit zunehmenden Alter der Haushaltsvorstände und erreichten mit 4 v. H. bei der Altersklasse 55 Jahre und darüber ihr Minimum. Aus diesen Angaben läßt sich schließen, daß auch zwischen den Haushalten mit jungen und alten Haushaltsvorständen (allgemeiner: zwischen den Generationen) Gläubiger-Schuldner-Transfers stattfanden, die sich hier zu Lasten der Alten auswirkten.

Nimmt man dieses Resultat mit den unter a) dargestellten Schlußfolgerungen zusammen, dann kann in den von BACH und ANDO vorgelegten Statistiken die Bestätigung einer weithin akzeptierten These gesehen werden: Inflationäre Entwicklungen wirken sich in einem erheblichen Ausmaß zu Lasten alter und aus dem Arbeitsprozeß ausgeschiedener Menschen aus.

---

1) Vgl. hierzu ebenfalls Tabelle 6 in: G. L. BACH und A. ANDO, The Redistributional Effects..., a.a.O., S. 8.

c) Die Berechnungen von M. ZIERCKE

Auf der Grundlage der von W. KRELLE, J. SCHUNCK und J. SIEBKE vorgenommenen Schätzungen [1]) über die Aufteilung des Gesamtvermögens der privaten Haushalte in der Bundesrepublik Deutschland zum Stichtag 1.1.1960 hat ZIERCKE die Anteile der verschiedenen Bestandteile des Bruttovermögens sowohl für die 16 Vermögensklassen der zur Vermögenssteuer veranlagten Haushalte als auch für die nicht veranlagten Haushalte errechnet [2]). Aus diesen Angaben lassen sich wiederum die jeweiligen Anteile des monetären Nettovermögens, des gesamten Nettovermögens und somit auch die entsprechenden Relationen zwischen dem monetären und dem gesamten Nettovermögen bestimmen. Die wichtigsten Ergebnisse sind in der Tabelle 24 aufgeführt [3]).

Auf dieser Tabelle läßt sich vor allem folgendes entnehmen:

a) Der Anteil der Schulden am Bruttovermögen erreichte bei den zur Vermögenssteuer veranlagten Haushalten in den mittleren Vermögensklassen und in der höchsten Vermögensklasse die größten Werte; diese Werte wurden erheblich übertroffen durch den Schuldenanteil der nicht veranlagten Haushalte.

b) Der Anteil des monetären Nettovermögens am gesamten Nettovermögen war bei den veranlagten Haushalten in den unteren Vermögensklassen am größten und bei den mittleren Vermögensklassen am geringsten. Die entsprechenden Anteile der höchsten (veranlagten) Vermögensklasse sowie der nicht veranlagten Haushalte lagen im Bereich des Durchschnitts.

---

1) Vgl.: W. KRELLE, J. SCHUNCK und J. SIEBKE, Überbetriebliche Ertragsbeteiligung der Arbeitnehmer..., a.a.O., Band 2, S. 443 f.

2) Siehe: M. ZIERCKE, Die redistributiven Wirkungen..., a.a.O., S. 149 ff. sowie M. ZIERCKE, Inflation und Einkommensverteilung..., a.a.O., S. 149 f.

3) Vgl. hierzu Tabelle 20 in: M. ZIERCKE, Die redistributiven Wirkungen..., a.a.O., S. 149. Auf die Wiedergabe der dort zusätzlich enthaltenen Zahlenangaben wurde verzichtet.

Tabelle 24: Die Vermögensstruktur der privaten Haushalte in der Bundesrepublik Deutschland, klassifiziert nach der Höhe des Bruttoeinkommens (Stichtag: 1.1.1960)

Vermögensklasse von...bis...DM	Schulden in v.H. des Bruttovermögens	Geldvermögen in v.H. des Bruttovermögens	Monetäres Nettovermögen in v.H. des gesamten Nettovermögens = Spalte(2)-Spalte(1) / 100 - Spalte(1)
	(1)	(2)	(3)
Veranlagte Haushalte:			
0 - 30.000	5,9	16,9	11,7
30 - 40.000	5,7	17,8	12,8
40 - 50.000	7,8	14,8	7,5
50 - 70.000	7,9	14,9	7,5
70 - 100.000	8,1	14,6	7,1
100 - 250.000	8,6	13,8	5,7
250 - 500.000	9,0	12,0	3,3
500 - 1 Mio.	9,3	10,9	1,8
1 - 2,5	9,5	10,0	0,6
2,5 - 5	9,3	9,3	0,0
5 - 10	8,3	9,4	1,2
10 - 20	8,1	8,1	0,0
20 - 50	6,8	8,9	2,3
50 - 100	5,2	11,8	7,0
100 - 200	3,4	9,2	6,0
über 200	12,9	16,3	3,9
Nicht veranlagte Haushalte:	19,5	23,1	4,5

Das statistische Bild ist also nicht ganz eindeutig. Dennoch läßt sich mit gewissen Vorbehalten der Schluß ziehen, daß bei den zur Vermögenssteuer veranlagten Haushalten die mittleren Vermögensklassen (aufgrund der hohen Schulden- und der niedrigen Geldvermögensanteile) zu den Inflationsgewinnern zu zählen waren; das gleiche dürfte (wegen des hohen Schuldenanteils) auch für die höchste Vermögensklasse bei den veranlagten Haushalten gegolten haben [1]). Inflationsbedingte Vermögenseinbußen mußten demgegenüber vor allem die unteren Vermögensklassen bei den veranlagten Haushalten erleiden (aufgrund der hohen Geldvermögensanteile). Der hohe Schuldenanteil sowie der nur durchschnittlich hohe Geldvermögensanteil bei den nicht veranlagten Haushalten sprechen in gewisser Hinsicht dafür, diese (allerdings sehr umfangreiche und heterogene) Gruppe eher zu den Gewinnern der Inflation zu zählen. Dies würde auch den von BACH und ANDO aufgefundenen Resultaten entsprechen.

ZIERCKE hat mit Recht auf die eingeschränkte Aussagemöglichkeiten der oben angegebenen Vermögensstrukturdaten für die vorliegende Fragestellung hingewiesen [2]). Sie liegen vor allem darin, daß aus ihnen keine Schlußfolgerungen über die

---

1) Hinzu kommt, daß der Anteil der von den Haushalten gehaltenen Kapitalanteile am Bruttovermögen mit zunehmendem Vermögen systematisch gestiegen ist. So war der genannte Anteil bei der untersten Vermögensklasse 3,7 v. H., bei der Vermögensklasse zwischen 1 und 1,5 Mio DM 40,0 v. H. und bei der obersten Vermögensklasse 71,4 v. H. Für die nicht veranlagten Haushalte wurde ein entsprechender Anteil von 5,6 v. H. geschätzt. Diese Verteilung preisflexibler Vermögensbestände begünstigt somit ebenfalls die höchsten Vermögensklassen.

2) Siehe M. ZIERCKE, Die redistributiven Wirkungen..., a.a.O., S. 150 f.

Portfoliostruktur (und deren Inflationsanfälligkeit) von einzelnen sozialen Gruppen innerhalb der beiden Kategorien der zur Vermögenssteuer veranlagten und der nicht veranlagten Haushalte gezogen werden können.

Zur Ergänzung der dargestellten Aussagen wurden deshalb von ZIERCKE Daten über den Stand und die Entwicklung von Sparguthaben bei Sparkassen (zwischen 1959 und 1964) herangezogen, die nach dem Beruf des Sparers gegliedert sind. Die entsprechenden Angaben sind in der Tabelle 25 enthalten [1]). Selbstverständlich wurde damit nur ein Teil der von den privaten Haushalten in der Bundesrepublik zwischen 1959 und 1964 angesammelten Geldvermögen erfaßt, der außerdem für die gesamte Geldvermögensbildung nicht repräsentativ war. Über den Aussagewert dieser "Stichprobe" hinausgehende Schlußfolgerungen sind deshalb nicht möglich.

Tabelle 25: Die nach dem Beruf des Sparers vorgenommene Gliederung der Sparguthaben [2]) bei den Sparkassen in der Bundesrepublik Deutschland (Stichtage: 31.12.1959 und 31.12.1964)

Beruf des Sparers	Einlagenbestand Ende 1959		Einlagenbestand Ende 1964		Zunahme des Einlagenbestandes von Ende 1959 bis Ende 1964	
	Mrd.DM	in v.H.	Mrd.DM	in v.H.	in Mrd. DM	in v.H.d. Ges.Zun.
	(1)	(2)	(3)	(4)	(5)	(6)
Lehrlinge	0,06	0	0,15	0	0,09	0
Arbeiter	3,54	14	9,48	18	5,94	22
Angestellte	4,71	19	10,34	20	5,63	21
Beamte	1,64	7	3,12	6	1,48	5
Arbeitnehmer zus.	9,95	39	23,10	44	13,15	48
Rentner u.Pension.	6,94	27	12,87	24	5,93	22
Unselbständige zus.	16,89	67	35,97	68	19,08	70
Selbständ.i.Handel Handw.u.Industrie	4,36	17	8,40	16	4,04	14
Landwirte	1,50	6	3,05	6	1,55	6
Freie Berufe	1,34	3	2,63	5	1,29	5
Selbständige zus.	7,20	28	14,08	27	6,88	25
Beruf unbekannt	1,25	5	2,64	5	1,39	5
Insgesamt	25,34	100	52,68	100	27,34	100

Quelle: Sparkasse, Zeitschrift des Deutschen Sparkassen- und Giroverbandes e.V. Bonn, 83. Jahrgang, 1966, Heft 2/3, S. 18.

1) Vgl. hierzu Tabelle 21 in: M. ZIERCKE, Die redistributiven Wirkungen..., a.a.O., S. 150.

2) Die Spareinlagen der verschiedenen Gruppen schließen die Guthaben ihrer nichterwerbstätigen Ehefrauen und Kinder ein.

Von Interesse sind besonders folgende Angaben in Tabelle 25:

a) Der Anteil aller Unselbständigen (Lehrlinge, Arbeiter, Angestellte, Beamte, Rentner und Pensionäre) am Gesamtbestand der bei den Sparkassen angesammelten Sparguthaben ist mit 67 v. H. (Ende 1959) bzw. 68 v. H. (Ende 1964) nahezu konstant geblieben. Das gleiche gilt für die entsprechenden Anteile der Selbständigen.

b) Innerhalb der Gruppe aller Unselbständigen waren die Sparguthabenanteile der Rentner und Pensionäre mit 27 v. H. (Ende 1959) bzw. 24 v. H. (Ende 1964) am höchsten, das gleiche gilt für die Zuwachsrate des Einlagenbestandes der Rentner und Pensionäre (gemessen an der Zunahme des gesamten Einlagenbestandes).

Im Zusammenhang damit machte ZIERCKE auf folgende Zahlen aufmerksam [1]): Im Jahre 1961 hielten die Rentner und Pensionäre einen Anteil von 5 v. H. am gesamten privaten Aktienbesitz und die Arbeitnehmer einen entsprechenden Anteil von nur 4 v. H.; demgegenüber befanden sich 45 v. H. des privaten Aktienbesitzes in der Hand der Selbständigen in Handel, Handwerk und Industrie. Außerhalb des Untersuchungszeitraums liegen folgende Angaben über die Anlage der genannten Haushaltsgruppen in - mit höheren Renditen ausgestattete - festverzinsliche Wertpapiere, die von ZIERCKE ebenfalls herangezogen wurden: In der Zeit zwischen 1960 bis 1967 sind von der gesamten Geldvermögensbildung jeweils 12,7 v. H. von Rentner- und Arbeitnehmerhaushalten sowie 14,6 v. H. von Haushalten der Selbständigen in festverzinslichen Wertpapieren angelegt worden.

Aus all diesen Angaben hat ZIERCKE den Schluß gezogen, daß die "kleinen Sparer" - größtenteils Rentner und Pensionäre sowie Empfänger von Arbeitseinkommen - zu den Hauptleidtragenden der Inflationsentwicklung in der Bundesrepublik der 60er Jahre zu zählen sind [2]). Die Besitzer großer Vermögen bzw. die Bezieher hoher Einkommen konnten demgegenüber inflationsbedingte Kaufkraftverluste vermeiden, da deren

1) Siehe: M. ZIERCKE, Die redistributiven Wirkungen..., a.a.O., S. 151 und M. ZIERCKE, Inflation und Einkommensverteilung ..., a.a.O., S. 149.

2) M. ZIERCKE, Die redistributiven Wirkungen..., a.a.O., S. 151 f.

Portfolios überwiegend aus Realvermögen bestehen, was z. T. das Ergebnis einer rationalen Portfolioauswahl sein kann. Den kleinen Sparern ist jedoch laut ZIERCKE diese Möglichkeit aufgrund ungenügender Informationen und wegen der hohen Transaktionskosten bei Vermögensumschichtungen verwehrt.

5. Abschließende Bemerkungen

Die empirischen Arbeiten über die Einflüsse inflationärer Preissteigerungen auf die Vermögensverteilung beschränken sich weitgehend auf die Untersuchung möglicher Kaufkrafttransfers im Verhältnis zwischen den Gläubigern und Schuldnern von monetären Vermögenswerten. Untersuchungen, die auch die Realwertveränderungen von bestimmten "preisvariablen" Sachvermögenskategorien in die Analyse einbeziehen, sind im Vergleich dazu äußerst selten.

Der Grund hierfür ist vor allem im Mangel an verläßlichen Daten über die Verteilung des Sachvermögens auf bestimmte sozialökonomische Gruppen sowie auf einzelne Vermögensgrößenklassen zu suchen. Ebenso fehlt es weitgehend an quantitativen Aufschlüssen über die Preisflexibilität einzelner Kategorien des Sachvermögens. Hinzu kommt schließlich, daß mit der Theorie des inflationsbedingten Gläubiger-Schuldner-Transfers eine weithin als plausibel akzeptierte Hypothese vorliegt, die - gemessen an der Zugänglichkeit des erforderlichen Datenmaterials - verhältnismäßig leicht überprüft werden kann.

In den in diesem Kapitel beschriebenen Arbeiten sind im wesentlichen die folgenden Verfahren angewendet worden:

a) Der Vergleich zwischen Indexreihen der Preisentwicklung und Zeitreihen der Entwicklung bestimmter Vermögenseinkünfte bzw. deren Quoten.

b) Die Überprüfung der Gläubiger-Schuldner-Hypothese auf mikroökonomischer Grundlage an Hand von einzelbetrieblichen Daten über monetäre Nettopositionen (bzw. deren Anteil) und Vermögenswertänderungen (gemessen an Aktienkursveränderungen).

c) Schätzungen über den Umfang von inflationsbedingten Kaufkrafttransfers im Verhältnis zwischen Gläubigern und Schuldnern.

Der Zweck der beiden ersten Verfahren besteht in erster Linie in der Überprüfung der Gläubiger-Schuldner-Hypothese. D.h.: Hier wird durch Gegenüberstellungen von Zeitreihen der Preisentwicklung einerseits und der Entwicklung bestimmter Vermögenseinkünfte (bzw. ihrer Quoten) andererseits dann auf inflationsbedingte Vermögenstransfers zu den Schuldnern geschlossen, wenn sich die Realwerte dieser Einkünfte (bzw. deren Quoten) vermindert haben. Dieses Verfahren ist mit erheblichen Schwächen behaftet, auf die wir bereits im Zusammenhang mit den entsprechenden Untersuchungen zur Überprüfung der Wage-Lag-Hypothese hingewiesen haben. Der mikroökonomische Testansatz (Verfahren b)) hat demgegenüber den Vorzug einer theoretisch fundierten Testkonstruktion, die dennoch so lange unbefriedigend bleiben muß, wie sie auf den Einfluß der monetären Nettoposition auf inflationsbedingte Vermögenswertänderungen beschränkt bleibt und somit andere Faktoren unberücksichtigt läßt.

Bei den Schätzungen über den Umfang von inflationsbedingten Kaufkrafttransfers (Verfahren c)) wird die Gläubiger-Schuldner-Hypothese als faktisch gegeben unterstellt, obgleich die empirischen Überprüfungen dieser Hypothese keineswegs zu eindeutigen Bestätigungen führen. Da diese Schätzungen außerdem auf erheblich einschänkenden Annahmen beruhen, kann ihnen lediglich der Wert von Modellrechnungen zuerkannt werden, deren Funktion vor allem darin besteht, ungefähre Größenordnungen (Obergrenzen) anzugeben.

IV. Zusammenfassung der wesentlichen Ergebnisse

Die wichtigsten Ergebnisse der vorliegenden Literaturexpertise lassen sich wie folgt kurz zusammenfassen:

1. Eine umfassende monographische Untersuchung über die Auswirkungen von inflationären Preissteigerungen auf die Einkommens- und Vermögensverteilung steht immer noch aus, obgleich die Abfassung einer solchen theoretischen Studie trotz der Vielzahl der zu berücksichtigenden Redistributionswirkungen keineswegs aussichtslos erscheint.

Das Fehlen einer umfassenden Monographie erweist sich als ein beträchtliches Hindernis bei der systematischen Erforschung der von Inflationen ausgehenden Verteilungswirkungen.

Grundlage einer solchen Untersuchung müßte die Analyse der wechselseitigen Abhängigkeiten sein, die zwischen der funktionellen, der institutionellen und der personellen Einkommensverteilung einerseits und den verschiedenen Aspekten der Vermögensverteilung andererseits bestehen. In einem zweiten Schritt sollten die möglichen "Ansatzpunkte" für inflationsbedingte Redistributionseffekte analysiert werden, die sich bei den verschiedenen Verteilungen jeweils ergeben. Da jedoch diese Umverteilungswirkungen nicht darauf beschränkt bleiben, müßten auch die Sekundäreffekte berücksichtigt werden, die sich aufgrund der oben genannten Interdependenzen auf die übrigen Verteilungen fortpflanzen. Letztlich müßte in einer solchen Untersuchung eine Verbindung zwischen Inflationstheorie(n) und Verteilungstheorie(n) angestrebt werden. Eine solche Verbindung ist in den weit verstreuten theoretischen Beiträgen zu dem vorliegenden Problem allenfalls in Ansätzen zu erkennen.

2. Die in der einschlägigen Literatur aufzufindenden "allgemeinen" Aussagen über inflationsbedingte Umverteilungswirkungen sind in ihrer überwiegenden Anzahl bereits dadurch eingeschränkt, als sie nicht auf die entsprechenden Wirkungen von allgemeinen Preissteigerungen, sondern auf Effekte abgestellt sind, die von Veränderungen der Preisstruktur ausgehen.

Hinzu kommt, daß es sich hierbei häufig um A-priori-Aussagen in konditionaler Formulierung ("Wenn-dann") handelt, deren empirische Relevanz im dunkeln bleibt. Empirisch gehaltvolle Aussagen über inflationsbedingte Redistributionswirkungen lassen sich jedoch nur gewinnen, wenn alle Erscheinungsformen der Inflation berücksichtigt werden und wenn außerdem klargestellt ist, unter welchen institutionellen Gegebenheiten und aufgrund welcher Reaktionsmuster der begünstigten und betroffenen Wirtschaftssubjekte die Verschiebung der jeweiligen Verteilungspositionen zustande kommt.

3. Von den oben genannten Aussagen mit allgemeinem Gültigkeitsanspruch sind solche Hypothesen über inflationsbedingte Redistributionseffekte zu unterscheiden, die bestimmte institutionelle Bedingungen sowie Verhaltensweisen mehr oder minder deutlich spezifizieren und deshalb einer empirischen Überprüfung zugänglich sind. Im wesentlichen handelt es sich dabei um

a) die Hypothese der verzögerten Anpassung der Lohnentwicklung an die Preisinflation ("Wage-Lag-Hypothese"),
b) die Hypothese inflationsbedingter Realeinkommensverluste der Bezieher von Transferzahlungen,
c) die Hypothese inflationsbedingter Zwangssparprozesse zu Lasten aller Bezieher von kontraktbestimmten Einkommen und um
d) die sogenannte Gläubiger-Schuldner-Hypothese.

Es ist zu berücksichtigen, daß es sich dabei um eine weitgehend traditionell bedingte Unterscheidung verhältnismäßig komplexer Hypothesen handelt. Denn einerseits sind unter diesen Hypothesenbereichen zum Teil auch spezielle Hypothesen subsumiert, die gesondert ausgewiesen werden könnten. Andererseits werden für einzelne dieser Hypothesen oft auch unterschiedliche Begründungen gegeben.

Unabhängig davon wird jedoch deutlich, daß mit diesen Hypothesen nur ein Teil der möglichen Redistributionswirkungen erfaßt ist, die von inflationären Preissteigerungen ausgehen können. So besteht z. B., um auf weitere "Forschungslücken" hinzuweisen, eine weitgehende Unklarheit über die unmittelbaren Auswirkungen der Inflation auf die institutionelle und die personelle Einkommensverteilung sowie auf die Vermögensbildung und deren Struktur. Noch mehr gilt dies für die entsprechenden Sekundäreffekte der Inflation, von den oben bereits die Rede war.

4. Bei den empirischen Untersuchungen, die zu Einzelproblemen inflationsbedingter Umverteilungseffekte vorgenommen worden sind, lassen sich gewisse Schwerpunkte feststellen, für die mehrere Gründe maßgebend sind. Es überwiegen die Arbeiten, die in die Problembereiche der Wage-Lag-Hypothese und der Gläubiger-Schuldner-Hypothese fallen, wohingegen Untersuchungen über die direkten Auswirkungen der Inflation auf die institutionelle und die personelle Einkommensverteilung sowie auf die gesamte Vermögensstruktur (einschließlich Sachvermögen) sehr viel seltener anzutreffen sind. Auf zwei Gründe soll im Zusammenhang mit dem zuletzt genannten Sachverhalt besonders hingewiesen werden: Auf das "Defizit" an plausiblen und empirisch überprüfbaren Hypothesen und auf den Mangel an brauchbaren Einkommens- und Vermögensstrukturdaten, an Hand deren solche Überprüfungen vorgenommen werden könnten.

Die vorliegenden empirischen Untersuchungen lassen sich grundsätzlich nach zwei Gesichtspunkten einordnen. Zum einen handelt es sich um Arbeiten, deren Zweck allein darin besteht, einzelne Verteilungshypothesen (wie etwa die Gläubiger-Schuldner-Hypothese) empirisch zu überprüfen, d.h. zu falsifizieren oder zu verifizieren. Zum andern handelt es sich um Untersuchungen, bei denen es darum geht, an Hand von Modellrechnungen bestimmte inflationsbedingte Einkommens- und Vermögenstransfers in ihrer Größenordnung abzuschätzen. Dabei geht der Sachverhalt, daß solche Transfers stattfinden, bereits als Prämisse in solche Modellrechnungen ein, obgleich andererseits die Ergebnisse, die bisher beim empirischen Test einzelner Hypothesen über inflationsbedingte Umverteilungswirkungen erzielt worden sind, durchaus nicht immer eindeutig sind (und sein können).

5. Die bei den empirischen Untersuchungen angewandten Verfahren reichen von einfachen Gegenüberstellungen bestimmter Zeitreihen (Inflationsraten, Einkommensreihen, Einkommens- und Vermögensquoten) bis zu methodisch anspruchsvolleren Verfahren der

Querschnitts- und der Zeitreihenanalyse. In nahezu allen Fällen treten zwei Probleme auf, die nicht allgemein zu lösen sind. Das erste Problem ist das der Abgrenzung der Untersuchungsperiode als Inflationsperiode. Denn es zeigt sich stets sehr schnell, daß Aussagen über die in einer Periode stattgefundenen Einkommens- oder Vermögenstransfers (und Berechnungen über ihren Umfang) von der Wahl des Basisjahres und von der Abgrenzung des Untersuchungszeitraumes abhängig sind.

Das zweite Problem ist das der Zurechnung von Veränderungen der Einkommens- und Vermögensverteilung auf inflationäre Ursachen. Bei einfachen Vergleichen zwischen der Inflationsentwicklung sowie der Einkommens- bzw. Vermögensentwicklung besteht immer die Gefahr, daß Veränderungen der Verteilung auf die Inflation als einziger Ursache zurückgeführt werden und daß folglich der Einfluß von nicht-monetären Faktoren unberücksichtigt bleibt. So lange jedoch nicht auch diese kurz- bis langfristig wirksamen Faktoren in die Untersuchung einbezogen werden, läßt sich niemals ausschließen, daß die Verteilungswirkungen der Inflation über- oder unter Umständen sogar unterschätzt werden.

Aus den eben genannten Gründen kann es nicht überraschen, wenn auch aus den empirischen Untersuchungen nicht eindeutig hervorgeht, inwieweit die vorhandenen Hypothesen über inflationsbedingte Redistributionswirkungen als verifiziert oder falsifiziert angesehen werden können.

6. Als Fazit kann festgestellt werden, daß bei der Untersuchung der Probleme der Verteilungswirkungen der Inflation nur bedingt mit einem Bestand an empirisch gesicherten Hypothesen gerechnet werden kann. Für viele Teilaspekte mangelt es überhaupt an theoretisch-plausiblen Erklärungsansätzen, die überprüfbar sind. Als eine erhebliche Beschränkung für empirische Arbeiten erweisen sich die Lücken und Mängel im statistischen Datenmaterial, insbesondere bei Einkommens- und Vermögensstrukturdaten. Gemessen an der Aktualität des Problems der inflationsbedingten Umverteilungswirkungen muß deshalb der Stand der theoretischen und empirischen Forschung auf diesem Gebiet als unterentwickelt bezeichnet werden.

V. Literaturverzeichnis

ACKLEY, G.: Macroeconomic Theory, New York 1961.

ALCHIAN, A. A.: Inflation and Distribution of Income and Wealth, in: MARCHAL, J. und DUCROS, B. (Hrsg.): The Distribution of National Income, New York 1968.

ALCHIAN, A. A. und KESSEL, R. A.: Evidence on Wealth Distribution in Inflation, in: Papers at the Meeting of the Econometric Society, 1955.

ALCHIAN, A. A. und KESSEL, R. A.: Redistribution of Wealth Through Inflation, in: Science 1959.

ALESSI de, L.: The Redistribution of Wealth by Inflation. An Empirical Test With United Kingdom Data, in: Southern Economic Journal 30 (1963/64).

ARNDT, E.: Theoretische Grundlagen der Lohnpolitik, Tübingen 1957.

BACH, G. L.: The Impact of Moderate Inflation on Incomes and Assets of Economic Groups, in: Federal Tax Policy for Economic Growth and Stability, Papers and Hearings, Washington 1956.

BACH, G. L.: Inflation. A Study in Economics, Ethics and Politics, Providence / R.I. 1958.

BACH, G. L. und ANDO, A.: The Redistributional Effects of Inflation, in: Review of Economics and Statistics 39 (1957).

BASSELER, U.: Finanzierungsrechnung und Volkswirtschaftliche Gesamtrechnung, Tübingen 1971.

BEA, F. X.: Mehrwertsteuer unsozial? Einkommenshöhe und Belastung durch allgemeine Umsatzsteuer und spezielle Verbrauchssteuern, in: Der Bürger im Staat 21 (1971).

BOEHME, H.: Geldwertbewußtsein und Sparerverhalten, Köln und Opladen 1960.

BOHNET, A.: Zur Theorie der personellen Einkommensverteilung, Stuttgart/Berlin/Köln/Mainz 1967.

BOHNET, A.: Wie hoch ist die Steuerlast und wer trägt sie? Konzepte und Schwierigkeiten bei der Ermittlung gruppenbezogener Steuerlastquoten, in: Der Bürger im Staat 21 (1971).

BOMBACH, G.: Preisstabilität, wirtschaftliches Wachstum und Einkommensverteilung, in: Schweizerische Zeitschrift für Volkswirtschaft und Statistik 95 (1959).

BOMBACH, G.: Trend, Zyklus und Entwicklung des Preisniveaus, in: Weltwirtschaftliches Archiv 105 (1970 II).

BRESCIANI-TURRONI, C.: The Economics of Inflation. A Study of Currency Depreciation in Post-War-Germany, London 1937.

BRIMMER, A. F.: Inflation and Income Distribution in the United States, in: Review of Economics and Statistics 53 (1971).

BRONFENBRENNER, M.: Some Neglected Implications of Secular Inflation, in: KURIHARA, K. K. (Hrsg.): Post-Keynesian Economics, London 1955.

BRONFENBRENNER, M. und HOLZMAN, F.: Survey of Inflation Theory, in: American Economic Review 53 (1963).

BUDD, E. C. und SEIDERS, D. F.: The Impact of Inflation on the Distribution of Income and Wealth, in: American Economic Review, Papers and Proceedings 61 (1971).

CHEVALLERIE de la, O.: Die Verteilung des Vermögenszuwachses in der Bundesrepublik Deutschland seit 1950, Berlin 1968.

CLARK, J. M.: Criteria of Sound Wage Adjustment With Emphasis on the Question of Inflationary Effects, in: WRIGHT, D. M. (Hrsg.): The Impact of the Union, New York 1951.

COMMISSION ON MONEY AND CREDIT (Hrsg.): Inflation, Growth, and Employment, Englewood Cliffs N.J. 1964.

CONARD, J. W.: The Causes and Consequences of Inflation, in: COMMISSION ON MONEY AND CREDIT (Hrsg.): Inflation, Growth, and Employment, Englewood Cliffs N.J. 1964.

CONRAD, A. H.: Redistribution Through Government Budgets in the United States 1950, in: PEACOCK, A. T. (Hrsg.): Income Redistribution and Social Policy, London 1954.

DUESENBERRY, J. S.: The Mechanics of Inflation, in: Review of Economic Studies 32 (1950).

ECKSTEIN, O.: Staff Report on Employment, Growth and Price Levels. Prepared for Consideration by the Joint Economic Committee, Congress of the United States, Washington DC 1960.

ECKSTEIN, O.: A Theory of the Wage-Price Process in Modern Industry, in: Review of Economic Studies 31 (1964).

EXO, R.: Die Entwicklung der sozialen und ökonomischen Struktur der Ersparnisbildung in der Bundesrepublik Deutschland, Berlin 1967.

FELIX, D.: Profit Inflation and Industrial Growth: The Historic Record and Contemporary Analogies, in: Quarterly Journal of Economics (1956).

FISHER, I.: The Purchasing Power of Money, its Determination and Relation to Credit, Interest and Crisis, New York 1911.

FÖHL, C.: Kreislaufanalytische Untersuchung der Vermögensbildung in der Bundesrepublik und der Beeinflußbarkeit ihrer Verteilung, Tübingen 1964.

FRIEDMAN, M.: A Theory of the Consumption Function, Princeton 1957.

GIERSCH, H.: Art. "Inflation", in: Handwörterbuch der Sozialwissenschaften, Band 5.

GÖSEKE, G. und ZAVLARIS, D.: Die Belastung des privaten Verbrauchs durch indirekte Steuern, in: Vierteljahreshefte zur Wirtschaftsforschung, Berlin 1969.

GOLDSMITH, R. W., BRADY, D. S. und MENDERSHAUSEN, H.: A Study of Saving in the United States, Vol. III, Princeton 1956

GRUBER, U.: Vorüberlegungen zu einer Umverteilungsanalyse, in: Jahrbücher für Nationalökonomie und Statistik 185 (1971).

HAGGER, A. J.: The Theory of Inflation, London/ New York 1964.

HAGUE, D. C. (Hrsg.): Inflation. Proceedings of a Conference Held by the I.E.A., London 1962.

HAHN, H.: Unterschiede der Entwicklung von Produktivität, Lohn- und Preisniveau in den einzelnen Wirtschaftsbereichen der Bundesrepublik, in: NEUMARK, F. (Hrsg.): Strukturwandlungen einer wachsenden Wirtschaft, Berlin 1964.

HALLER, H.: Das Problem der Geldwertstabilität, Stuttgart 1966.

HAMILTON, E. J.: American Treasure and the Price Revolution in Spain 1501 - 1650, Cambridge Mass. 1934.

HAMILTON, E. J.: Money, Prices and Wages in Valencia, Aragon, and Navarre 1351 - 1500, Cambridge Mass. 1936.

HAMILTON, E. J.: Profit Inflation and the Industrial Revolution 1751 - 1800, in: Quarterly Journal of Economics 56 (1941/42).

HAMILTON, E. J.: War and Prices in Spain 1651 - 1800, Cambridge Mass. 1947.

HANSEN, A. H.: Factors Affecting the Trend of Real Wages, in: American Economic Review 15 (1925).

HANSEN, B.: A Study in the Theory of Inflation, London 1951.

HANSEN, B. und REHN, G.: On Wage-Drift. A Problem on Money-Wage Dynamics, in: 25 Economic Essays in Honour of Eric Lindahl, Stockholm 1956.

HARRIS, S. E.: The Incidence of Inflation or Who Gets Hurt? Study Paper No. 7, Materials Prepared in Connection with the Study of Employment, Growth, and Price Levels for Consideration by the Joint Economic Committee, Congress of the United States, Washington DC 1959.

HAUSER, R.: Vermögensumverteilung bei schleichender Inflation. Eine mikroökonomische Analyse der Umverteilung zwischen Wachstumstypen von Haushalten unter Berücksichtigung der Vermögensdispositionen bei schleichender Inflation, Kallmünz 1969.

HEINEMANN, K.: Grundzüge einer Soziologie des Geldes, in: NEUNDÖRFER, L., SCHELSKY, H. und TENBRUCK, F. H. (Hrsg.): Soziologische Gegenwartsfragen, N.F. Heft 30, Stuttgart 1969.

HELMSTÄDTER, E.: Die Entwicklung der Einkommensverteilung in der Bundesrepublik Deutschland unter verteilungstheoretischem Aspekt, 1950 - 65, in: Jahrbücher für Nationalökonomie und Statistik 179 (1966).

HOLZMAN, F. D.: Income Determination in Open Inflation, in: The Review of Economics and Statistics 32 (1950).

HOLZMAN, F. D.: Inflation: Cost Push and Demand Pull, in: American Economic Review 50 (1960).

HOLZMAN, F. D.: Escalation and its Use to Mitigate the Inequities of Inflation, in: COMMISSION ON MONEY AND CREDIT (Hrsg.): Inflation, Growth, and Employment, Englewood Cliffs N.J. 1964.

KESSEL, R. A.: Inflation-Caused Wealth Redistribution: A Test of a Hypothesis, in: American Economic Review 46 (1956).

KESSEL, R. A. und ALCHIAN, A. A.: The Meaning and Validity of the Inflation-Induced Lag of Wages Behind Prices, in: American Economic Review 50 (1960).

KESSEL, R. A. und ALCHIAN, A. A.: Effects of Inflation, in: Journal of Political Economy 70 (1962).

KEYNES, J. M.: Tract on Monetary Reform, London 1923.

KOBLITZ, H. G.: Einkommensverteilung und Inflation in kurzfristiger Analyse, Berlin/New York 1971.

KOOPMANS, T.: The Dynamics of Inflation, in: Review of Economic Statistics 24 (1942).

KROMPHARDT, J.: Institutionelle versus funktionelle oder personelle Einkommensverteilung, in: Jahrbücher für Nationalökonomie und Statistik 181 (1967/68).

KRUPP, H.-J.: Theorie der personellen Einkommensverteilung. Allgemeine Grundzüge und verteilungspolitische Simulationen, Berlin 1968.

KRUPP, H.-J.: Grundzüge einer verteilungspolitisch orientierten Theorie der personellen Einkommensverteilung, in: Hamburger Jahrbuch für Wirtschafts- und Sozialpolitik 13 (1968).

KRUSE, A.: Nutznießer und Opfer der schleichenden Inflation, in: Volkswirtschaftliche Korrespondenz der Adolf-Weber-Stiftung 11 (1972).

KÜLP, B.: Die "wage drift" im Lichte der modernen Lohntheorie, in: Konjunkturpolitik 9 (1963).

KÜSTER, G. H.: Untersuchungen zur Einkommensverteilung im Wirtschaftswachstums, Berlin 1969.

KULLMER, H. K.: Produktivität, Lohn und Inflation. Vorfragen und Probleme der produktivitätsorientierten Lohnpolitik, Meisenheim a. Gl. 1965.

LAURSEN, K. und PEDERSEN, J.: The German Inflation 1918 - 1923, Amsterdam 1964.

LERNER, E. M.: The Monetary and Fiscal Programs of the Confederate Government 1861 - 65, in: Journal of Political Economy 62 (1954).

LERNER, E. M.: Money, Prices and Wages in the Confederacy 1861 - 65, in: Journal of Political Economy 63 (1955).

LIBBERT, W.: Gleichgewichtswerte für Preisniveau und Einkommensverteilung in einer wachsenden Wirtschaft, Berlin 1962.

LIEFMANN-KEIL, E.: Produktivitätsorientierte Lohnpolitik, in: Weltwirtschaftliches Archiv 76 (1956).

LÜBBERT, J.: Untersuchungen zur Theorie der gesamtwirtschaftlichen Einkommensverteilung, Tübingen 1964.

LÜBBERT, J.: Lohnpolitik ohne Lohntheorie, in: Hamburger Jahrbuch für Wirtschafts- und Gesellschaftspolitik 12 (1967).

MAITAL, S.: Inflation, Taxation and Equity: How to Pay for the War Revisited, in: Economic Journal 82 (1972).

MARCHAL, J. und DUCROS, B. (Hrsg.): The Distribution of National Income, New York 1968.

MOLITOR, B.: Verteilungswirkungen der schleichenden Inflation, in: Hamburger Jahrbuch für Wirtschafts- und Gesellschaftspolitik 18 (1973).

MITCHELL, W. C.: A History of the Greenbacks. With Special Reference to the Economic Consequences of Their Issue, 1862 - 65, Chicago 1903.

MITCHELL, W. C.: Gold, Prices and Wages Under the Greenback Standard, Berkeley Cal. 1908.

MÜCKL, W. J.: Zwangsläufige Tendenz zur Einkommens- und Vermögenskonzentration? Bestimmungsgründe der Einkommens- und Vermögensverteilung in der Bundesrepublik Deutschland, in: Der Bürger im Staat 20 (1970).

MÜCKL, W. J.: Steuerpolitik und Konjunkturstabilisierung. Über welches Instrumentarium verfügt die Konjunkturpolitik? in: Der Bürger im Staat 21 (1971).

MUELLER, E.: Consumer Reactions to Inflation, in: Quarterly Journal of Economics 73 (1959).

MUNDELL, R.: Inflation and Real Interest, in: Journal of Political Economy 71 (1963).

MUSGRAVE, R. A.: The Incidence of the Tax Structure and Its Effects on Consumption, in: Federal Tax Policy for Economic Growth and Stability, Washington DC 1955.

MYERS, C. A. (Hrsg.): Wages, Prices, Profits and Productivity, o.O., o.J. (1959).

NEUMARK, F.: Schleichende Inflation und Fiskalpolitik, in: NEUMARK, F. (Hrsg.): Wirtschafts- und Finanzprobleme des Interventionsstaates, Tübingen 1961.

NIEHANS, J.: The Effects of Post-War Inflation on the Distribution of Income, in: HAGUE, D.C. (Hrsg.): Inflation, London 1962.

OTT, A. E.: Bemerkungen zu Bombachs Aufsatz über Preisstabilität, wirtschaftliches Wachstum und Einkommensverteilung, in: Schweizerische Zeitschrift für Volkswirtschaft und Statistik 97 (1961).

PASINETTI, L. L.: Rate of Profit and Income Distribution in Relation to the Rate of Economic Growth, in: Review of Economic Studies 29 (1962).

PEACOCK, A. T. (Hrsg.): Income Redistribution and Social Policy, London 1954.

PEACOCK, A. T. und RYAN, W. J. L.: Wage Claims and the Pace of Inflation, in: Economic Journal 63 (1953).

PEDERSEN, J.: The Theory of Inflation, in: Weltwirtschaftliches Archiv 73 (1954/II).

PESEK, B. P.: A Comparison of the Distributional Effects of Inflation and Taxation, in: American Economic Review 50 (1960).

PHELPS, E. S.: A Test for the Presence of Cost Inflation in the United States 1955 - 57, in: Yale Economic Essays 1 (1961).

PHELPS, E. S.: Anticipated Inflation and Economic Welfare, in: Journal of Political Economy 73 (1965).

REYNOLDS, L. G.: Wage Behavior and Inflation, in: MYERS, C.A. (Hrsg.): Wages, Prices, Profits and Productivity, a.a.O.

RÖPKE, W.: Offene und zurückgestaute Inflation, in: Kyklos 1 (1947).

ROTHSCHILD, K. W.: Zur Arithmetik und Interpretation von Lohnquoten, in: Hamburger Jahrbuch für Wirtschafts- und Gesellschaftspolitik 13 (1968).

SCHERF, H.: Untersuchungen zur Theorie der Inflation, Tübingen 1967.

SCHERF, H.: Inflation und Einkommensverteilung, in: Weltwirtschaftliches Archiv 100 (1968 I).

SCHLEMMER, J. (Hrsg.): Enteignung durch Inflation? München 1972.

SCITOVSKY, T. und SCITOVSKY, A. A.: Inflation versus Unemployment: An Examination of their Effects, in: COMMISSION ON MONEY AND CREDIT (Hrsg.): Inflation, Growth, and Employment, Englewood Cliffs N.J. 1964.

SIEBER, H.: Lösung des Inflationsproblems durch Indexierung? in: Wirtschaft und Recht 18 (1966).

SLICHTER, S. H.: Do the Wage-Fixing Arrangements in the American Labor Market Have an Inflationary Bias? in: American Economic Review 44 (1954).

SMITHIES, A.: The Behavior of Money National Income Under Inflationary Conditions, in: The Quarterly Journal of Economics 57 (1942/43).

SPILKER, H.: Zur Theorie der expansiven Lohnpolitik, in: Zeitschrift für die gesamte Staatswissenschaft 111 (1955).

STOBBE, A.: Untersuchungen zur makroökonomischen Theorie der Einkommensverteilung, Tübingen 1962.

STOBBE, A.: Volkswirtschaftliches Rechnungswesen, 3. Auflage, Berlin/Heidelberg/New York 1972.

TIMM, H.: Bemerkungen zum inflationären Wachstum, in: Jahrbuch für Sozialwissenschaft 14 (1963).

TIMM, H.: Der Einfluß von Geldwertsicherungsklauseln auf Geldkapitalangebot und -nachfrage und auf die schleichende Inflation, in: Jahrbücher für Nationalökonomie und Statistik 180 (1967).

TOMANN, H.: Zur Bewertung des Kapitalstocks in Verteilungsmodellen, in: Jahrbücher für Nationalökonomie und Statistik 186 (1971/72).

TURVEY, R.: Some Aspects of the Theory of Inflation in a Closed Economy, in: Economic Journal 61 (1951).

TURVEY, R.: The Effect of Price-Level Changes on Real Private Wealth in the U.K., 1954-60, in: Economica N.S. 29 (1962).

UHLER, R. S. und CRAGG, J. G.: The Structure of the Asset Portfolios of Households, in: Review of Economic Studies 38 (1971).

ZEITEL, G.: Die Steuerlastverteilung in der Bundesrepublik Deutschland, Tübingen 1959.

ZIERCKE, M.: Die redistributiven Wirkungen von Inflationen, Göttingen 1970.

ZIERCKE, M.: Wem schadet die schleichende Inflation? in: Wirtschaftsdienst 50 (1970).

ZIERCKE, M.: Inflation und Einkommensverteilung in der Bundesrepublik von 1950 bis 1969, in: Jahrbuch für Sozialwissenschaften 20 (1971).

Teil B

Die Wirkungen mäßiger Inflationen auf die personelle Einkommens- und Vermögensverteilung

Literaturstudie
von
Prof. Dr. Richard Hauser,
Universität München
mit einem Anhang I
von
Dipl.-Volksw. Michael Diefenbach, Universität Frankfurt
(Seite 387 - 422)
und einem Anhang II
Kurzcharakteristiken ausgewählter
empirischer Studien
(Seite 423 - 484)

Vorwort

Bei der Anfertigung dieses Gutachtens haben mich Herr Diplomvolkswirt Theo Bodewig durch die Zusammenstellung von Literatur und Herr Diplomvolkswirt Michael Diefenbach durch eine in Anhang I auszugsweise wiedergegebene Spezialstudie unterstützt. Bei beiden Herren möchte ich mich für ihre hilfreiche Mitarbeit bedanken.

München, September 1974

Richard Hauser

Inhaltsverzeichnis

1.	Fragestellung, Abgrenzung und Vorgehensweise	S. 185
2.	Einführende Problemanalyse und Erarbeitung von Kriterien zur Beurteilung der Literatur	S. 190
2.1.	Einige Grundbegriffe und methodische Grundlagen der Verteilungsanalyse	S. 190
2.1.1.	Die Einkommens- und Vermögensbegriffe und das Bewertungsproblem	S. 190
2.1.2.	Die personelle Einkommens- und Vermögensverteilung	S. 198
2.1.3.	Inflationsbegriffe	S. 203
2.1.4.	Die Messung von Verteilungswirkungen einer Inflation	S. 207
2.2.	Ansatzpunkte für Verteilungswirkungen einer Inflation	S. 215
2.2.1.	Überblick über denkbare Verteilungswirkungen einer Inflation zwischen einzelnen Wirtschaftssektoren	S. 215
2.2.2.	Ansatzpunkte für Verteilungswirkungen einer Inflation innerhalb des Haushaltssektors in einem einfachen Fall	S. 224
2.2.3.	Zusätzliche Ansatzpunkte für Verteilungswirkungen einer Inflation in komplizierteren Fällen	S. 245

2.3.	Übersicht über wichtige Kriterien zur Beurteilung der vorliegenden Literatur	S. 252
3.	Darstellung und Würdigung der wichtigsten Studien über die Auswirkungen einer Inflation auf die personelle Einkommens- und Vermögensverteilung	S. 255
3.1.	Die Auswirkungen einer Inflation auf die personelle Vermögensverteilung	S. 258
3.1.1.	Einfache Ansätze	S. 258
3.1.2.	Würdigung der einfachen Ansätze	S. 286
3.1.3.	Verfeinerte Ansätze	S. 289
3.1.4.	Würdigung der verfeinerten Ansätze	S. 298
3.2.	Die Auswirkungen einer Inflation auf die personelle Einkommensverteilung	S. 300
3.2.1.	Ansätze zur Erfassung eines isolierten Inflationseffekts auf die personelle Einkommensverteilung	S. 301
3.2.2.	Würdigung der Ansätze zur Erfassung eines isolierten Inflationseffekts auf die personelle Einkommensverteilung	S. 313
3.2.3.	Ansätze zur Erfassung kombinierter Inflations- und Beschäftigungseffekte auf die personelle Einkommensverteilung	S. 315
3.2.4.	Würdigung der Ansätze zur Erfassung kombinierter Inflations- und Beschäftigungseffekte auf die personelle Einkommensverteilung	S. 321

3.3.	Die Auswirkungen einer Inflation auf die Verteilung der Wohlfahrt	S. 324
3.3.1.	Der integrierte Ansatz von Nordhaus	S. 325
3.3.2.	Ein Versuch zur Umrechnung von inflationsbedingten Umverteilungswirkungen zugunsten des Staatssektors auf Einkommensklassen	S. 331
3.3.3.	Einige Versuche zur Berücksichtigung inflationsbedingter Auswirkungen auf Transferzahlungen, Steuerzahlungen, Sozialversicherungsabgaben und staatliche Leistungen	S. 332
4.	Zur Frage der Auswirkungen einer aktiven Nominallohnpolitik der Gewerkschaften auf die personelle Einkommensverteilung	S. 342
5.	Versuch einer abwägenden Zusammenfassung der als plausibel anzusehenden Hypothesen über die Verteilungswirkungen einer Inflation unter besonderer Berücksichtigung der institutionellen Gegebenheiten in der BRD	S. 353
6.	Skizze der offenen Fragen	S. 368
7.	Bibliographie	S. 373

1. Fragestellung, Abgrenzung und Vorgehensweise

Das zentrale Thema dieser Literaturexpertise ist die Frage nach den Auswirkungen einer Inflation auf die personelle Einkommens- und Vermögensverteilung. Unter personeller Einkommens- bzw. Vermögensverteilung verstehen wir hierbei - vereinfacht ausgedrückt - die Aufteilung des Volkseinkommens bzw. privaten Volksvermögens auf einzelne Personen bzw. Haushalte oder auf Personen- bzw. Haushaltsgruppen; dabei sind die Gruppen entweder nach Einkommens- und Vermögenshöhe (Größenklassen) oder nach soziologischen Merkmalen abgegrenzt. Die funktionelle Einkommensverteilung (Aufteilung des Volkseinkommens auf Arbeitseinkommen und Kapitaleinkommen) sowie die sektorale Einkommens- und Vermögensverteilung (Aufteilung von Volkseinkommen und Volksvermögen auf einzelne Sektoren, z.B. Landwirtschaft, Industrie, Dienstleistungssektor, Staatssektor) werden nicht umfassend behandelt; nur insoweit als sich über inflationsbedingte Änderungen der funktionellen Einkommensverteilung Auswirkungen auf die personelle Einkommens- und Vermögensverteilung zeigen, spielen diese Theorien in unserer Übersicht eine Rolle.

Auch eine umfassende Betrachtung der Bestimmungsgründe der personellen Einkommensverteilung würde den Rahmen sprengen. Wenn man die Bestimmungsgründe einmal ganz grob unterteilt in:

a) die historisch überkommene Vermögensverteilung

b) die Verteilung der Fähigkeiten und der Leistungsbereitschaft

c) die Verteilung der durch Ausbildung angeeigneten Fertigkeiten

d) die durch Unterschiede in Lebensalter, Familienstand und andere persönliche Merkmale bedingten Einkommensdifferenzierungen

e) die durch Regelungen der Wirtschaftsordnung bedingten Möglichkeiten zum Einkommens- und Vermögenserwerb sowie die vom Staat verlangten Steuerzahlungen und Abgaben und die andererseits vom Staat gewährten Transferzahlungen

f) die durch gesamtwirtschaftliche Entwicklungen und Vorkommnisse bedingten Einkommens- und Vermögensverschiebungen

so wird man die Einflußfaktoren a) bis d) in einem bestimmten Zeitpunkt oder für eine kurze Zeitspanne als prädeterminiert und konstant ansehen können.

Die Inflation stellt ein Element der Kategorie f) dar, in die beispielsweise auch Arbeitslosigkeit, ungleichgewichtige Strukturwandlungen oder weltwirtschaftliche Krisen einzureihen wären. Allein auf den speziellen Einflußfaktor "Inflation" kommt es bei unserer Übersicht an; allerdings darf man dabei nicht übersehen, daß inflationäre Erscheinungen nicht völlig von anderen Erscheinungen des Wirtschaftsprozesses getrennt werden können, so daß auch andere Elemente der Kategorie f) nebenbei berücksichtigt werden müssen. Wirtschaftspolitisch besonders interessant ist die Frage, welche gemeinsamen Verteilungswirkungen alternative Kombinationen von Inflationsraten und Arbeitslosigkeitsquoten aufweisen, da entsprechend der Phillipskurvenanalyse nur bestimmte Kombinationen als erreichbar gelten.

Zum Teil ergeben sich Verteilungswirkungen einer Inflation gerade durch die in einem Land vorhandene, historisch bestimmte, institutionelle Struktur (Determinante e)), die daher ebenfalls als gegeben in die Betrachtung einzubeziehen ist, freilich nicht in ihrer gesamten Bedeutung für die personelle Einkommens- und Vermögensverteilung, sondern nur mit ihren Folgen für differenzierende Auswirkungen einer Inflation.

Die Faktoren a) bis d) können nur auf kurze Sicht ohne Einschränkung als prädeterminiert und konstant betrachtet werden. Ohne weitere Analyse läßt sich sagen, daß die Vermögensverteilung durch eine inflationäre Entwicklung tangiert werden dürfte, so daß zwischen personeller Einkommens- und Vermögensverteilung auf längere Sicht eine Wechselwirkung besteht. Demgegenüber scheinen Auswirkungen einer Inflation auf die Faktoren b) bis d) und von dort auf die personelle Verteilung zwar nicht undenkbar, aber so diffus und fernliegend, daß diese Problematik außerhalb der Betrachtung bleiben kann.

In ähnlicher Weise können die Bestimmungsgründe der personellen Vermögensverteilung nicht in voller Breite erörtert werden. Auch hier werden wir von einem historisch bedingten Anfangszustand ausgehen müssen und nur die inflationsbedingten Verschiebungen in einer begrenzten Zeitspanne untersuchen können.

Das bei unserer Themenstellung als Ursache von Verteilungswirkungen angesehene Inflationsphänomen hat in der Literatur sehr vielfältige Interpretationen erfahren. Wie im nächsten Abschnitt gezeigt wird, ist es von einem bestimmten wirtschaftspolitischen Standpunkt aus zweckmäßig, Inflation mit Steigerungen eines Konsumgüterpreisindex gleichzusetzen. Durch diese Quantifizierung könnte leicht der Eindruck entstehen, als ob ein kontinuierlicher Übergang zwischen schleichender, trabender und galoppierender Inflation bestünde und insbesondere die Auswirkungen proportional zur Inflationsrate wären. In diesem Fall böte sich die Möglichkeit, von den Auswirkungen sogenannter Hyperinflationen mit mehreren 100 % oder 1000 % Preissteigerung pro Jahr, die im Gefolge von Kriegen in manchen Ländern vorkamen, auf die Folgen "kleiner" Inflationen zu schließen. Da sich bei derart extremen Preissteigerungen jedoch viele Verhaltensweisen der privaten Wirtschaftssubjekte und der staatlichen Instanzen grundlegend ändern dürften, halten wir diese Hypothese a priori für sehr unwahrscheinlich. Argumente über die Auswirkungen von Hyperinflationen werden daher im folgenden allenfalls als Suchhypothesen benützt. Die einbezogenen Arbeiten sowie die zusammenfassenden Aussagen bleiben jedoch grundsätzlich auf die Auswirkungen mäßiger Inflationen beschränkt - um eine Bandbreite zu nennen: Preissteigerungen von nicht mehr als 5 % bis 10 % pro Jahr.

Eine weitere Einschränkung dieser Literaturübersicht ergibt sich daraus, daß nur Arbeiten berücksichtigt werden, die sich auf moderne Industriewirtschaften westlicher Prägung mit der dort vorherrschenden institutionellen Struktur beziehen. Die Verteilungswirkungen einer Inflation in weniger entwickelten Ländern und in sozialistischen Ländern dürften so stark von den Effekten in entwickelten westlichen Industriewirtschaften abweichen, daß sich Analogieschlüsse oder eine zusammenfassende Behandlung verbieten. Außerdem umfaßt die Übersicht lediglich Literatur aus dem deutschen und englischen Sprachbereich.

Bei dieser Literaturübersicht gehen wir folgendermaßen vor: Zunächst werden in einer Problemanalyse einige Grundbegriffe und methodische Fragen der Ermittlung von Verteilungswirkungen einer Inflation diskutiert (Abschnitt 2.1.); daran schließt sich eine Übersicht über die denkbaren Möglichkeiten, wie eine Inflation überhaupt auf die personelle Verteilung der Brutto- und Nettoeinkommen und der Nettovermögen durchschlagen kann (Abschnitt 2.2.). Auf dieser Basis lassen sich dann einige grobe Kriterien zur Beurteilung der vorliegenden empirischen Studien und zur Charakterisierung der offenen Fragen einer Umverteilungsanalyse formulieren (Abschnitt 2.3.). Im Abschnitt 3 werden nacheinander behandelt:

- Ansätze zur Erfassung inflationsbedingter Vermögensumverteilungswirkungen

- Ansätze zur Erfassung eines isolierten Inflationseffekts auf die personelle Einkommensverteilung

- Ansätze zur Erfassung eines kombinierten Inflations-Beschäftigungs-Effekts auf die personelle Einkommensverteilung

- Ansätze zur Erfassung von Inflationswirkungen auf eine umfassender definierte Wohlfahrtsverteilung

Der Abschnitt 4 bringt einige Ausführungen über die Auswirkungen einer aktiven Nominallohnpolitik der Gewerkschaften auf die personelle Einkommensverteilung und in Abschnitt 5 wird ein Versuch unternommen, die plausibel erscheinenden Hypothesen über die Verteilungswirkungen einer Inflation unter besonderer Berücksichtigung der institutionellen Gegebenheiten der BRD zusammenzufassen. Schließlich werden in Abschnitt 6 die noch offenen Fragen aufgeführt. In Anhang I wird eine Analyse einiger wichtiger empirischer Studien über inflationsbedingtes Zurückbleiben von Lohnsätzen, Zinssätzen und Gewinnen (wage-lag, interest-lag, profit-lag) präsentiert, während Anhang II Kurzcharakteristiken wichtiger Studien enthält. Eine Bibliographie beschließt diese Literaturexpertise.

2. Einführende Problemanalyse und Erarbeitung von Kriterien zur Beurteilung der Literatur

2.1. Einige Grundbegriffe und methodische Grundlagen der Verteilungsanalyse

Die Analyse der Verteilungswirkungen einer Inflation muß unscharf bleiben, solange die maßgeblichen Grundbegriffe nicht präzise und zweckentsprechend festgelegt sind. Als erstes sind daher folgende Vorfragen zu klären:

1. Welcher Einkommens- und Vermögensbegriff und welche Bewertungsprinzipien sind bei einer betont wirtschaftspolitischen Fragestellung geeignet ?

2. Was ist unter personeller Einkommens- und Vermögensverteilung zu verstehen ?

3. Welche Inflationsdefinition ist der Fragestellung angemessen ?

4. Wie lassen sich Verteilungswirkungen einer Inflation von anderen Verteilungsänderungen abgrenzen und wie können sie gemessen werden ?

2.1.1 Die Einkommens- und Vermögensbegriffe und das Bewertungsproblem

Die Abgrenzung eines Einkommens- und Vermögensbegriffes, der als Indikator zur Beurteilung der personellen Verteilung und als Maßgröße zur Kennzeichnung von Umverteilungswirkungen einer Inflation dienen soll, stellt ein wirtschaftspolitisches Problem dar, das wissenschaftlich nicht eindeutig entschieden werden kann; denn mit den entsprechend ermittelten statistischen Zahlen will man interpersonelle Wohlfahrtsvergleiche anstellen (z.B. welche Personengruppen unter oder über dem Durchschnitt liegen, oder welche Schichten von einer Inflation bevorzugt oder benachteiligt werden), die nach herrschender Meinung unbeweisbare Werturteile erfordern.

Es muß letztlich dem wirtschaftspolitisch Verantwortlichen überlassen bleiben, ob er die mit Hilfe eines bestimmten Einkommens- oder Vermögensbegriffs abgeleiteten Aussagen über die Verteilung als hinreichenden Indikator für die "wahre" Verteilung der Wohlfahrt ansieht oder ob es sich lediglich um eine mehr oder minder interessante Teilinformation handelt.

In der Regel wird das statistische Bild der personellen Einkommensverteilung in einem Land unterschiedlich ausfallen, je nachdem, ob man nur das Arbeitseinkommen der Personen zugrunde legt, ob man auch ihr Kapitaleinkommen hinzurechnet, ob man Eigennutzungen von Sachvermögen berücksichtigt oder ob man gar Wertsteigerungen ihres Vermögens einbezieht; ähnlich ist die Lage bei der Vermögensverteilung. Wenn man nicht den Ausweg wählen kann, die personelle Verteilung parallel für alle gängigen Einkommens- und Vermögensbegriffe zu ermitteln - und in unserem Fall zusätzlich die Inflationswirkungen - so dürften unseres Erachtens möglichst umfassende Einkommens- und Vermögensbegriffe den höchsten Informationswert für den Wirtschaftspolitiker besitzen. Für die Verwendung solcher umfassender Einkommens- und Vermögensbegriffe sprechen auch methodische Gründe: Bei einer Literaturübersicht läßt sich vor einem solchen Hintergrund leichter verdeutlichen, ob einzelne Studien auf engeren Begriffen aufbauen und welche Einschränkungen sich daraus ergeben.

2.1.1.1 Das Nettovermögen

Zur Analyse der personellen Vermögensverteilung dürfte sich das Nettovermögen der Personen am besten eignen. Hierunter versteht man die Differenz zwischen dem Bruttovermögen (= Summe aller Aktiva) und der Summe aller Verbindlichkeiten (Passiva) zu einem bestimmten Zeitpunkt; das ist - vereinfacht ausgedrückt - der Geldbetrag, der übrig bleiben würde, wenn alle Vermögenswerte veräußert und alle Schulden beglichen würden.[1)]

---

1) Diese vereinfachte Ausdrucksweise berücksichtigt nicht, daß viele Aktiva nicht sofort veräußert werden können und für manche überhaupt kein Markt besteht. Man muß sich in diesen Fällen mit Fiktionen über den wahrscheinlichsten Tagespreis u.ä. behelfen.

Die zahlenmäßigen Ergebnisse für diese Größe hängen entscheidend davon ab, welche Vermögensgegenstände, Ansprüche und Verpflichtungen man einbezieht und wie man sie bewertet. Die umfassendsten Ergebnisse würde man bei Einbeziehung folgender Kategorien als Aktiva erhalten. Bei dieser Zusammenstellung sind wir von der Vorstellung ausgegangen, daß außer dem human capital möglichst alle vorteilhaften Rechte und Ansprüche, bei denen Unterschiede von Person zu Person bestehen können, erfaßt werden sollten:

a) Inländ. Bargeld und Bankguthaben

b) " börsenfähige Schuldverschreibungen

c) " börsenfähige Aktien, Investmentanteile, Immobilienzertifikate etc.

d) " Haus- und Grundbesitz

e) " Schmuck, Sammlungen etc.

f) " Beteiligungen an Unternehmen ohne eigene Rechtspersönlichkeit und an Unternehmen mit eigener Rechtspersönlichkeit, die nicht an der Börse bewertet werden

g) " sonstige Darlehensforderungen

h) " Forderungen aus privaten Lebensversicherungen, Sterbegeldversicherungen u.ä.

i) " Forderungen gegen die Soziale Rentenversicherung

j) " Forderungen auf Betriebsrenten, staatliche Pensionen u.ä.

k) " Gebrauchsvermögen

l) Ausländische Vermögenswerte aller Art (Forderungen gegen Ausländer, Beteiligungen an ausländischen Firmen, Besitz im Ausland)

m) immaterielle Vermögenswerte wie Patente etc.

Besonders ungewöhnlich wäre dabei die Einbeziehung der Sozialversicherungsforderungen und der erworbenen Anrechte auf Betriebsrenten und staatliche Pensionen. Will man diese Ansprüche nicht zum persönlichen Vermögen rechnen, so muß man auf andere Weise

den in dieser Hinsicht bestehenden Unterschied zwischen den Berechtigten und den Nichtberechtigten berücksichtigen.
Bei den Verbindlichkeiten von Privatpersonen treten keine ernsten Abgrenzungsprobleme auf. Allenfalls ist erwähnenswert, daß sich die gelegentlich geforderte Passivierung künftiger Zwangsbeiträge zur Sozialversicherung - als Gegenstück zu den aktivierten Rentenforderungen - nicht vertreten läßt; denn die in einem Zeitpunkt bestehenden Ansprüche sind aufgrund von Beitragszahlungen der Vergangenheit entstanden; künftige Beiträge bleiben ebenso unberücksichtigt, wie künftig entstehende Ansprüche.

Für die Bewertung der einzelnen Vermögensbestandteile gibt es ebenfalls keine völlig objektive Basis. Je nach dem Zweck, der mit einer Bewertung verfolgt wird (z.B. Gewinnermittlung, Ermittlung einer steuerlichen Bemessungsgrundlage, Unternehmensplanung, Unternehmensverkauf etc.), unterscheiden sich die Bewertungsregeln. Da es bei der Analyse der Vermögensverteilung darauf ankommt, eine Meßzahl zu ermitteln, die die in einem Zeitpunkt gegebene potentielle Verfügungsmacht (Kaufkraft) des Vermögensbesitzers über Güter und Leistungen möglichst treffend und umfassend charakterisiert, dürfte die Bewertung jedes Aktivums und Passivums zum wahrscheinlichsten Tagespreis am besten geeignet sein. Da diese Preise auf denselben Zeitpunkt bezogen sind, lassen sich dann die Werte der einzelnen Vermögensbestandteile ohne Bedenken addieren und zum "Nettovermögen zu wahrscheinlichsten Tagespreisen" zusammenfassen. Ebenso ist eine Vergleichbarkeit zwischen einzelnen Personen gegeben. Die Verwendung dieses sogenannten Tageswertprinzips ist gerade für Analysen im Zusammenhang mit einer Inflation von besonderer Bedeutung, weil andere Bewertungsprinzipien, insbesondere die Bewertung zu Anschaffungskosten, zu inflationsratenabhängigen Verzerrungen führen würden. Dies ist leicht einzusehen, wenn man bedenkt, daß zwei völlig gleichartige Vermögensgegenstände, die bei allgemein steigenden Preisen zu verschiedenen Zeitpunkten angeschafft wurden, mit unterschiedlichen Werten in das Nettovermögen eingehen würden; und zwar würde der früher gekaufte Gegenstand umso stärker unterbewertet, je höher die Preissteigerungsrate läge. Da nur das Tageswertprinzip die Vergleichbarkeit der Ergebnisse garantiert, hat es sich auch bei den besonders weit fortgeschrittenen amerikanischen Versuchen einer Volksvermögensrechnung durchgesetzt. Auf eine intensivere Diskussion der Anwendungsprobleme müssen wir im Rahmen dieser Problemskizze allerdings verzichten.[1)]

Auf die beschriebene Weise wird lediglich ein Geldausdruck für das Nettovermögen einer Person ermittelt, das deshalb auch als "nominelles Nettovermögen" bezeichnet werden kann; inwieweit es für unseren Zweck erforderlich ist, diesen Ausdruck durch Berücksichtigung der Inflationsrate in ein "reales Nettovermögen" umzurechnen, wird weiter unten geprüft.

2.1.1.2 Brutto- und Nettoeinkommen

In der ökonomischen Theorie, im Steuerrecht und in der volkswirtschaftlichen Gesamtrechnung tauchen sehr verschiedenartige Einkommensbegriffe auf. Wenn man die gegenwärtig bestehende Einkommensverteilung entsprechend den einzelnen Begriffsabgrenzungen ermitteln und nebeneinander stellen würde, ergäben sich mit Sicherheit größere Unterschiede in bezug auf Durchschnittseinkommen, Streuung um den Durchschnitt u.a.m. Von besonderer Bedeutung ist dabei die Frage, ob Wertsteigerungen des Vermögens zum Einkommen gerechnet werden sollen. Als ein Indiz für diese Behauptung möge folgende Feststellung aus einer bekannten amerikanischen Studie dienen:

---

1) Vgl. die ausführliche Auseinandersetzung bei R. Hauser (1969), Vermögensumverteilung bei schleichender Inflation, Kallmünz, S.51 ff, sowie Anhang I mit ausführlichen Literaturangaben. Auch in einem Gutachten des wissenschaftlichen Beirats beim Bundesfinanzministerium über "Zur Reform der direkten Steuern" vom 11.2.67 wird für einen vergleichbaren Verwendungszweck die Ermittlung eines zeitnahen wahrscheinlichsten Vermögenswertes gefordert, und es werden wichtige Anwendungsprobleme diskutiert.

Als Beispiele für amerikanische Studien seien genannt:
R.W. Goldsmith und R. Lipsey (1963), Studies in the National Balance Sheet of the United States, vol.I, Princeton.
J. Kendrick (ed.) (1964), Measuring the Nations Wealth, NBER, Studies in Income and Wealth, vol.29, Washington.

Im Zeitraum von 1900 bis 1958 haben in den USA Wertsteigerungen der vorhandenen Vermögensgegenstände doppelt so viel zur Zunahme des Volksvermögens beigetragen wie die laufende Ersparnis; dabei sind inflationäre Preissteigerungen bereits abgezogen;[1] diese Wertsteigerungen betrugen damit im langfristigen Durchschnitt jährlich da. 1/3 des Volkseinkommens. Auf die beträchtliche Größenordnung der Wertsteigerungen weisen auch Engels, Sablotny, Zickler in einer Untersuchung über die BRD hin.[2] Wenn man also einen Einkommensbegriff wählen würde, der Wertsteigerungen nicht umfaßt, so wären beträchtliche Abweichungen zwischen der so ermittelten personellen Einkommensverteilung und einer Verteilung, die auch Wertsteigerungen einbezieht, zu erwarten.

Da die Chance, in den Genuß von Wertsteigerungen zu kommen, mit zunehmendem Vermögen wächst, dürften bei ihrer Einbeziehung die Einkommen stärker ungleich verteilt erscheinen als bei einer Vernachlässigung.[3] Ebenso können die Verteilungswirkungen einer Inflation unterschiedlich erscheinen, weil sich Inflationseffekte teilweise in Wertsteigerungen des Vermögens niederschlagen. Diese Überlegungen bilden einen weiteren Grund, einen möglichst umfassenden Einkommensbegriff, der auch Wertänderungen des Vermögens einschließt, für die Analyse zu wählen. Dementsprechend dürfte das Einkommen einer Person oder eines Haushalts am besten durch einen Nettovermögenszuwachsbegriff des Einkommens erfaßt werden, der seit Schanz in der Finanzwissenschaft als Maßstab für die steuerliche Leistungsfähigkeit weite Anerkennung gefunden hat.[4]

---

1) Vgl. R.Goldsmith, R.Lipsey, Studies in the National Balance Sheet of the US, National Bureau of Economic Research, vol.I, Princeton 1963, S. 151 ff.

2) W.Engels, H.Sablotny, D.Zickler, Bildung und Verteilung des Volksvermögens in der BRD 1950 -1970, Vorbericht über die Ergebnisse eines laufenden Forschungsvorhabens, Frankfurt/M. 1972, vervielf.

3) Auch eine neue englische Studie weist eindeutig in diese Richtung: Vgl. Th.Stark, The Distribution of Personal Income in the United Kingdom, 1949 - 1963, Cambridge 1972

4) G. Schanz, Der Einkommensbegriff und die Einkommensteuergesetze, Finanzarchiv 13 (1896), S. 1 ff.

Im englischen Sprachbereich geht die Verwendung dieses Begriffs auf H.C. Simons zurück.[1] [2] Das Einkommen einer Periode ergibt sich dabei aus dem Konsum während der Periode zuzüglich dem Zuwachs an Nettovermögen zwischen Periodenanfang und Periodenende. Da Steuerzahlungen während der Periode das Endnettovermögen vermindern, erhalten wir auf diese Weise ein Nettoeinkommen nach Steuerabzug. Da wir uns bei der Festlegung des Nettovermögensbegriffs dazu entschlossen haben, jenen Teil der Sozialversicherungsbeiträge von Arbeitnehmern und Arbeitgebern, die der Schaffung von Rentenansprüchen dienen, als vermögenserhöhend anzusehen, umfaßt auch das so ermittelte Nettoeinkommen diese Elemente.

Ein besonderes Problem bilden Erbschaften, einmalige Schenkungen, Lotteriegewinne, einmalige Staatszuschüsse etc. Ohne Zweifel erhöhen sie das Nettovermögen, so daß sie bei strenger Anwendung unserer Definition im Jahr des Anfalls auch als Einkommen angesehen werden müßten. Dies würde zur Folge haben, daß der Begünstigte in einem Jahr sprunghaft seine Position in der Einkommensverteilung verbessert und im nächsten Jahr wieder zurückfällt. Da es hier mehr auf dauerhafte Verschiebungen in der Einkommensverteilung ankommt, rechnen wir die genannten Vermögenserhöhungen nicht zum Einkommen. Jedoch sollen im übrigen alle länger anhaltenden Vermögensübertragungen zum Einkommen zählen.

---

1) H.C. Simons, Personal Income Taxation, Chicago 1938

2) Mit der Frage eines bestmöglichen Maßstabes für die steuerliche Leistungsfähigkeit haben sich finanzwissenschaftliche Autoren besonders intensiv beschäftigt. Der von ihnen herausgearbeitete Begriff dürfte sich auch für die wirtschaftspolitische Frage nach der personellen Einkommensverteilung am besten eignen, so daß auf diese Überlegungen zurückgegriffen werden kann.

Vgl. F. Neumark, Grundsätze gerechter und ökonomisch rationaler Steuerpolitik, Tübingen 1970, S. 135 - 138

L.H. Seltzer, The Nature and Tax Treatment of Capital Gains and Losses, National Bureau of Economic Research, New York 1951

M. David, Alternative Approaches to Capital Gains Taxation, Brookings Institution, Washington 1968

B.A. Weisbrod and W.Lee Hansen, An Income-Net Worth Approach to Measuring Economic Welfare in: AER, vol.58 (1968), 1315 ff.

Auch alle staatlichen Transferzahlungen einschließlich der Rentenzahlungen sind in dem so abgegrenzten Nettoeinkommen enthalten;[1] das gleiche gilt für Betriebsrenten und Pensionen.

Einige Probleme tauchen auch bei der Abgrenzung des Konsums auf. Wenn man Gebrauchsvermögen und eigengenutzte Häuser und Grundstücke dem Vermögen zurechnet, darf nur die jährliche Nutzung (am besten bewertet zum anteiligen Wiederbeschaffungswert) als Konsum betrachtet werden; Ausgaben, die lediglich der Bestandserhaltung, dem Einkommenserwerb oder für nicht-konsumtive Übertragungen dienen, zählen nicht als Konsum.[2] Ebenso sollte man die übrigen Sozialversicherungsabgaben, die nicht zum Aufbau von Rentenansprüchen führen, nicht zum Konsum rechnen, weil sie nur dazu dienen, verschiedene Risiken abzudecken; allerdings erfordert dieses Vorgehen dann bei den Nicht-Zwangsversicherten die Berücksichtigung eines entsprechenden Abzugspostens für private Versicherung.

Die wichtigsten Merkmale des auf diese Weise abgegrenzten nominellen Nettoeinkommen sind also:

---

1) Man könnte einwenden, daß Sozialrenten, Betriebsrenten etc. dann nicht als Einkommen betrachtet werden dürfen, wenn man die Rentenansprüche vorher aktiviert hat; obwohl dieses Argument Gewicht besitzt, folgen wir ihm nicht, weil sonst in einer Gesamtübersicht über die personelle Einkommensverteilung alle Sozialrentner mit Null-Einkommen ausgewiesen würden. Diese Verzerrung erscheint uns unerträglich, so daß wir lieber die andere Ungenauigkeit in Kauf nehmen.

2) Mit dieser knappen Feststellung wird das folgende in Zeiten einer Inflation sehr wichtige Problem lediglich angedeutet: Bei ständig steigenden Preisen reichen die auf der Basis der historischen Anschaffungswerte ermittelten Abschreibungen zum Zeitpunkt der Ersatzbeschaffung nicht aus, um ein gleichartiges Anlagegut wieder zu beschaffen; d.h. es ist keine Substanzerhaltung möglich. Wenn man - wie wir es tun - alle Vermögensgüter zu Tagespreisen bewertet, muß man auch bei Abschreibungen einen Korrekturfaktor berücksichtigen; dies wäre die seit Anschaffung eingetretene Erhöhung des allgemeinen Preisniveaus. Die derart berechneten Abschreibungen können höher oder niedriger liegen als Abschreibungen auf den Wiederbeschaffungswert, weil bei letzteren auch noch Preisrelationenänderungen berücksichtigt werden.
Obwohl dieses Problem vor allem für die Ermittlung der Unternehmensgewinne und des Wertes der Unternehmensanteile Bedeutung hat, tritt es in schwächerem Umfang auch bei der Behandlung des Gebrauchsvermögens sowie des Hausbesitzes der privaten Haushalte auf.

- die Berücksichtigung der laufenden Arbeits- und Vermögenseinkommen
- die Berücksichtigung der Eigennutzung von Sachvermögen
- die Berücksichtigung von Wertänderungen beim Vermögen (realisierte und nicht realisierte Gewinne und Verluste)
- die Berücksichtigung ständiger staatlicher Transferzahlungen und Vermögensübertragungen (Renten, Sozialhilfe, Sparprämien, Ausbildungsförderung, Wohngeld, Zinsverbilligung etc.)
- die Einbeziehung der Arbeitgeber- und Arbeitnehmerbeiträge zur Rentenversicherung, sowie der Akkumulation von betrieblichen und staatlichen Pensionsansprüchen
- die Auslassung der übrigen Sozialversicherungsabgaben, sowie der gezahlten Steuern und die Absetzung eines entsprechenden Korrekturpostens für privat Versicherte.

Das nominelle Bruttoeinkommen umfaßt auch noch Steuerzahlungen sowie nicht rentenwirksame Sozialversicherungsabgaben von Arbeitgebern und Arbeitnehmern. Inwieweit es für die Behandlung von Verteilungsfragen zweckmäßig ist, das nominelle Einkommen durch Berücksichtigung der inflationären Preissteigerungen in reales Einkommen umzurechnen, wird weiter unten geklärt.

2.1.2. Die personelle Einkommens- und Vermögensverteilung

Zur Diskussion der Frage, wie man am zweckmäßigsten die personelle Verteilung von Einkommen und Vermögen analysiert, gehen wir zunächst von einem hypothetischen Beispiel aus. Den größtmöglichen Informationsgehalt über die personelle Einkommens- und Vermögensverteilung besäße eine Liste, in der alle Einwohner, nach der Höhe ihres Einkommens bzw. Vermögens geordnet, namentlich aufgeführt wären und die zu jedem Namen die interessierenden

Merkmale wie Brutto- und Nettoeinkommen, Nettovermögen, Alter, Beruf etc. enthielte. Die Zielrichtung auf die Verteilung käme sogar noch schärfer zum Ausdruck, wenn die Liste nicht absolute Einkommens- und Vermögensgrößen zeigte, sondern wenn sie die Anteile jeder Person am Gesamteinkommen bzw. Gesamtvermögen auswiese. Diese Anteile bleiben von allgemeinen inflationären Aufblähungen oder deflationären Schrumpfungen völlig unberührt, so daß die schwierige Entscheidung zwischen realen oder nominellen Größen auf elegante Weise umgangen wird.

Da eine solche Liste auf Personen abgestellt ist, entsteht das Problem, welches Einkommen bzw. Vermögen man jenen Haushaltsmitgliedern zurechnen soll, die kein eigenes Einkommen bzw. Vermögen besitzen. Obwohl theoretisch die Möglichkeit besteht, die tatsächlichen Übertragungen von verdienenden zu nicht verdienenden Haushalts- bzw. Familienmitgliedern zu erfassen und als deren Einkommen zu behandeln, ist dies statistisch kaum praktikabel. Daher wählt man als Bezugseinheiten in der Regel Haushalte. Faßt man das Einkommen bzw. Vermögen aller Haushaltsmitglieder zum Haushaltseinkommen bzw. -vermögen zusammen, so entsteht allerdings ein anderes Vergleichbarkeitsproblem, das durch die unterschiedlichen Haushaltsgrößen bedingt ist.

Bei einer Wohlfahrtsbetrachtung können offensichtlich Haushalte mit gleichem Einkommen, aber unterschiedlicher Personenzahl nicht als gleich gut situiert angesehen werden. Eine annehmbare Lösung besteht darin, das Haushaltseinkommen pro Haushaltsmitglied zu ermitteln und dabei den Haushaltsmitgliedern je nach Lebensalter und Gesamtpersonenzahl differierende Gewichte zu verleihen; die Haushalte wären dann nach diesem Durchschnittseinkommen bzw. -vermögen in die Größenskala einzuordnen. Beim Vermögen ist diese Lösung allerdings weniger plausibel, da hier häufig die Trennung zwischen den Vermögen der Haushaltsmitglieder aufrechterhalten bleibt, so daß eine Durchschnittsbildung Unterschiede verschleiert; will man diesem Umstand Rechnung tragen, so muß man auf Personen zurückgehen.

An einer solchen hypothetischen Liste kann man genau deutlich machen, wann eine Änderung der Einkommens- und Vermögensverteilung vorliegt. Eine solche Änderung ist bereits dann gegeben, wenn sich die Anteile von nur zwei Bezugseinheiten ändern, beispielsweise, wenn zwei Personen ihre Plätze in der Rangskala tauschen, d.h. einer aufsteigt und der andere im gleichen Maß absteigt. Je mehr Personen ihre Plätze tauschen, desto stärker ist die Verteilungsänderung. Da aber die Rangfolge der abstrakten Anteile (ohne Namenszuordnung) dabei gleichbleibt, würden alle üblichen Verfahren der Verteilungsanalyse (z.B. Lorenzkurvendarstellung, Ginikoeffizient etc.)[1] zu dem Schluß führen, die Verteilung sei gleichgeblieben.

Dieser Punkt, der für eine kritische Betrachtung aller Verteilungsstudien von Bedeutung ist, sei an einem kleinen Beispiel nochmals demonstriert.

Rangfolge A		Rangfolge B	
Name	Anteil am Ges.Eink.	Name	Anteil am Ges.Eink.
Müller	0,40	Bauer	0,40
Meier	0,25	Berger	0,25
Schulz	0,15	Huber	0,15
Huber	0,10	Schulz	0,10
Berger	0,07	Meier	0,07
Bauer	0,03	Müller	0,03

Ohne Nachweis dürfte einsichtig sein, daß in beiden Fällen jedes bekannte Konzentrationsmaß gleich bleibt, obwohl sich eine völlige Umkehrung der sozialen Schichtung vollzogen hat. Hätte sich diese Umkehrung der sozialen Schichtung beispielsweise infolge einer Inflation ergeben, so müßte ein Betrachter, der sich ausschließlich auf Konzentrationsmaße stützt - und zwar selbst dann, wenn bei ihrer Ermittlung einzelne Bezugseinheiten zugrunde gelegen haben und damit keine zusätzlichen Fehler durch

1) Derartige Maße sind beispielsweise beschrieben bei
W. Krelle, Verteilungstheorie, Tübingen 1962, S.269 ff.
H.J. Krupp, Theorie der personellen Einkommensverteilung, Berlin 1968, S.49 ff.

Aggregation auftreten - zu dem Schluß kommen, es gäbe keine Verteilungswirkungen der Inflation; in unserem Beispiel wäre das der Extremfall eines Fehlurteils.

Die in dieser hypothetischen Liste enthaltene Informationsfülle ist weder statistisch zu ermitteln, noch vom Betrachter zu verarbeiten. Es verbleibt nur der Ausweg, die Haushalte zu Gruppen zusammenfassen und dann über die Relation zwischen den durchschnittlichen Einkommen oder Vermögen jeder Gruppe Aussagen zu machen und Verschiebungen zwischen den Gruppen zu analysieren. Verschiebungen innerhalb jeder Gruppe kommen dabei allerdings nicht zum Vorschein. Diese Überlegung deutet ein weiteres Problem an, mit dem wir uns später noch auseinandersetzen müssen.

Sollte es sich bei den Verteilungswirkungen der Inflation um ein Phänomen handeln, das so diffus ist, daß es sich vor allem in Verschiebungen innerhalb jeder Gruppe äußert, so wird man seine Größenordnung bei einer ausschließlichen Betrachtung der Einkommens- und Vermögensverteilung nach Haushaltsgruppen immer unterschätzen. Nur wenn es gelänge, ein Haushaltsmerkmal zu finden, von dem man a priori wüßte, daß es Gewinner und Verlierer eindeutig unterscheidet, könnte man die Haushalte entsprechend gruppieren und der Gesamteffekt würde sich als Verschiebung zwischen den Gruppen zeigen. Ein solches Merkmal ist jedoch bisher unbekannt und dürfte auch kaum jemals entdeckt werden. Um die durch Aggregation verschwindenden Verschiebungen innerhalb der Gruppen möglichst klein zu halten, braucht man also für die Analyse auf alle Fälle eine möglichst große Zahl von Gruppen, d.h. ein niedriges Aggregationsniveau. Außerdem müssen die Haushalte im Verlauf der Analyse in der zu Beginn festgelegten Gruppe bleiben; sie erhalten sozusagen einen im Zeitablauf konstanten Gruppennamen. Würde man in den Fehler verfallen, die Haushalte am Ende der Untersuchungsperiode erneut nach Größenklassen zu gruppieren, so träte das vorhin beschriebene Phänomen auf, daß gegenläufige Verschiebungen (Plätzetausch, jetzt auf Gruppen bezogen) teilweise oder ganz unbeachtet blieben. Behält man jedoch den anfänglichen Gruppennamen bei, so stimmt in der Regel am Ende der Untersuchungsperiode die Zuordnung der Haushalte nach Größenklassen nicht mehr; die Gruppen überlappen sich und man kann nur noch Aussagen über Gruppendurchschnitte, Streuung etc. machen.

Der verteilungspolitischen Fragestellung entspricht eine Aggregation nach Einkommensgrößenklassen; um die durch Steuerzahlungen und staatliche Transferzahlungen hervorgerufenen Umverteilungswirkungen einzubeziehen, muß es sich dabei um Größenklassen des Nettoeinkommens handeln.

Hat man bei einer Analyse der Inflationswirkungen Ergebnisse in bezug auf die Einkommensverteilung nach Einkommensgrößenklassen erhalten, so kann man daraus aber noch keine Schlußfolgerungen in bezug auf die Vermögensverteilung nach Vermögensgrößenklassen oder in bezug auf die Verschiebungen zwischen einzelnen Bevölkerungsschichten ziehen. Hierzu bedarf es der gleichzeitigen Klassifizierung der Bezugseinheiten nach Einkommenshöhe, Vermögenshöhe und sozialer Schicht. Eine solche nach drei Dimensionen aufgefaltete Verteilung böte bessere Aussichten auf genauere Aussagen über die Auswirkungen einer Inflation. Auch dabei bleibt noch das Problem bestehen, daß sich Haushalte, die nach diesen drei Kriterien gleichartig sind, trotzdem in ihrem Verhalten bei inflationären Entwicklungen wesentlich unterscheiden können. Manche mögen inflationäre Preissteigerungen richtig vorhersehen und sich entsprechend anpassen oder gar darauf spekulieren; andere mögen ihr gewohntes Verhalten unbeirrt beibehalten. Die dadurch entstehenden Unterschiede gehen durch die Zusammenfassung unter. Nur die Hinzunahme weiterer Unterscheidungsmerkmale in bezug auf das Verhalten würde differenziertere Aussagen möglich machen, aber gleichzeitig die Anzahl der entsprechenden Haushaltsgruppen in einem kaum mehr zu handhabenden Ausmaß potenzieren.

2.1.3. Inflationsbegriffe

Die Verteilungswirkungen einer Inflation kann man erst untersuchen, wenn man weiß, wann Inflation herrscht. Hierüber bestehen in der nationalökonomischen Literatur so unterschiedliche Auffassungen, daß der flüchtige Betrachter in Erstaunen versetzt wird. Wenn man einmal von den andersartigen Vorstellungen absieht, die sich vor dem institutionellen Hintergrund der Goldwährungen entwickelt haben, so bleiben sechs große Gruppen von Inflationsdefinitionen übrig:[1)]

a) Definitionen, die an die umlaufende Geldmenge anknüpfen, wobei die Situation, in der das Geld neutral ist, d.h. keine güterwirtschaftlichen Wirkungen ausübt, als Zustand ohne Inflation gilt

b) Definitionen, die an die Erwartungen der Wirtschaftssubjekte anknüpfen; Güter- und Faktorpreissteigerungen werden dabei nur in jenem Ausmaß als inflationär bezeichnet, in dem sie über die erwarteten Steigerungen hinausgehen.

c) Definitionen, die an die Faktorpreise (Lohn- und Zinssätze) anknüpfen; als Zustand ohne Inflation wird es angesehen, wenn die Faktorpreise nominell konstant bleiben und die in einer wachsenden Wirtschaft auftretenden Produktivitätsfortschritte über sinkende Güterpreise weitergegeben werden. Inflation wird hierbei also mit steigenden Faktorpreisen gleichgesetzt.

d) Definitionen, die auf einen ex ante bestehenden Nachfrageüberhang (inflatiorische Lücke) abstellen; nur wenn kein Nachfrageüberhang besteht, liegt auch keine Inflation vor.

---

1) Vgl. hierzu die Übersichten bei
R. Hauser, a.a.O., S. 34 - 45

M. Bronfenbrenner and F.D. Holzman, A Survey of Inflation Theory, AER 53 (1963), S. 593 ff.

J.W. Conard, The Causes and Consequences of Inflation, in: Commission on Money and Credit (ed.), Inflation, Growth and Employment, Englewood Cliffs 1964

e) Definitionen, die auf die Konstanthaltung einiger Güterpreise oder eines umfassenderen Güterpreisindex abstellen; hierbei wird die jeweilige Preissteigerung als inflationär angesehen.

f) Definitionen, die auf die Einhaltung der von der Regierung als Ziel gesetzten Preisentwicklung abstellen (z.B. kein Überschreiten der durchschnittlichen Preissteigerung in den wichtigsten Industrieländern). Hierbei liegt nur dann Inflation vor, wenn die angestrebte Preisentwicklung überschritten wird.

Die durch jede dieser Definitionen charakterisierten Zustände ohne Inflation weichen zum Teil beträchtlich voneinander ab. Da die Vermeidung von Inflation allgemein als wirtschaftspolitisches Ziel betrachtet wird, implizieren die einzelnen Inflationsbegriffe also auch unterschiedliche Ziele, über deren Richtigkeit nicht in wissenschaftlich unanfechtbarer Weise entschieden werden kann. Dies mag die große Spannweite der vorgeschlagenen Inflationsbegriffe mit erklären. Gleichzeitig wird dadurch deutlich, daß die im Zusammenhang mit unserer Fragestellung nicht zu umgehende Auswahl eines bestimmten Inflationsbegriffs eine wirtschaftspolitische Entscheidung ist, von der alle weiteren Resultate beeinflußt werden.

Wer diese Entscheidung nicht billigt, muß an den Ergebnissen Korrekturen im Sinne des von ihm bevorzugten Zustands ohne Inflation anbringen. Wir werden daher bei unserer Literaturübersicht auch jeweils zu prüfen haben, welche Inflationsdefinition den einzelnen Studien explizit oder implizit zugrunde liegt. Vorweg läßt sich jedoch sagen, daß die Definitionen a), b) und d) für die Analyse von Verteilungswirkungen der Inflation schon deswegen ungeeignet sind, weil der Zustand ohne Inflation nicht anhand empirisch faßbarer Kriterien operational definiert werden kann; die Definition d) wird überdies in der Regel im Sinn einer status-quo-Prognose interpretiert; wenn die Wirtschaftspolitik rechtzeitig Maßnahmen zur Nachfragedämpfung oder Angebotsausweitung ergreift, mag die zunächst ex ante bestehende inflatorische Lücke geschlossen werden, so daß ex post betrachtet, keine inflatorische Entwicklung eingetreten ist. Da es für unsere Analyse darauf ankommt, was ex post betrachtet eingetreten ist und nicht, was ex ante einzutreten drohte, können nur die Definitionen

c) Konstanthaltung des nominellen Faktorpreisniveaus (insbes. Lohnniveaus)

e) Konstanthaltung eines mehr oder minder umfassenden Güterpreisindex

f) Einhaltung der von der Regierung proklamierten Güterpreisindexentwicklung

zugrunde gelegt werden. Es dürfte offensichtlich sein, daß eine bestimmte historische Lohn- und Preisentwicklung von jedem dieser Standpunkte aus in einem anderen Ausmaß als inflationär angesehen werden muß. Während die Konstanthaltung des Faktorpreisniveaus gegenwärtig nirgendwo ernstlich als wirtschaftspolitisches Ziel vertreten wird, bestehen bei den Regierungs- und Oppositionsparteien und in der Öffentlichkeit der einzelnen Länder unterschiedliche Auffassungen darüber, wann Inflation im Sinn von e) und f) besteht. Wir müssen also festhalten, daß deswegen in jede Studie an dieser Stelle eine weitere Werturteilshypothese eingeht. Selbst die ansonsten völlig korrekt ermittelten Ergebnisse sind für Anhänger einer anderen Werturteilshypothese - versteckt in einer anderen Inflationsdefinition - nicht zwingend.

Im weiteren werden wir unseren Erörterungen, falls eine Einengung auf eine bestimmte Inflationsdefinition notwendig ist, einen Inflationsbegriff zugrunde legen, der auf dem Lebenshaltungskostenindex für einen mittleren 4-Personen-Arbeitnehmerhaushalt basiert. Der Zustand ohne Inflation sei durch ein Gleichbleiben dieses Index im mehrjährigen Durchschnitt gekennzeichnet; dies bedeutet, daß die saisonalen oder konjunkturellen Preissteigerungen eines Jahres durch absolute Preissenkungen in anderen Jahren aufgewogen werden müssen. Die Tatsache, daß sich Qualitätsverbesserungen und -verschlechterungen in diesem Index nicht ausreichend niederschlagen, bleibt mangels Quantifizierbarkeit außer Betracht. Für diese Definition kann zwar keine Richtigkeit, wohl aber Relevanz behauptet werden, da sie mit gewissen Modifikationen auch vom Sachverständigenrat zur Begutachtung der gesamtwirtschaftlichen Entwicklung,[1)] vom Bundeswirtschaftsministerium und von der Deutschen Bundesbank verwendet wird. Die Modifikationen betreffen vor allem eine Basispreissteigerung von 1 % - 2 % p.a., die zum Ausgleich der im Index nicht erfaßten Qualitätsverbesserungen für zulässig erachtet wird.

Wenn eine Regierung verspricht, einen derartigen Preisindex mit Hilfe ihrer wirtschaftspolitischen Instrumente konstant zu halten, so kann man ihr bei länger anhaltender Preissteigerung eine Abweichung von diesem Ziel vorwerfen und die Verteilungswirkungen der so definierten Inflation herausarbeiten. Selbst bei Konstanz des Lebenshaltungskostenindex für einen mittleren Arbeitnehmerhaushalt ergeben sich jedoch in der Regel Änderungen der Lebenshaltungskostenindices für untere und obere Einkommensschichten und für spezielle Personengruppen, wie beispielsweise Rentner. Da in einem marktwirtschaftlich orientierten Wirtschaftssystem derartige Änderungen der Preisrelationen und die davon ausgehenden Verteilungswirkungen allgemein akzeptiert sind und mit dem vorhandenen wirtschaftspolitischen Instrumentarium gar nicht verhindert werden können, wäre es inkonsequent, diese Verteilungswirkungen gleichfalls der Inflation zuzurechnen. Eine Berechnung von Verteilungswirkungen in der Weise, daß für die Ermittlung des realen Einkommens oder Vermögens jeder Einkommensschicht der für sie typische Lebenshaltungskostenindex zugrunde gelegt wird, ist also abzulehnen.

---

1) Vgl. Jahresgutachten 1964, Stabiles Geld - Stetiges Wachstum, Stuttgart, Mainz 1965, S. 84

2.1.4. Die Messung von Verteilungswirkungen einer Inflation

Der zuletzt diskutierte Gedanke weist bereits Berührungspunkte mit der allgemeineren Frage auf, wie überhaupt Verteilungswirkungen der Inflation von anderen Verteilungsänderungen abgegrenzt, und wie sie gemessen werden können. Ohne Zweifel muß man als Verteilungswirkung einer Inflation die Differenz zwischen der tatsächlich in einer Periode mit Inflation entstandenen personellen Einkommens- und Vermögensverteilung und jener Verteilung, die sich ohne Inflation ergeben hätte, betrachten. Dabei müßte man im Idealfall für jeden Haushalt einzeln diese Differenz ermitteln; es bedeutete bereits eine grobe Vereinfachung, wenn man lediglich zusammenfassende Verteilungsmaße errechnen und vergleichen würde.

Bei der Feststellung dieses hypothetischen Bezugspunktes ohne Inflation ergeben sich jedoch zwei bedeutsame Schwierigkeiten. Wenn wir unterstellen, daß der Zustand ohne Inflation als Preisniveaukonstanz gekennzeichnet ist, so ist immer noch offen, welches historisches Preisniveau zum Vergleich herangezogen wird. Sollen wir im Jahr 1974 die Preissteigerungen seit 1973 oder jene seit 1949 als inflationär ansehen? Das quantitative Ergebnis wird offenbar sehr verschieden sein. Man muß also zunächst festhalten, daß die Entscheidung für einen bestimmten historischen Vergleichspunkt bedeutet, daß man die davor liegenden Preissteigerungen und die von ihnen ausgehenden Verteilungswirkungen vernachlässigt.

Selbst wenn man sich zur Inflationsmessung für einen bestimmten historischen Bezugspunkt entschieden hat, ist noch die Frage offen, welche personelle Einkommens- und Vermögensverteilung heute bestünde, wenn seither das Preisniveau konstant geblieben wäre. Diese Frage darf man sicherlich nicht generell in der Weise beantworten, daß dann seither auch die personelle Einkommens- und Vermögensverteilung gleich geblieben wäre; denn Verteilungsänderungen treten in einem marktwirtschaftlich orientierten Wirtschaftssystem auch ohne Inflation ständig auf.

Allenfalls kann man die Aussage vertreten, daß die personelle Einkommens- und Vermögensverteilung auf kurze Sicht (z.B. ein bis zwei Jahre) ohne Inflation keine merklichen Veränderungen erfährt, so daß man bei einer empirischen Untersuchung der <u>kurzfristigen</u> Verteilungswirkungen einer Inflation die Konstanz der personellen Verteilung unterstellen kann und damit einen Bezugspunkt erhält. Hierbei werden aber bewußt kurzfristige Verteilungsänderungen aufgrund saisonaler und konjunktureller Schwankungen vernachlässigt, im Ergebnis also fälschlich der Inflation zugerechnet. Bei allen Untersuchungen über längere Sicht scheint diese Unterstellung jedoch nicht vertretbar, so daß der Bezugspunkt ohne Inflation aufgrund einer eigenen Modellanalyse ermittelt werden müßte.

Selbst wenn die Untersuchung auf die kurzfristigen Primärwirkungen einer Inflation beschränkt ist, muß man für die Frage des Bezugspunktes noch weitere Überlegungen anstellen. Gab es in der Vergangenheit eine längere (gleichgewichtige) Wirtschaftsentwicklung ohne Inflation und trat in der Betrachtungsperiode schlagartig eine inflationäre Entwicklung auf, so kann man mit einiger Plausibilität sagen, daß die Einkommens- und Vermögensverteilung bei weiterhin konstantem Preisniveau in der kurzen Betrachtungsperiode ebenfalls konstant geblieben wäre und als Bezugspunkt dienen kann; die Wirtschaftssubjekte hatten vermutlich kaum genügend Zeit, ihre Erwartungen und Dispositionen an die neue Lage anzupassen. Wenn jedoch seit mehreren Jahren mehr oder minder starke Preissteigerungen herrschten, dürften sich zumindest teilweise Anpassungen ergeben haben, und man kann nicht mehr davon ausgehen, daß die zu Beginn der Betrachtungsperiode bestehende Einkommens- und Vermögensverteilung bei einem hypothetischen, schlagartigen Ende der Inflation konstant bleiben würde.

Diese methodischen Überlegungen lassen sich an folgendem Schaubild vereinfacht darstellen:

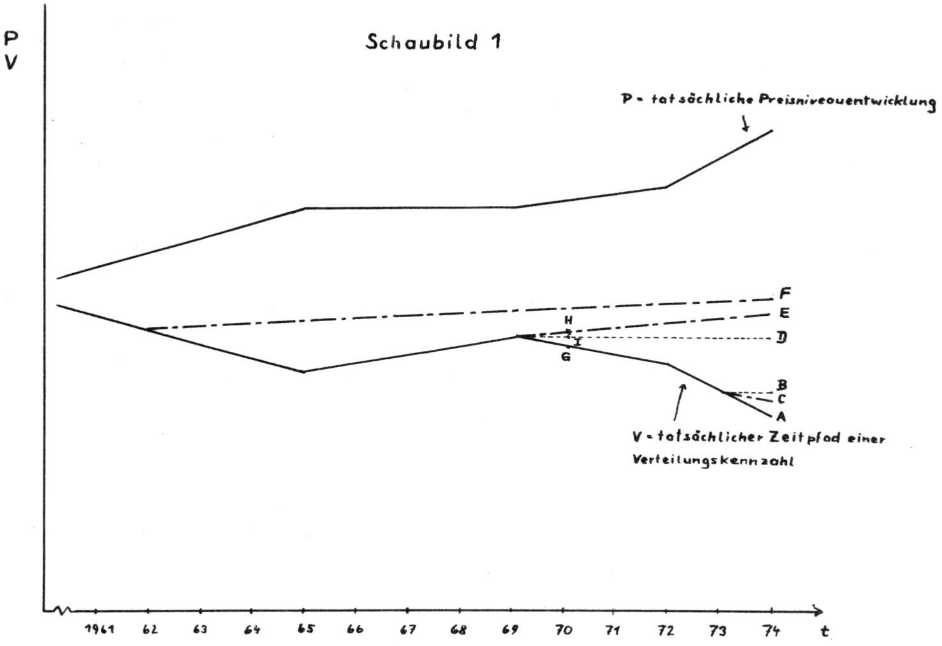
P
V
Schaubild 1
P - tatsächliche Preisniveauentwicklung
F
E
H
I
D
G
B
C
A
V - tatsächlicher Zeitpfad einer
Verteilungskennzahl
1961
62
63
64
65
66
67
68
69
70
71
72
73
74
t

P bezeichnet die Zeitreihe eines Preisniveauindex, V die Zeitreihe einer bestimmten Kennzahl, die die personelle Verteilung charakterisieren soll. Im Jahr 1974 gibt der Punkt A den tatsächlichen Stand der Verteilung an. Ein einfacher Vergleich zwischen der Verteilung des Jahres 1974 und der Verteilung des Jahres 1973 ergibt die Strecke AB als Inflationswirkung; hiergegen erheben sich jedoch Bedenken, weil die Wirtschaft bereits seit 1969 Preissteigerungen verzeichnet. Selbst wenn es gelungen wäre, das Preisniveau von 1973 auf 1974 stabil zu halten, hätte sich vielleicht eine Verteilung bei C ergeben; d.h. daß nur die Strecke AC als Verteilungswirkung der Inflation im Jahr 1974 angesehen werden dürfte.

Geht man auf die am Ende einer längeren Periode ohne Inflation bestehende Verteilung zurück, müßte man AD als die Verteilungswirkung der Inflation von 1969 bis 1974 bezeichnen. Man hat jedoch keinen überzeugenden Beweis, daß die Verteilung in dem langen Zeitraum von 1969 bis 1974 bei konstantem Preisniveau gleichgeblieben wäre; falls eine Modellanalyse (z.B. ein auf die BRD abgestelltes ökonometrisches Modell) ergäbe, daß sich bei konstantem Preisniveau die Verteilung E ergeben hätte, wäre als inflationärer Effekt AE zu betrachten.

Die Begrenzung der Untersuchungsperiode auf den Zeitraum 1969 bis 1974 ist ziemlich willkürlich. Gelänge eine Modellanalyse unter der Annahme konstanter Preise ab 1962 mit dem Ergebnis einer hypothetischen Verteilung bei F, so wäre AF der Verteilungseffekt der Inflation seit 1962.

Man kann auch nicht generell behaupten, daß der Verteilungseffekt um so größer wird, je länger eine Inflation anhält. Da man zumindest eine teilweise, wenn auch langsame Anpassung der Wirtschaftssubjekte an eine inflationäre Entwicklung mit konstanter durchschnittlicher Preissteigerungsrate erwarten darf, kann die Verteilungskennzahl nach einiger Zeit in die Nähe des Ausgangsniveaus zurückkehren. Da eine solche Kennzahl immer hochaggregiert ist, heißt das allerdings nicht, daß auf mikroökonomischer Ebene alle Verteilungswirkungen rückgängig gemacht worden wären.

Die bisherige Diskussion hat nur einen Fall ergeben, bei dem wir die Benutzung einer früheren Verteilung als Bezugspunkt für vertretbar halten: bei einer kurzfristigen Analyse im Anschluß an eine längere Periode ohne Preissteigerungen; im Schaubild entspricht dies der Periode 1969 - 1970, in der der Verteilungseffekt der Inflation mit GI gemessen wird; auch hier tritt ein Fehler IH auf, der aber vermutlich nur klein ist.

Die in allen anderen Fällen zu fordernde Modellanalyse bereitet große Schwierigkeiten, die noch kurz skizziert werden müssen: Wie aus der Diskussion über die Messung der personellen Einkommens- und Vermögensverteilung in 2.2. hervorging, lassen hochaggregierte Verteilungsmaße viele Verteilungseffekte nicht in Erscheinung treten, so daß eine möglichst weitgehende Disaggregation nötig wird. Für disaggregierte Größen gewinnen aber die Argumente gegen die simple Annahme des Konstantbleibens noch stärkeres Gewicht. Je mehr man also disaggregiert, um möglichst viele Verteilungseffekte einer Inflation hervortreten zu lassen, desto dringlicher wird eine Modellanalyse zur Ermittlung des hypothetischen Bezugspunktes; andererseits werden aber Modellanalysen bekanntlich um so schwieriger, je stärker disaggregiert das Modell sein soll.

Neben der Frage des bestmöglichen Aggregationsniveaus besteht bei der Modellanalyse ein weiteres Problem, das mit der Kurzformel "partielles Modell versus totales Modell" angedeutet ist. Dieses Problem gewinnt umso mehr Gewicht, je länger der ins Auge gefaßte Untersuchungszeitraum ist, weil damit die allen partiellen Modellen zugrunde liegenden Konstanzannahmen immer weniger plausibel erscheinen. Im folgenden wird beispielhaft eine Sequenz zunehmend weiter gefaßter Annahmen und damit zunehmender Annäherung an ein Totalmodell skizziert; längerfristige Verteilungswirkungen der Inflation kann man vermutlich nur mit dem weitesten Modell in befriedigender Weise analysieren:

a) die engste Annahmekonstellation liegt vor, wenn bei einer Studie unterstellt wird,

- daß die Haushalte die Zusammensetzung ihres Einkommens und Vermögens (zu Ausgangspreisen) nicht ändern, falls Inflation auftritt

- daß sich alle beweglichen Marktgrößen (wie Lohnsätze, Zinssätze, Dividendensätze, relative Preise etc.) real gesehen nicht ändern, falls Inflation auftritt, d.h. daß sie nominell gesehen im Ausmaß der Inflationsrate steigen.

In diesem Fall lassen sich inflationäre Auswirkungen allein bei den nominell fixierten Größen lokalisieren.

b) Eine erweiterte Annahmekonstellation bestünde in folgendem:

- mögliche einzelwirtschaftliche Anpassungen an eine auftretende Inflation bei der Einkommens- und Vermögenszusammensetzung werden berücksichtigt

- für die Entwicklung der Marktgrößen gilt das oben Gesagte

In diesem Fall hängen die Inflationswirkungen auf die personelle Verteilung ab von der Schnelligkeit der Anpassung der Erwartungen, von institutionellen und subjektiven Anpassungshemmnissen, von der Riskoabneigung und von den Anpassungskosten bei den einzelnen Personen oder Gruppen. Für die Feststellung der Netto-Effekte der Inflation muß man bereits alle Einkommensarten und Vermögensarten der Haushalte und ebenso die dadurch möglicherweise veränderte Steuerlast, sowie die gegebenenfalls auch beeinflußten staatlichen Leistungen und Transferzahlungen einbeziehen. Jedoch wird bei diesem Vorgehen die Rückwirkung der einzelwirtschaftlichen Anpassungen auf die Marktgrößen durch eine ziemlich willkürliche <u>Annahme</u> berücksichtigt, anstatt daß sie aus den einzelwirtschaftlichen Anpassungen abgeleitet würde.

c) Eine noch umfassendere Annahmekonstellation würde bedeuten:

- man bezieht die einzelwirtschaftlichen Anpassungen in die Betrachtung ein

- man unterstellt nicht bestimmte Auswirkungen der Inflation auf die Marktgrößen, sondern man sucht gleichzeitig zu erfassen, wie die inflationsbedingten Verhaltensänderungen der Haushalte und anderer Wirtschaftssubjekte (einschließlich Staat und Ausland) auf die Marktgrößen zurückwirken (simulantes Modell).

Hierbei sind wiederum mehrere Unterfälle denkbar:

1) Man kann annehmen

   - daß die staatliche Wirtschaftspolitik auf einem unverändertem Präferenzsystem mit unverändertem Einsatz der Instrumente beharrt

   - daß die gesamte institutionelle Struktur (z.B. Nominalwertprinzip, Steuersystem, Sozialversicherungssystem, Regeln für das Verhalten der Tarifpartner, Wettbewerbsgrad) bei einem Übergang zu Inflation gleichbleibt

   - daß die gesamten, vom Ausland herrührenden Einflüsse trotz Inflation gleichbleiben

   - daß Einflußfaktoren wie Bevölkerungswachstum und Technischer Fortschritt sich mit oder ohne Inflation in gleicher Weise entwickeln

2) Man kann jedoch die Annahmen erneut stufenweise erweitern, indem man unterstellt,

   - daß die Regierung mit einer Änderung ihrer Instrumente und/oder ihrer Präferenzskala und/oder gar mit Änderungen der institutionellen Struktur auf die eingetretene Inflation reagiert

   - daß sich das kollektive Verhalten von privaten Gruppen (insbes. der Tarifpartner) in Reaktion auf die Inflation ändert

   - daß eine Änderung der Auslandsbeziehungen eintritt

- daß weitere, häufig als exogen betrachtete Einflußfaktoren wie Bevölkerungswachstum und Technischer Fortschritt mit Inflation eine andere Entwicklung aufweisen als ohne Inflation.

Offenbar werden bei einer immer stärker ausgeweiteten Betrachtung Inflation und personelle Einkommens- und Vermögensverteilung zu abhängigen Größen, die beide gemeinsam von den dann jeweils als exogen betrachteten, vom System unbeeinflußten, aber das System beeinflussenden, nicht unbedingt konstanten Faktoren bestimmt werden. Der inflationäre Effekt läßt sich nur noch "netto" als Differenz zwischen alternativen Zeitpfaden des Systems (einmal mit Inflation, einmal ohne Inflation) erfassen. Die beim einfachsten Ansatz sehr starke ceteris-paribus-Bedingung wird bei zunehmender Erweiterung der Annahmen immer mehr zugunsten einer mutatis-mutandis-Betrachtung zurückgedrängt. Da der wirtschaftspolitisch relevante Informationsgehalt der Studien entscheidend davon abhängt, unter welcher Annahmekonstellation die Ergebnisse abgeleitet wurden, bietet sich ein derartiges Schema von denkbaren Annahmekonstellationen als Hilfsmittel der Beurteilung an.

2.2. Ansatzpunkte für Verteilungswirkungen einer Inflation

2.2.1. Überblick über denkbare Verteilungswirkungen einer Inflation zwischen einzelnen Wirtschaftssektoren

Eine Inflation ist ein Phänomen, das die gesamte Wirtschaft durchzieht und alle Wirtschaftssektoren berührt. Daher kann man auch ohne weiteres sagen, daß zwischen allen Sektoren Umverteilungswirkungen einer Inflation möglich sind. Diese Umverteilungswirkungen beeinflussen die personelle Einkommens- und Vermögensverteilung in unterschiedlicher Weise. Bevor man die personelle Einkommens- und Vermögensverteilung betrachtet, empfiehlt es sich daher, zunächst einen Rahmen für alle denkbaren Umverteilungswirkungen abzustecken; dabei wird sich zeigen, daß die Frage nach den Wirkungen auf die personelle Einkommens- und Vermögensverteilung nur einen Ausschnitt des Problems darstellt. Gleichzeitig werden in einer groben Übersicht bereits die Ansatzpunkte für die einzelnen inflationsbedingten Einflüsse auf die personelle Einkommens- und Vermögensverteilung deutlich, die anschliessend im Detail weiterverfolgt werden.

Für diesen ersten Überblick teilen wir die Gesamtwirtschaft in folgende große Sektoren auf:

1. inländischer Haushaltssektor
2. inländischer Unternehmenssektor I, der alle nichtfinanziellen Unternehmen umfaßt, deren Anteilsrechte (Aktien) börsenmäßig gehandelt und bewertet werden
3. inländischer Unternehmenssektor II, der alle nichtfinanziellen Unternehmen umfaßt, bei denen keine juristisch verselbständigten Anteilsrechte bestehen (Einzelfirmen, Personengesellschaften) oder bei denen kein Markt für Anteilsrechte besteht (GmbHs, manche Aktiengesellschaften etc.); auch die gesamte Landwirtschaft ist hier eingeschlossen

4. inländischer Finanzsektor I, der alle Banken und andere Finanzinstitute umfaßt, deren Anteilsrechte börsenmäßig gehandelt und bewertet werden

5. inländischer Finanzsektor II, der alle Banken und andere Finanzinstitute umfaßt, deren Anteilsrechte nicht gehandelt werden

6. inländische Zentralbank

7. inländische Gebietskörperschaften und parafiskalische Gebilde

8. inländische nicht-staatliche Organisationen ohne Erwerbscharakter, die keine Unternehmen sind, und deren Einkommen und Vermögen keinen privaten Haushalten zugerechnet werden kann (z.B. Kirchen, Vereine, Stiftungen etc.)

9. Auslandssektor, der ausländische Haushalte, Unternehmen, Finanzinstitute, private Organisationen und staatliche Körperschaften gleichzeitig umfaßt.

Zwischen allen diesen Sektoren fließen in jeder Periode Güter- und Leistungsströme sowie Zahlungs- und Forderungsströme; außerdem bestehen verschiedenartige Vermögensbeziehungen (Forderungen, Beteiligungen, Eigentumsrechte etc.). Die Gesamtheit all dieser Ströme und Vermögensbeziehungen von jedem Sektor an jeden Sektor läßt sich am einfachsten in einer Matrix darstellen:

Matrix 1

von Sektor \ an Sektor	inländ. Haush. Sektor	inländ. Untern. Sektor I	inländ. Untern. Sektor II	inländ. Finanzsektor I	inländ. Finanzsektor II	inländ. Zentralbank	inländ. Staatssektor	inländ. Org. ohne Erw. Char.	Auslandssektor
inländ. Haush. Sektor									
inländ. Untern. Sektor I									
inländ. Untern. Sektor II									
inländ. Finanzsektor I									
inländ. Finanzsektor II									
inländ. Zentralbank									
inländ. Staatssektor									
inländ. Org. ohne Erw. Char.									
Auslandssektor									

Eine solche Matrix kann für jeden einzelnen Strom (z.B. Geldzahlungen für Güterkäufe von den Zeilensektoren an die Spaltensektoren), für zusammengefaßte Ströme oder für verschiedenartige Gläubiger-Schuldnerbeziehungen und sonstige Ansprüche (z.B. Forderungen der Zeilensektoren an die Spaltensektoren) aufgesteilt werden. Eine für unsere Zwecke ausreichende Spezifizierung der relevanten Ströme und Bestandsbeziehungen erfolgt später. Bei den folgenden allgemeinen Ausführungen ergibt sich implizit, worauf die Matrix jeweils bezogen ist.

Wir beschäftigen uns zunächst mit der ersten Frage nach den Möglichkeiten inflationsbedingter Vermögensumverteilungen. Grundsätzlich kann eine inflationäre Preissteigerung das Vermögen zwischen allen Sektoren umverteilen. Jedoch würde die Betrachtung an der Oberfläche bleiben, wenn man sich mit der Feststellung der Vermögensumverteilung nach dieser Sektoreneinteilung zufrieden gäbe; denn in dieser Matrix sind fünf Sektoren enthalten, die man lediglich als "Durchgangsstationen" für Vermögensverteilungswirkungen ansehen muß. Es sind dies die beiden Unternehmenssektoren, die beiden Finanzsektoren, sowie die Zentralbank. Diese Sektoren stehen ihrerseits im Eigentum von Letzteigentümersektoren (private Haushalte, private Organisationen ohne Erwerbscharakter, Staat, Ausland), denen man die bei den "Durchgangsstationen" angefallenen Vermögensverschiebungen zurechnen muß.

An den Letzteigentümersektoren kann man dagegen kein Eigentum besitzen. Beim Haushaltssektor ist dies offensichtlich; beim Staat und bei den privaten Vereinigungen und Organisationen gibt es zwar verschiedene Bedenken, jedoch hat noch niemand eine plausible Zurechnung von deren Vermögen auf die einzelnen Staatsbürger vorzuschlagen vermocht, so daß wir uns mit dieser konventionellen Annahme bescheiden müssen. Da das Ausland einen Mischsektor darstellt, der auch ausländische Unternehmen etc. enthält, die wieder im Eigentum von Inländern stehen können, ist hier die Bezeichnung "Letzteigentümer" eine Vereinfachung; sie dürfte jedoch nicht zu großen Verzerrungen führen.

Aufgrund dieser Überlegungen ergibt sich die folgende Matrix 2 von Letzteigentümersektoren eines Landes, zwischen denen Vermögensumverteilungen vorkommen können:

Matrix 2

an Sektor / von Sektor	inländ. Haush. Sektor	inländ. Org. ohne Erw.Char.	inländ. Staats-sektor	Aus-lands-sektor
inländ. Haush. sektor	•	x	x	x
inländ. Org. ohne Erw.Char.	x	o	o	o
inländ. Staats-sektor	x	o	o	o
Aus-lands-sektor	x	o	o	o

Offensichtlich interessieren wir uns in erster Linie für die Umverteilung zwischen Haushalten. Wenn man diese in einer Summe quantitativ ermitteln könnte, wäre sie im ersten Feld oben links auszuweisen (mit einem Punkt gekennzeichnet).

Bei unserer begrenzten Fragestellung liegen die mit einem x gekennzeichneten Vermögensverschiebungen dann außerhalb unserer Betrachtung, wenn sie alle Haushalte gleichmäßig treffen; beispielsweise würde eine gleichmäßige, den Nettovermögen proportionale Vermögensumverteilung von den Haushalten zum Staat unberücksichtigt bleiben, weil sich dadurch die Vermögensverteilung zwischen den Haushalten nicht ändert; die privaten Haushalte als Gruppe würden zwar ärmer, aber die Relationen zwischen den Vermögensbesitzern blieben gleich.

Haben solche Vermögensverschiebungen zwischen dem Haushaltssektor und den übrigen Letzteigentümersektoren jedoch eine differenzierende Wirkung - beispielsweise weil der Anteil der im Besitz der Haushalte befindlichen Staatsanleihen nach Einkommens- oder Vermögensgrößenklassen unterschiedlich ist -

so müssen sie in die Überlegungen eingehen. In jedem Fall bleiben jedoch Vermögensumverteilungswirkungen zwischen den übrigen Letzteigentümersektoren (mit einem Kreis gekennzeichnet) unberücksichtigt. Hierin zeigt sich, daß unsere Fragestellung nur einen Ausschnitt aus dem Problem der Vermögensumverteilungswirkungen einer Inflation anspricht.

Wenn man von Vermögensumverteilung zwischen Letzteigentümersektoren spricht, liegt es nahe, anzunehmen, daß die Zuwächse des einen Sektors gleich den Vermögensminderungen bei anderen Sektoren wären; dies trifft bei konsistenter Bewertung zwar für alle Geldforderungen und für die nicht gehandelten Beteiligungen an Unternehmen zu, aber nicht für zwei andere Vermögensbestandteile: Sachvermögen und börsenmäßig gehandelte Aktien. Da unsere Inflationsdefinition impliziert, daß letztlich alle volkswirtschaftlichen Größen in Einheiten eines bestimmten Konsumgüterbündels bewertet werden, kann es dazu kommen, daß der Wert des Sachvermögens (langlebige Konsumgüter, Häuser, Grundstücke, industrielle Anlagen, Infrastruktur) ausgedrückt in solchen Bewertungseinheiten inflationsbedingt steigt; oder wenn man es in Geldpreisen ausdrückt: daß einzelne Sachvermögenspreise inflationsbedingt stärker steigen als der Lebenshaltungskostenindex. In diesem Fall verbessern die Eigentümer von Sachvermögen ihre relative Position gegenüber den Eigentümern von Geldforderungen, aber es gibt keinen Sektor, dessen Vermögen sich in diesem Zusammenhang real gesehen absolut vermindert.

In Konsumgütern gemessen ist die gesamte Volkswirtschaft dadurch reicher geworden - ein paradox anmutendes Ergebnis, das jedoch aus der Anwendung des Prinzips einer marktmäßigen Bewertung zwingend folgt.[1] Die zweite Ausnahme beruht darauf,

---

1) Nur wenn man das Prinzip der marktmäßigen Bewertung aufgäbe und z.B. die Summe aller Nettonutzen aller Personen betrachtete - wobei auch freie Güter ohne Marktpreis in die Nutzenmessung eingehen müßten - würde man derartige Paradoxa vermeiden. Einem solchen Vorgehen stehen jedoch die bekanntlich ungelösten Probleme einer kardinalen Nutzenmessung und eines interpersonellen Nutzenvergleichs entgegen, so daß wir hier nicht weiter darauf einzugehen brauchen.

daß der Marktwert der Aktien eines Unternehmens nicht mit dessen Bilanzwert - ermittelt als Saldo aller Aktiven und aller Verbindlichkeiten - übereinzustimmen braucht. Die Gründe für diese Diskrepanz können hier nicht diskutiert werden; festzuhalten bleibt jedoch, daß hierdurch Vermögensverschiebungen zugunsten oder zu Lasten des Unternehmenssektors I oder des Finanzsektors I möglicherweise nicht voll auf die Letzteigentümer durchschlagen, so daß es Gewinner ohne Verlierer oder Verlierer ohne Gewinner geben kann. Im Gegensatz dazu muß man den Wert der Beteiligungen am Unternehmenssektor II und am Finanzsektor II mangels eines Marktpreises als anteiligen Anspruch auf den Bilanzwert des jeweiligen Sektors ermitteln; damit werden Vermögensverschiebungen zugunsten oder zu Lasten dieser Sektoren automatisch auf die Letzteigentümer umgerechnet. Dieser Unterschied bildete den Anlaß für die hier vorgenommene Aufspaltung der Unternehmens- und Finanzsektoren.

Die zweite Frage, welche inflationsbedingten Einkommensumverteilungen zwischen den Sektoren vorkommen können, erfordert zusätzliche Überlegungen. Der eingangs ausgewählte Nettovermögenszuwachsbegriff des Einkommens impliziert, daß die einbehaltenen Gewinne und Wertänderungen der Unternehmens- und Finanzsektoren den Letzteigentümern als Einkommen zugerechnet werden; d.h. also, daß die in der Volkswirtschaftlichen Gesamtrechnung übliche Praxis, einbehaltene Gewinne der Kapitalgesellschaften als Einkommen des Unternehmenssektors zu behandeln, aufgegeben wird; allerdings erfolgt diese Zurechnung beim Unternehmenssektor I und Finanzsektor I nicht im Ausmaß der Bilanzergebnisse, sondern nur insoweit, als sich Kurssteigerungen der Aktien ergeben. Damit scheinen zunächst auch bei der Betrachtung der Einkommensumverteilung die in der Matrix 2 aufgeführten Sektoren (Haushaltssektor, private Organisationen ohne Erwerbscharakter, Staat, Ausland) maßgeblich zu sein. Während man jedoch den Haushaltssektor sowie das Ausland in dem Sinn als Letzteinkommensbezieher bezeichnen kann, daß sie auch aus dem bezogenen Einkommen selbst durch Konsum Nutzen ziehen, gilt dies für den Staat und die privaten Organisationen ohne Erwerbscharakter nicht. Diese beiden Sektoren erbringen Dienstleistungen und stellen Nutzungen zur Verfügung, die den Staatsbürgern in mehr oder minder großem Ausmaß zugute kommen, wenn es auch kaum statistische Möglichkeiten gibt, eine genaue Zuordnung zu Einzelpersonen vorzunehmen; dies ist der Grund, weshalb in der Volkswirtschaftlichen Gesamtrechnung die vom Staat erbrachten Leistungen als Staatskonsum ausgewiesen und die von den privaten Organisationen ohne Erwerbscharakter geleisteten Dienste mit dem Konsum der Haushalte zusammengefaßt werden.

Würde man sich bei einer Verteilungsanalyse diese Konvention zu eigen machen, so übersähe man jedoch die Möglichkeit von Verteilungswirkungen, die aus Unterschieden zwischen der Aufbringung der Mittel für den Staat und die privaten Organisationen und der Verteilung der Dienstleistungen und Nutzungen entstehen können. Um dies an einem Beispiel zu demonstrieren: Ausgehend von der weitgehend akzeptierten These, daß die vom Staat zur Verfügung gestellten Nutzungen gleichmäßiger verteilt sind als die Mittelaufbringung im Rahmen eines progressiv wirkenden Steuersystems, würde ein inflationsbedingter Rückgang des Staatsanteils (sowohl bei den Steuereinnahmen als auch beim Staatskonsum) zu einer Verstärkung der Ungleichheiten führen. Die individuelle Wohlfahrt wird bei dieser Betrachtung durch vier Elemente bestimmt: durch das Nettovermögen, das Nettoeinkommen, die vom Staat zur Verfügung gestellten öffentlichen Leistungen sowie durch die von privaten Organisationen geleisteten Dienste. Wenn man in diesem Sinn auch den Staatssektor und die privaten Organisationen ohne Erwerbscharakter als "Durchgangsstationen" ansieht, ergibt sich eine weiter vereinfachte Matrix für Umverteilungswirkungen in bezug auf einen in dieser Weise erweiterten Einkommens- oder Wohlfahrtsbegriff:

Matrix 3

von Sektor \ an Sektor	inländ. Haushalts-sektor	Auslands-sektor
inländ. Haushalts-sektor	x	x
Auslands-sektor	x	

Die Analyse muß dann letztlich, wenn alle Umrechnungen erfolgt sind, auf Einkommensumverteilungen unter inländischen Haushalten und zwischen der Gruppe der inländischen Haushalte und dem Ausland hinauslaufen (mit Kreuz versehene Matrixfelder). Einkommensumverteilungen innerhalb des Auslandssektors, die ebenfalls durch eine inländische Inflation bedingt sein können, bleiben aber außerhalb der Betrachtung.

2.2.2. Ansatzpunkte für Verteilungswirkungen einer Inflation <u>innerhalb des Haushaltssektors in einem einfachen Fall</u>

Die bisherigen Überlegungen haben gezeigt, daß als Ansatzpunkte für die Wirkungen einer Inflation auf die personelle Einkommens- und Vermögensverteilung einmal alle Vermögensbeziehungen der Haushalte untereinander sowie zwischen Haushalten und den übrigen, in der Matrix I aufgeführten Wirtschaftssektoren in Frage kommen; darüber hinaus kommen alle Zahlungs-, Leistungs- und Güterströme innerhalb des Haushaltssektors sowie zwischen dem Haushaltssektor und den übrigen Wirtschaftssektoren in Betracht. Bei einigen Vermögensbeziehungen und Strömen sind dabei allerdings Umrechnungen und Korrekturen erforderlich, um die Letztbegünstigten herauszufinden. Solche Umrechnungen spiegeln sich in Preisen oder Werten einzelner Vermögensbeziehungen oder Ströme. Eine Liste aller derartigen Vermögensbeziehungen und Ströme stellt eine erschöpfende Übersicht über die denkbaren Einflußmöglichkeiten einer Inflation auf die personelle Einkommens- und Vermögensverteilung dar. Daher muß eine systematische Analyse anstreben, die inflationsbedingten Änderungen bei jeder einzelnen Vermögensbeziehung und bei jedem einzelnen Zahlungs- und Leistungsstrom herauszuarbeiten und die Gesamtwirkung auf jeden Haushalt oder jede Haushaltsgruppe aus den teils positiven, teils negativen Einzeleffekten zu aggregieren. Hieraus läßt sich dann schließlich ein Gesamtbild der veränderten Verteilungsrelationen ermitteln.

Für die schrittweise Untersuchung der einzelnen Ansatzpunkte ist es hilfreich, wenn man sich zunächst klar macht, unter welchen Bedingungen eine Inflation <u>keine</u> Auswirkungen auf die personelle Einkommens- und Vermögensverteilung hätte, wie also eine sogenannte verteilungsneutrale Inflation im einzelnen aussähe. Die Analyse kann dann zunächst darauf abzielen, die Realitätsnähe der einzelnen Bedingungen zu überprüfen. Damit wird zumindest deutlich, welche empirischen Daten erforderlich sind, welche Einzelhypothesen getestet werden müssen und wo man sich mit plausiblen Annahmen behelfen muß. Kann gezeigt werden, daß einzelne Bedingungen in Wirklichkeit nicht gegeben sind, so sind damit ganz pauschal Verteilungswirkungen einer Inflation festgestellt. Aus der Art und Weise, wie eine einzelne Bedingung verletzt ist, lassen sich häufig auch Rückschlüsse auf Richtung und Größenordnung der Verteilungswirkung ziehen. Wenn allerdings mehrere Bedingungen gleichzeitig nicht eingehalten sind, ergeben sich sofort komplexe Überlagerungen einzelner Effekte, die nur noch mit einem umfassenden Modell befriedigend zu analysieren sind. Auch für eine solche weitergehende Analyse stellt die Untersuchung der Bedingungen einer verteilungsneutralen Inflation jedoch eine nützliche Vorstufe dar.

Wie in Abschnitt 2.1.4. gezeigt wurde, ist die Wahl eines Bezugspunktes - der Zustand oder Zeitpfad ohne Inflation - äußerst problematisch. Diese Probleme gehen auch voll in die genauere Beschreibung einer verteilungsneutralen Inflation ein. Es ist uns daher hier nur möglich die Bedingungen einer verteilungsneutralen Inflation für einen ziemlich einfachen Fall zu beschreiben. Wir gehen von folgendem Fall aus:

a) Es handelt sich um ein Land mit ähnlichen institutionellen Rahmenbedingungen, wie sie in der BRD herrschen.

b) Betrachtet wird eine kurze Periode (z.B. 1 - 2 Jahre), in der im Anschluß an eine längerdauernde Wirtschaftsentwicklung ohne Inflation, plötzlich eine mäßige inflationäre Preissteigerung aufgetreten ist (einmaliger Inflationsstoß).

c) Es wird unterstellt, daß die personelle Einkommens- und Vermögensverteilung ohne Eintritt der Inflation konstant geblieben wäre, so daß die auftretenden Verteilungswirkungen ausschließlich der Inflation zugeschrieben werden können.

d) Außerdem wird unterstellt, daß alle Preise von Vermögensgütern sowie alle Zins- und Ertragssätze ohne Inflation gleichgeblieben wären und daß die nominellen Lohnsätze genau im Ausmaß des durchschnittlichen Produktivitätszuwachses gestiegen wären; das gleiche gilt für Rentenanpassungen.

e) Schließlich wird angenommen, daß die Haushalte die Zusammensetzung ihrer Vermögen und Einkommen in dieser kurzen Betrachtungsperiode trotz Inflation unverändert lassen, wobei es dahingestellt bleiben kann, ob sie fälschlich von der Erwartung konstanter Preise und Erträge ausgehen oder ob sie aufgrund institutioneller Hemmnisse nicht in der Lage sind, sich kurzfristig an eine richtig erwartete Inflation anzupassen.

Bei der Formulierung der Bedingungen für eine verteilungsneutrale Inflation tritt ein Problem auf, das man mit der Kurzformel "Gleichzeitigkeitsproblem" charakterisieren kann. Alle im folgenden genannten Bedingungen beziehen sich auf eine Anpassung einzelner Größen an die Inflationsrate. Selbst wenn eine solche Anpassung schließlich stattfindet, entstehen in der Periode vom Eintritt der Inflation bis zur erfolgten Anpassung Umverteilungswirkungen. Falls diese anfängliche Verzögerung nicht durch ein späteres Vorauseilen der anzupassenden Größen ausgeglichen wird, ergeben sich sogar ständige, sich akkumulierende Verteilungswirkungen.

Nur bei einer gleichzeitigen Anpassung - streng genommen am selben Tag - wäre die Inflation verteilungsneutral. Eine derart exakte Gleichläufigkeit ist in einer realen Wirtschaft von vornherein nicht zu erwarten. Ebenso wenig läßt sich empirisch der Beginn einer Inflation auf den Tag genau feststellen.[1)] Man muß daher notgedrungen eine Betrachtungsperiode bestimmter Länge als kleinste Zeiteinheit festlegen und Vorgänge mit geringerem zeitlichen Abstand als diese Standardperiode als "gleichzeitig" auffassen. Damit ergibt sich offensichtlich bei jeder Untersuchung ein Unschärfebereich, der unvermeidlich ist. Nur die über die Standardperiode hinausgehenden Verzögerungen und ihre Folgen werden erfaßt. Da man

1) Wenn man, wie es weitgehend üblich ist, Inflation überhaupt nur als Preissteigerung im Jahresdurchschnitt oder gar im mehrjährigen Durchschnitt definiert, wird das Problem, ihren genauen Anfangszeitpunkt zu datieren, noch weiter erschwert. Dieses Problem wird im folgenden nicht weiter verfolgt.

mit der Festlegung der Länge der Betrachtungsperiode eine Entscheidung über die Vernachlässigung bestimmter Verteilungseffekte trifft, kann diese Festlegung nicht ohne Rücksicht auf die Größenordnung der Inflation getroffen werden. Während für jährliche Preissteigerungen von 5 % - 10 % selbst eine Standardperiode von einem Jahr vertretbar erscheint, würde dies bei einer Jahresrate von 100 % sicherlich beträchtliche Verteilungseffekte zum Verschwinden bringen. Da wir es hier nur mit mäßiger Inflation zu tun haben, scheint eine Standardperiode von einem halben Jahr akzeptabel. Wenn im folgenden also von gleichzeitigen Vorgängen die Rede ist, so ist dies dahingehend zu interpretieren, daß sie nicht weiter als ein halbes Jahr auseinander liegen.

2.2.2.1. Bedingungen für die Vermeidung einer inflationsbedingten Vermögensumverteilung zwischen den Haushalten im einfachen Fall

Bei der Formulierung der Bedingungen für die Verteilungsneutralität einer Inflation gehen wir schrittweise vor. Zunächst werden einige Bedingungen für die Vermeidung von Vermögensverteilungswirkungen behandelt.

I. Eine Inflation ist verteilungsneutral in bezug auf die Vermögensverteilung unter den Haushalten, wenn die nachstehenden Größen gleichzeitig im Ausmaß der Inflationsrate ansteigen:

1) der Nominalwert des Bestandes aller Haushalte an inländischem Bargeld und an Sichteinlagen bei den inländischen Finanzsektoren

2) der Nominalwert aller Sparguthaben, Termineinlagen, Bausparguthaben und ähnlicher Forderungen gegenüber den inländischen Finanzsektoren

3) der rechnerische Wert aller inländischen privaten Lebensversicherungsforderungen u.ä. sowie der Wert der Ansprüche auf Betriebsrenten, Leibrenten etc. gegenüber den Unternehmenssektoren I und II und den Finanzsektoren I und II

4) der rechnerische Wert aller Versorgungsansprüche der Haushalte gegen das inländische Sozialversicherungssystem sowie gegen den Staat (und zwar zusätzlich zu der an der Produktivität orientierten regulären Steigerung)

5) der Preis (Kurs) aller gehandelten Anleihetitel inländischer Emittenten (mit fester Nominalverzinsung und nominell fixiertem Rückzahlungsbetrag)

6) der Preis (Kurs) aller gehandelten Aktien, Investmentanteile, Wandelanleihen, Immobilienzertifikate u.ä. des inländischen Unternehmenssektors I und des inländischen Finanzsektors I

7) der rechnerische Wert aller Beteiligungen und Eigentumsrechte der Haushalte am inländischen Unternehmenssektor II einschl. Landwirtschaft und am Finanzsektor II

8) der Preis der inländischen Grundstücke und Gebäude im Besitz von Haushalten

9) der Preis aller übrigen inländischen Sachvermögensbestandteile und immateriellen Vermögenswerte im Besitz von Haushalten

10) der rechnerische Wert in Inlandswährung aller im Besitz von inländischen Haushalten befindlichen Auslandsvermögensteile (gegebenenfalls bewertet zu Marktpreisen oder geschätzten Tageswerten in Auslandswährung und umgerechnet zum herrschenden Wechselkurs)

11) der Nominalwert aller von inländischen Haushalten eingegangenen Verbindlichkeiten gegenüber den inländischen Unternehmenssektoren I und II sowie den Finanzsektoren I und II

12) der Nominalwert aller von inländischen Haushalten eingegangenen Verbindlichkeiten gegenüber dem Staatssektor

13) der rechnerische Wert in Inlandswährung aller von inländischen Haushalten eingegangenen Verbindlichkeiten gegenüber dem Ausland (falls in Auslandswährung fixiert, umgerechnet zum herrschenden Wechselkurs)

14) der Nominalwert aller zwischen inländischen Haushalten bestehenden Forderungsbeziehungen (z.B. Leibrenten, Privatdarlehen etc.) [1]

---

1) Der Ausdruck Nominalwert wird benützt, wenn ein Vermögensbestandteil in Geldeinheiten ausgedrückt wird und seinen Geldwert definitionsgemäß nicht ändert. Der Ausdruck Preis oder Kurs wird benützt, wenn der jeweilige Vermögensbestandteil am Markt veräußert werden kann und variable Marktpreise bestehen. Der Ausdruck "rechnerischer Wert" wird benützt, wenn es sich um möglichst zeitnahe Schätzwerte in inländischen Währungseinheiten handelt, die mangels regelmäßig zustande kommender Marktpreise mit Hilfe vereinfachender Annahmen errechnet werden.

Wäre diese Bedingung in allen Einzelheiten erfüllt, so würde sie allein ausreichen, die Verteilungsneutralität einer Inflation in bezug auf die Vermögensverteilung der Haushalte zu gewährleisten. In diesem Fall würden unterschiedliche Vermögenszusammensetzungen einzelner Haushalte und unterschiedliche Änderungen der Vermögenszusammensetzung als Reaktion auf den Inflationsstoß keinerlei Einfluß ausüben. Ebensowenig würde es eine, durch die Änderung der Vermögensverteilung bedingte Änderung der Einkommensverteilung geben, die wegen des hier zugrunde gelegten Nettovermögenszuwachsbegriffs des Einkommens andernfalls zwangsläufig aufträte.

Ohne weitere empirische Überprüfung ist offensichtlich, daß mehrere Teilbedingungen innerhalb des gegebenen institutionellen Rahmen (z.B. ohne Wertsicherungsklauseln) nicht zutreffen (insbes. I/1, I/2, I/3, I/5, I/11, I/12, I/14), so daß bei einer auf die Vermögens<u>bestände</u> beschränkten Betrachtung Vermögensverteilungswirkungen zu konstatieren wären. Jedoch besteht bei den meisten Vermögensbestandteilen die Möglichkeit, daß über eine entsprechende Änderung ihrer Erträge eine Kompensation stattfindet. Man kann daher eine umfassendere Bedingung II formulieren:

II. Eine Inflation ist verteilungsneutral in bezug auf die Vermögensverteilung zwischen den Haushalten, wenn bei allen jenen Vermögensbestandteilen, bei denen Bedingung I nicht eingehalten wird, der Ertragssatz (in Prozent pro Jahr) gleichzeitig so stark steigt, daß die jährliche Preissteigerungsrate für das einzelne Vermögensgut zusammen mit der Zunahme des Ertragssatzes genau so hoch ist wie die jährliche Inflationsrate.

Zur Illustration dieser Bedingung II zwei Beispiele:
Der Jahreszinssatz einer ursprünglich mit 3 % p.a. verzinsten Termineinlage, deren Geldpreis selbstverständlich nicht steigt, müßte bei einer Inflationsrate von 5 % p.a. auf 8 % p.a. steigen.[1)]

---

1) Soll auch keine Umverteilung der laufenden Einkommen stattfinden, so müßte der Termineinlagezinssatz von 3 % p.a. auf 8,15 % p.a. steigen, weil sonst der Ertrag real gesehen abnähme. Dieser Punkt wird erst weiter unten im einzelnen behandelt.

Die prozentuale Rendite eines Hauses, berechnet auf den Hauspreis vor Beginn der Inflation, müßte bei einer Inflationsrate von 5 % p.a. und einer Hauspreissteigerungsrate von 2 % p.a. von ursprünglich beispielsweise 6 % auf 9 % p.a. steigen.

Die Bedingung II ist hinreichend, aber nicht notwendig für dieVerteilungsneutralität einer Inflation in bezug auf die Vermögensumverteilung unter den Haushalten; denn wenn die Vermögensstruktur aller Haushalte völlig gleichartig ist, dann werden auch alle Haushalte von unterschiedlichen Anpassungen der Preise bzw. Erträge - die Bedingung II verletzen würden - in gleicher Weise betroffen und die gegenseitigen Vermögensrelationen bleiben unverändert. Als alternative hinreichende, aber nicht notwendige Bedingung läßt sich daher formulieren:

III. Eine Inflation ist verteilungsneutral in bezug auf die Vermögensverteilung unter den Haushalten, wenn die wertmäßigen Anteile eines jeden Aktivums und Passivums am Gesamtvermögen eines jeden Haushalts gleich sind.

Wenn weder Bedingung II noch Bedingung III zutrifft, so findet eine inflationsbedingte Vermögensumverteilung statt. Und zwar wird ein Haushalt um so stärker benachteiligt je mehr bei ihm die Anteile jener Vermögensbestandteile, die die Inflationsrate im Preis und Ertrag nicht voll eskomptieren, über dem Durchschnitt aller Haushalte liegen und je mehr bei ihm die Anteile jener Vermögensbestandteile, die die Inflationsrate im Preis und Ertrag voll eskomptieren oder gar übertreffen, unter dem Durchschnitt liegen. Für begünstigte Haushalte gilt die umgekehrte Relation.[1)]

In dem hier zugrunde gelegten einfachen Fall, ist es noch ziemlich leicht, das Vorliegen dieser Bedingungen empirisch

---

1) Diese Formulierung soll nur den Grundgedanken andeuten; sie bedarf einer mathematischen Präzisierung, auf die hier verzichtet werden muß.

festzustellen, weil wir unterstellt haben, daß der Bezugspunkt - die Vermögensgüterpreise und -erträge, wie sie sich ohne Inflation ergeben hätten - bekannt ist. Ohne hier selbst eine empirische Untersuchung anzustellen, kann man doch die allgemeine These vertreten, daß die Vermögenszusammensetzung der Haushalte unterschiedlich ist, und zwar sowohl bei einer Betrachtung einzelner Haushalte als auch bei einer Gruppierung nach Einkommensgrößenklassen, nach Vermögensgrößenklassen oder nach soziologischen Merkmalen. Die Bedingung III dürfte also in keinem Land erfüllt sein; über das Ausmaß der Abweichungen und über die Unterschiede von Land zu Land kann man nur aufgrund statistischer Erhebungen Genaueres sagen. Inwieweit solche Untersuchungen in Verbindung mit der Inflationsproblematik vorliegen, wird in der Literaturübersicht zu prüfen sein. Ebensowenig kann Bedingung II in unserem einfachen Fall auf kurze Sicht als erfüllt gelten. Die gängigen Thesen behaupten insbesondere ein Zurückbleiben des kompensatorischen Ertragszuwachses bei den nominell fixierten Forderungen (Kategorien 1, 2, 3, 5, 11, 12, 14). Bei gehandelten Anleihen, bei denen die Nominalverzinsung bis zum Ende der Laufzeit fixiert ist, zeigt sich ein weiterer Effekt. Mit jeder nominellen Ertragssteigerung der neu emittierten Titel im Gefolge einer Inflation sinkt der Kurswert des bereits umlaufendes Bestandes, so daß die Altbesitzer Vermögensverluste erleiden. Da diese Titel in der Regel Laufzeiten von mehreren Jahrzehnten aufweisen, dauert die Anpassung an eine eingetretene Inflation entsprechend lange. Selbst bei erfolgter Anpassung werden aber die einmal eingetretenen Vermögensumverteilungswirkungen nicht mehr rückgängig gemacht.

Für Vermögensbestandteile mit frei schwankenden Marktpreisen (insbes. Aktien, Häuser und Grundstücke) wird häufig eine volle Anpassung behauptet, während das Problem der rechnerischen Wertänderungen der Besitzanteile am Unternehmensvermögen von Firmen ohne eigene Rechtspersönlichkeit und von nicht-börsenfähigen Kapitalgesellschaften kaum diskutiert scheint; ebenso vermißt man eine breite Diskussion der durch die Auslandsbeziehungen bedingten Vermögensumverteilungswirkungen.

Diese wenigen Hinweise mögen genügen, um dazulegen, daß im Hinblick auf Bedingung II die Literatur besonders dahingehend zu überprüfen ist, inwieweit plausible Aussagen über die Preis- und Ertragssteigerungen einzelner Aktiva und Passiva vertreten und welche Schlüsse daraus auf die Vermögensverteilungswirkungen einer Inflation gezogen werden. Auch bei diesen Resultaten wird man aber kaum a priori behaupten können, daß sie von Land zu Land übertragbar seien, so daß streng genommen für jedes Land eigene Untersuchungen nötig sind.

2.2.2.2 Bedingungen für die Vermeidung einer inflationsbedingten Umverteilung der Nettoeinkommen zwischen den Haushalten im einfachen Fall

Nachdem durch den Reinvermögenszuwachsbegriff des Einkommens Vermögen und Einkommen nahtlos verbunden sind, führt jede inflationsbedingte Nettovermögensänderung auch zu einer Änderung des nominellen Nettoeinkommens und dementsprechend auch zu einer inflationsbedingten Änderung der personellen Einkommensverteilung. Eine solche Änderung der nominellen Nettoeinkommen ergibt sich auf zweierlei Weise: Einmal durch Wertänderungen am Vermögensbestand im Zusammenhang mit Preisänderungen für Vermögensbestandteile, wobei es nach unserer Festlegung gleichgültig ist, ob solche Wertänderungen durch Verkauf realisiert werden oder unrealisiert bleiben. Zum anderen durch Änderung der nominellen Steuerlast eines jeden Haushalts aufgrund von Besitzsteuern, die nach unserer Festlegung auf das nominelle Nettoeinkommen durchschlägt; dabei unterstellen wir, daß alle regelmäßig anfallenden Steuern, also auch Vermögen- und Grundsteuern etc. (nicht aber Erbschaftsteuer), aus dem laufenden Bruttoeinkommen bezahlt werden.

Dieser zweite Punkt bedarf noch einiger Erläuterung, wobei hier beispielhaft die institutionellen Verhältnisse der Bundesrepublik zugrunde gelegt werden.

Die nominellen Zahlungsverpflichtungen aus Steuern, die an Vermögensbestände anknüpfen, können sich inflationsbedingt auf mehreren Wegen unterschiedlich ändern, so daß Verteilungswirkungen auftreten:

a) Bei der Vermögensteuer werden für einzelne Vermögensbestandteile unterschiedliche Bewertungsstichtage und Bewertungsmethoden verwendet. Beispielsweise gilt für Wertpapiere der Börsenkurs zum Jahresende, während für Grundstücke und Gebäude ein unter dem Verkehrswert liegender Wert für einen weit zurückliegenden Stichtag benützt wird. Bei unterschiedlicher Vermögenszusammensetzung der Haushalte ergibt sich dadurch eine unterschiedliche Belastung zugunsten des Boden- und Hausbesitzes; dieser Effekt wird umso stärker, je höher die Inflationsrate ist.

b) Für Besitzsteuern bestehen bestimmte, in Währungseinheiten festgelegte Freigrenzen bzw. Freibeträge, durch die eine leichte indirekte Progression erzielt wird. Da sich bei einer Inflation diese Beträge - real gesehen - vermindern, ergibt sich eine leichte Zunahme der realen Steuerzahlungen und eine Verminderung der realen Progression.

c) Ist das Steuersystem eines Landes - wie beispielsweise in der BRD[1]- derart ausgestaltet, daß Wertsteigerungen des Vermögens von Haushalten nicht oder geringer besteuert werden als das laufende Einkommen, so ist ein weiterer verteilungswirksamer Inflationseffekt wahrscheinlich. Dieser Effekt tritt dann ein, wenn inflationsbedingt Einkommensteile, die ohne Inflation in Form laufenden Einkommens angefallen wären, nunmehr als (steuerbegünstigte) Wertsteigerung anfallen. Zwei typische Beispiele sind erhöhte Wertzuwächse

---

1) In der BRD werden realisierte Wertsteigerungen bei Wertpapieren, die von Haushalten länger als ein halbes Jahr gehalten werden und realisierte Wertsteigerungen bei Häuser und Grundstücken, die sich länger als 2 Jahre im Besitz von Haushalten befinden, nicht als Einkommen besteuert. Unrealisierte Wertsteigerungen sind völlig steuerfrei.

bei Haus- und Grundbesitz bei gleich gebliebenem laufendem Nominalertrag sowie erhöhte Wertzuwächse bei Aktien oder Eigentumsrechten am Unternehmenssektor II und Finanzsektor II. Etwas ähnliches tritt am Anleihemarkt auf, wenn eine inflationsbedingte Erhöhung der Rendite der Neuemissionen die Kurse der Altbestände unter pari drückt. Die Rendite eines neuen Käufers von Altemissionen setzt sich dann aus dem laufenden Nominalertrag und der anteiligen Kurssteigerung bis zur Rückzahlung zu pari zusammen; der zweite Teil ist in der Regel einkommensteuerfrei.

d) In umgekehrter Weise werden die Käufer von Neuemissionen mit inflationsbedingt höherem Nominalzinssatz betroffen. Wenn man den über die Normalrendite (ohne Inflation) hinausgehenden Teil entsprechend unserer früheren Diskussion als Ersatz für die reale Wertminderung der Forderungen ansieht, dürfte er nicht besteuert werden. Da bisher das Steuersystem der BRD auf Nominalgrößen aufbaut, muß aber in Wirklichkeit der gesamte laufende Ertrag entsprechend der jeweiligen Progressionsstufe versteuert werden, so daß hiervon ebenfalls ein inflationsratenabhängiger Effekt auf die Nettoeinkommensverteilung ausgeht.

e) Bei abschreibungsfähigen Vermögensbestandteilen (insbes. Häusern) ergibt sich ein gegenläufiger Effekt zu den nicht zu versteuernden Wertsteigerungen durch die Beschränkung der Abschreibung auf den Anschaffungswert anstelle des um die allgemeine Preisniveausteigerung korrigierten Anschaffungswertes. Auch das Ausmaß dieses Verteilungseffekts ist inflationsratenabhängig.

Mit diesen Beispielen sollte demonstriert werden, daß ein auf Nominalgrößen aufbauendes Steuersystem über die an Vermögensgrößen anknüpfenden Steuern im Fall einer Inflation zu Umverteilungseffekten in bezug auf das Nettoeinkommen führt, wenngleich man ohne weitere Untersuchung keineswegs sagen kann, daß diese Effekte alle gleichgerichtet wären oder daß sie einzelne Einkommensklassen eindeutig begünstigten. Auch diese weitergehenden Feststellungen können wieder nur unter Berücksichtigung der institutionellen Ausgestaltung des Steuersystems eines Landes sowie der tatsächlichen Vermögensgüterpreisänderungen und der Vermögensverteilung und -zusammensetzung präzisiert werden.

Ein auf Nominalgrößen und zeitlich verzögerten Wertfeststellungen aufbauendes Steuersystem führt im Fall einer Inflation zu weiteren Einkommensumverteilungswirkungen durch jene Steuern, die an das laufende Einkommen anknüpfen. Auf diesen Punkt kommen wir weiter unten zurück.

Die bisherigen Überlegungen erlauben es uns, eine erste notwendige Bedingung für die Verteilungsneutralität einer Inflation in bezug auf die Verteilung der Nettoeinkommen zu formulieren:

IV. Es ist eine notwendige, aber nicht hinreichende Bedingung für die Verteilungsneutralität einer Inflation in bezug auf die Nettoeinkommen der Haushalte,

a) daß diese Inflation verteilungsneutral in bezug auf die Nettovermögen ist (also Bedingung II oder III erfüllt)

b) und daß durch die an das Vermögen anknüpfende Besteuerung keine Nettoeinkommensumverteilungseffekte induziert werden.

Neben den Inflationseffekten, die über Vermögensänderungen und über Änderungen der Besitzsteuern auf die personelle Verteilung der Nettoeinkommen einwirken, gibt es drei weitere Ansatzpunkte:

1) inflationsbedingte Änderungen der laufenden Einkommen und der betrieblichen Altersversorgungsansprüche

2) inflationsbedingte Änderungen der staatlichen Transferzahlungen einschließlich der Renten- und Pensionszahlungen

3) inflationsbedingte Änderungen der Lohn- und Einkommensteuerzahlungen und der Sozialversicherungsbeiträge

Diese Ansatzpunkte werden im folgenden erläutert.

1) Verteilungsneutralität einer Inflation in bezug auf die Nettoeinkommen erfordert auch eine Anpassung aller Haushaltseinkommensarten im Ausmaß der Inflationsrate; bei den einzelnen Kategorien des Kapitaleinkommens kommt diese Anpassung zu der weiter vorn erwähnten, als inflationsbedingten Substanzersatz anzusehenden, nominellen Ertragssteigerung hinzu. Die einzelnen Kategorien des Kapitaleinkommens, die man hierbei zweckmäßigerweise unterscheidet, um mögliche Unterschiede in der Anpassung hervortreten zu lassen, entsprechen den in Bedingung I aufgeführten Vermögensbestandteilen; die Schuldzinsen kann man dabei je nach Verwendungszweck des Kredits als Konsumausgaben oder als einkommensmindernde Werbekosten ansehen.

Neben der Anpassung der Vermögenseinkommen wäre selbstverständlich auch eine volle Anpassung der Bruttolohn- und Gehaltseinkommen einschließlich der Arbeitgeberanteile an den Sozialversicherungsbeiträgen sowie der Einkommen aus freiberuflicher und unternehmerischer Tätigkeit erforderlich; das gleiche gilt für den Wert von Eigennutzungen.

Die Bedeutung dieser Anpassungsforderungen dürfte unmittelbar einsichtig sein, so daß wir Bedingung V formulieren können:

V. Es ist eine zusammen mit IV, VI und VII hinreichende Bedingung für die Verteilungsneutralität einer Inflation in bezug auf die personelle Nettoeinkommensverteilung, daß alle laufenden Vermögens- und Arbeitseinkommen einschließlich der Einkommen aus freiberuflicher und unternehmerischer Tätigkeit und der Eigennutzungen gleichzeitig nominell im Ausmaß der Inflationsrate wachsen.

Bei der empirischen Überprüfung dieser Bedingung ist zu beachten, daß bei den Vermögenserträgen vorweg der zur Substanzerhaltung erforderliche Teil abgezogen wird, so daß das verbleibende Residuum beträchtlich vom Nominalertrag abweichen kann.

Im übrigen läßt sich nur feststellen, daß es über die Anpassung einzelner Einkommensarten weit voneinander abweichende Hypothesen gibt, wobei eine besondere Schwierigkeit darin besteht, daß sich die einzelnen Aussagen häufig auf unterschiedlich zusammengefaßte Einkommenskategorien beziehen. Die Literaturübersicht wird zeigen müssen, inwieweit einzelne Hypothesen für bestimmte Länder empirisch gestützt oder widerlegt werden konnten.

2) Staatliche Transferzahlungen an Haushalte sind ein zunehmend wichtiger werdender Bestandteil des Nettoeinkommens breiter Bevölkerungsschichten. Bei nicht stattfindender oder stark verzögerter Anpassung an einen Inflationsstoß muß man beträchtliche Auswirkungen auf die personelle Verteilung der Nettoeinkommen erwarten. Da die gesetzlichen Anspruchsgrundlagen sowie die Ausgestaltung der einzelnen Arten von Transferzahlungen sehr unterschiedlich sind, kann man auch ohne genauere Prüfung sagen, daß sich unterschiedliche Inflationseffekte ergeben werden. Für eine präzisere Analyse muß man eine Aufspaltung in einzelne, einigermaßen homogene Kategorien vornehmen und jede Transferzahlungsart gesondert untersuchen. Vor dem institutionellen Hintergrund der BRD scheinen folgende Transferzahlungsarten besonders bedeutsam:

a) Rentenzahlungen der Arbeiter-, Angestellten- und Knappschaftsrentenversicherung sowie der Versorgungskassen für die Landwirtschaft und für freie Berufe; Beamtenpensionen

b) Unfallrenten u.a. Leistungen der staatlichen Unfallversicherung

c) Krankenversicherungsleistungen

d) Arbeitslosenunterstützung

e) Kriegsopferversorgung und Lastenausgleich

f) Sozialhilfe

g) Wohngeld

h) Ausbildungsförderung

i) Familienlastenausgleich

j) Sparprämien u.a. Vermögensbildungsförderungsmaßnahmen

k) Staatliche Darlehen, Aufwendungszuschüsse und ähnliche Maßnahmen zur Förderung von Wohnungseigentum

Inflationäre Umverteilungswirkungen können sich hierbei einmal dadurch ergeben, daß Geldleistungen nicht oder nicht voll oder verzögert dem Ausmaß der Inflationsrate angepaßt werden - beispielsweise, weil es einer ad-hoc-Entscheidung des Gesetzgebers bedarf - oder weil sie an eine Größe gebunden sind, die ihrerseits nicht voll oder verzögert reagiert. Zum anderen kann es sein, daß die Anspruchsgrenzen, Freibeträge etc. nicht voll oder nicht gleichzeitig der Inflationsrate angepaßt werden, so daß der Kreis der Berechtigten im Vergleich zum Zustand ohne Inflation kleiner wird.

Diese wenigen Andeutungen mögen genügen, um die Bedeutung der folgenden Bedingung VI zu kennzeichnen:

VI. Es ist eine zusammen mit IV, V und VII hinreichende Bedingung für die Verteilungsneutralität einer Inflation in bezug auf die personelle Nettoeinkommensverteilung, daß alle laufenden Transferzahlungen des Staates an die Haushalte gleichzeitig nominell um die Inflationsrate zunehmen und daß der Kreis der Empfänger trotz Inflation unverändert bleibt.

3) Falls die bisher formulierten Bedingungen zuträfen, wäre die Verteilungsneutralität einer Inflation in bezug auf die personelle Verteilung der Bruttoeinkommen gewährleistet. Für die Verteilungsneutralität in bezug auf die Nettoeinkommen ist es darüber hinaus erforderlich, daß keinerlei differenzierenden Inflationswirkungen auf die Lohn- und Einkommensteuerzahlungen der Haushalte sowie auf die Arbeitnehmer- und Arbeitgeber-Sozialversicherungsabgaben entstehen.

Dieser Zusammenhang wird in Bedingung VII festgehalten:

VII. Es ist eine zusammen mit IV, V und VI hinreichende Bedingung für die Verteilungsneutralität einer Inflation in bezug auf die personelle Nettoeinkommensverteilung, daß die nominellen Einkommen- und Lohnsteuerzahlungen sowie die Sozialversicherungsbeiträge jedes Haushalts gleichzeitig im Ausmaß der Inflationsrate wachsen.

Schon eine kurze Überlegung vor dem institutionellen Hintergrund der BRD zeigt, daß diese Bedingung nicht genau zutreffen kann. Die im Steuertarif enthaltene Progression knüpft an Größen an, die gesetzlich in Geldeinheiten fixiert sind (Proportionalstufe, Progressionsstufe, Grenze für den Spitzensatz etc.); ebenso sind zulässige Freibeträge, Pauschalbeträge u.ä. in Geldeinheiten ausgedrückt. Schließlich knüpfen manche Schätzverfahren (z.B. bei der Ermittlung des Mietwerts eines eigengenutzten Hauses oder einer Eigentumswohnung sowie bei der Feststellung bestimmter landwirtschaftlicher Einkommen) an historische Größen an, die um so weiter von Tageswerten abweichen, je höher die Inflationsrate liegt. In ähnlicher Weise wirken die unterschiedlichen Zahlungsfristen für Einkommensteuerzahlungen im Vergleich zu Lohnsteuerzahlungen um so stärker differenzierend, je höher die Inflationsrate liegt, weil dadurch dem Steuerzahler vom Staat ein zinsloser Kredit eingeräumt wird, dessen reale Entwertung mit steigender Inflationsrate zunimmt.

Dieser hier nur an einigen Beispielen illustrierte Tatbestand eines auf Nominalgrößen aufbauenden Steuersystems bewirkt, daß bei Eintritt einer Inflation die nominellen Steuerzahlungen stärker als die Inflationsrate wachsen, d.h. die Progression zunimmt, und zwar unterschiedlich in den einzelnen Einkommensgrößenklassen; vermutlich ist die Zunahme der Steuerbelastung in den unteren Einkommensgruppen am stärksten.

Da es sich bei den Sozialversicherungsbeiträgen der Arbeitnehmer und Arbeitgeber um proportionale Abgaben handelt, ist hier auf den ersten Blick keine Belastungsverschiebung sichtbar; ein begrenzter differenzierender Inflationseffekt scheint allenfalls bei verzögerter Anpassung der Beitragsbemessungsgrenzen und der Pflichtversicherungsgrenze denkbar. Es muß Detailuntersuchungen für jedes Land überlassen bleiben, einen umfassenden Katalog derartiger institutioneller Regelungen mit inflationsbedingt differenzierenden Auswirkungen zusammenzustellen und den Gesamteffekt abzuschätzen. Inwieweit solche Untersuchungen vorliegen, wird die Literaturübersicht ergeben.

Die Bedingungen V, VI und VII könnten in ihrer Gesamtheit durch eine andere Bedingung VIII ersetzt werden, die zusammen mit Bedingung IV ebenfalls hinreichend wäre, die Verteilungsneutralität einer Inflation in bezug auf die personelle Nettoeinkommensverteilung zu gewährleisten. Sie lautet:

VIII. Eine Inflation ist dann verteilungsneutral in bezug auf die personelle Verteilung der Nettoeinkommen, wenn die Anteile aller Einkommensarten und Transferzahlungen sowie aller Steuerzahlungen und Sozialversicherungsbeiträge am Gesamteinkommen bei jedem Haushalt gleich sind, d.h. wenn alle Haushalte die gleiche Einkommensstruktur aufweisen.

Es liegt auf der Hand, daß auch diese Bedingung in Wirklichkeit nicht erfüllt ist, da breite Bevölkerungsschichten fast ausschließlich Arbeitseinkommen beziehen, andere Gruppen weitgehend auf Transferzahlungen angewiesen sind, während bei oberen Einkommensklassen das Vermögenseinkommen eine wichtige Rolle spielt; ebensowenig sind wegen der progressiv ausgestalteten Lohn- und Einkommensteuer die Anteile der Steuerzahlungen gleich. Man kommt also nicht umhin, für ein zu untersuchendes Land für alle Einkommensgrößenklassen, Vermögensgrößenklassen und sozialen Schichten die jeweilige Einkommensstruktur zu ermitteln; erst auf dieser Basis lassen sich unter Einbeziehung der Hypothesen über die unterschiedliche Anpassung einzelner Einkommensarten und -abzüge Aussagen über die Wirkungen einer Inflation auf die personelle Verteilung in dem betreffenden Land machen. Ähnlich wie bei der Vermögensverteilung werden auch hier jene Haushalte begünstigt sein, die überdurchschnittliche Anteile jener Einkommensarten beziehen, die sich gleichzeitig voll oder gar überstark anpassen, und die unterdurchschnittliche Anteile jener Einkommensarten aufweisen, die eine zu geringe Anpassung erzielen. Haushalte mit gegenteiliger Einkommensstruktur fallen zurück.[1]

---

1) Diese Formulierung soll nur den Grundgedanken andeuten; sie bedarf genau genommen einer formelmäßigen Präzisierung, auf die hier aber aus Platzgründen verzichtet wird.

Damit haben wir einen Überblick über die wichtigsten Determinanten gewonnen, von denen das Ausmaß der Inflationswirkungen auf die personelle Einkommens- und Vermögensverteilung in dem hier zugrunde gelegten einfachen Fall abhängt:

a) von der Vermögensstruktur jeder Einkommens- und Vermögensklasse

b) von der Einkommensstruktur (einschließlich der Steuerzahlungsstruktur) jeder Einkommens- und Vermögensklasse

c) vom Ausmaß, in dem sich Vermögensgüterpreise an einen Inflationsstoß anpassen

d) vom Ausmaß, in dem sich Vermögenserträge, Arbeitseinkommen und Transferzahlungen jeder Einkommens- und Vermögensklasse an einen Inflationsstoß anpassen

e) vom Ausmaß, in dem sich Steuerzahlungen und Sozialversicherungsbeiträge jeder Einkommens- und Vermögensklasse an einen Inflationsstoß anpassen

Die Veränderungen bei einer Haushaltsgruppe dürfen dabei aber nicht isoliert, sondern nur in Relation zu anderen Gruppen gesehen werden. Die Literatur wird im Hinblick auf empirische Gesamt- oder Teilaussagen für einzelne Länder und Perioden zu diesen Determinanten zu überprüfen sein.

2.2.2.3. Bedingungen für die Vermeidung einer inflationsbedingten Umverteilung der Wohlfahrt zwischen den Haushalten im einfachen Fall

Bereits bei der Untersuchung der möglichen Umverteilungswirkungen zwischen einzelnen Wirtschaftssektoren haben wir das Problem angesprochen, daß durch inflationsbedingte Änderungen des Staatskonsums und des Konsums von privaten Organisationen ohne Erwerbscharakter weitere Verteilungseffekte auftreten können. Wenn man für den hier verfolgten Zweck die Wohlfahrt eines Haushalts als abhängig von den vier Elementen "Nettoeinkommen", "Nettovermögen", "in Anspruch genommene Staatsleistungen" und "in Anspruch genommene Leistungen der privaten Organisationen ohne Erwerbscharakter" ansieht, kann man eine weitere Bedingung IX formulieren, deren Einhaltung auch die Neutralität einer Inflation in bezug auf die Verteilung der Wohlfahrt zwischen den Haushalten garantiert.

IX. Eine Inflation ist verteilungsneutral in bezug auf die personelle Wohlfahrtsverteilung

a) wenn entweder die Bedingungen IV, V, VI und VII oder die Bedingungen IV und VIII gegeben sind

b) und wenn Niveau und Zusammensetzung des <u>realen</u> Staatskonsums sowie des <u>realen</u> Konsums der privaten Organisationen ohne Erwerbscharakter durch die Inflation nicht verändert werden.

Bei dieser Bedingung IX wird implizit unterstellt, daß die vom Staat und den privaten Organisationen zur Verfügung gestellten Leistungen weniger ungleich genutzt werden, als die Finanzierungsbeiträge der einzelnen Nettoeinkommens- und Nettovermögensklassen verteilt sind. Eine inflationsbedingte <u>reale</u> Niveausenkung hätte daher einen, die Ungleichheit der Wohlfahrtsverteilung verstärkenden, eine inflationsbedingte <u>reale</u> Niveauerhöhung einen die Ungleichheit mindernden Effekt.

In welcher Richtung die tatsächlichen Vorgänge in einem Land von der Bedingung IX abweichen, läßt sich a priori nicht sagen. Auch hier bedarf es der Detailuntersuchungen, deren Ergebnisse vermutlich stark von der institutionellen Struktur eines Landes und den Ursachen der jeweils betrachteten Inflation abhängen dürften.

2.2.2.4. Das Aggregationsproblem als weitere Ursache von Unschärfen einer Verteilungsanalyse

Bei unseren Überlegungen sind wir bereits auf zwei Schwierigkeiten gestoßen, die eine vollständige Erfassung der Verteilungswirkungen einer Inflation unmöglich machen. Einmal gehen durch die praktisch nicht zu umgehende Zusammenfassung von Haushalten zu Haushaltsgruppen Umverteilungswirkungen innerhalb der Gruppen unter; zum anderen verschwinden einige Verteilungseffekte dadurch, daß man viele Vorgänge nicht genau datieren kann, sondern alles, was innerhalb einer bestimmten Betrachtungsperiode geschieht, als gleichzeitig ablaufend ansehen muß. Es gibt jedoch noch ein drittes Problem, das eine zusätzliche Unschärfe in jede Verteilungsanalyse bringt: Die Zusammenfassung von Einkommens- und Vermögensbestandteilen zu ziemlich umfassenden Kategorien. Wenn diese einzelnen Kategorien keine völlig homogene Zusammensetzung aufweisen, so können weitere differenzierende Verteilungseffekte auftreten, die durch die bisher genannten Bedingungen nicht ausgeschlossen werden; denn bei der Formulierung dieser Bedingungen sind wir zur Vereinfachung von einem Kategorienschema ausgegangen, das als ziemlich grob bezeichnet werden muß. Wir sprachen beispielsweise von Preis und Ertrag "der Aktien" oder "der Häuser und Grundstücke oder von "den Arbeitseinkommen". Selbst wenn zwei Haushalte einen gleich hohen Anteil ihres Vermögens "in Aktien" angelegt haben, kann es aber zu inflationsbedingten Umverteilungswirkungen kommen, wenn der eine Haushalt seine Aktienanlage auf inflationsbegünstigte Branchen konzentriert hat, während der andere vor allem Aktien inflationsgeschädigter Branchen besitzt. Da die meisten der hier verwendeten Einkommens- und Vermögenskategorien heterogene Elemente umfassen, sind derartige unterschiedliche Verteilungseffekte an vielen Stellen möglich. Sie kommen jedoch bei einer Betrachtung, die sich auf weit gefaßte Kategorien und entsprechende Preis- und Ertragsindices stützt, nicht zum Vorschein. Der methodisch korrekte Ausweg, die einzelnen Vermögens- und Einkommenskategorien soweit aufzuspalten, daß jede Kategorie lediglich Elemente enthält, die in bezug auf Inflationswirkungen homogen sind, ist beim gegenwärtigen Stand der empirischen und theoretischen Kenntnisse kaum gangbar. Schon die hier verwendete Einteilung stellt Anforderungen an das statistische Material, die derzeit nicht voll erfüllt werden können. Außerdem führt das Arbeiten mit vielen Haushaltsgruppen und vielen Einkommens- und Vermögenskategorien schnell in Bereiche hoher mathematischer Komplexität.

Aufgrund dieser Überlegungen scheint es angebracht, hier nochmals jene Vermögens- und Einkommenskategorien aufzuführen, bei denen man beträchtliche Heterogenität in bezug auf Inflationswirkungen vermuten muß.

Bei den Vermögensbestandteilen sind dies vor allem:

- Anleihen
- Aktien
- Eigentumsreche am inländischen Unternehmenssektor II und Finanzsektor II
- Haus- und Grundbesitz
- Auslandsvermögen
- Staatliche Darlehen
- Langfristige Verbindlichkeiten

Bei den Einkommensarten dürften vor allem betroffen sein:

- Dividendenerträge
- Ausschüttungen des Unternehmenssektors II und des Finanzsektors II
- Mieteinnahmen
- Transferzahlungen

Bei einer kritischen Würdigung der Literatur wird man also auch fragen müssen, ob erkannt wurde, daß durch eine derartige Aggregation Verteilungseffekte untergehen; ob über das Ausmaß der Heterogenität einzelner Einkommens- und Vermögenskategorien Aussagen gemacht werden; und ob die Studien zu einer Abschätzung der unterdrückten Verteilungseffekte vorstoßen.

2.2.3. Zusätzliche Ansatzpunkte für Verteilungswirkungen einer Inflation in komplizierten Fällen

Den bisher beschriebenen Ansatzpunkten von Verteilungswirkungen einer Inflation lag ein vereinfachter Fall zugrunde, dessen einschränkende Annahmen zu Beginn von 2.2.2. genannt wurden. Diese Einschränkungen bedingen jedoch:

1. Untersuchungsfehler infolge der Annahme einer trotz Inflation unveränderten Vermögens- und Einkommensstruktur aller Haushalte

2. mangelnde Aussagefähigkeit der Analysen über die Verteilungswirkungen einer Inflation für längere Zeitspannen und über die Verteilungseffekte einer Inflation, deren Beginn nicht am Ende einer Periode stabilen Preisniveaus liegt, sondern die nur ein Teilstück einer langen Inflationsperiode mit konstanten oder schwankenden Preissteigerungsraten ist

3. Meßfehler durch die kaum gesicherte Annahme, daß ein historisch bekannter Bezugspunkt (die zu Beginn der Untersuchungsperiode bestehende Einkommens- und Vermögensverteilung und die damals herrschenden Vermögensgüterpreise, Ertragssätze etc.) in einer Entwicklung ohne Inflation konstant geblieben wären.

Läßt man diese Einschränkungen fallen, so ergeben sich zusätzliche Ansatzpunkte für Verteilungswirkungen einer Inflation, die hier noch behandelt werden müssen. Die Zusammenschau aller einzelnen Aspekte würde allerdings ein umfassendes, mit empirisch gesicherten Daten spezifiziertes Modell erfordern, das bisher noch nicht entwickelt wurde; wir begnügen uns daher mit einer Skizze einiger wichtiger Punkte.

1) Die Annahme einer trotz Inflation unveränderten Einkommens- und Vermögenszusammensetzung ist nicht generell haltbar. Genauer ausgedrückt bezieht sich diese Annahme beim Vermögen auf eine konstante <u>mengenmäßige</u> Zusammensetzung, da Preisänderungen der Vermögensbestandteile und damit Änderungen der wertmäßigen Zusammensetzung gerade einen wichtigen Ansatzpunkt für Verteilungswirkungen darstellen; beim Einkommen muß man sie auf die Mengen der ertragbringenden Vermögensbestandteile sowie die angebotenen Arbeitsmengen und die sachlichen Anspruchsgrundlagen für Transferzahlungen beziehen.

   Ändern sich im Gefolge einer Inflation die Preis- und Ertragsrelationen der Vermögensbestandteile, so wird zumindest ein Teil der Haushalte die Zusammensetzung der Vermögen in Richtung auf größere Anteile der nunmehr höher rentierlichen Anlagen anpassen und damit gleichzeitig auch die Struktur der Vermögenseinkommen ändern. Ob und wie solche Anpassungen stattfinden, hängt ab von

   - dem Informationsstand in bezug auf die zugänglichen Anlagealternativen

   - den Erwartungen in bezug auf die künftige Entwicklung des Preisniveaus und der einzelnen Vermögensgüterpreise und -erträge

   - der Risikofreudigkeit des einzelnen Anlegers

   - der Relation zwischen verfügbaren Mitteln und den Mindestanlagesummen bei einzelnen Anlagearten

- den Umschichtungskosten, die sowohl die subjektive Mühe der Informationsbeschaffung und Entscheidung als auch die tatsächlich zu bezahlenden Kosten für Beratung, Provision etc. einschließlich der damit möglicherweise verbundenen Steuerzahlungen umfassen

- Liquiditätserwägungen sowie Erwägungen in bezug auf die notwendigen Minimalbestände an einzelnen Vermögensbestandteilen (z.B. Versicherungen, flüssige Mittel)

- gesetzlichen oder institutionellen Umschichtungshemmnissen (z.B. Erfordernis der Mündelsicherheit, Fehlen eines Marktes, Nicht-Übertragbarkeit von Forderungen)

- steuerlichen Erwägungen

Informationsstand und Erwartungen sind unter anderem wieder abhängig von der Länge des Zeitraums, in dem bereits Inflation herrschte. Ohne genauere empirische Untersuchung läßt sich nur die Vermutung äußern, daß diese Einflußfaktoren bei den einzelnen Haushalten unterschiedlich wirken, wobei bei reicheren Haushalten zumindest einige Umschichtungshemmnisse wegfallen und in der Regel ein besserer Informationsstand angenommen werden kann. Da dementsprechend die einzelnen Haushalte ihre Vermögenszusammensetzung vermutlich unterschiedlich schnell und unterschiedlich gut an eine inflationäre Entwicklung anpassen, resultieren daraus weitere Verteilungseffekte. Falls im Gefolge einer Inflation länger anhaltende Verzerrungen in der Renditestruktur entstehen, können dadurch sogar neuartige Chancen für geschickte Vermögensanleger entstehen, die diese in Zeiten weitgehend angeglichener Renditen nicht vorfinden; eine solche Situation mag die Verteilungseffekte unterschiedlicher Anpassungsbereitschaft und -fähigkeit weiter verstärken.

Vermutlich dauert es mehrere Jahre bis die breiten Schichten ihre Erwartungen und ihren Informationsstand auf eine anhaltende Inflation eingestellt haben; dann verschwinden die Informationsvorteile der wirtschaftlich versierten Anleger und die davon ausgehenden neuen Verteilungseffekte, während aber die schon eingetretenen Auswirkungen nicht wieder rückgängig gemacht werden. Auch bei weitverbreiteten Inflationserwartungen bleibt jedoch immer noch die Tatsache unterschiedlich starker institutioneller Anpassungshemmnisse und degressiver Umschichtungskosten. Hiervon können ständig weitere Verteilungseffekte ausgehen.

Über die Beeinflussung der Zusammensetzung der Vermögenseinkommen hinaus haben die Haushalte nur geringe Möglichkeiten ihre Einkommenszusammensetzung individuell zu beeinflussen. Verteilungseffekte, die von einer Anpassung der übrigen Einkommenszusammensetzung ausgehen, dürften daher nur sehr gering sein.

Aufgrund dieser Überlegungen wird bei der Würdigung der vorliegenden Untersuchungen, auch zu prüfen sein, inwieweit die aus derartigen Anpassungen resultierenden Verteilungseffekte einbezogen wurden.

2) Setzt man sich zum Ziel, die Verteilungswirkungen einer Inflation über eine längere Zeitspanne - z.B. ein Jahrzehnt - zu erfassen, so erhält die Art der Anpassungen ein immer größeres Gewicht, während die anfängliche Einkommens- und Vermögenszusammensetzung als Einflußfaktor zurücktritt. Als zusätzliche Determinante, die verstärkend oder abschwächend wirken kann, gewinnen unterschiedliche Sparneigungen der einzelnen Haushalte an Bedeutung. Um dies an einem Beispiel zu illustrieren: Dem einen mag es gelingen, einen anfänglichen inflationären Einkommens- und Vermögensgewinn zu sparen, geschickt anzulegen und zu vermehren, so daß er dadurch die Basis für einen dauerhaften Aufstieg in der Einkommens- und Vermögenspyramide erhält, während der andere vielleicht nur

kurzzeitig seinen Konsum erhöht, ohne daß irgendwelche Fernwirkungen eintreten. Eine solche Differenzierung kann noch verstärkt werden, wenn - was zu vermuten ist - die Sparneigungen in bezug auf Einkommen aus Wertsteigerungen höher liegen als die Sparneigungen in bezug auf laufendes Einkommen; denn dann würden inflationsbedingte Vermögensverluste kaum durch zusätzliche Ersparnis aus laufendem Einkommen ausgeglichen und ebensowenig würden inflationsbedingte Vermögensgewinne aufgrund von Wertsteigerungen durch verstärkten Konsum wieder abgebaut.

Wird die Frage nach den Verteilungswirkungen einer Inflation auf eine bestimmte Unterperiode innerhalb einer langen Inflationsperiode bezogen, so stellt sich der Einfluß unterschiedlicher Anpassungen und unterschiedlicher Sparneigungen anders dar. Da die am Beginn der Inflation entstandenen Effekte und ihre Folgewirkungen auf diese Weise außerhalb der Betrachtung bleiben, können die in der Unterperiode festzustellenden Effekte relativ gering erscheinen.

Die Frage, inwieweit die in der Literatur vorhandenen Ansätze auf diese längerfristigen Aspekte eingehen und welche Einschränkungen sich gegebenenfalls aus ihrer Vernachlässigung ergeben, bedarf im folgenden ebenfalls der Prüfung.

3) Während die weiter oben bei 1) und 2) angesprochenen Faktoren weitere Ansatzpunkte für Verteilungseffekte ins Blickfeld rücken, die im einfachen Fall unberücksichtigt blieben, geht es bei der Frage nach dem richtigen Bezugspunkt nicht um zusätzliche Ansatzpunkte für Verteilungseffekte, sondern um deren richtige Messung. Diese Frage wurde bereits in 2.1.4. ansatzweise diskutiert. Jedoch dürfte es hilfreich sein, wenn wir hier nochmals die Verbindung zu der nunmehr abgeschlossenen Behandlung der Ansatzpunkte für Verteilungswirkungen einer Inflation herstellen.

Läßt sich die simple Annahme einer Konstanz der Einkommens- und Vermögensverteilung und aller Vermögensgüterpreise, Ertragssätze, Lohnsätze, Transferzahlungen, Steuerzahlungen u.ä. während der hypothetischen Entwicklung ohne Inflation nicht vertreten, so bestehen grundsätzlich drei Möglichkeiten zur Ermittlung eines besseren Bezugspunktes:

a) Die isolierte Abschätzung der Entwicklung der einzelnen Preise, Ertragssätze etc. für den Fall ohne Inflation und die Ermittlung der personellen Einkommens- und Vermögensverteilung unter der Annahme konstanter Einkommens- und Vermögensstruktur und bestimmter Sparneigungen.

b) Die isolierte Abschätzung der Entwicklung der einzelnen Preise, Ertragssätze etc. für den Fall ohne Inflation und die Ermittlung der personellen Einkommens- und Vermögensverteilung unter Zulassung von Anpassungsreaktionen der Haushalte in bezug auf die Einkommens- und Vermögenszusammensetzung und die Ersparnis; dabei bedarf es jedoch einer modellmäßigen Spezifizierung dieser Anpassungsreaktionen sowie der individuellen Ersparnisbildung und der nach Einkommens- und Vermögensgrößenklassen unterschiedlichen Transfer- und Steuerzahlungen.

c) Die simultane Bestimmung der Entwicklung der Einzelpreise, Ertragssätze, Lohnsätze etc. sowie der Anpassungsreaktionen der Haushalte und der anderen Sektoren in einem geschlossen Modell für den Fall ohne Inflation; auch für ein solches Modell sind wieder mehrere Varianten denkbar (vgl. 2.1.4.).

Unter der Annahme, daß es gelingt, ein realitätsnahes und stark disaggregiertes Modell zu erstellen, wäre die Alternative c) die beste, weil nur bei ihr die Möglichkeit von Inkonsistenzen ausgeschlossen ist; Einzelschätzungen im Rahmen der Alternativen a) und b) unterliegen dagegen immer diesem Verdacht.

Alternative b) wäre der Methode a) vor allem dann vorzuziehen, wenn es sich um eine längere Betrachtungsperiode handelt, bei der die Annahme konstanter Einkommens- und Vermögensstruktur nicht mehr vertretbar erscheint. Allerdings ist eine realistische modellmäßige Darstellung der Anpassungsvorgänge sicherlich nicht einfach.

Alternative a) ist bei längerfristiger Betrachtung aber vermutlich immer noch besser, als die allgemeine Konstanzannahme, die dem ausführlich behandelten einfachen Fall zugrunde liegt; denn es werden wenigstens nicht-inflationsbedingte Änderungen von Preisen, Ertragssätzen, Löhnen, Tranfer- und Steuerzahlungen etc. ansatzweise berücksichtigt, wenn auch die möglichen Anpassungen der Einkommens- und Vermögensstrukturen unbeachtet bleiben.

Eine a-priori-Aussage darüber, ob die schließlich festgestellten Verteilungswirkungen einer Inflation durch die Wahl des einen oder anderen Bezugspunktes größer oder kleiner erscheinen, kann man kaum wagen. Gerade deshalb läßt sich jedoch die Forderung vertreten, daß empirische Untersuchungen anstreben sollten, Ergebnisse auf der Basis unterschiedlicher Bezugspunkte abzuleiten und nebeneinander zu stellen. Inwieweit in dieser Richtung Ansätze bestehen, wird im folgenden zu prüfen sein.

Mit der Wahl eines anderen Bezugspunktes wird selbstverständlich die Basis für die weiter vorn formulierten Bedingungen einer verteilungsneutralen Inflation im einfachen Fall verändert. Will man diese Bedingungen auch in den komplizierteren Fällen als Suchhypothesen benützen, so sind sie entsprechend umzuinterpretieren.

2.3. Übersicht über wichtige Kriterien zur Beurteilung der vorliegenden Literatur

Auf der Basis unserer Übersicht über die wichtigsten Probleme bei der Feststellung von Verteilungswirkungen einer Inflation (2.1.) und über die wichtigsten Ansatzpunkte für solche Verteilungswirkungen (2.2.) lassen sich nunmehr die Fragen formulieren, die bei der Darstellung und Würdigung der bekanntgewordenen Studien zu diesem Problem zu beantworten sind.

Bei der zusammenfassenden Darstellung der vorliegenden Untersuchungen interessieren neben den Endergebnissen über die Verteilungswirkungen auch Aussagen über Teilfragen, die in den Bedingungen I bis IX angesprochen sind (z.B. über inflationsbedingte Einzelpreisentwicklungen etc.), da sie als nützliche Vorarbeiten für umfassendere Analysen dienen können.

Für die Würdigung der Endergebnisse sind vor allem Antworten auf folgende Fragen wichtig:

1. Wie wird in der Untersuchung die Inflation gemessen?

2. Von welchem Bezugspunkt aus werden die Auswirkungen der Inflation gemessen? Auf welche Zeitspanne bezieht sich die Analyse?

3. Welche Sektorgliederung liegt der Analyse zugrunde? Wurden alle über "Durchgangsstationen" laufenden Einkommens- und Vermögenseffekte auf die Haushalte umgerechnet?

4. Nach welchen Kriterien wurden die Haushalte gruppiert? Findet eine Gruppierung nach Einkommens- bzw. Vermögenshöhe vor und nach Einwirkung der Inflation statt?

5. Welche Elemente des Nettovermögens werden erfaßt?
   Welcher Aggregationsgrad wird gewählt?
   Welche Bewertungsprinzipien werden angewendet?

6. Welche Elemente des Nettoeinkommens werden erfaßt?
   Werden Steuer- und Transferzahlungen berücksichtigt?
   Werden Wertänderungen am Vermögen einbezogen?
   Welcher Aggregationsgrad wird gewählt?

7. Werden zusammenfassende Verteilungsmaße in der Analyse benützt? Wird deren Aussagegehalt durch die Art und Weise der Haushaltsgruppierung beeinträchtigt?

8. Werden Wohlfahrtseffekte, die sich durch eine inflationsbedingte Änderung der über den Staatssektor laufenden wirtschaftlichen Transaktionen (Steuerzahlungen, Transferzahlungen, öffentliche Sach- und Dienstleistungen, Vermögensbeziehungen) ergeben, umfassend berücksichtigt?

9. Welche Annahmen über inflationsbedingte Anpassungen der Einkommens- und Vermögensstruktur der Haushalte gingen in die Analyse ein?

10. Welche Annahmen über die Sparneigungen der Haushalte gingen in die Analyse ein?

11. Auf welchen Zeitraum und welches Land beziehen sich die empirischen Daten?
    Gibt es Hinweise auf die Verläßlichkeit der empirischen Daten und der verwendeten Testverfahren?

12. Scheint eine Übertragung der Ergebnisse auf andere Zeiträume im selben Land und auf andere Länder, insbesondere die BRD, vertretbar?

Schon ein flüchtiger Blick auf die vorliegenden Studien über die Auswirkungen einer Inflation auf die personelle Einkommens- und Vermögensverteilung zeigt, daß jede Studie nur bestimmte Teilaspekte des Problemkreises herausgreift und darauf eine Antwort sucht. Überdies beruhen viele quantitative Resultate auf einem statistischen Datenmaterial von zweifelhafter Qualität. Eine Verallgemeinerung der Ergebnisse auf den Gesamtkomplex der Inflationswirkungen, eine bedenkenlose Übertragung auf andere Länder oder eine unkritische Hinnahme der zahlenmäßig ermittelten Umverteilungswirkungen könnten zu schweren Fehlurteilen führen. Antworten auf die vorgenannten Fragen sollten es aber ermöglichen, bei jeder Studie die Art und Weise der Einschränkung in ihrer Fragestellung und im Aussagewert der Ergebnisse zu beurteilen.

3. Darstellung und Würdigung der wichtigsten Studien über die Auswirkungen einer Inflation auf die personelle Einkommens- und Vermögensverteilung

Am Beginn dieses Abschnitts muß die unerfreuliche Feststellung stehen, daß es bisher keine Studie gibt, die ein umfassendes und detailliertes Bild der Auswirkungen mäßiger Inflationen auf die personelle Einkommens- und Vermögensverteilung liefert, indem sie alle in Abschnitt 2 skizzierten denkbaren Einzeleffekte erfaßt und zu einer Zusammenschau vordringt. Selbst wenn man die Fragestellung auf die kurzfristigen Primärwirkungen einer Inflation beschränkt und nur einen ganz bestimmten Zeitraum in einem Land mit guter statistischer Datenlage - wie beispielsweise die USA - ins Auge faßt, kann man keine überzeugenden Ergebnisse präsentieren; um so weniger sind Generalisierungen möglich. Alle bekannt gewordenen Untersuchungen arbeiten eine mehr oder minder große Zahl von Einzeleffekten heraus, die sich aber bisher einer konsistenten Zusammenschau entzogen haben. Wir kommen daher nicht umhin, im folgenden ebenfalls Teilergebnisse zu referieren und können allenfalls ihren Stellenwert in einem Gesamtbild andeuten.

Die vorliegenden Studien unterscheiden sich in zu vielen Aspekten, als daß sie sich genau in das einfache Schema dieses Abschnitts einordnen ließen oder daß ihre Ergebnisse hier völlig abgewogen gewürdigt werden könnten. Aus diesem Grund wurden in Anhang II Kurzcharakteristiken der wichtigsten Untersuchungen zusammengestellt, die auch eine detaillierte Würdigung anhand der in Abschnitt 2.3 genannten Kriterien enthalten.

Überblickt man die in den Nachkriegsjahren erschienenen Studien, so lassen sich einige methodische Tendenzen erkennen, die folgendermaßen stichwortartig charakterisiert werden können:

Es wird immer stärker dazu übergegangen

- anstelle von Einzelhypothesen kombinierte Inflationseffekte zu untersuchen

- hoch aggregierte Einkommenskategorien und Vermögenskategorien weiter aufzuspalten

- grobe Gruppenbildungen bei den Haushalten anhand nicht eindeutiger Merkmale (z.B. Schuldner, Gewinnbezieher) durch verfeinerte Gruppenbildung mit eindeutigen Merkmalen oder gar mit Mehrfachkombination von Merkmalen zu ersetzen

- anstelle von Annahmen über Art und Ausmaß der inflationsbedingten Anpassungen einzelner Marktgrößen eine ökonometrisch fundierte Schätzung der Inflationskomponente vorzunehmen

- anstelle einer auf die Markteinkommen und privaten Vermögen beschränkten Betrachtung die mit staatlichen Transferzahlungen und Steuerzahlungen an den Staat einhergehenden Inflationseffekte mit einzubeziehen

- anstelle einer isolierten Untersuchung der durch Inflation bedingten Verteilungseffekte - wobei immer von einem fiktiven Zustand ohne Inflation bei im übrigen unveränderten güterwirtschaftlichen Verhältnissen ausgegangen wird - die Verteilungswirkungen alternativer erreichbarer Wirtschaftsentwicklungen einschließlich der Unterschiede in der Beschäftigungslage zu analysieren

- die Wirkungsanalyse nicht nur unmittelbar auf das Einkommen und Vermögen der ersten Inflationsperiode abzustellen, sondern die Beeinträchtigung der längerfristigen Einkommens- und Vermögensentwicklung mit zu berücksichtigen.

Entsprechend diesen unterschiedlichen Ansätzen kommen auch Ergebnisse unterschiedlicher Art zustande. Trotzdem kann man nicht a priori sagen, daß die Resultate stärker differenzierter Analysen eindeutig überlegen wären; sie müssen daher im folgenden nebeneinander gestellt werden. Wir referieren nacheinander die

Ergebnisse in bezug auf die personelle Vermögensverteilung, auf die personelle Einkommensverteilung und auf die personelle Verteilung einer umfassender definierten Wohlfahrt, wobei wir jeweils nach einfacheren und verfeinerten Ansätzen unterscheiden.

3.1. Die Auswirkungen einer Inflation auf die personelle Vermögensverteilung

3.1.1. Einfache Ansätze

Der am meisten genannte Ansatzpunkt für die Analyse von Vermögensverteilungswirkungen einer Inflation ist die sogenannte Gläubiger-Schuldner-Hypothese; sie besagt, daß Gläubiger von Geldforderungen verlieren und die Schuldner entsprechend gewinnen, weil die Rückzahlung der Forderungen in Geldeinheiten erfolgt, die einen geringeren realen Wert (in Gütern gemessen) repräsentieren als die ursprünglich ausgeliehenen Geldeinheiten.

1. Auf ganz primitive Ansätze, bei denen lediglich die Summe aller in einem Zeitpunkt in einer Volkswirtschaft vorhandenen Geldforderungen addiert wird, um daraus entsprechend der jeweiligen Inflationsrate eine Gesamtsumme der Inflationsverluste bzw. -gewinne zu errechnen, brauchen wir hier nicht weiter einzugehen;[1] denn da sehr viele Wirtschaftssubjekte gleichzeitig Gläubiger und Schuldner sind, ergeben sich Kompensationen von Gewinnen und Verlusten in großem Ausmaß, so daß die isolierte Betrachtung der Bruttosumme an Gewinnen bzw. Verlusten einen völlig schiefen Eindruck hervorruft. Der falsche Eindruck wird noch verstärkt, wenn etwa jährliche Bruttogewinn- bzw. -verlustsummen über einen längeren Zeitraum addiert werden.[2] [3]

---

1) Solche Versuche finden sich beispielsweise bei Bach and Ando (1957), Bach and Stephenson (1974)

2) Bach and Stephenson (1974)

3) Selbst wenn diese Addition korrekt vorgenommen wird, bleibt der schiefe Eindruck wegen der Bruttobetrachtung; hinzu kommt jedoch eine weitere Fehlerquelle, wenn etwa übersehen wird, daß beispielsweise die nominelle Ersparnis des Jahres 1960 in Geldeinheiten dieses Jahres erfolgte, so daß die daraus durch Berücksichtigung der Inflationsrate des Jahres 1960 ermittelten Verluste nicht mit den in analoger Weise ermittelten Verlusten früherer Jahre addiert werden dürfen; vielmehr müssen zunächst die Ersparnisse aller Jahre in Einheiten eines Basisjahres umgerechnet werden und dann können erst Verluste ermittelt werden; ob bei der Ermittlung des Ergebnisses von Bach and Stephenson (Inflationsverluste in den USA von 1946 bis 1971 in Höhe von 1,2 Billionen US-$) dieser Punkt berücksichtigt wurde, muß mangels Dokumentation der Berechnungsmethoden offenbleiben.

2. Der Schwäche dieses Bruttoansatzes kann man durch eine Nettobetrachtung entgehen, bei der alle Geldforderungen und Geldverbindlichkeiten jeder Wirtschaftseinheit saldiert werden. Beschränkt man sich auf den Haushaltssektor und differenziert man weiter nach einzelnen Haushaltsgruppen, so gelangt man zu Netto-Ergebnissen über Gesamtverluste/gewinne je Gruppe gegenüber anderen Gruppen, durchschnittliche Inflationsverluste/gewinne je Gruppenmitglied und relative Inflationsverluste/gewinne in bezug auf das Gruppendurchschnittseinkommen oder Gruppendurchschnittsvermögen. Auf diesem Grundgedanken beruht eine Vielzahl von Studien. Ergebnisse für die USA, bei denen die statistische Datenlage vergleichsweise günstig ist, wurden von mehreren Autoren für verschiedene Stichtage erarbeitet (Alchian and Kessel (1955), Bach (1956), Bach and Ando (1957), Bach and Stephenson (1974), Brownlee and Conrad (1963), Conard (1964), Goldsmith and Lipsey (1963), Harris (1959), Houthakker (1959), Holzman (1963), Niehans (1962), Pesek (1960), Scitovsky and Scitovsky (1964))[1)]

Auf der Basis des von Goldsmith[2)] für Anfang 1950 erarbeiteten Datenmaterials ermittelt Niehans (1962) folgende Übersicht für einzelne Haushaltsgruppen.

---

1) Die meisten dieser Studien enthalten weitere Aussagen über die Verteilungswirkungen einer Inflation (z.B. über Umverteilungen zwischen den Sektoren Haushalte, Unternehmen, Banken, Staat, Ausland oder über differenzierende Auswirkungen auf einzelne Firmen in Abhängigkeit von der jeweiligen Nettoschuldnerposition), auf die im Hinblick auf unsere begrenzte Fragestellung nicht eingegangen wird.

2) Raymond W.Goldsmith, A Study of Saving in the US, vol.III, Princeton 1955, S.122 ff.
Goldsmiths Angaben sind ihrerseits korrigierte Ergebnisse des Federal Reserve-Michigan Survey Research Center Survey of Consumer Finances für Anfang 1950

Tabelle 3.1

Die Verteilung des Nettogeldvermögens (NGV) unter den Haushalten[1)]

Haushalte gruppiert nach:	1 NGV in Mrd. $	2 NGV pro Haushalt wenn der Durchschnitt = 100	3 NGV in % des Nettovermögens im Jahre 1950	4 NGV in % des Einkommens des Jahres 1949
Nominaleinkommen des Jahres 1949 (in $)				
Unter 1000	2.8	25	8	82
1000 - 2999	15.9	49	15	37
3000 - 4999	16.9	72	13	29
5000 - 7499	13.9	157	15	43
7500 und darüber	26.4	656	15	78
Nettovermögen des Jahres 1950 (in $)				
Negativ	-9.2	-245	(118)	
0 - 1900	2.2	88	19	
2000 - 9900	11.0	43	12	
10.000 - 24.900	24.2	179	16	
25.000 - 59.900	21.7	413	17	
60.000 und darüber	25.2	1119	14	

1) Mit Nettogeldvermögen wird hier der englische Ausdruck "fixed-price assets" übersetzt; es umfaßt hier die Summe aus liquiden Vermögenswerten (außer Bargeld) zuzüglich der Reserven von Lebensversicherungen und Pensionsfonds und abzüglich Schulden.

Fortsetzung der Tabelle 3.1

Haushalte gruppiert nach:	1	2	3	4
Berufsgruppen:				
Freiberuflich Tätige (professional and semi-professional)	13.4	238	24	72
Leitende Angestellte (managerial)	6.0	186	17	60
Selbständige Gewerbetreibende (self-employed)	15.5	241	11	
Angestellte (clerical and sales)	7.9	47	20	36
Facharbeiter und Angelernte (skilled and semi-skilled)	7.7		11	16
Ungelernte (unskilled and service)	3.9	40	20	23
Landwirte (farm operators)	1.0	14	1	8
Rentner und Pensionisten (retired)	16.0	397	30	148
Sonstige	9.1	81	22	
Alter des Haushaltsvorstandes:				
18 - 24	0.3	4	4	2
25 - 34	-3.7	-20	-7	-9
35 - 44	8.2	105	7	19
45 - 54	25.5		18	68
55 - 64	24.0	221.2	17	94
65 und darüber	22.3		23	187

Quelle: Goldsmith, a.a.O., S.122 ff. bzw. **Niehans** (1962), S. 90; (gekürzt)

Aus den Angaben in Spalte 1 folgt, daß bei einer gegebenen Inflationsrate

- bei einer Gruppierung der Haushalte nach Einkommensgrößenklassen die absoluten realen Nettovermögensverluste in der untersten Einkommensklasse ziemlich niedrig sind und etwa 1/10 der Verluste der höchsten Klasse ausmachen, während der Mittelbereich durchschnittliche, aber ganz beträchtliche Verluste aufweist. Eine einmalige, einprozentige Preisniveausteigerung würde immerhin 1950 insgesamt Nettoverluste von 759 Mio US$ zur Folge gehabt haben; hierbei sind jedoch die Verluste/Gewinne zwischen Mitgliedern derselben Haushaltsgruppe noch nicht berücksichtigt

- bei einer Gruppierung der Haushalte nach Nettovermögensklassen absolute Gewinne bei der untersten Klasse, dann steigende Verluste bis zur Grenze von US$ 10.000 und anschließend etwa gleichbleibende hohe Verluste auftreten

- bei einer Gruppierung der Haushalte nach dem Alter geringe absolute Verluste bei der jüngsten (18 - 24) und mittleren Gruppe (25 - 44), absolute Gewinne bei der zweitjüngsten Gruppe (25 - 34) und dann gleichbleibend hohe Verluste der über 45-jährigen erscheinen

- bei einer Gruppierung nach den Berufsgruppen hohe absolute Nettoverluste vor allem bei den aus dem Arbeitsleben Ausgeschiedenen, bei den Selbständigen und den Freiberuflichen auftreten, während die absoluten Nettoverluste der Landwirte und Hilfsarbeiter sehr gering sind.

Da die einzelnen Haushaltsgruppen eine sehr unterschiedliche Zahl von Haushalten umfassen, sind diese Gruppensummen noch wenig aussagekräftig. Das Ausmaß möglicher absoluter realer Nettoinflationsverluste pro Haushalt erkennt man aus den Angaben der Spalte 2. Erwartungsgemäß nehmen die absoluten Nettoverluste pro Haushalt mit steigendem Einkommen und steigendem Vermögen kräftig zu. Bei Haushalten über 55 Jahren bzw. bei den aus dem Arbeitsleben Ausgeschiedenen fällt erneut die weit überdurchschnittliche Belastung auf; ebenso liegen die absoluten Nettoverluste bei gehobenen Berufen weit über dem Durchschnitt.

Zur Klärung der Frage, in welcher Weise sich durch derartige absolute reale Nettoinflationsverluste am Vermögen die Vermögensverteilung nach Haushaltsgruppen ändert, muß man die absoluten Nettovermögensverluste zum jeweiligen durchschnittlichen Gruppennettovermögen in Beziehung setzen. Man erkennt folgendes aus den Angaben der Spalten 3 und 4;

- bei einer Gruppierung der Haushalte nach Einkommensklassen, wird das Nettovermögen der untersten Einkommensschicht von Inflationsfolgen weniger betroffen, im übrigen aber sind die relativen Verluste ziemlich ähnlich, so daß kaum eine Änderung der Vermögensverteilung (nach Einkommensklassen) hervorgerufen wird; betrachtet man reale Vermögensverluste als negative Einkommen und setzt sie zum laufenen Markteinkommen in Beziehung, so erkennt man, daß die Einkommensverteilung deutlich verändert wird, und zwar zu Lasten der untersten und obersten Schicht und zugungsten der mittleren Einkommensklassen

- bei einer Gruppierung der Haushalte nach Nettovermögensklassen sind die überschuldeten Haushalte eindeutige Gewinner, während die nächstfolgende Gruppe der Kleinvermögensbesitzer die höchsten relativen Verluste aufweist; trotzdem liegen die Zahlenwerte so nahe beieinander, daß keine bedeutsamen Verschiebungen auftreten dürften

- bei einer Gruppierung der Haushalte nach dem Alter ergeben sich auch bei dieser Betrachtungsweise in der Vermögensverteilung und in der Einkommensverteilung absolute und relative Gewinne zugunsten der Altersschicht 25 - 34 und relative

Verluste - stärker noch in bezug auf das Einkommen als in bezug auf das Vermögen - für die älteren Jahrgänge, zumindest ab 55.

- bei einer Gruppierung nach Berufsgruppen sind ebenfalls die bereits aus dem Arbeitsleben Ausgeschiedenen am stärksten betroffen, während Landwirte besonders gut abschneiden; im übrigen weisen die Berufsgruppen ungefähr die gleiche Rangfolge auf, unabhängig davon, ob man die Verluste auf das Nettovermögen oder das Einkommen bezieht.

Die auf der Basis der Umrechnungen von Niehans getroffenen Feststellungen sind in ähnlicher Weise auch von anderen Autoren, die vor Niehans mit Studien hervorgetreten sind, gemacht worden.[1)]

Ein im Grunde sehr ähnlicher Ansatz geht von der Ermittlung sogenannter "leverage ratios" (Inflationswirkungskennzahlen, kurz: IWK) aus. Wir führen ihn hier an, weil auf dieser Basis einige zusätzliche Aussagen gemacht wurden, für die die Parallele zum vorhergehenden Ansatz nicht vorliegt. Eine IWK gibt an, um wieviel Prozent das Nettovermögen einer Haushaltsgruppe (zu laufenden Preisen gemessen) zunimmt, wenn sich das allgemeine Preisniveau um ein Prozent erhöht. Liegt der Wert der IWK unter 1, so heißt das, daß das Nettovermögen zu laufenden Preisen weniger steigt, als das Preisniveau und das reale Nettovermögen (d.h. deflationiert mit dem Preisniveauindex) damit sinkt. Bei einer IWK von 1 bleibt das reale Nettovermögen unverändert und bei einer IWK über 1 steigt das reale Nettovermögen sogar bei Preisniveauerhöhungen.

---

1) Da die Studien von Harris (1959) und Houthakker (1959) nicht beschafft werden konnten, stützt sich diese Aussage in bezug auf beide Autoren auf die Sekundärliteratur.

Bei der Ermittlung einer IWK wird von vereinfachenden Annahmen ausgegangen: Es wird unterstellt, daß die Preise aller in Geldeinheiten fixierten Forderungen und Verbindlichkeiten unverändert bleiben, so daß diese Vermögensbestandteile zu einem preiskonstanten Nettogeldvermögen zusammengefaßt werden können. Weiter wird unterstellt, daß die Preise aller übrigen preisvariablen Vermögensbestandteile genau im Ausmaß der Inflationsrate steigen, so daß man auch sie zusammenfassen darf. Die IWK ergibt sich dann als Verhältniszahl zwischen dem Wert der preisvariablen Aktiva und dem Nettovermögen.[1)]

Derartige IWK wurden von Goldsmith and Lipsey (1963) für viele Haushaltsgruppen ermittelt und auch von Conard (1964) bei seiner Analyse der Vermögensverteilungswirkungen einer Inflation verwendet. Bei Conard[2)] findet sich die folgende vereinfachte Zusammenstellung von IWK für verschiedene Haushaltsgruppen für das Jahr 1950.

---

1) Vgl. R.W. Goldsmith und R. Lipsey (1963), S.112 u. S. 190 ff. Conard (1964), S. 136

2) Conard (1964), S. 137; diese vereinfachte Tabelle geht auf Goldsmith and Lipsey (1963), S. 209 - 210 bzw. auf Goldsmith (1955), Tab. W46 - W49 zurück.

Tabelle 3.2

Inflationswirkungskennzahlen für einzelne Haushaltsgruppen (1950)

Haushalte, gruppiert nach:	IWK Anfang 1950
Nominaleinkommen des Jahres 1949 vor Steuerabzug ($)	
Unter 1000	0.92
1000 - 1999	0.85
2000 - 2999	0.85
3000 - 3999	0.89
4000 - 4999	0.85
5000 - 7499	0.85
7500 und darüber	0.85
Nettovermögen des Jahres 1950 ($)	
Negativ	(-0.17)
-50 - +50	-
51 - 499	0.67
500 - 999	0.74
1000 - 1999	0.82
2000 - 4999	0.87
5000 - 9999	0.89
10000 - 24999	0.83
25000 - 59999	0.83
60000 und darüber	0.86
Berufsgruppen:	
Freiberuflich Tätige (professional and semi-professional)	0.75
Selbständig Gewerbetreibende (self-employed)	0.89
Leitende Angestellte (managerial)	0.83
Angestellte (clerical and sales)	0.82
Facharbeiter und Angelernte (skilled and semi-skilled)	0.89
Ungelernte (unskilled and service)	0.80
Landwirte (farm operators)	0.98
Rentner und Pensionisten (retired)	0.70
Sonstige	0.78
Alter des Haushaltsvorstandes:	
18 - 24	0.94
25 - 34	1.07
35 - 44	0.93
45 - 54	0.81
55 - 64	0.82
65 und darüber	0.76
Gesamtheit:	0.85

Quelle: Conard (1964), S. 137; übersetzt.

Wenn man sich vergegenwärtigt, daß gleich hohe IWK gleich hohe prozentuale reale Verluste bzw. Gewinne in bezug auf das Nettovermögen der jeweiligen Haushaltsgruppen bedeuten, dann erkennt man aus Conards Tabelle ähnliche Tendenzen wie bei Niehans (1962) (Sp.2); dies ist nicht weiter erstaunlich, da es sich um das gleiche empirische Ausgangsmaterial handelt und die IWK mit dem von Niehans benützten Maß definitorisch verbunden sind. Man sieht, daß mit Ausnahme der Altersgruppe von 25 - 34 und der überschuldeten Haushaltsgruppe das reale Nettovermögen bei allen Gruppen im Inflationsfall abnimmt und daß sowohl bei Gruppierung nach Einkommensklassen wie auch nach Nettovermögensklassen außer bei der untersten Schicht kaum Unterschiede bestehen. Die starke relative Belastung der Älteren und die günstige Situation der Landwirte wird ebenfalls deutlich.

Schon Conard und andere haben vermutet, daß die Unterschiede in der relativen Belastung zwischen den Mitgliedern derselben Gruppe häufig größer sein dürften als die Unterschiede zwischen den Gruppen, und Einzelberechnungen von Goldsmith and Lipsey haben dies bestätigt.

Für das bisher immer zugrunde gelegte Datenmaterial aus dem Jahre 1950 läßt sich zeigen, daß fast in jeder Einkommensklasse, Altersklasse und Berufsgruppe zwischen den Eigentümern von Eigenheimen mit Hypothekarverschuldung, den Eigentümern von schuldfreien Eigenheimen und den Mietern weit größere Unterschiede in den IWK bestanden als etwa zwischen Einkommens- oder Vermögensklassen. Im Durchschnitt hatten Eigenheimbesitzer mit Hypothekenschulden eine IWK von 1,15, schuldenfreie Eigenheimbesitzer eine IWK von 0,78 und Mieter eine IWK von 0,58. Die folgende gekürzte Tabelle[1] läßt erkennen, wie stark die Unterschiede zwischen diesen drei Untergruppen im Vergleich zum jeweiligen Gruppendurchschnitt sind.

1) Goldsmith and Lipsey (1963), S.214

Tabelle 3.3

Inflationswirkungskennzahlen für nicht-landwirtschaftliche Haushalte mit unterschiedlichem Wohnstatus (Anfang 1950)

Haushalte gruppiert nach:	Inflationswirkungskennzahlen			
	Alle Haushalte	Hauseigentümer: ohne Hypothekenschulden	Hauseigentümer: mit Hypothekenschulden	Mieter
	1	2	3	4
Gesamtheit	.84	.78	1.15	.58
Einkommen ($)				
Unter 1000	.81	.78	1.17	.31
1000 - 1999	.81	.79	1.25	.35
2000 - 2999	.85	.71	1.62	.44
3000 - 3999	.86	.79	1.25	.50
4000 - 4999	.82	.72	1.13	.44
5000 - 7499	.82	.68	1.21	.47
7500 und darüber	.86	.86	.97	.71
Alter des Haushaltsvorstandes:				
18 - 24	1.09	.87	1.60	.88
25 - 34	1.04	.76	1.46	.64
35 - 44	.93	.83	1.17	.53
45 - 54	.81	.77	1.09	.59
55 - 64	.81	.81	.93	.51
65 und darüber	.73	.71	1.04	.53

Fortsetzung Tabelle 3.3

Haushalte, gruppiert nach:	1	2	3	4
Berufsgruppen:				
Freiberuflich Tätige (professional and semi-professional)	.68	.53	1.03	.48
Selbständig Gewerbetreibende (self-employed)	.94	.91	1.11	.80
Leitende Angestellte (managerial)	.85	.76	1.01	.50
Angestellte (clerical and sales)	.85	.79	1.47	.29
Facharbeiter und Angelernte (skilled and semi-skilled)	.90	.76	1.24	.37
Ungelernte (unskilled and service)	.84	.76	1.20	.35
Rentner und Pensionisten (retired)	.73	.71	1.08	.77
Sonstige	.80	.79	1.20	.38

Quelle: Goldsmith and Lipsey (1963), S. 214, übersetzt und gekürzt

Bei den Einkommensklassen liegen die IWK der Mieter mit Ausnahme der obersten Schicht alle unter 0,5; bei den Berufsgruppen gilt dasselbe, außer für die Selbständigen und die Rentner; bei den Gruppen mit derart niedrigen IWK treten also die stärksten relativen und absoluten Inflationsverluste auf. Bei den verschuldeten Eigenheimbesitzern liegt die IWK außer bei der obersten Einkommensschicht und der Altersgruppe zwischen 55 und 64 immer über 1, d.h. sie sind relative und absolute Inflationsgewinner.

Im übrigen sei angemerkt, daß Goldsmith and Lipsey auch Tabellen über die Streuung der IWK innerhalb der einzelnen Haushaltsgruppen für die Jahre 1953 und 1962 berechnen (S. 212 f.), allerdings ohne auch hier zwischen Eigenheimbesitzern und Mietern zu unterscheiden; es zeigt sich eine sehr breite Streuung der IWK, die in den untersten Vermögens- und Einkommensklassen aber stärker ausgeprägt ist als in den oberen Klassen. Auch dies kann als Hinweis auf die sehr unterschiedlichen Vermögensverteilungswirkungen einer Inflation innerhalb jeder Gruppe gewertet werden.

Die bisherigen Aussagen bezogen sich fast nur auf Datenmaterial aus dem Jahre 1950. Würden sich die IWK der einzelnen Haushaltsgruppen im Zeitablauf schnell und stark ändern, z.B. weil sich die Haushalte an eine fühlbar gewordene Inflation durch Änderung ihrer Vermögenszusammensetzung anpassen, so bestünde kaum eine Basis für die Übertragung der Aussagen auf spätere Zeiträume in den USA. Goldsmith and Lipsey ermitteln jedoch auch für die Jahre 1953, 1958 und 1962 aufgrund eines ähnlichen Datenmaterials die IWK der einzelnen Haushaltsgruppen[1] und sie kommen zu dem Schluß, daß trotz einer gewissen Variabilität die weiter vorn auf der Basis der 1950er Daten gemachten Aussagen der Tendenz nach aufrecht erhalten werden können. Diese Feststellung wird

---

1) Goldsmith and Lipsey (1963), S. 208 ff.

auch durch die neueste Untersuchung von Bach and Stephenson (1974)[1] gestützt, die aufgrund von Stichprobendaten aus dem Jahre 1969 zu folgenden Tendenzaussagen kommen:

- die untersten und obersten Einkommensschichten haben größere relative Vermögensverluste als die mittleren Schichten
- die untersten Vermögensschichten haben eine bessere Position als die höheren Schichten
- alte Haushalte (über 55) haben bedeutende absolute und relative Vermögensverluste, während die jüngeren Schichten, insbesondere die Gruppe zwischen 25 und 34, wiederum stark begünstigt sind.

Obwohl in dieser Datenquelle Geldforderungen in bedeutendem Maß unterschätzt werden, glauben die Autoren, daß diese Tendenzaussage auch bei besserer Erfassung der Vermögenswerte nicht revidiert werden müßte.

Derartige Vergleiche über längere Perioden dürfen selbstverständlich nicht dahingehend interpretiert werden, daß irgendwelche Haushalte immer derselben Gruppe angehören und deshalb im Fall einer anhaltenden Inflation Jahr für Jahr entsprechende Verluste erleiden; hiermit wird nur gesagt: obwohl einzelne konkrete Haushalte vermutlich im Zeitablauf häufig "durch die Gruppen" wandern, zeigt sich eine bemerkenswert geringe Variabilität eines bestimmten Musters abstrakter Merkmale.

---

1) Bach and Stephenson (1974), S. 4 ff.
Bei einem Vergleich mit den Goldsmith/Lipsey-Zahlen von 1950 muß berücksichtigt werden, daß die von Bach and Stephenson benützten Stichprobendaten ein allgemein bekanntes beträchtliches underreporting von Forderungen aufweisen; bei Goldsmith/Lipsey sind hierfür gewisse Anpassungen vorgenommen worden.

3. Goldsmith and Lipsey und auf etwas andere Art auch Harris (1959) versuchen eine Verfeinerung des IWK-Ansatzes, indem sie die Annahme aufgeben, daß alle Preise preisvariabler Aktiva genau im Ausmaß der Inflation steigen, während die Preise der Forderungen konstant bleiben; an deren Stelle setzen sie die tatsächlichen Preisänderungen dieser Aktivakategorien und deflationieren sie mit dem allgemeinen Preisindex; Harris ermittelt beispielsweise folgende Änderungen des Realwerts einzelner Aktiva in den Jahren 1948 - 1958.

Tabelle 3.4

Änderungen des Realwerts verschiedener Aktiva von 1948 - 1958 auf der Basis des Dollarwertes im Jahr 1948[1)]

Anleihen des Staates New York (1 3/4s of March 1985)	- 36 %
US-Bundesanleihen (US-Treasury 2 1/2s for 1967 - 72)	- 29 %
Vorzugsaktien (Standard & Poor's Index)	- 25 %
Bargeld und Bankguthaben	- 17 %
Einfamilienhäuser	+ 1 %
Landwirtschaftlicher Grundbesitz	+ 28 %
Aktien	
- New Yorker Großbanken	+ 81 %
- Eisenbahnen	+ 106 %
- Öffentliche Versorgungsbetriebe	+ 125 %
- Industrieunternehmen	+ 225 %

1) Zitiert nach Conard (1964), S.141; übersetzt; dort wird auf Harris (1959), S.106 verwiesen.

Goldsmith and Lipsey berücksichtigen nur Preisänderungen der preisvariablen Aktiva, während sie die Preise von Forderungen und Verbindlichkeiten als konstant annehmen. Entsprechend dem jeweiligen "Vermögensgüterkorb" jeder Haushaltsgruppe im Jahre 1950 kann man dann korrigierte IWK errechnen, die angeben, wie sich die Nettovermögen bei den tatsächlich eingetretenen Inflationsraten und den damit einhergehenden Aktivapreissteigerungen unter der Annahme konstanter Vermögenszusammensetzung in Relation zueinander entwickelt hätten. Wie die nachstehende Tabelle zeigt, ergeben sich auf diese Weise wesentlich veränderte IWK, die bei allen Einkommensklassen Zunahmen des realen Nettovermögens anzeigen, wobei insbesondere die mittlere und die oberste Einkommensklasse relativ begünstigt sind.

Tabelle 3.5

Korrigierte Inflationswirkungskennzahlen für verschiedene Einkommensklassen

Haushaltseinkommen ($ 1950)	IWK 1950	1958/1949 Preisindex für preisvariable Aktiva	korrigierte IWK
Unter 1000	.92	1.36	1.29
1000 - 1999	.85	1.34	1.13
2000 - 2999	.85	1.38	1.26
3000 - 3999	.89	1.41	1.42
4000 - 4999	.85	1.39	1.29
5000 - 7499	.85	1.37	1.23
7500 und darüber	.85	1.70	2.32

Quelle: Conard (1964), S.143; übersetzt.

Gleich an dieser Stelle muß jedoch festgehalten werden, daß damit die gesamten Preisänderungen der preisvariablen Aktiva als inflationsbedingt angesehen werden; dies ist eine empirisch nicht überprüfte Annahme, die auch einer Reihe von theoretischen Einwänden ausgesetzt ist. Dementsprechend bedürfen die Ergebnisse einer sehr vorsichtigen Interpretation.

Die wesentlichen Tendenzen für die USA, die zumindest bis Ende der 60er Jahre Geltung besaßen, kommen besonders gut in einer Zusammenfassung von Goldsmith and Lipsey zum Ausdruck: [1)]

"With the present level of federal debt, a rise in the general price level transfers real net worth from the household sector, whose leverage ratios are the lowest of the main sectors, to the federal government. Within the household sector, it tends to strike particularly at the net worth of renters. Among renters, those in the lower-income classes and the higher-age groups suffer the greatest losses in real net worth. Owners of mortgage-free homes face smaller losses and owners of mortgaged homes, particularly the younger ones, stand to make substantial gains in their real net worth. Age seems to be an unfavorable factor among both renters and owners of mortgaged homes and among families in general, regardless of housing status.

A protracted rise in stock prices more rapid than that in the general price level, such as those that took place in 1922 - 29 and 1949 - 58, has quite different effects. Low-income renters fare badly, as in a general price level increase, but upper-income renters are protected by their high stock ownership ratio which can offset the influence of their low leverage ratios. The age relationship is also reversed; it is the older renters and owners of mortgage-free homes whose real net worth advances while the younger ones suffer losses. The greatest gains in real net worth in 1949 - 58 presumably were made by retired renters and renters over 65.

---

1) Goldsmith and Lipsey (1963), S. 114 - 115

How powerful such a movement in stock prices can be is shown by the fact that the sharp rise in the 1950's substantially counteracted the decrease in the inequality in the distribution of personal wealth that had occured in the preceding twenty years."

4. Für die Bundesrepublik oder andere Länder sind uns ähnlich detaillierte Untersuchungen, die auf demselben Ansatz beruhen, nicht bekannt geworden. In der BRD liegt ein Grund für diese Lücke sicherlich in der wesentlich schlechteren statistischen Datenlage. Es finden sich jedoch einige Teilergebnisse, die Interesse beanspruchen dürfen.

Zunächst begegnet man an mehreren Stellen dem Versuch, aufgrund der in der BRD vorhandenen Geldforderungen unter vereinfachenden Annahmen für ein Jahr oder gar für einen längeren Zeitraum eine Summe der absoluten Inflationsverluste der Gläubiger zu ermitteln. Sofern dies auf der Basis von Bruttoforderungssummen geschieht, brauchen wir uns damit nicht weiter zu beschäftigen, weil die ermittelten "Verlustsummen" aus den bereits genannten Gründen für die Frage der personellen Verteilung keinen Aussagewert besitzen.

Einen allerdings noch sehr groben Ansatzpunkt erhält man jedoch, wenn von der Nettoforderungsposition eines bestimmten Sektors oder einer Haushaltsgruppe ausgegangen wird. Ziercke[1] berechnet unter Verwendung des Lebenshaltungsindex aufgrund der sektoralen Geldvermögensnettopositionen für die Jahre 1951 - 1967, daß der Sektor Haushalte maximal einen Inflationsverlust von insgesamt 38 Mrd. DM (zu Preisen des Jahres 1967) erlitten hat.[2]

---

1) M.Ziercke (1970), S.139 ff.

2) Bei diesen Rechnungen wird u.E. fälschlicherweise die nominelle Zunahme der monetären Nettoposition in jedem Jahr einfach zum Vermögensbestand addiert; richtigerweise müßte zunächst die Summe der Nettovermögensbildung in jedem Jahr zu Preisen des Basisjahres 1951 umgerechnet und erst dann zu dem ebenfalls deflationierten Anfangsvermögensbestand addiert werden; hierdurch würde berücksichtigt, daß die Ersparnis späterer Jahre bereits in "entwerteten" DM gebildet wird; bei diesem Vorgehen ergäben sich etwas niedrigere Summen.

Für die Gebietskörperschaften ergeben sich Verluste von 15 Mrd. DM; für die Sozialversicherung 10 Mrd. DM; dem stehen Inflationsgewinne des Unternehmenssektors (einschl. Wohnungswesen) von 52 Mrd. DM gegenüber. Schließlich ist noch das Teilergebnis interessant, daß die Wohnungseigentümer allein aus der Entwertung öffentlicher Wohnungsbaudarlehen von 1950 - 1967 Inflationsgewinne von 12,3 Mrd. DM (in Preisen des Jahres 1967) verbuchen konnten. Dabei sind alle diese Werte Maximalwerte, da sie unter der Annahme ermittelt wurden, daß die Ertragssätze keinerlei Inflationsaufschlag enthalten. Allerdings beziehen sich diese Angaben lediglich auf die Umverteilung zwischen den genannten Sektoren. Zusätzliche Umverteilungen können unter den Wirtschaftseinheiten, die jeweils dem gleichen Sektor angehören, auftreten; derartige Umverteilungen sind in der obigen Summe nicht enthalten.

Die Interpretation dieser Ergebnisse im Hinblick auf die dadurch hervorgerufene Veränderung der personellen Vermögensverteilung bereitet große Schwierigkeiten. Nur wenn man mangels genauerer statistischer Daten ad-hoc-Hypothesen formuliert, in wessen Händen sich vor allem positive Nettogeldvermögen befinden, welche Gruppen den größten Besitz an staatlich gefördertem Haus- und Wohnungseigentum aufweisen und wer die Eigentümer der inflationsbegünstigten Unternehmen sind, ergäbe sich eine Brücke für weiterreichende Aussagen. Dieser Schritt wird von Ziercke nicht getan, und auch wir können hier keine eigenen Erwägungen anstellen.

In seiner Freiburger Dissertation versucht Köble (1969), die Analyse etwas weiter voranzutreiben, indem er für die sehr breit definierten Vermögenskategorien "Geldvermögen", "Produktivvermögen", "Hausbesitz" und "Grundstücke" die tatsächliche Nominalwertentwicklung (zu laufenden Preisen) und die Realwertentwicklung (deflationiert mit einem "korrigierten" Preisindex der letzten inländischen Verwendung) in den Jahren 1950 - 1965 ermittelt und den Einfluß dieser Wertänderungen auf die Vermögensverteilung zu quantifizieren sucht. Zwar wird mit großer

Sorgfalt nachgewiesen, daß die deflationierten Realwerte bei Grundstücken etwa auf das 4,9-fache (mit Vorbehalt), bei Hausbesitz (nur Bausubstanz) auf das 1,44-fache, bei Produktivvermögen (maschinelle Ausrüstungen und Bauten) auf das 1,38-fache stiegen, während der Realwert des Geldvermögens auf das 0,69-fache sank; aber hier handelt es sich um tatsächliche Entwicklungen, bei denen nicht ohne weiteres behauptet werden kann, daß sie ausschließlich auf inflationären Preisniveausteigerungen beruhen; die Frage, welche Preisrelationenverschiebungen sich bei Preisniveaukonstanz ergeben hätten, wird nicht behandelt. Der sich anschließende Versuch, jeder Vermögenskategorie eine fiktive Personengruppe zuzuordnen und daraus Schlüsse auf die personelle Verteilung zu ziehen, führt nicht sehr weit; dieser Ausweg mußte benützt werden, weil zu diesem Zeitpunkt Statistiken über die Vermögenszusammensetzung einzelner Einkommens- und Vermögensklassen noch weitgehend fehlten. Nur insoweit, als sich die von Köble verwendeten ad-hoc-Hypothesen über die Vermögenszusammensetzung einzelner Gruppen für die BRD statistisch bestätigen, gewinnt die von ihm gezogene Schlußfolgerung empirischen Gehalt: "Es zeigt sich, daß die unteren Einkommensschichten durch die Preissteigerungen benachteiligt werden. Die oberen Einkommensschichten, die ihre Vermögen in der Regel nicht in Geldvermögen angelegt haben, sondern im allgemeinen Geldschuldner sind, gewinnen dagegen aus Preissteigerungen. Über die sozial in der Mitte einzuordnenden Schichten kann wenig ausgesagt werden, da sich hier Realwertverluste und Realwertgewinne aus verschiedenen Vermögensanlagen überschneiden, je nach der bevorzugten Anlageart der einzelnen Individuen."[1]

Es mag als Stützung dieser Aussage angesehen werden, daß die Deutsche Bundesbank in ihrem Geschäftsbericht für 1971[2] zu einem im Tenor ähnlichen Ergebnis kommt, allerdings auch hier ohne Vorlage empirischer Daten über die Vermögenszusammensetzung nach Einkommens- oder Vermögensklassen oder nach sozialen Gruppen.

---

1) Köble (1969), S. 154

2) Deutsche Bundesbank, Geschäftsbericht für das Jahr 1971, S.27 f.

Differenziertere Aussagen setzen wieder die Ermittlung von IWK für umfassend ermittelte Nettovermögen von fein gestuften Vermögensklassen oder von mehreren, nach anderen Kriterien abgegrenzten Haushaltsgruppen voraus. In dieser Richtung geht eine von Ziercke[1] aus den Vermögensschätzungen von Krelle, Schunck, Siebke (1968) abgeleitete Tabelle über die Vermögenszusammensetzung der zur Vermögensteuer veranlagten Haushalte zum 1.1.1960; wir geben hier eine verkürzte Fassung mit den von uns berechneten IWK jeder Nettovermögensklasse wieder:

Tabelle 3.6

Inflationswirkungskennzahlen für die nach der Höhe ihres Vermögens klassifizierten Haushalte in der BRD zum 1.1.1960

Vermögensklasse von ... bis ... DM	IWK
Veranlagte Haushalte	
0 - 30.000	0,88
30 - 40.000	0,87
40 - 50.000	0,93
50 - 70.000	0,93
70 - 100.000	0,93
100 - 250.000	0,94
250 - 500.000	0,97
500 - 1 Mio.	0,98
1 - 2,5	0,99
2,5 - 5,0	1
5 - 10	0,99
10 - 20	1
20 - 50	0,98
50 - 100	0,93
100 - 200	0,94
über 200	0,96
Nicht veranlagte Haushalte	0,96

1) M. Ziercke (1970), S.149

Wie Ziercke betont, ist die Aussagefähigkeit der Angaben jedoch beschränkt, weil die Bewertung der Realvermögensteile nicht zu tatsächlichen Marktpreisen, sondern zu korrigierten Einheitswerten erfolgt. Eine marktgerechte Bewertung würde vermutlich vor allem die IWK in den oberen Vermögensklassen erhöhen. Wenn man die IWK der veranlagten und der nicht-veranlagten Haushalte zusammen betrachtet, zeigt sich, daß der Durchschnittswert für alle Haushalte nahe 1 liegt; dies steht im Widerspruch zu der Tatsache, daß der gesamte Haushaltssektor eine starke Nettogläubigerposition aufweist, die zu einer durchschnittlichen IWK von weit unter 1 (vielleicht 0,7 bis 0,8) führen müßte; hieraus folgen weitere Zweifel an der Verläßlichkeit dieser Daten. Unter diesen Einschränkungen kann man aus der mit der Vermögenshöhe ansteigenden Tendenz der IWK (außer in den obersten Gruppen) folgern, daß innerhalb der Gruppe der veranlagten Haushalte die unteren Vermögensklassen relativ stärker von einer Inflation betroffen werden als die oberen Vermögensschichten.

Auf der Datenbasis der Einkommens- und Verbrauchsstichprobe 1969 wurden von Willgerodt, Bartel, Schillert (1971) Teilergebnisse über Bruttovermögen und Vermögenszusammensetzung einzelner Einkommensklassen (mit Ausnahme der Haushalte mit Nettoeinkommen von mehr als DM 10.000.-- pro Monat im Jahr 1969) abgeleitet. Diese Daten verwendet Hauser (1974), um plausibel zu machen, daß es innerhalb der breiten Schichten (bis DM 2.500.-- monatliches Haushaltsnettoeinkommen im Jahr 1969) eine zahlenmäßig überwiegende Gruppe geben muß, deren Vermögen fast ausschließlich aus Geldforderungen besteht und die daher bei Inflation absolute Vermögensverluste hinnehmen muß. Gleichzeitig wird gezeigt, daß diese Verluste nicht durch inflationsbedingte Anpassungen der Ertragssätze kompensiert wurden. Relative Verluste entstehen sicherlich im Vergleich zu jenen Haushalten derselben Einkommensschicht, die ihr Vermögen zu einem wesentlichen Teil in Haus- und Grundbesitz angelegt haben und erst recht gegenüber jenen, die sich auf dieser Basis beträchtlich verschuldeten. Obwohl man auch relative Verluste der unteren

Einkommensschichten gegenüber den oberen vermuten darf, läßt sich dies auf der Basis der Einkommens- und Verbrauchsstichprobe nicht zeigen, da diese Datenquelle Beteiligungen an Einzelfirmen, Personengesellschaften und Kapitalgesellschaften (außer börsennotierte Aktiengesellschaften), landwirtschaftliches Betriebsvermögen sowie Schmuck, Sammlungen etc. nicht ausweist; ebenso fehlen Angaben über die Verschuldung; außerdem sind die ca. 800.000 Haushalte[1] mit mehr als DM 10.000.-- monatlichem Haushaltsnettoeinkommen nicht erfaßt. Aus den beiden folgenden Tabellen sind die diese Aussagen stützenden empirischen Zahlen zu ersehen.

---

1) Die Behauptung, daß es ca. 800.000 Haushalte (= 3,8 % aller Haushalte) mit Monatseinkommen über DM 10.000.-- im Jahre 1969 gäbe, findet sich bei Willgerodt u.a. S. 59.
Euler, der Referent für die Einkommens- und Verbrauchsstichprobe 1969 im Statistischen Bundesamt, schätzt demgegenüber die Zahl der betreffenden Haushalte auf 200.000 (= 0,9 % aller Haushalte).

Vgl. M. Euler, Die Verteilung des Geld- und Grundvermögens der privaten Haushalte nach sozialen Gruppen - Versuch einer statistischen Analyse. in: Allgem.Statist.Archiv, Bd.57 (1973), H. 3/4, S. 255 ff; hier: Tab. 1, S. 262.

Diese ungeklärte Diskrepanz dürfte allerdings die obengenannten Aussagen nicht in ihrem Kern berühren.

Tabelle 3.7.

Anteile ausgewählter Vermögensbestände der privaten Haushalte am Bruttovermögen[1] in den jeweiligen Einkommensklassen (Monatl. Haushaltsnettoeinkommen 31.12.69)

Monatliches Haushalts-netto-einkommen in DM	Gesamtzahl der Haus-halte absolut in Tsd.	Anteil der Haus-halte an d.Gesamtzahl in %	Durchschn. Brutto-vermögen absolut	Anteil der Spar-guthaben in %	Anteil der Bau-spar-Guthaben in %	Anteil der Lebens-versicher. Guthaben[2] in %	Anteil der Wertpapiere (Festverzinsl. u.Aktien zum Kurswert) in %	Anteil des Grundvermögens zum Verkehrs-wert in % [3]
unter 600	4.571	22,25	?	?	?	?	?	?
600 - 1000	6.616	32,20	17.490	20	4,6	10,1	4	61,3
1000 - 1500	5.082	24,74	25.920	18	6,3	11,7	6,1	57,9
1500 - 2500	2.995	14,58	47.440	14,1	6,7	14,1	7,7	57,4
2500 - 10000	498	2,42	104.980	9,3	5,8	14,4	11,4	59,1
10.000 u.mehr	783	3,81	?	?	?	?	?	?
	20.545							

Quelle: Willgerodt u.a., a.a.O., Tabellen 19 (S. 70 f), 16 (S.66); eigene Berechnungen

1) Das Bruttovermögen enthält nur die in den Spaltenköpfen genannten Vermögensbestandteile ohne Abzug von Schulden

2) Für Lebensversicherungsbestände werden bei Willgerodt u.a. nur die Vertragssummen, nicht aber die tatsächlichen Guthaben ausgewiesen. Wir haben als grobe Schätzung jeweils 1/3 der Vertragssummen als tatsächlich angesammelte Guthaben (einschl. Gewinnanteilen) angesetzt.

3) Der Verkehrswert des Grundvermögens wurde aus den Einheitswerten 1935, multipliziert mit dem Gebäudepreisindex 1969 (= 443,2) ermittelt. Hierin liegt wahrscheinlich eine starke Unterschätzung, wie aus der neueren Untersuchung von Engels u.a., a.a.O., S. 6 hervorgeht.

Tabelle 3.8.

Anteil der privaten Haushalte mit Wertpapierbesitz und mit Haus- und Grundbesitz an der Gesamtzahl der Haushalte jeder Einkommensklasse (31.12.69)

Monatliches Haushalts-nettoeinkommen in DM	Anteil der Haushalte an der Gesamt-zahl in %	Anteil der Haushalte mit Wertpapierbesitz in der jeweiligen Einkommensklasse				Anteil der Haushalte mit Grund- und Hausbesitz in der jeweiligen Einkommensklasse			
		Kurswert				Verkehrswert			
		unter 2.000	2.000 b. 10.000	über 10.000	keine Wertpap.	unter 8.860	8.860 b. 44.320	über 44.320	kein Besitz
		%	%	%	%	%	%	%	%
unter 600	22,25	4,6	3,5	1,4	90,5	5,7	14,2	4,0	76,1
600 - 1.000	32,20	7,5	5,6	1,7	85,2	7,6	18,2	7,5	66,7
1.000 - 1.500	24,74	10,1	9,0	3,9	77,0	9,5	18,9	11,5	60,1
1.500 - 2.500	14,58	8,2	11,7	7,0	73,1	11,0	19,1	21,5	48,2
2.500 - 10.000	2,42	10,7	18,5	29,1	41,7	10,9	16,5	42,4	30,2
10.000 und mehr	3,81	?	?	?	?	?	?	?	?

Quelle: Willgerodt u.a., .a.O., Tabellen 16 (S.66), 12 (S. 59); eigene Berechnung

Auf derselben Datenbasis der Einkommens- und Verbrauchsstichprobe 1969 versucht Wicke[1)] eine Abschätzung der inflationsbedingten, absoluten, realen Vermögensverluste von Anfang 1970 bis Ende 1972 für einige Bevölkerungsgruppen. Zunächst wird die Zunahme der durchschnittlichen Geldvermögensbestände für Arbeiter, Angestellte und Beamte geschätzt; sodann werden durch Anwendung der jeweiligen Inflationsraten (1970 3,8 %, 1971 6,3 %, 1972 5,5 %) unter der Annahme, daß keinerlei inflationsbedingte Ertragsanpassung stattgefunden habe, zahlenmäßige Verlustsummen in DM des Jahres 1971 errechnet. Diese Verluste betragen gut die Hälfte des in den drei Jahren neu gebildeten Geldvermögens. Wegen der sehr heterogenen Gruppen und der Vernachlässigung mancher Aktiva und Passiva ist die Bedeutung dieses Einzelergebnisses schwer abschätzbar. Verteilungsrelevante Aussagen über die relativen Verluste im Vergleich zu anderen Haushaltsgruppen können daraus jedenfalls nicht abgeleitet werden.

Über ein noch nicht abgeschlossenes empirisches Forschungsvorhaben von Engels, Sablotny, Zickler zur Frage der Bildung und Verteilung des Volksvermögens in der BRD 1950 - 1970 existiert ein Vorbericht aus dem Jahre 1972, der einige interessante Feststellungen enthält. Zunächst wird betont, daß sich das Volksvermögen seit 1950 nominell versiebenfacht hat, wobei dieser Vermögenszuwachs etwa je zur Hälfte aus laufender Ersparnis und aus Wertsteigerungen herrührte; in den Jahren 1970 und 1971 mit ihren beträchtlich gestiegenen Inflationsraten (4-5 %) machten die Wertsteigerungen bereits mehr als das Doppelte der eigentlichen Ersparnis aus. Diese Wertsteigerungen am ruhenden Vermögen traten fast ausschließlich bei Grundstücken und Gebäuden auf. Ohne daß im Vorbericht im einzelnen geprüft wird, inwieweit diese Wertsteigerungen inflationsbedingt sind und ohne daß Daten über vermögensklassenspezifische Unterschiede in der Vermögenszusammensetzung vor-

---

1) L. Wicke (1972), S. 29 ff.

gelegt werden,[1] kommen die Autoren zu folgender Schlußfolgerung:
"Wie man bereits aus früheren Untersuchungen weiß, hat sich die ausgeprägte Ungleichverteilung der Vermögenszuwächse in den frühen fünfziger Jahren in den sechziger Jahren nicht fortgesetzt. Die vorteilhafte Entwicklung der Vermögensverteilung hielt bis zum Jahre 1969 an. In den Jahren 1970 und 1971 wird allerdings die Vermögensverteilung wieder ungleichmäßiger. Zwar bleiben die Sparquoten der Arbeitnehmer trotz der Preissteigerungen hoch, ihre Wirkung auf die Vermögensverteilung wurde aber durch die Wertsteigerungen am ruhenden Vermögen weit überkompensiert. Das liegt daran, daß die kleinen Vermögen normalerweise einen hohen Anteil an Geldvermögen haben, während die großen Vermögen netto verschuldet sind. Inflationsgewinner waren also vorwiegend die großen Sachvermögen wegen ihres höheren Anteils an Grundvermögen, während die kleinen Vermögen relativ verloren haben."[2]

Unterscheidet man nicht nach der Vermögenshöhe, sondern nach den sozialen Gruppen "Selbständig Erwerbstätige" und "Unselbständig Erwerbstätige" so kann man ein erstes Indiz für die Auswirkungen des Faktors "Wertsteigerungen" aus den gruppenspezifischen Sparquoten gewinnen.

Sparquoten ohne Berücksichtigung von Wertsteigerungen[3]

	1968	1969	1970
Selbständig Erwerbstätige	28,5 %	23,2 %	26,5 %
Unselbständig Erwerbstätige	13,9 %	12,5 %	13,4 %

Sparquoten unter Berücksichtigung von Wertsteigerungen[3]

	1968	1969	1970
Selbständig Erwerbstätige	35 %	35 %	50 %
Unselbständig Erwerbstätige	16 %	16 %	21 %

---

1) Da der endgültige Ergebnisbericht noch nicht vorliegt, kann nicht gesagt werden, ob diese Fragen an anderer Stelle behandelt werden.

2) Engels, Sablotny, Zickler (1972), Pkt. 6

3) Engels, Sablotny, Zickler (1972), S. 17 f.

Das Bild verschiebt sich zugunsten der selbständig Erwerbstätigen, weil ihr Vermögen in Relation zum Einkommen größer ist als das der Unselbständigen und weil innerhalb ihres Vermögens dem Sachvermögen in Form von Grundvermögen größeres Gewicht zukommt. Eine Disaggregation der Gruppen würde das Ergebnis noch verschärfen, weil insbesondere in der Gruppe der Arbeitnehmer ein großer Unterschied zwischen Hausbesitzern und Nicht-Hausbesitzern besteht, der in der Durchschnittsbildung untergeht, während bei den Selbständigen die Vermögensstrukturen ähnlicher sind. Weitere Ergebnisse dürften aus dem für 1974 angekündigten Schlußbericht hervorgehen.

Im übrigen stößt man in der deutschen Literatur selbstverständlich an vielen Stellen auf einzelne Aussagen über die Auswirkungen einer schleichenden Inflation auf die personelle Vermögensverteilung (neuerdings z.B. Borchardt (1972), Eisermann (1966), Friedrich (1967), Jeck (1972), Molitor (1973)). Diese Aussagen bleiben jedoch alle im Bereich der "Denkbarkeiten", solange keine empirisch fundierte Abspaltung des inflationsbedingten Teils von Preis- und Ertragsänderungen vorgenommen und die für den Aussagezeitraum gültige Vermögensverteilung und -struktur in der BRD festgestellt wird.

Der häufige Rückgriff auf allgemeine Erfahrungstatsachen kann nur ganz grob formulierte Hypothesen stützen; Analogieschlüsse von den besser bekannten Verhältnissen in den USA auf die Situation in der BRD können zu groben Fehlurteilen führen. Zur Stützung dieser Behauptung sollen hier nur zwei Tatsachen angeführt werden, die zur Vorsicht mahnen: Einmal ist in den USA der Staatssektor der Hauptschuldner (Nettoposition), während der Unternehmenssektor nur gut halb so stark verschuldet ist;[1] in der BRD ist der Staat dagegen Nettogläubiger, während der Unternehmenssektor den Hauptschuldner bildet;[2] dies muß zu andersartigen Umverteilungen führen. Zweitens ist der Hausbesitz, auf den es offenbar bei dieser Frage stark ankommt, in den USA weit stärker

---

1) Vgl. Bach and Stephenson (1974), S.4

2) Vgl. Ziercke (1971), S. 141

verbreitet (1960 über 60 % der Haushalte[1]) als in der BRD (1969 ca. 40 % der Haushalte[2]). Dies muß ebenfalls Richtung und Ausmaß der inflationsbedingten Vermögensumverteilungswirkungen beeinflussen.

Die hiermit umrissenen Ergebnisse der einfacheren Ansätze bedürfen nunmehr noch der Prüfung ihres Aussagegehalts und der Einordnung.

3.1.2. Würdigung der einfachen Ansätze

Von den referierten Ergebnissen sind jene am besten auf unsere Fragestellung ausgerichtet, die mit Hilfe des IWK-Ansatzes bzw. der Methode von Niehans abgeleitet wurden. Hierbei werden unter der Annahme, daß

- die Preise der Geldforderungen und -verbindlichkeiten unverändert bleiben
- die Preise des Sachvermögens und der Anteilsrechte inflationsbedingt im gleichen Ausmaß wie das Preisniveau steigen
- die Ertragssätze keinen Inflationszuschlag enthalten
- die Vermögenszusammensetzung unverändert bleibt
- die an Vermögensgrößen anknüpfenden Steuerzahlungen und steuerlichen Transferzahlungen real gleichbleiben
- keine Änderung der Vermögensneubildung und der -neuanlage stattfindet

absolute oder relative reale Inflationsverluste bzw. -gewinne einzelner, verschiedenartig abgegrenzter Haushaltsgruppen ermittelt und verglichen.

1) Vgl. Goldsmith and Lipsey (1963), S. 328 u. 372
2) Vgl. Willgerodt, Bartel, Schillert (1971), S. 65

Betrachtet man eine Wirtschaft, die aus einer Entwicklung ohne Inflation in eine Entwicklung mit einigermaßen konstanter Inflationsrate übergeht, so treten die ermittelten Vermögensumverteilungseffekte jedes Jahr erneut auf, so daß sich kumulative Vermögensverschiebungen ergeben. Dieser Prozeß setzt sich so lange fort bis Anpassungen stattfinden, d.h. eine oder mehrere der gemachten Annahmen nicht mehr gültig sind. Über die Länge des Zeitraums, der bis zum Einsetzen weitverbreiteter Anpassungsreaktionen verstreicht, gibt es nur vage Vermutungen. Für die Ertragssätze der Geldforderungen und Verbindlichkeiten darf zumindest nach einigen Jahren eine teilweise Anpassung vermutet werden, so daß sich die Inflationseffekte dadurch mindern. Allerdings wird diese Anpassung der Marktsätze bei langfristig fixierten älteren Geldforderungen zu einer zusätzlichen kursmäßigen Entwertung führen, die in den genannten Ansätzen infolge der Annahme konstanter Geldvermögenspreise nicht zum Vorschein kommt. Über eine Über- oder Unteranpassung der Ertragssätze und Preise von Sachvermögen und Beteiligungen sowie der Vermögensstruktur besitzen wir kaum Kenntnisse, so daß kein Urteil darüber möglich ist, wie lange die betreffenden Annahmen als realitätsnah anzusehen sind. Man wird daher zu dem Schluß kommen müssen, daß die mit diesem Ansatz abgeleiteten Ergebnisse lediglich für eine kurze Frist von höchsten einigen Jahren seit Einsetzen der Inflation Aussagewert besitzen, d.h. solange sich Inflationserwartungen noch nicht in den Marktergebnissen niedergeschlagen haben. Herrscht bereits seit mehreren Jahren eine einigermaßen konstante Inflationsrate, so kann man derartigen Ergebnissen nicht mehr vertrauen.

Ist eine Entwicklung mit einigermaßen konstanten Inflationsraten vorhergegangen und nimmt die Inflationsrate plötzlich kräftig zu, so kann man erneut diese Ergebnisse zur Beurteilung heranziehen; zwar werden die absoluten Angaben über mögliche Inflationsgewinne oder -verluste kaum mehr zutreffen, aber das Muster der Verschiebungen in den relativen Positionen bleibt weiterhin gültig, solange nur die Vermögensstrukturen (charakterisiert durch die IWK) gleichgeblieben sind; für eine geringe

Variabilität dieser Vermögensstrukturen bei nicht zu hohen Inflationsraten gibt es einige Hinweise.

Im übrigen ist die Aussagekraft dieses Ansatzes auch dadurch eingeschränkt, daß von allen anderen güterwirtschaftlichen Effekten, die möglicherweise mit einer Entwicklung bei Preisniveaustabilität verbunden wären, abstrahiert wird; man denke beispielsweise an eine damit einhergehende Rezession mit entsprechenden Kursrückgängen der Aktien etc.

Es läge nahe, von den für die USA ermittelten Ergebnissen Analogieschlüsse auf die Situation in der BRD zu ziehen. Da es jedoch auch Indizien dafür gibt, daß sich die Vermögensstrukturen einzelner Haushaltsgruppen in den USA und der BRD beträchtlich unterscheiden, wäre eine ungeprüfte Übertragung der USA-Ergebnisse auf die BRD gefährlich. Für die BRD muß man sich an die speziell dafür abgeleiteten Ergebnisse halten, die leider aufgrund der schlechten statistischen Datenlage bisher sehr mager geblieben sind.

Trotz dieser Einschränkungen sind die Ergebnisse des IWK-Ansatzes besser fundiert und aussagekräftiger als die Resultate der anderen einfachen Ansätze. Hierzu läßt sich zusammenfassend sagen: Die Ermittlung von Umverteilungswirkungen durch Aufsummierung von Inflationsverlusten bei einzelnen Forderungstypen kann nicht ohne weiteres mit der personellen Vermögensverteilung in Verbindung gebracht werden. Dasselbe gilt für die Errechnung von Umverteilungswirkungen aus der Nettoposition einzelner Sektoren, gleichgültig ob sie nur auf eine Periode bezogen oder ob sie gar über einen längeren Zeitraum addiert werden.

Bei den erweiterten Ansätzen, die die tatsächlichen Preissteigerungen des Sachvermögens und der Beteiligungen einbeziehen (z.B. Harris, Goldsmith/Lipsey, Köble, Engels u.a.) besteht die Gefahr einer Fehlinterpretation, weil nicht zwischen inflationsbedingten und güterwirtschaftlich bedingten Preissteigerungen getrennt wird. Nur wenn der Leser die auf anderweitige Kenntnisse gestützte Hypothese vertritt, daß ohne Inflation die Preise des Sachvermögens und der Beteiligungen konstant geblieben wären, kann er die betreffenden Resultate als Inflationseffekte interpretieren.

Alle Ergebnisse der verschiedenen Ansätze sind überdies von der Güte der statistischen Datenbasis abhängig. Während für die USA die weit zurückliegenden Werte für 1950 (von Goldsmith) einigermaßen stichhaltig zu sein scheinen, wird beispielsweise über das Stichprobenmaterial für 1969 von Bach and Stephenson berichtet, daß es wegen underreporting 75 % der Geldvermögen und 45 % der preisvariablen Aktiva der Haushalte nicht erfaßt. Von den auf der Einkommens- und Verbrauchsstichprobe 1969 für die BRD basierenden Zahlen Willgerodts u.a., meinen Engels u.a., daß sie nur etwa die Hälfte des Vermögens der Haushalte wiedergeben. Diese Fehler besitzen eine derartige Größenordnung, daß selbst eine völlige andersartige Struktur der IWK einzelner Vermögensschichten nicht ausgeschlossen werden kann. Damit sind die bisher berichteten Resultate weiteren Zweifeln ausgesetzt.

1.3. Verfeinerte Ansätze

1. Methodisch stark verfeinert ist die Studie von Budd and Seiders (1971), die u.a. auch Ergebnisse über die Auswirkungen einer Inflation auf die personelle Vermögensverteilung enthält. Die methodischen Verbesserungen liegen vor allem darin, daß

- das Ausmaß der Anpassung einzelner Ertragssätze und Vermögensgüterpreise an eine einsetzende Inflation für eine Einjahresperiode auf der Basis von Nachkriegsdaten (1950 - 1970) ökonometrisch geschätzt wird

- die Vermögensbestandteile in 7 Kategorien und die Einkommenselemente in 22 Kategorien disaggregiert werden

- eine geschichtete Haushaltsstichprobe mit ca. 2600 Befragten als Basis eines Mikrosimulationsmodells benützt wird, in das die makroökonomischen Ergebnisse über die inflationsbedingten Änderungen einzelner Größen eingeführt werden. Die Stichprobendaten entstammen dem Survey of Financial Characteristics of Consumers des Federal Reserve System (1962/63).

Die methodischen Grenzen liegen in der Beschränkung auf die Analyse kurzfristiger Auswirkungen (für ein Jahr) und in der Isolierung eines Inflationseffekts ohne Rücksicht auf mögliche andere güterwirtschaftliche Auswirkungen einer Entwicklung bei Preisniveaustabilität (z.B. höhere Arbeitslosigkeit).

Angaben über das Ausmaß der Anpassungen einzelner Größen innerhalb eines Jahres finden sich im Anhang. Bei der Betrachtung fällt auf, daß doch wesentliche Unterschiede zu den simplen Annahmen der einfachen Ansätze bestehen.

Mit Hilfe der ermittelten Anpassungskoeffizienten werden für alle Haushalte der Stichprobe die sich ergebenden Nettovermögen bei konstanter Vermögenszusammensetzung unter der Annahme einer Inflationsrate von 2 % bzw. 5 % ermittelt. Grundsätzlich erlaubt es das Mikrosimulationsmodell, die manipulierten Stichprobenhaushalte nach beliebigen Kriterien neu zu ordnen und dementsprechende Ergebnisse zu ermitteln. Budd/Seiders verwenden jedoch nur Klassifikationen nach der Nettovermögenshöhe vor Inflation und nach Inflation. Da die Klassifikation nach der Vermögenshöhe vor Inflation genau unseren früher erörterten methodischen Anforderungen entspricht, geben wir diese Ergebnisse hier wieder.

Tabelle 3.9

Auswirkungen einer simulierten Inflation von 5 % p.a. auf den Wert und die Anteile des realen Nettovermögens einzelner Haushaltsgruppen.

(Haushalte geordnet nach der Größe des anfänglichen Nettovermögens in Quantilsgruppen)

Quantilsabstand in Prozent der Gesamtzahl der Haushalte	Durchschnittl. Nettovermögen der Haushaltsgruppe in US$ (1962)	Anteil der Haushaltsgruppe am Gesamtnettovermögen aller Haushalte in Prozent	Änderung des realen Nettovermögens der Haushaltsgruppe in Prozent
1	2	3	4
1 - 10	- 415	-0,214	10,485
11 - 30	248	0.247	11,099
31 - 40	2.000	0,997	5,084
41 - 50	4.503	2,245	3,742
51 - 60	7.479	3,729	1,578
61 - 70	11.328	5,648	0,809
71 - 80	16.901	8,427	0,245
81 - 90	27.767	13,845	-0,349
91 - 95	47.150	11,755	-0,356
96 - 100	213.900	53,530	-0,303
oberste 1 %	662.183	33,016	-0,254
oberste 1/4 %	1.565.799	19,517	-0,179
alle Haushalte	20.050	100	0,058

Quelle: Budd and Seiders (1971), Tab. 3 (gekürzt und übersetzt)

Diese Ergebnisse sind in zweifacher Weise unerwartet:

Einmal steigt das gesamte reale Nettovermögen der Haushalte bei einer Inflation anstatt daß es fiele, wie man es aufgrund der starken Nettogläubigerposition des Haushaltssektors erwartete. Für dieses Ergebnis gibt es mehrere Gründe. Nach den ökonometrischen Ergebnissen findet bei den Werten der Aktien, Beteiligungen an nicht-börsenfähigen Kapitalgesellschaften und an Unternehmen ohne eigene Rechtspersönlichkeit sowie bei landwirtschaftlichem Besitz eine Überanpassung statt, d.h. die Werte steigen inflationsbedingt stärker als die Inflationsrate. Außerdem scheinen auch bei dieser Datenbasis Geldforderungen viel zu niedrig angegeben worden zu sein. Das Ausmaß der hierdurch verursachten Verzerrungen muß allerdings offenbleiben.

Zum anderen zeigt sich, daß eine Inflation durchgängig zu geringerer Ungleichheit der realen Nettovermögen führt. Aus der Tabelle erkennt man, daß die unteren vier Fünftel der Haushalte ihre Anteile aus Gesamtvermögen vergrößern, während das obere Fünftel relativ verliert. Innerhalb der oberen fünf Prozent scheinen allerdings die relativen Verluste mit steigendem Nettovermögen wieder abzunehmen. Den Hauptgrund für dieses Ergebnis sehen Budd/Seiders darin, daß die unteren vier Fünftel der Vermögensbesitzer im jeweiligen Klassendurchschnitt Nettoschuldner sind, so daß sie absolute Inflationsgewinne erzielen. Obwohl die relativen Gewinne bzw. Verluste die Ungleichheit der Vermögensverteilung zu mindern tendieren, sind die absoluten Gewinne pro Jahr sehr bescheiden; beispielsweise betragen sie in der Gruppe vom 11. bis 30. Hundertstel nur $ 28.-- im Gruppendurchschnitt; der Durchschnittsverlust der Gruppe vom 91. - 95. Hundertstel betrug $ 168.-- bei einem durchschnittlichen Nettovermögen von $ 47.150.-.

Diese Ergebnisse stehen offensichtlich in Widerspruch zu den Resultaten des IWK-Ansatzes auf der Basis der Goldsmith-Daten von 1950; dagegen stimmen sie tendenziell mit Datensätzen des University of Michigan Survey Research Center für die

Jahre 1953, 1962[1] und 1969[2] überein. Diese Übereinstimmung kann allerdings darauf beruhen, daß Goldsmith die Daten für 1950 vor allem um Versicherungsguthaben u.ä. berichtigt hat, während alle anderen Datensätze unberichtigt sind und bekanntlich Geldforderungen stark unterschätzen. Es muß also offenbleiben

- ob zwischen 1950 und 1962 eine Änderung der Vermögensstruktur stattgefunden hat
- oder ob die Unterschiede in den Ergebnissen durch Fehler der Datenbasis bedingt sind
- oder ob der verfeinerte Ansatz mit seiner verbesserten Behandlung der Anpassungsmodalitäten tatsächlich zu besser fundierten Ergebnissen führt.

Für Kanada ist von Rosalind Blauer eine ähnliche Untersuchung durchgeführt worden, die allerdings nur in Form eines unvollständigen discussion papers hier vorliegt. Die Basis für die makroökonomische Analyse sind Daten für 1950 bis 1967; das Mikrosimulationsmodell beruht auf einer Stichprobe aus den Jahren 1961/64. Als wichtigste Ergebnisse in bezug auf die Vermögensverteilung können gelten:

(a) Gruppiert man die Haushalte nach ihrer Haupteinkommensquelle (Lohnempfänger, Bezieher von Renten und Transfereinkommen, Selbständige, Bezieher von Vermögenseinkommen) so zeigt sich:

  (aa) eine Verstärkung des Trends der Einkommens- und Vermögensumverteilung zu Lasten der Renten- und Transfereinkommensbezieher, der auch bei Preisniveaustabilität zu beobachten war

  (bb) eine Abschwächung des Trends zur Vermögensumverteilung zugunsten der Vermögenseinkommensbezieher, der bei Preisniveaustabilität stärker ausgeprägt erscheint.

---

1) Goldsmith and Lipsey (1963), S. 208
2) Bach and Stephenson (1974), S. 6

(b) Gruppiert man die Haushalte nach Einkommensgrößenklassen so zeigt sich:

(aa) eine auch bei Preisniveaustabilität gegebene Tendenz zur Umverteilung des Einkommens und Vermögens zu Lasten der ärmeren Haushalte (unter 3000.- $) wird in Inflationsperioden verstärkt

(bb) die Tendenz zur Verstärkung der Ungleichheit in der Vermögensverteilung (nach Einkommensklassen), die bei Preisniveaustabilität zu beobachten war, wurde bei Inflation abgeschwächt (mit Ausnahme der untersten Einkommensklasse); die gleiche Tendenzabschwächung war auch bei seiner Gruppierung nach Nettovermögensklassen feststellbar.

(c) Gruppiert man die Haushalte nach dem Alter, so zeigt sich eine inflationsbedingte Vermögensumverteilung zu Lasten der älteren und zu Gunsten der jüngeren Haushalte.

(d) Außerdem scheint eine inflationsbedingte Vermögensumverteilungstendenz zugunsten von Hausbesitzern mit starker Hypothekenverschuldung feststellbar.

Alle diese Inflationseffekte modifizieren jedoch lediglich Tendenzen, die auch ohne Inflation vorhanden sind; sie führen in keinem Fall zu einer Tendenzumkehr.

Mit Ausnahme der untersten Einkommensschicht wird also hier - ähnlich wie bei Budd/Seiders - eine nivellierende Tendenz einer schleichenden Inflation in bezug auf die Vermögensverteilung konstatiert. Inwieweit dieses Ergebnis von Fehlern in der Datenbasis beeinträchtigt sein kann, entzieht sich unserer Kenntnis.

2. Für die Bundesrepublik gibt es nur einen in dieselbe Richtung gehenden Ansatz von Krupp (1968). Das Kruppsche Simulationsmodell umfaßt lediglich den Haushaltssektor, während alle

von anderen Sektoren bestimmten Größen (Lohnsätze, Zinssätze, Preise etc.) exogen vorgegeben sind; der Haushaltssektor wird dabei nach sozialer Stellung und Einkommensgrößenklasse in 80 Untergruppen aufgespalten; für jede Untergruppe werden das Einkommen aus unselbständiger Arbeit, das Unternehmereinkommen, das Kapitaleinkommen, das Transfereinkommen sowie das sog. Gewerbekapital und das sog. Rentenkapital ausgewiesen; außerdem werden Steuerzahlungen berücksichtigt. Für alle Größen werden aufgrund verschiedener Quellen Datensätze für die Jahre 1955 und 1960 erarbeitet, die den Ausgangspunkt für Simulationsstudien bilden. Die Untersuchung einzelner Einflußfaktoren geschieht in der Weise, daß zunächst eine Normalkonstellation definiert wird und hierfür 10-jährige Zeitpfade der relevanten Einkommens- und Vermögensgrößen sowie einiger zusammenfassender Verteilungsmaße bestimmt werden. Anschließend werden Zeitpfade der relevanten Größen unter alternativen Annahmen über einzelne exogene Einflußfaktoren abgeleitet und mit der Normentwicklung verglichen. Bei der genaueren Ausgestaltung des Simulationsmodells werden eine derartige Fülle von definitorischen Abgrenzungen und Einzelannahmen erforderlich, daß sich das Gesamtmodell jeder zusammenfassenden Beschreibung entzieht. Dementsprechend ist die Beurteilung zahlenmäßiger Resultate für jemand, der sich nicht bis in die Modelldetails vorgearbeitet hat, äußerst schwierig. Krupp selbst sieht diese Schwierigkeiten und warnt ausdrücklich vor einer zu naiven Betrachtung seiner Resultate. Unter diesem Vorbehalt zeigt das Modell, daß Preissteigerungen die Einkommens- und Vermögensverteilung erheblich beeinflussen. Eine gleichmäßige Preissteigerung aller Güter verstärkt die Vermögenskonzentration, gemessen am Gini'schen Konzentrationsmaß. Außerdem läßt sich feststellen, daß die Disparitäten bei den unterdurchschnittlichen Vermögen etwas zunehmen. Insgesamt gesehen liegt der Vermögenszuwachs in der 10-Jahres-Periode etwas niedriger als bei der Normentwicklung. Detailresultate für einzelne Untergruppen werden nicht wiedergegeben.

Abschließend soll noch auf zwei verfeinerte Ansätze hingewiesen werden, die eine Mittelstellung zwischen rein theoretischen und empirisch fundierten Analysen einnehmen, weil sie auf der Basis von frei geschätzten numerischen Parameterwerten "in plausibler Größenordnung" einige längerfristige Aspekte der inflationsbedingten Vermögensumverteilung mit Hilfe von Simulationsmodellen behandeln. Zerwas (1974) entwickelt ein lineares, makroökonomisches, dynamisches Simulationsmodell mit 41 Gleichungen (Modell II), das numerisch spezifiziert und über 20 Perioden berechnet wird. Die vorkommenden Haushaltsgruppen sind vereinfacht als Arbeitnehmer, Selbständige und Rentner definiert; die Arbeitnehmer und Rentner besitzen nur Geldvermögen, während die Selbständigen Geld- und Sachvermögen halten. Für die Gruppe der Arbeitnehmer wird dann gezeigt, daß ihr Anteil am Gesamtvermögen bei Preisniveaustabilität steigt, wenn - wie es in Wirklichkeit der Fall ist - ihr Anteil an der Ersparnis größer ist als ihr Anteil am Vermögensbestand. Treten dagegen Preisniveausteigerungen bei Konsumgütern und Sachvermögen in gleichem Ausmaß auf, so sinkt bei den gewählten Parameterwerten der Anteil der Arbeitnehmer am Gesamtvermögen schnell ab; dieser Anteilsrückgang wird auch durch erhöhte nominelle Geldvermögenserträge, die die Inflationsraten eskomptieren, nicht aufgehalten, sofern die Sparquote unverändert bleibt. Unter den starken Vereinfachungen dieses Modells, bei denen eine Gruppe ausschließlich Geldvermögen besitzt, (d.h. die IWK = 0) sind diese Ergebnisse nicht überraschend. Ein solches Modell könnte jedoch als Ansatzpunkt zur Fortentwicklung gelten, weil auf diese Weise Preise und Ertragssätze in einem Gesamtmodell simultan erklärt und längerfristige Auswirkungen einer Inflation mit untersucht werden könnten.

Hauser (1969) widmet sich der Frage, welchen Einfluß unterschiedliche Inflationserwartungen und unterschiedliche Risikoneigung auf die Vermögenszusammensetzung der Haushalte und auf die Entwicklung der Vermögensverteilung im Zeitablauf haben. Die Ergebnisse, die mit Hilfe eines "in plausibler Größenordnung" numerisch spezifizierten Simulationsmodells abgeleitet werden, können als Hinweis darauf aufgefaßt werden, welche Modifikationen bei den bisher genannten Studien vorzunehmen sind, wenn die überall gemachte Annahme konstanter Vermögenszusammensetzung nicht zutrifft. Generell läßt sich sagen, daß im Inflationsfall die Spannweite zwischen den Realerträgen der einzelnen Vermögensgüter zunimmt; dies eröffnet den besser informierten Haushalten, die entgegen den Beteuerungen der Regierung Preisniveausteigerungen erwarten und in die Preis- und Renditenentwicklung eine Inflationsrate einkalkulieren, Chancen einer günstigen Vermögensanlage, die im Fall der Preisniveaustabilität fehlen. Sind diese Haushalte überdies risikofreudig, so können sie selbst im Fall einer Inflationsrate von nur 3 % bei den angenommenen Parameterwerten innerhalb von 10 Jahren bei gleichem Ausgangsvermögen einen zusätzlichen realen Vermögenszuwachs erzielen, der um 50 % höher liegt als bei jenen Haushalten, die ihre Vermögensanlage weitgehend auf Geldforderungen beschränken und sich durch die Regierung immer wieder einreden lassen, daß keine weiteren Preisniveausteigerungen auftreten werden.

Der empirischen Anwendbarkeit dieser und anderer Einzelergebnisse steht bisher allerdings entgegen, daß wir keine Kenntnisse darüber besitzen, welche Haushaltsgruppen besonders ausgeprägte Inflationserwartungen hegen und wie die Risikoabneigung von Haushaltsgruppe zu Haushaltsgruppe variiert. Es läßt sich lediglich vermuten, daß der Anteil der wirtschaftlich besser informierten und der risikofreudigeren Haushalte in den oberen Einkommens- und Vermögensschichten und in der Gruppe der Selbständigen höher ist, so daß dort Inflationschancen schneller und stärker ausgenützt werden - mit den entsprechenden Folgen für die personelle Einkommens- und Vermögensverteilung.

3.1.4. Würdigung der verfeinerten Ansätze

Wie bereits bei der Wiedergabe der einzelnen Studien angedeutet wurde, kann den bisher erzielten Ergebnissen noch kein zweifelsfreier Aussagewert zugebilligt werden. Dies liegt zum großen Teil an den Mängeln bzw. am völligen Fehlen der Datenbasis, die für Mikrosimulationsmodelle besonders detailliert sein muß.

Selbst wenn wir jedoch einmal von möglichen Mängeln der Datenbasis absehen, bleibt festzuhalten, daß die Ansätze von Budd-Seiders und Blauer lediglich kurzfristige Auswirkungen einer gerade einsetzenden Inflation wiedergeben, wobei wiederum gewisse Unterschiede zwischen den beiden Studien bestehen. Alle längerfristigen Folgewirkungen - insbesondere solche die aus zunehmenden Anpassungen der Marktgrößen an die Inflationsrate und durch Reaktionen der Haushalte in bezug auf ihre Vermögenszusammensetzung oder ihre Sparquote entstehen - bleiben außerhalb der Betrachtung. Schließlich ist es für beide Ansätze typisch, daß der Inflationseffekt bei im übrigen gleichartigen güterwirtschaftlichen Verhältnissen, insbesondere bei gleicher Beschäftigungslage isoliert wird. Um in der Terminologie der Phillipskurvenanalyse zu sprechen: Es wird ein Bezugspunkt außerhalb der Phillipskurve bei konstanter Beschäftigung und Null Prozent Preissteigerung zur Messung gewählt. Für den Wirtschaftspolitiker wären jedoch die Resultate von alternativen Punkten <u>auf</u> der Phillipskurve, die die für ihn erreichbaren Alternativen darstellen (unter Einbeziehung möglicher Beschäftigungsänderungen und ihrer Verteilungswirkungen) von weit höherem Interesse. Hierüber geben die genannten Studien keine Auskunft.

Trotzdem scheint uns ein methodischer Ansatz, bei dem die gesamtwirtschaftlichen Reaktionen mit Hilfe ökonometrischer Einzelgleichungsschätzungen oder gar mit Hilfe eines dynamischen, simultan geschätzten Makromodells ermittelt und dann in ein

Mikrosimulationsmodell eingespeist werden, am besten zur Erzielung von fundierten und detaillierten Verteilungsergebnissen geeignet. Die beiden obengenannten Beschränkungen der Kurzfristigkeit und der Vernachlässigung von Beschäftigungseffekten sind diesem Ansatz nicht inhärent. Während Makromodelle, die entsprechend modifiziert werden könnten, bereits vorhanden sind, fehlt jedoch offensichtlich sowohl für die USA wie für die BRD eine verläßliche Datenbasis für die Mikrosimulationsmodelle.

Krupps Ansatz für die BRD ruht nach eigenen Angaben auf einer recht zweifelhaften Datenbasis, die im übrigen noch ziemlich hoch aggregiert ist. Die Makrogrößen werden bei ihm exogen vorgegeben und nicht aus einem auf die BRD zugeschnittenen ökonometrischen Modell abgeleitet. Dementsprechend ist hier die Anzahl der erforderlichen Schritte bis zur Ableitung verläßlicher und tiefgegliederter Ergebnisse noch um einiges größer. Die anderen beiden Ansätze sind noch viel weiter von einer empirischen Untermauerung entfernt.

3.2. Die Auswirkungen einer Inflation auf die personelle Einkommensverteilung

Überblickt man die Studien, die sich mit den Auswirkungen einer Inflation auf die personelle Einkommensverteilung befassen, so erkennt man zwei wesentliche Unterschiede:

Einmal unterscheiden sie sich in der Spannweite ihrer Fragestellung; hier stehen sich Untersuchungen, die lediglich einen Inflationseffekt isolieren möchten und Arbeiten, die den kombinierten Einfluß alternativer Inflations-Beschäftigungs-Situationen auf die personelle Einkommensverteilung zu erfassen suchen, gegenüber.

Zum anderen bestehen Unterschiede in der Zielgröße "Einkommen" auf die die abgeleiteten Resultate ausgerichtet sind. Man findet eine Beschränkung auf das "laufende Markteinkommen" ohne Hinzurechnung von Transferzahlungen und ohne Abzug von Steuerzahlungen; andere Studien stellen auf "laufendes Markteinkommen einschließlich Transferzahlungen, aber ohne Steuerabzug" ab; schließlich taucht als Untersuchungsgröße das "laufende Markteinkommen einschließlich Wertänderungen des Vermögensbestandes und einschließlich Transferzahlungen, aber ohne Steuerabzug" auf. Jedoch konnten wir keine Studie ermitteln, die auf das in Abschnitt 2.1.1.2. beschriebene Nettoeinkommen (Markteinkommen + Transferzahlungen + Wertänderungen ./. Steuerzahlungen und Sozialversicherungsbeiträge abstellt, obwohl diese Größe unseres Erachtens für eine Verteilungsanalyse besonders aussagekräftig wäre.

Die folgende Darstellung der Ergebnisse ist entsprechend diesen Unterscheidungsmerkmalen angelegt.

3.2.1. Ansätze zur Erfassung eines isolierten Inflationseffekts auf die personelle Einkommensverteilung

1. Im Gebiet der Einkommensanalyse bestehen Analogien zur Gläubiger-Schuldner-Hypothese im Vermögensbereich. Folgende analoge Hypothesen werden häufig genannt:

- Die Bezieher von nominell fixierten Lohneinkommen werden im Inflationsfall benachteiligt
- Die Bezieher von nominell fixierten Zinseinkommen werden im Inflationsfall benachteiligt
- Die Bezieher von nominell fixierten Mieteinkommen werden im Inflationsfall benachteiligt
- Die Bezieher von nominell fixierten Transfereinkommen werden im Inflationsfall benachteiligt.

Über die Begünstigten eines derartigen Umverteilungsprozesses wird meist nichts gesagt; jedoch liegt es auf der Hand, daß die Bezieher der Residualeinkommen, die Gewinnbezieher, in den ersten beiden Fällen zu den Begünstigten gehören müssen; bei den begünstigten Mietern oder Pächtern bleibt die Zuordnung unklar und vollends offen ist es, wen man als Begünstigten der durch die reale Entwertung der staatlichen Lohn-, Zins- und Transferzahlungen eingesparten Staatsausgaben auffassen soll.

Derartige Hypothesen bedürfen der Präzisierung in bezug auf den zeitlichen Anfangspunkt und den Zeitraum, für den sie Geltung besitzen sollen. Eine beträchtliche Plausibilität besitzen derartige Hypothesen dann, wenn sie sich auf den ersten kurzen Zeitraum einer neu eingetretenen Inflation beziehen, die auf eine längere Periode der Preisniveaustabilität folgte. In diesem Fall sind vermutlich alle geltenden Verträge unter der Erwartung konstanten Preisniveaus abgeschlossen worden und sie sind in dem kurzen Betrachtungszeitraum (z.B. ein Jahr) auch kaum revidierbar, wenn man von den nicht sehr verbreiteten Preisgleitklauseln etc. in derartigen Verträgen absieht. Hat eine inflationäre Entwicklung einmal mehrere Jahre angehalten, so werden Inflationserwartungen zumindest teilweise das Handeln der Wirtschaftssubjekte beeinflussen und an vielen Stellen zur nachholenden oder sogar vorauseilenden Berücksichtigung der Preisniveausteigerungen in den jeweiligen Verträgen führen. Dies dürfte einen wichtigen Grund dafür bilden, daß die im Anhang I skizzierten Versuche zum empirischen Nachweis von ganz unterbliebenen oder verzögerten Anpassungen einzelner Faktorpreise so wenig erfolgreich waren.

Selbst wenn man den genannten Hypothesen in einem eingeschränkten Sinn als erster Annäherung eine bestimmte Bedeutung beimißt, können sie nicht unmittelbar zu Aussagen über inflationsbedingte Änderungen der personellen Einkommensverteilung benützt werden; denn zu viele Haushalte beziehen mehrere Einkommensarten gleichzeitig, so daß sie sich in keine der genannten Kategorien (Lohnbezieher, Zinsbezieher, Mietbezieher etc.) sauber einfügen; und überdies besagen diese Kategorien garnichts darüber, welche Rangstelle in der Einkommenshierarchie die einzelnen Haushaltstypen einnehmen.

Es hätte daher in Analogie zum IWK-Ansatz nahegelegen, für einzelne Einkommens- und Vermögensklassen, für Berufs- und Altersgruppen etc. die gruppenspezifische Einkommensstruktur zu ermitteln, die Einkommensarten in nominell fixierte und sich anpassende Kategorien einzuteilen und daraus Inflationswirkungskennzahlen in bezug auf das Einkommen (IWKE) abzuleiten. Entsprechend den Unterschieden dieser IWKE nach Einkommens- oder Vermögensklassen etc. hätte man dann Schlüsse auf inflationsbedingte Änderungen der Einkommensverteilung ziehen können.

Obwohl die statistische Datenbasis für derartige Analysen zumindest in den USA gegeben wäre, sind wir auf keinen derartigen Ansatz gestoßen. Entweder bleiben die vorhandenen Studien hinter dem Ziel einer Ausrichtung auf die personelle Verteilung zurück, da sie sich nur mit der Frage beschäftigen, ob einzelne Einkommenskategorien wegen der Inflation nicht mit der allgemeinen Einkommensentwicklung Schritt halten; oder die einzelnen Studien gehen weit über den beschriebenen einfachen IWKE-Ansatz hinaus, indem sie eine ganze Anzahl von Verfeinerungen einbeziehen.

Zu den in diesem Sinn nicht eindeutig auf die personelle Einkommensverteilung zugeschnittenen Studien zählen beispielsweise Alchian (1968), Bach and Ando (1957), Bach (1972), Bach and Stephenson (1974), Conard (1964), Niehans (1962). Untersuchungen aus dem deutschen Sprachbereich beschränken sich meist auf theoretische Erörterungen und auf die Wiedergabe empirischer Ergebnisse aus amerikanischen Untersuchungen (Borchardt (1972), Friedrich (1967), Jeck (1972), Molitor (1973), Scherf (1968)). Eine wichtige Ausnahme bildet die Arbeit von Ziercke (1970), der für die BRD einige empirische Hinweise über den Zusammenhang zwischen Lohnsätzen und Preisniveausteigerungen und über die Anpassung der Rentenzahlungen in der BRD gibt. Da derartige Überlegungen eigentlich nur die Vorfrage betreffen, inwieweit sich einzelne Einkommensarten an inflationäre Preissteigerungen anpassen, wurden sie im Anhang I behandelt. Da aber die Verknüpfung der häufig widersprüchlichen Resultate in bezug auf die einzelnen Einkommensarten mit eindeutig abgegrenzten Einkommens- oder Vermögensklassen oder mit sozialen Schichten fehlt, muß man feststellen, daß keine präzisen Ergebnisse dieser einfacheren Ansätze über die Auswirkungen der Inflation auf die personelle Einkommensverteilung vorliegen.

Was sich aufgrund der verstreuten Teilresultate dieser einfachen Ansätze über die Einkommensverteilungswirkungen der Inflation vermuten läßt, wurde von Scitovsky and Scitovsky (1964)

folgendermaßen formuliert:
"A fair amount of statistical work has been done in this country and a number of Western European and Latin American Countries on the distribution of income and its changes during the post-war period, both by income group and by functional shares. All of it shows that, while some changes have occured, they are not correlated with the inflationary movement of prices. In particular there is no evidence that the inequality of income distribution has increased as a result of inflation in any of the countries for which the relevant statistics are available; nor is there evidence that labor's share in total income has diminished."[1)]

"Our review of the evidence on how inflation redistributes income and wealth has shown that other than worsening the position of the aged and temporarily worsening that of fixed-income earners, moderate inflation seems to have relatively little impact on distribution between the different social and economic groups."[2)]

An dieser Stelle muß überdies erwähnt werden, daß eine Reihe von Untersuchungen auch die Frage behandeln, ob Unternehmungen im Verlauf einer Inflation gewinnen (z.B. Alessi (1963/64) und (1964), Bach and Ando (1957), Bach and Stephenson (1974), Felix (1956), Goldsmith and Lipsey (1963), Grant and Mathews (1956), Kessel (1956), Ziercke (1970)). Die Begünstigung kann dabei aufgrund der weitverbreiteten Nettoschuldnerposition der Unternehmen und/oder inflationsbedingt geringeren realen Lohnzahlungen (wage-lag) oder Zinszahlungen etc. eintreten; auch die steuerliche Behandlung von Inflationsgewinnen spielt eine Rolle. Alle diese Ansätze bleiben jedoch bei einer Bestätigungoder Widerlegung der jeweiligen Hypothesen stehen; falls inflationsbedingte Gewinne der Unternehmen festgestellt

---

1) T. Scitovsky and A. Scitovsky (1964), S. 450 f.
2) a.a.O., S. 457

werden, wird nicht der Versuch unternommen, sie den jeweiligen Eigentümern - getrennt nach Vermögens- oder Einkommensklassen- zuzurechnen. Damit sind derartige Untersuchungen für die Frage der Inflationsauswirkungen auf die personelle Einkommens- und Vermögensverteilung nicht unmittelbar relevant. In den im folgenden referierten Studien kommen mögliche Umverteilungswirkungen, die über den Unternehmenssektor laufen, in angenommenen oder ökonometrisch geschätzten inflationsbedingten Preis- bzw. Wertänderungen der Aktien und Beteiligungen an Kapitalgesellschaften bzw. Unternehmen ohne eigene Rechtspersönlichkeit zum Ausdruck.

2. Als verfeinerte Ansätze, die tatsächlich inflationsbedingte Einkommenseffekte bis zu einzelnen Einkommens- oder Vermögensklassen oder sozialen Gruppen weiter verfolgen, sind aus dem englischen Sprachbereich vor allem Budd and Seiders (1971), Mirer (1971) und Blauer (1970) zu nennen. Kurzcharakteristiken der einzelnen Studien, deren vielfältige Einzelannahmen und -aspekte hier nicht erschöpfend gewürdigt werden können, befinden sich im Anhang II.

Alle drei Studien gehen methodisch in derselben Weise vor: In einem ersten Schritt werden eine größere Zahl von Einkommensarten unterschieden (Budd-Seiders: Arbeitseinkommen, 18 Arten von Unternehmer- und Vermögenseinkommen, Einkommen aus Wertänderungen am Vermögen, Tranferzahlungen; Mirer: 6 Arten von Unternehmereinkommen, 60 Arten von Arbeitseinkommen, keine Transferzahlungen; Blauer: jeweils mehrere Arten von Arbeits-, Vermögens- und Transfereinkommen; genauere Angaben fehlen). Mit unterschiedlichen Methoden werden dann die Veränderungen dieser Einkommensarten (nominal und real) in Abhängigkeit von der Inflationsrate geschätzt, wobei Vermögensbestand und -zusammensetzung sowie andere Faktorbestände als konstant angesehen werden. Alle diese Schätzungen beziehen sich lediglich auf eine kurze Periode von einem oder höchsten einigen Jahren, und sie können wohl so interpretiert werden, daß es sich um kurzfristige Anpassungen nach dem Übergang von einer Periode ohne Inflation in eine inflationäre Entwicklung handelt. Als besonders hervorhebenswert scheint uns, daß nach den Ergebnissen aller drei Studien nur ganz wenige Einkommensarten als nominell fixiert angesehen werden können. Bei Budd and Seiders weisen die Zinseinkommen die geringste Anpassung auf, während sich bei Transfereinkommen der Anpassungskoeffizient nach der Höhe der Inflationsrate richtet; die für Anpassungen der Transfereinkommen erforderlichen politischen Entscheidungen werden offenbar erst dann getroffen, wenn eine bestimmte Fühlbarkeitsschwelle überschritten wird; dann sind die Anpassungen jedoch beträchtlich. Auffällig ist ferner, daß die einbehaltenen Gewinne der Unternehmen mit zunehmender Inflationsrate nominell und real zurückgehen, also sich gegenläufig entwickeln. Zu ähnlichen zusammenfassenden Aussagen kommen auch Blauer und Mirer, wenngleich viele Details wegen der unterschiedlichen Methoden nicht vergleichbar sind; einige weitere Angaben finden sich im Anhang II.

In einem zweiten Schritt wird dann mit Hilfe eines Mikrosimulationsmodells ermittelt, wie sich die Gesamteinkommen von einzelnen Haushalten real verändern würden, wenn infolge einer bestimmten inflationären Entwicklung eine entsprechende Anpassung aller Einkommensarten einträte und die Haushalte entsprechend ihrer anfänglichen Einkommensstruktur davon betroffen wären. Die Kenntnisse über die jeweilige Einkommensstruktur und über andere Haushaltsmerkmale stammen bei den Untersuchungen von Budd/Seiders und Mirer aus einer ca. 2.600 Haushalte umfassenden Stichprobe (Survey of Financial Characteristics of Consumers of the Board of Governors of theFederal Reserve System für 1962). Blauer benützt eine ähnliche, eigens aufbereitete kanadische Stichprobe des Dominion Bureau of Statistics aus dem Jahr 1961, die 1 % aller Haushalte unter $ 10.000.- Jahreseinkommen und 10 % aller Haushalte mit darüber hinausgehenden Jahreseinkommen umfaßte.

Mirer stützt seine Analysen auf einen sehr engen Markteinkommensbegriff, der weder Transferzahlungen und Wertänderungen noch Steuerabzüge erfaßt; es werden jedoch zwei Versionen - einmal unter Einbeziehung einbehaltener Gewinne der Kapitalgesellschaften, das andere Mal ohne diese Gewinne - verwendet; wir geben hier nur Ergebnisse für den umfassenderen Einkommensbegriff wieder. Eines seiner Simulationsexperimente (mit Modell 3 A) entspricht genau unserer Fragestellung. Bei einer gegebenen Vollbeschäftigungslage werden die Auswirkungen einer Senkung der Inflationsrate von 3 % p.a. auf 2 % p.a. auf die personelle Einkommensverteilung simuliert. Da die Effekte nahezu proportional der Inflationsratenänderung und überdies symmetrisch sind, formulieren wir die Ergebnisse so um, daß sie sich auf eine Zunahme der Inflationsrate beziehen, weil dies der in unserer gesamten Übersicht vorherrschenden Betrachtungsweise entspricht. Es zeigt sich, daß sich die Lage von Haushalten mit Einkommen über $ 12.000.- Jahreseinkommen (in 1962 - Dollar) relativ verschlechtert, und zwar nimmt die relative Verschlechterung mit steigendem Einkommen zu.[1] In den höchsten Einkommensschichten (oberste 0,5 % der Haushalte) tritt sogar eine absolute reale Einkommensminderung ein. Gleichfalls verschlechtert sich die Lage der Haushalte mit weniger als $ 2000.- Jahreseinkommen, während sich bei der Mittelgruppe eine geringfügige relative Verbesserung ergibt. Werden die Haushalte nicht nach Einkommensklassen, sondern nach Altersklassen gruppiert, so zeigt sich ein klarer Zusammenhang mit dem Lebensalter; bezogen auf die Mittelgruppe von 35 - 44 Jahren verbessern sich jüngere Altersgruppen, während sich ältere verschlechtern. Die Ergebnisse eines weiteren Experiments, bei dem sowohl die Beschäftigung als auch die Inflationsrate variiert wurden, werden im nächsten Abschnitt referiert.

---

1) Es muß mangels genauerer Angaben offen bleiben, ob die Haushalte nach ihrem ursprünglichen Einkommen oder nach ihrem experimentell veränderten Einkommen gruppiert wurden. Die Tendenz der Aussagen dürfte von diesen unterschiedlichen Gruppierungsmöglichkeiten kaum berührt werden.

R. Blauer gruppiert in ihrer Untersuchung für Kanada die einzelnen Haushalte nicht nur nach Einkommensklassen und Lebensalter, sondern auch nach Haupteinkommensquellen, nach Haushaltsgröße und nach regionalen und Ausbildungsgesichtspunkten. Die Ergebnisse beziehen sich immer auf einen Realeinkommensbegriff einschließlich Transfereinkommen, aber ohne Wertänderungen am Vermögen und ohne Steuerabzug; ob einbehaltene Gewinne der Kapitalgesellschaften den Haushalten zugerechnet wurden, ließ sich nicht einwandfrei feststellen. Aus einer Vielzahl von Einzelergebnissen werden folgende zusammenfassende Aussagen abgeleitet:

Bei einer Gruppierung nach Einkommensklassen erkennt man mit einer Ausnahme in allen Inflationsperioden eine Umverteilung zu Lasten der ärmeren Haushalte unter $ 3.000.- Jahreseinkommen; in der Ausnahmeperiode 1956 - 58 hat vermutlich die gesetzliche Erhöhung der Transfereinkommen diese Tendenz unterbrochen; in abgeschwächtem Ausmaß ist diese Tendenz allerdings auch in inflationsfreien Perioden erkennbar.

Bei einer Gruppierung nach dem Lebensalter zeigt sich mit einer Ausnahme (1956 - 58) sowohl in Inflationsperioden als auch in inflationsfreien Zeiten eine Einkommensumverteilung zu Lasten der älteren Haushalte über 65; allerdings kann man nicht eindeutig behaupten, daß sich diese Umverteilung in Inflationsperioden verstärkt hätte.

Gruppiert man die Haushalte nach der jeweiligen Haupteinkommensquelle (Lohneinkommen, Selbständigeneinkommen, Vermögenseinkommen, staatliche Transfereinkommen, private Renten und sonstige Einkommen), so erkennt man bei den Beziehern von Lohneinkommen und Vermögenseinkommen keinerlei inflationsbedingte Unverteilungseffekte. Bezieher von staatlichen Transfereinkommen und von privaten Renten etc. fielen in Inflationsperioden wie in Zeiten der Preisniveaustabilität zurück; eine eindeutige Verschärfung dieser Tendenz in Inflationszeiten ist nicht erkennbar; bei den Beziehern staatlicher Transfereinkommen gibt es allerdings wegen einer kräftigen gesetzlichen Anpassung dieser Zahlungen eine Ausnahmeperiode.

Im übrigen zeigt sich während der Inflationsperioden eine leichte Umverteilung von Ein- und Zwei-Personen-Haushalten zu Mehrpersonenhaushalten, während regionale oder ausbildungsmäßige Klassifizierungen keine typischen Unterschiede aufweisen. Zusammenfassend kann man also sagen, daß sich bei den verschiedensten Gruppierungen kaum eindeutige Umverteilungswirkungen gezeigt haben.

Budd/Seiders ermitteln ihre Ergebnisse für vier verschiedene Einkommensbegriffe, die jedoch alle ein bestimmtes reales Markteinkommen zuzüglich der staatlichen Transferzahlungen, aber vor Abzug von Einkommensteuer und Sozialversicherungsbeiträgen darstellen. Für unsere Fragestellung sind insbesondere die Ergebnisse in bezug auf die Einkommensbegriffe II und IV interessant. Beim Einkommensbegriff II sind auch die einbehaltenen Gewinne der Unternehmen den Einkommen der Haushalte zugerechnet; der Einkommensbegriff IV umfaßt zusätzlich noch die Änderungen des realen Nettovermögens, so daß er den von uns in Abschnitt 2 erläuterten Ansprüchen am nächsten kommt. Allerdings erhebt sich beim Einkommensbegriff IV die Frage, ob nicht durch die gleichzeitige Berücksichtigung der einbehaltenen Gewinne von Aktiengesellschaften und der jeweiligen Aktienkurssteigerungen eine verzerrende Doppelzählung stattfindet. Die nachfolgende Tabelle gibt in gekürzter Form die wesentlichen Ergebnisse wieder:

Tabelle 3.10

Auswirkungen einer simulierten Inflation von 5 % p.a. auf die Anteile einzelner Einkommensklassen am Realeinkommen

Quantilsabstand in Prozent der Gesamtzahl der Haushalte	Durchschnittseinkommen der Haushaltsgruppe in US$ (1962)	Anteil der Haushaltsgruppe am Gesamteinkommen aller Haushalte in Prozent	Prozentuale Änderung des Anteils bei Einkommensbegriff II Klassifizierung nach Ausgangseinkommen	Prozentuale Änderung des Anteils bei Einkommensbegriff IV	
				Klassifizierung nach Ausgangseinkommen	Klassifizierung nach simulierten Einkommen
1 - 10	544	0,664	-1,504	-7,845	-8,371
11 - 20	1.578	2,412	-0,914	-5,343	-5,427
21 - 30	2.617	4,001	-0,388	-1,468	-2,706
31 - 40	3.651	5,581	-0,057	-0,738	-0,924
41 - 50	4.691	7,170	0,435	0,396	-0,128
51 - 60	5.830	8,911	0,494	1,592	0,889
61 - 70	7.017	10,727	0,476	0,827	1,038
71 - 80	8.329	12,731	0,515	0,642	1,288
81 - 90	10.356	15,830	0,433	1,556	1,689
91 - 95	13.319	10,180	0,371	0,082	0,089
96 - 100	28.533	21,807	-1,192	-1,278	-0,915
oberste 4 %	31.768	19,423	-1,387	-1,783	-1,365
oberste 1 %	65.890	10,072	-2,317	-2,555	-2,094
oberste 1/2 %	90.823	6,941	-2,786	-3,925	-2,297
oberste 1/4 %	126.494	4,834	-3,337	-5,154	-2,792
alle Haushalte	6.543	100	--	--	--

Quelle: Tabellen 5 und 7 bei Budd and Seiders (1971), gekürzt und übersetzt.

Das auffälligste Ergebnis dürfte sein, daß die inflationsbedingten Änderungen der Einkommensverteilung selbst bei einer Inflationsrate von 5 % p.a. ziemlich gering sind. Bei der Einkommensverteilung entsprechend dem Einkommensbegriff II zeigt sich eine relative Benachteiligung der unteren 40 % sowie der oberen 5 %, wobei eine kontinuierliche Abnahme dieser relativen Verluste zur Mitte hin zu beobachten ist. Der große Block von Haushalten, der in der Einkommenspyramide zwischen den unteren 40 % und den oberen 5 % liegt, umfaßt die relativen Gewinner. Die Erklärung für dieses Ergebnis liegt in der unterschiedlichen Einkommensstruktur; die unteren 30 % der Haushalte beziehen im Durchschnitt 44 % ihres Einkommens nicht aus Arbeits- oder Vermögenseinkommen, sondern aus Transfereinkommen, für die keine volle Inflationsanpassung ermittelt wurde. Die Mittelgruppe bezieht etwa 90 % ihres Einkommens aus Lohn, Gehalt oder Selbständigentätigkeit, für die eine volle Inflationsanpassung festgestellt wurde. Die oberste Gruppe bezieht vor allem Vermögenseinkommen, für dessen Komponenten fast durchwegs keine volle Anpassung gegeben ist; besonderes Gewicht besitzen hierbei die einbehaltenen Gewinne, die bei Inflation sogar nominell und natürlich erst recht real zurückgehen; hierin mag auch eine Auswirkung eines mit Nominalgrößen arbeitenden Steuersystems zu sehen sein, bei dem auch inflationäre Scheingewinne zu versteuern sind. Da sich diese Ergebnisse auf das Einkommen vor Abzug der persönlichen Einkommensteuern beziehen, vermuten Budd-Seiders, daß sich die beschriebene Tendenz bei der obersten Gruppe unter Einbeziehung der Einkommensteuer noch verstärken würde. Schließlich wird noch darauf hingewiesen, daß der Einkommensbegriff II den Nutzungswert von selbstbewohnten Eigenheimen nicht enthält; die Einbeziehung dieses Elements könnte zu systematischen Verschiebungen führen.

Nimmt man die inflationsbedingten Änderungen des realen Nettovermögens zum Einkommen hinzu (Einkommensbegriff IV), so zeigt sich eine Verstärkung der geschilderten Tendenz. Man kann auch nicht mehr sagen, daß die Effekte sehr gering wären, denn bei den unteren 20 % und den oberen 0,25 % liegen die prozentualen Rückgänge des Realeinkommens immerhin über 5 %. Die verstärkten relativen Verluste der unteren 40 % werden damit erklärt, daß sich in den unteren Einkommensklassen ein besonders hoher Anteil von alten Haushalten mit inflationsgefährdetem Forderungsvermögen befindet. Dieses zu den Ergebnissen in bezug auf die Vermögensverteilung scheinbar in Widerspruch stehende Resultat erklärt sich daraus, daß hier die Haushalte nach Einkommensklassen und nicht nach Vermögensklassen gruppiert sind, wobei die unteren Einkommensklassen offenbar eine beträchtliche Zahl von Haushalten mit beachtlichem Nettovermögen enthalten.

Bei den Mittelgruppen werden die relativen Gewinne durch häufige Nettoschuldnerposition hervorgerufen, während in den obersten Einkommensklassen die realen Verluste beim Forderungsbesitz (bei nur geringer Verschuldung) die Gewinne aus Sachanlagen und Beteiligungen anscheinend überkompensieren.

Die Ergebnisse in bezug auf den Einkommensbegriff IV werden von Budd-Seiders in zweierlei Weise präsentiert. Einmal werden die Haushalte nach ihren Ausgangseinkommen gruppiert, das andere Mal nach ihren durch die Inflationswirkung veränderten Einkommen. Entsprechend unseren Überlegungen in Abschnitt 2.1.2 halten wir aber nur eine Messung anhand der Ausgangspositionen für zutreffend. Aus dieser Sicht kann man daher anhand der Unterschiede in den Zahlenangaben erkennen, daß eine Messung aufgrund der Endposition die Umverteilungswirkungen vor allem im oberen Bereich beträchtlich unterschätzen würde.

3. Im deutschen Sprachbereich dringt nur die Studie von Krupp (1968) zu Aussagen über den Einfluß von inflationären Preisniveausteigerungen auf die personelle Einkommensverteilung vor; auch hier handelt es sich um ein Simulationsmodell, dessen Ergebnisse aber wegen der sehr unsicheren Datenbasis und der vielen, empirisch noch nicht überprüften Einzelannahmen von Krupp selbst als vorläufig und in wesentlichen Punkten als

ungesichert angesehen werden. Wie Krupp feststellt, haben Preisniveausteigerungen (in seinem Beispiel 7 % p.a. im Vergleich zu einer Normalsituation von 2 % p.a.) deutliche Verteilungswirkungen, und zwar ergibt sich eine zunehmende Ungleichheit der personellen Einkommensverteilung (Zunahme des Gini'schen Konzentrationsmaßes); außerdem läßt sich erkennen, daß die Unterschiede im oberen Einkommensbereich stärker zunehmen als im unteren. Detailergebnisse für einzelne Einkommensklassen werden nicht wiedergegeben. Ein Zurückverfolgen dieses summarischen Ergebnisses auf einzelne Einflußgrößen ist wegen des sehr komplexen Modellaufbaus nicht auf einfache Weise möglich.

.2.2. Würdigung der Ansätze zur Erfassung eines isolierten Inflationseffekts auf die personelle Einkommensverteilung

Obwohl mehrere plausible Hypothesen über die verzögerte oder ganz unterbleibende Anpassung einzelner Einkommensarten an eine inflationäre Entwicklung bekannt sind und in vielen Studien mit unterschiedlichem Erfolg empirisch überprüft wurden, ist die Verknüpfung derartiger Hypothesen mit der personellen Einkommensverteilung nach Größenklassen oder soziologischen Gruppen erst neuerdings gelungen. Dem früher häufig anzutreffenden Vorgehen, einfach Personengruppen nach einer bestimmten Einkommensart zu benennen (z.B. Lohnbezieher, Zinsbezieher, Mietbezieher etc.), kann nur wenig Aussagewert zugesprochen werden, da in allen Einkommensklassen mehrere Einkommensarten gleichzeitig bezogen werden und sich dementsprechend gegenläufige Inflationseffekte ergeben. Aus diesem Grund mußten wir bei diesen einfachen Ansätzen ein weitgehendes Fehlen präziser Aussagen über die Auswirkungen einer Inflation auf die personelle Einkommensverteilung konstatieren. Auch die Ansätze, denen eine Verknüpfung mit der personellen Einkommensverteilung gelingt, unterliegen noch starken Einschränkungen. Zunächst beziehen sich die

Ergebnisse nur auf den kurzfristigen Primäreffekt einer neu einsetzenden Inflation oder einer sich plötzlich beschleunigenden Inflation. Sie dürfen also weder als langfristige Gesamteffekte unter Einschluß aller Anpassungen noch als kurzfristige Effekte, die während einer bereits seit längerem anhaltenden gleichmäßigen Inflation auftreten, interpretiert werden. Außerdem handelt es sich nur um isolierte Inflationseffekte, die unter der Annahme einer konstanten Beschäftigungslage ermittelt wurden.

Sieht man von allen Detailunterschieden der einzelnen amerikanischen und kanadischen Studien ab, so bleibt als bemerkenswertes Ergebnis der sehr geringfügige Verteilungseffekt, den Inflationsraten von wenigen Prozent hervorrufen. Die amerikanischen Studien gelangen auch zu dem übereinstimmenden Ergebnis, daß die oberen Mittelschichten relativ gewinnen, während die unteren und die oberste Einkommensklasse relativ zurückfallen. Allerdings sind gewisse Erfassungsfehler und Auslassungen der Datenquelle, auf die sich beide Studien stützen, bekannt; daher bedarf auch dieses Ergebnis - das sich im übrigen nur auf das Jahr 1962 bezieht und nicht ohne weiteres auf andere Jahre übertragen werden kann - weiterer Überprüfung mit anderen Daten. Über die Qualität der kanadischen Daten ist nichts bekannt. Eine Übertragung der amerikanischen Ergebnisse auf die BRD halten wir ohne Absicherung durch bisher fehlende Daten über die hiesigen Einkommensstrukturen nicht für vertretbar.

3.2.3. Ansätze zur Erfassung kombinierter Inflations- und Beschäftigungseffekte auf die personelle Einkommensverteilung

Es ist eine weithin akzeptierte Vorstellung, daß es wirtschaftspolitisch kaum jemals möglich ist, die ideale Zielkombination von Vollbeschäftigung und Preisniveaustabilität dauerhaft einzuhalten; vielmehr sind in der Regel nur bestimmte Kombinationen von Unterbeschäftigungsquoten und Preisniveausteigerungsraten erreichbar. Daher ist die Ermittlung isolierter Verteilungseffekte einer Inflation unter der Annahme konstanter Beschäftigung vor allem von theoretischem Interesse. Für die wirtschaftspolitische Beurteilung der erreichbaren Kombinationen von Unterbeschäftigungsquoten und Preisniveausteigerungsraten ist es viel bedeutsamer, ihren gemeinsamen Einfluß auf die personelle Einkommensverteilung zu kennen. Einige amerikanische Ansätze, die auf diese Fragestellung ausgerichtet sind, liegen vor.

Brimmer (1971) vergleicht die personelle Einkommensverteilung in der Periode 1961 - 65 mit durchschnittlichen Preisniveausteigerungen (BSP-Index) von 1,5 % mit jener in der Periode 1965 - 68 mit Preisniveausteigerungen von 3,3 %; in beiden Perioden herrschte auch eine unterschiedliche Beschäftigungssituation. In diesen Perioden haben sich folgende wichtige Verschiebungen in der personellen Einkommensverteilung ergeben:

- gemessen am Gini-Koeffizienten verringerte sich die Ungleichheit der Einkommensverteilung in beiden Perioden; in der Inflationsperiode war diese Tendenz allerdings stärker ausgeprägt

- in der Inflationsperiode erhöhte sich das Einkommen des unteren Fünftels der Alten (über 65) stärker, das Einkommen der obersten fünf Prozent der Alten wesentlich schwächer als in der inflationsfreien Periode; die personelle Verteilung innerhalb der Gruppe der Alten wurde also gleichmäßiger; als Gruppe sind sie jedoch gegenüber den übrigen Haushalten zurückgefallen

- Nicht-Weiße verbesserten als Gruppe ihre Position in der Inflationsperiode

- Bewohner von wirtschaftlich zurückgebliebenen Regionen verbesserten ihre relative Position

Diese Ergebnisse sind allerdings nicht genau auf unsere Fragestellung ausgerichtet, weil Brimmer nicht streng zwischen dem Einfluß von Strukturwandlungen und dem Effekt der Inflations-Beschäftigungssituation auf die personelle Einkommensverteilung trennt. Es muß also offen bleiben, in welchen Ausmaß sich die beschriebenen Wandlungen auch bei einer Fortdauer der niedrigeren Preissteigerungsrate der ersten Periode ergeben hätten.

Die bereits erwähnte Studie Mirers (1971) enthält auch die Ergebnisse eines Simulationsexperiments, dem eine gleichzeitige Erhöhung der Inflationsrate von 2 % auf 3 % und eine Abnahme der Arbeitslosenquote von 2,5 % auf 0 % zugrunde liegt.[1) (Modell 3 A). Generell zeigt sich, daß die Auswirkungen einer Verringerung der Arbeitslosigkeit zu den Auswirkungen einer Inflationsratensteigerung teilweise gegenläufig sind und daß sie dominieren. Inwieweit diese Dominanzerscheinung davon herrührt, daß eine vergleichsweise starke Abnahme der Arbeitslosenquoten mit einer geringen Zunahme der Inflationsrate kombiniert wurde, muß offen bleiben. Jedenfalls zeigt sich, daß die personelle Einkommensverteilung in folgender Weise auf diese kombinierte Änderung reagiert:

- die ganz Armen (unter $ 2000.-) verschlechtern ihre relative Position etwas

- die untere Mittelschicht verbessert ihre relative Position (insbesondere im Bereich zwischen $ 3000.- bis $ 4000.- Jahreseinkommen)

- die obere Mittelklasse ($ 10.000.- bis $ 70.000.- Jahreseinkommen (1962) verschlechtert ihre relative Position etwas

1) Das Simulationsexperiment bezieht sich eigentlich auf den umgekehrten Fall. Die Darstellung erfolgt hier in der üblichen Blickrichtung dieser Studie; dies scheint zulässig, weil die Ergebnisse symmetrisch sind.

- die obersten Einkommensschichten (über $ 70.000.-) verbessern ihre relative Position sehr stark

Erklärt werden diese Unterschiede damit, daß bei den ganz Armen (unter $ 2000.-) ein hoher Einkommensanteil aus Eigennutzung von Wohnraum, Mieteinnahmen und Zinserträgen herrührt (Transfereinkommen werden bei Mirer bekanntlich nicht berücksichtigt); hier erfolgen nur ungenügende Anpassungen; da außerdem der Anteil der nicht mehr arbeitsfähigen Alten in dieser Gruppe sehr hoch ist, findet auch keine Kompensation durch verstärkte Beschäftigung statt.

Die untere Mittelschicht ist vor allem von der zunehmenden Beschäftigung und von Lohnsteigerungen begünstigt, da hier jene Lohneinkommensarten und Arbeitsplätze konzentriert sind, die konjunkturell besonders anfällig sind.

Die obere Mittelschicht verschlechtert ihre relative Position, weil ihre Einkommen weniger konjunkturanfällig sind (höhere Angestellte, Freiberufliche etc.), so daß sie weniger als die der unteren Mittelschicht zunehmen.

Die relativen Gewinne der obersten Schicht rühren vor allem von den mit zunehmender Beschäftigung ebenfalls stark zunehmenden einbehaltenen Gewinnen her; dieser Effekt überkompensiert offenbar die Abnahme der einbehaltenen Gewinne bei steigender Inflationsrate.

Werden die Haushalte nach Altersklassen geordnet, so zeigt sich der kombinierte Beschäftigungs-Inflationseffekt in einer relativen Begünstigung der jüngeren Altersgruppen (18 - 34) und - interessanterweise - der Alten (über 65). Hierfür dürften vor allem die verbesserten Beschäftigungsmöglichkeiten (auch für Teilzeitarbeit von Rentnern etc.) verantwortlich sein. Abgesehen von allen Details zeigt daher die Untersuchung Mirers, daß die Auswirkungen einer Inflation oder einer kombinierten Inflations-Beschäftigungs-Änderung nach

Einkommensklassen unterschiedlich sein können ohne daß sich diese Unterschiede in einer einfachen Formulierung ausdrücken ließen.

Eine weitere Studie von Hollister and Palmer (1972) widmet sich ebenfalls den Auswirkungen kombinierter Preisniveau- und Beschäftigungsänderungen auf die personelle Einkommensverteilung. Allerdings wird hier die Fragestellung auf die Gruppe der "Armen" beschränkt; dies waren in der Definition der Social Security Administration im Jahre 1964 immerhin 34 Millionen Personen. Ein anderswo nicht unternommener Versuch, spezielle Preisindices für einzelne Gruppen von Armen abzuleiten, ergibt, daß sich in den Jahren 1947 bis 1967 nur ein geringfügiger Unterschied zum allgemeinen Lebenshaltenskostenindex zeigt; dieser Unterschied führt zu einer ganz schwachen Begünstigung der Armen in bezug auf die Verteilung der Realeinkommen.

In der Einkommensstruktur zeigen sich wesentliche Unterschiede zwischen den "alten Armen" (über 65) und den "nicht-alten Armen". Bei den "nicht-alten Armen" dominieren Lohneinkommen mit 66,7 %, gefolgt von staatlichen Transferzahlungen (21,5 %); bei den "alten Armen" bilden öffentliche Transferzahlungen verschiedenster Art mit 76,4 %, gefolgt von Lohneinkommen mit 7,7 % die Haupteinkommensquellen; entgegen der landläufigen Ansicht tragen in den USA private Renten- und Vermögenseinkommen bei den "alten Armen" nur mit 3,9 % und bei den "nicht-alten Armen" mit 0,4 % zum Einkommen bei. Eine inflationsbedingte Entwertung dieser häufig als "fixiert" angesehenen Einkommen kann also von vornherein keine großen Auswirkungen haben. Verschiedene Analysen stützen die Hypothese, daß abnehmende Arbeitslosigkeit, auch wenn sie mit höheren Inflationsraten einhergeht, das Reallohneinkommen der "Armen" so stark erhöht, daß die Gruppe der Armen absolut und relativ zu reicheren Gruppen begünstigt ist. Hierbei wird nicht im einzelnen geprüft, ob etwa Nominallohnerhöhungen hinter den Preisniveausteigerungen hinterherhinken (wage lag); selbst wenn das der

Fall sein sollte, so wird dieser Effekt durch eine zusätzliche Beschäftigung bisher Arbeitsloser, durch den Übergang von Teilzeit- zu Vollzeitbeschäftigung und durch eine Verringerung der Lohndifferenzen zwischen den von den Armen besetzten Arbeitsplätzen und jenen der Mittelschichten überkompensiert. Wegen der unterschiedlichen Einkommensstruktur zeigt sich diese Begünstigung vor allem bei den "nicht-alten Armen". Für die "alten Armen" gewinnt die Entwicklung der staatlichen Transferzahlungen größeres Gewicht. Im Durchschnitt sind diese Transferzahlungen in der Betrachtungsperiode stärker gestiegen als die pro-Kopf-Einkommen, so daß auch hiervon eine Begünstigung ausging. Da es sich hierbei um politische Entscheidungen handelte, kann aber nicht gesagt werden, inwieweit man sie mit Inflation und Beschäftigung in Verbindung bringen kann. Diese starke Steigerung der Transfereinkommen dürfte die Abweichung von den Ergebnissen Mirers erklären; denn jener Autor bezieht Transfereinkommen nicht ein, so daß auch deren Steigerung ohne Auswirkung auf das Endergebnis bleiben.

Hollister and Palmer behaupten auch, das Ausmaß eines inflationsbedingten Vermögensumverteilungseffekts zu Lasten der "Armen" geprüft zu haben; tatsächlich beschränken sie sich aber auf die Feststellung, inwieweit sich fixierte Zinseinkommen entwerten; wegen des geringen Anteils dieser Einkommensart ist dieser Effekt vernachlässigbar gering, so daß die anderen begünstigenden Effekte weit überwiegen. Da die inflationsempfindliche monetäre Nettoposition der Armen im Jahre 1961 im Durchschnitt fast 1 1/2 Jahreseinkommen ausmachte und bei einer Untergruppe von vielleicht 10 % bis zum Zehnfachen des Jahreseinkommens reicht, scheinen Realwertverluste beim Vermögen doch in einer Größenordnung möglich, die die begünstigenden Effekte übertrifft. Diese Überlegung zeigt, daß die zusammenfassende Feststellung von Hollister and Palmer zumindest auf manche Untergruppen nicht zutreffen muß:

"Thus we may generally conclude that because the relative position of the poor seems to improve during inflationary periods and overall real income gains per capita occur during such periods, the poor as a whole must be gaining both absolutely and relatively in economic well-being during periods in which inflationary pressures operate."[1]

Abschließend soll noch auf einen möglicherweise aussichtsreichen, aber noch in Entwicklung befindlichen Ansatz hingewiesen werden: Auf den Versuch an eines der größeren amerikanischen ökonometrischen Modelle einen Baustein anzufügen, der über die personelle Einkommensverteilung für die Gesamtbevölkerung und für einzelne Untergruppen (getrennt nach Beschäftigungsstatus der Haushaltsmitglieder und Einkommenshöhe) Aussagen erlaubt.[2] Da sich mit derartigen Modellen Simulationsstudien über die Auswirkungen wirtschaftspolitischer Maßnahmen auf Preisniveau, Beschäftigung, Wachstum etc. durchführen lassen, würde ein derartiges Zusatzmodell gleichzeitig Kenntnisse über die damit verbundenen Auswirkungen auf die personelle Einkommensverteilung erbringen. Metcalf weist darauf hin, daß bereits einige plausible Beziehungen zwischen der personellen Einkommensverteilung und konjunkturellen Schwankungen ermittelt werden konnten; jedoch sind die Ergebnisse noch zu unvollständig, als daß sie hier wiedergegeben werden könnten.

Ähnliche Ansätze, die mit empirischen Zahlen für die Bundesrepublik arbeiten, sind uns nicht bekannt geworden.

---

1) Hollister and Palmer (1972), S. 270

2) Metcalf (1969);
die erweiterte Studie von Metcalf (1972) konnte aus Zeitgründen nicht mehr beschafft werden.

3.2.4. Würdigung der Ansätze zur Erfassung kombinierter Inflations- und Beschäftigungseffekte auf die personelle Einkommensverteilung

Aussagen über kombinierte Inflations-Beschäftigungs-Effekte auf die personelle Einkommensverteilung sind für den Wirtschaftspolitiker weitaus interessanter als Hypothesen über isolierte Inflationswirkungen, da ihm hierdurch die Beurteilung realisierbarer wirtschaftspolitischer Alternativen erleichtert wird. Aus dieser Sicht ist es bedauerlich, daß auch die hier skizzierten Ergebnisse noch als vorläufig bezeichnet werden müssen. Während bei Brimmer vor allem die fehlende Trennung von Struktur- und Konjunktureffekten die Ergebnisse verzerren dürfte, schränken bei Mirers Ansatz die enge Einkommensdefinition (Markteinkommen vor Steuerabzug ohne Transferzahlungen), die Einengung der Analyse auf den kurzfristigen Primäreffekt und die möglichen Fehler der Haushaltsstichprobe den Aussagewert ein; gerade hier wäre es denkbar, daß die Einbeziehung von Transferzahlungen und/oder die Berücksichtigung von Steuern und Sozialversicherungsabgaben die Ergebnisse in Teilbereichen beeinflußt. Demgegenüber dürften die Aussagen von Hollister and Palmer, die sich nur auf die Gruppe der "Armen" und auf einige hieraus gebildete Untergruppen beziehen, stichhaltiger sein, da insbesondere die wichtige Rolle der staatlichen Transferzahlungen berücksichtigt ist; allerdings muß man beachten, daß diese Autoren entgegen ihren eigenen Behauptungen Vermögensumverteilungseffekte nicht einbeziehen, so daß Ergänzungen nötig sind.

Unabhängig von diesen Einschränkungen und von den in den Kurzcharakteristiken im Anhang aufgeführten zusätzlichen Problemen zeigen die Studien jedoch, daß

- die Einkommensstruktur und die Gefährdung der Arbeitseinkommen durch Arbeitslosigkeit zwischen den einzelnen Einkommensklassen und zwischen Untergruppen, die aufgrund zusätzlicher Merkmale wie Alter, Familienstand, Beruf, Wohnregion etc. gebildet werden, beträchtliche Unterschiede aufweist, so daß differenzierende Auswirkungen von Preisniveau- und Beschäftigungsschwankungen auftreten müssen

- Beschäftigungseffekte in manchen Einkommensklassen zu den Inflationswirkungen gegenläufig sind

- insbesondere in den unteren Einkommensklassen die Untergruppe der Arbeitsfähigen von einer gleichzeitigen Zunahme der Beschäftigung und der Inflationsrate einkommensmäßig begünstigt wird und dieser Effekt vermutlich den gegenläufigen Vermögensumverteilungseffekt, der zumindest bei Nicht-Hausbesitzern auftritt, überkompensiert

- die Auswirkungen auf die Untergruppe der Rentner und sonstigen Nicht-Arbeitsfähigen in den unteren Einkommensklassen hauptsächlich davon abhängt, wie schnell und in welchem Ausmaß eine Anpassung der staatlichen Transferzahlungen an die Preisniveausteigerung und an die mit der erhöhten Beschäftigung einhergehenden allgemeinen Realeinkommenssteigerungen stattfindet.

Eine Übertragung der quantitativen amerikanischen Ergebnisse auf die BRD ist sicherlich nicht möglich, da hier die Einkommensstrukturen, Preisniveauanpassungen etc. anders sind und das genaue Ausmaß der Unterschiede aufgrund der schlechten Datenlage gegenwärtig nicht festgestellt werden kann; trotzdem dürften nach unserer Einschätzung die obigen Aussagen tendenziell auch auf die BRD zutreffen.

Abschließend ist noch ein Hinweis zur Einordnung angebracht: Diese hier zusammengestellten Ergebnisse beziehen sich auf kombinierte Inflations-Beschäftigungs-Wirkungen auf die personelle Einkommensverteilung (vor Steuerabzug). Insbesondere die Resultate Mirers weisen darauf hin, daß sich auch die kombinierten Inflations-Beschäftigungs-Wirkungen auf die personelle Vermögensverteilung von den isolierten Inflationseffekten (vgl. 3.1.) unterscheiden; zu dieser Frage ist aber praktisch nichts Genaues bekannt. In mancher Hinsicht kann die im folgenden Abschnitt behandelte Studie Nordhaus' auch als erster Versuch in dieser Richtung angesehen werden.

3.3. Die Auswirkungen einer Inflation auf die Verteilung der Wohlfahrt

Die bisher genannten Studien haben alle - mit Ausnahme von Budd-Seiders[1] - die Auswirkungen der Inflation auf die Einkommensverteilung und die Vermögensverteilung getrennt untersucht, und es blieb dem Urteil des Lesers überlassen, den Gesamteffekt auf bestimmte Haushaltsgruppen abzuschätzen. Überdies bezogen sich die Ergebnisse ausnahmslos auf einen Brutto-Einkommensbegriff vor Abzug von Steuerzahlungen und Sozialabgaben, wenn auch teilweise unter Einbeziehung von staatlichen Transferzahlungen. Differenzierende Auswirkungen auf die Verteilung der Nettoeinkommen, die von einem nicht-inflationsneutralen Steuer- und Abgabensystem ausgehen, blieben ebenso außer Betracht wie inflationsbedingte Änderungen der vom Staat kostenlos angebotenen Sach- und Dienstleistungen (Staatskonsum). Da wir in Abschnitt 2.2.2.3. dargelegt haben, daß wir die personelle Verteilung der Vermögen, der Nettoeinkommen und der staatlichen Leistungen als Elemente der Wohlfahrtsverteilung ansehen, nach deren inflationsbedingter Änderung man letztlich fragen sollte, müssen wir nunmehr noch einige verstreute Versuche zum Aufdecken weiterer Effekte und zu einer Zusammenschau kurz wiedergeben. Es wird sich allerdings zeigen, daß hier die Kenntnisse noch bruchstückartiger sind als bei den bisherigen Fragestellungen.

---

1) Bei Budd and Seiders werden wenigstens die realen Vermögensänderungen einer Periode mit dem Einkommen der Periode zusammengefaßt, so daß eine lückenlose Verbindung von Einkommens- und Vermögensverteilung entsteht. Der weiter unten berichtete Versuch Nordhaus' geht weit darüber hinaus. Nordhaus versucht für jeden Haushalt ein Wohlfahrtsmaß zu definieren, in das gleichzeitig gegenwärtiges und künftiges Einkommen und Vermögen sowie Staatsleistungen und -abgaben eingehen; hieraus läßt sich dann eine einzige personelle Wohlfahrtsverteilung ableiten, die von einer Inflation beeinflußt wird. Aus dieser Sicht erfassen die diskutierten Inflationswirkungen auf die personelle Einkommens- und Vermögensverteilung lediglich Teilaspekte eines umfassenderen Problems.

3.3.1. Der integrierte Ansatz von Nordhaus

3.3.1.1. Beschreibung

Einen Versuch, Einkommen und Vermögen zusammenzusehen, daraus ein einzel- und gesamtwirtschaftliches Wohlfahrtsmaß zu entwickeln und seine inflationsbedingten Änderungen zu analysieren, unternimmt Nordhaus. Dieser Ansatz ist weit komplexer als die bisher beschriebenen Vorgehensweisen (vgl. Kurzcharakteristik im Anhang). Ganz grob gesprochen sind folgende Stufen zu unterscheiden:

1. Es werden entsprechend der klassischen, der neoklassischen und der keynesianischen Auffassung über die Struktur einer Volkswirtschaft und ihrer langfristigen Entwicklungstendenzen dreierlei makroökonomische Modelle entwickelt und ökonometrisch geschätzt. Mit jedem dieser Modelle werden dann längerfristige alternative Wirtschaftsentwicklungen simuliert; als Normsituation werden Entwicklungen bei einer geringen, im Schätzzeitraum aufgetretenen Inflationsrate benützt; dem wird jeweils die Entwicklung bei einem einmaligen Inflationsstoß von 10 % und bei einer dauerhaften Zunahme der Inflationsrate um 1 % p.a. gegenübergestellt. Während bei den klassischen und neoklassischen Modellversionen ständig Vollbeschäftigung herrscht, treten bei der keynesianischen Variante gleichzeitig Beschäftigungsänderungen auf, d.h. es wird eine Phillipskurve in der üblichen Form impliziert, auf der die Volkswirtschaft alternative Punkte erreicht. Eine dauerhafte Zunahme der Inflationsrate um 1 % p.a. führt in dem verwendeten Beispiel zu einer dauerhaften Abnahme der Unterbeschäftigungsquote von 5,4 % auf 3,9 %.

Die Ergebnisse der alternativen Makromodelle werden dann in ein Mikrosimulationsmodell (auf der gleichen Datenbasis wie Budd-Seiders und Mirer) eingespeist; ein wichtiger Unterschied zu früheren Studien ist auch in der Zielrichtung auf langfristige Effekte zu sehen.

2. Um Haushalte mit unterschiedlicher Lebenserwartung, unterschiedlicher Personenzahl, unterschiedlicher Vermögens-Einkommens-Relation und unterschiedlichem künftigem Arbeitseinkommen vergleichen zu können, werden zwei Wohlfahrtsmaße definiert:

a) Das annuity income, das als jener konstante jährliche Konsumstrom pro Kopf definiert ist, der mit Hilfe des gesamten, innerhalb der erwarteten Lebenszeit noch anfallenden Vermögens- und Arbeitseinkommens zusammen mit dem Anfangsvermögen erworben werden könnte.

b) Das utility-equivalent-annuity-income, das den Wert jenes konstanten Konsumstromes pro Kopf darstellt, der den gleichen Nutzen bringt, wie das gesamte optimal über die Zeit verteilte annuity income.

Um das Wohlfahrtsmaß zu vervollständigen, wird unterstellt, daß die künftigen Steuerzahlungen ebenso wie die künftigen Staatsleistungen dem annuity income proportional sind. Die Behandlung der staatlichen Transferzahlungen bleibt jedoch unklar.

3. Um die Wohlfahrtsverteilung im Ausgangsjahr 1962 zu ermitteln, müssen für jeden Haushalt einer Haushaltsstichprobe die künftigen Arbeits- und Kapitaleinkommen unter Berücksichtigung der Lebenserwartung geschätzt werden. In diese Schätzung gehen eine Reihe von sehr unsicheren Annahmen ein. Das Ergebnis zeigt, daß das Wohlfahrtsmaß im Jahr 1962 weniger ungleich verteilt war als das Vermögen, aber ungleichmäßiger als das Einkommen.

4. Werden die Ergebnisse der einzelnen Makromodelle in bezug auf Lohnsatz, Kapitalertrag, Vermögensbildung und -anlage, sowie Beschäftigung in das Mikrosimulationsmodell eingespeist, so zeigen sich gewisse Unterschiede in den Auswirkungen auf die Wohlfahrtsverteilung.

Gemessen am Variationskoeffizienten (Streuungsmaß) und an einem Schiefemaß (3. Moment) haben beide Inflationsarten in allen drei Modellversionen in bezug auf die Wohlfahrtsverteilung zwischen den nach Wohlfahrtsklassen gruppierten Haushalten einen ausgleichenden Effekt.

Wird mit Hilfe einer Regressionsschätzung geprüft, ob die relativen Änderungen der Wohlfahrtsposition der einzelnen Einkommensklassen im unteren oder im oberen Bereich infolge der Inflation stärker ausfallen, so ergibt sich für den klassischen und den keynesianischen Fall, daß beide Inflationstypen progressiv wirken; d.h. im unteren Bereich sind die relativen Gewinne größer bzw. die relativen Verluste geringer als im oberen Bereich. Im neoklassischen Modell wirken sich beide Inflationstypen regressiv aus.

Ermittelt man den Variantionskoeffizienten für die Wohlfahrtsposition der einzelnen Haushalte, so kann man aus dessen Höhe erkennen, in welchem Ausmaß mit der Änderung der Wohlfahrtsverteilung nach Größenklassen auch Änderungen der individuellen Position der einzelnen Haushalte einhergingen. Es zeigt sich, daß mit dem insgesamt ausgleichenden Effekt der Inflation in allen Modellversionen eine, um ein Mehrfaches größere individuelle Mobilität (Aufstiege und Abstiege in größerem Ausmaß als im Klassendurchschnitt) verbunden ist. Dies deutet auf ein beträchtliches Ausmaß an unsystematischer Umschichtung im Inflationsfall hin.

5. Schlußfolgerungen über die Auswirkungen der beiden Inflationstypen aufgrund aggregierter oder individueller Verteilungsmaße implizieren bestimmte Wertungen, weil Wohlfahrtsgewinne und -verluste einzelner Haushaltsgruppen gegeneinander abgewogen werden müssen. Diese Wertungen können mit Hilfe einer sozialen Wohlfahrtsfunktion formalisiert werden. Mangels einer allgemein akzeptierten Wohlfahrtsfunktion werden vier alternative Funktionen benützt, die unterschiedliche

Annahmen über den sozialen Grenznutzen des annuity-income pro Kopf machen. Die Skala reicht von einer Funktion mit konstantem sozialem Grenznutzen bis zu einer mit extrem stark abnehmendem sozialem Grenznutzen; die letztgenannte Funktion kann als nahezu egalitär bezeichnet werden. Wird mit Hilfe dieser sozialen Wohlfahrtsfunktionen das Ergebnis jedes einzelnen Inflationsexperiments in jeder Modellversion für jeden Haushalt bewertet, so ergibt sich, daß alle Funktionen bei beiden Inflationstypen in der Keynesianischen Modellversion zu einer positiven Bewertung führen (mit einer geringfügigen Ausnahme); wie erinnerlich werden bei der keynesianischen Modellversion gleichzeitige positive Beschäftigungseffekte mitberücksichtigt. Die beiden stärker egalitär orientierten sozialen Wohlfahrtsfunktionen ergeben sogar für alle drei Modellversionen eine positive Bewertung beider Inflationstypen. Lediglich die lineare und die logarithmische soziale Wohlfahrtsfunktion zeigen für die klassische und die neoklassische Modellversion teils positive, teils negative Bewertung.

3.3.1.2 Würdigung

Die skizzierte Studie dringt bei der Abschätzung von Inflationseffekten ohne Zweifel in mehrfacher Hinsicht weiter vor als alle bisherigen Arbeiten:

- es werden für alternative Grundmodelle des Wirtschaftsablaufs Ergebnisse präsentiert
- es wird auf langfristige Umverteilungswirkungen unter Einbeziehung von Sekundärwirkungen abgestellt
- es werden einmalige Inflationsstöße und dauerhafte Erhöhungen der Inflationsraten behandelt

- es wird ein Wohlfahrtsmaß verwendet, das Markteinkommen, Vermögen, Steuerzahlungen und staatliche Leistungen gleichzeitig inkorporiert (die mit dem Staat zusammenhängenden Elemente allerdings sehr unbefriedigend; insbesondere fehlen Transferzahlungen)

- die Ergebnisse werden durch die Verwendung verschiedener Verteilungsmaße besonders gut durchleuchtet und durch die Anwendung alternativer sozialer Wohlfahrtsfunktionen sogar zusammenfassend bewertet.

Wie es bei einer in dieser Weise auf Neuland vorstoßenden Studie nicht anders sein kann, sind viele Einzelannahmen ziemlich spekulativ und mögliche Fehler müssen bis in die Endergebnisse durchschlagen.

Bei der Datenbasis für das Mikrosimulationsmodell dürfte vermutlich eine schwerwiegende Untererfassung der monetären Aktiva der Haushalte vorliegen (gemäß Fußnote 18, S.480 beträgt die durchschnittliche monetäre Nettoposition der Stichprobenhaushalte im Jahre 1962 $ 423.-; versucht man hieraus eine Hochrechnung auf die monetäre Nettoposition des Haushaltssektors, so bleibt sie weit hinter der in gesamtwirtschaftlichen Statistiken ermittelten Nettoposition des Haushaltssektors zurück).[1] Es dürfte offensichtlich sein, daß die sich hierin andeutende beträchtliche Unterschätzung der monetären Nettoposition zu verzerrten Ergebnissen führen muß.

Ein wesentlicher Unsicherheitsfaktor dürfte auch in den langfristigen makroökonomischen Modellvorausschätzungen liegen; hierüber sind aber genauere Aussagen nicht möglich, da diese Ergebnisse nicht dokumentiert sind.

---

1) Vgl. auch die Hinweise in der Originalveröffentlichung: D.S. Projector, G.S. Weiss, Survey of Financial Characteristics of Consumers, Board of Governors of the Federal Reserve System, Washington 1966, S. 61 ff.

Von weitreichender Bedeutung für die Modellergebnisse sind außerdem die langfristigen Vorausschätzungen der künftigen Arbeitseinkommen jedes einzelnen Stichprobenhaushalts und - in der keynesianischen Modellversion - ihre Verbindung mit wechselnden Beschäftigungssituationen. Da sich deren Unsicherheiten überhaupt nicht abschätzen lassen, kann nur auf diesen Punkt hingewiesen werden.

Die sehr starke Aggregation der Einkommensarten und Vermögensarten läßt viele Differenzierungen, die beispielsweise bei Budd-Seiders eine wichtige Rolle spielen, untergehen. Ebenso ist die Einbeziehung des Staatssektors nur rein formal gelungen, da Inflationsneutralität des Steuersystems und der Staatsleistungen (mit unklarer Rolle der Transferzahlungen) unterstellt wird; dies bedeutet, daß differenzierende Wirkungen, die vom Staatssektor ausgehen, in den Ergebnissen nicht enthalten sein können.

Wie man sieht, müssen also die methodischen Verbesserungen gegenwärtig noch mit einer Vielzahl ungesicherter Detailannahmen erkauft werden, die in nicht genau abschätzbarer Weise auf die Ergebnisse durchschlagen. Die abgeleiteten Resultate sind daher nur mit großer Vorsicht für die USA verwendbar; eine Übertragung auf die BRD scheint ohne Nachprüfung, ob die empirischen Daten auch hier eine ähnliche Größenordnung aufweisen, nicht vertretbar.

3.3.2. Ein Versuch zur Umrechnung von inflationsbedingten Umverteilungswirkungen zugunsten des Staatssektors auf Einkommensklassen

Brownlee and Conrad (1963) stellen sich die Frage, welche Einkommensverteilungswirkungen alternative Inflationsbekämpfungsprogramme zeigen; als Alternativen stehen sich geldpolitisch bewirkte Zinserhöhungen und fiskalpolitisch motivierte Steuererhöhungen gegenüber. Als Vorfrage war dabei zu prüfen, welche Auswirkungen eine nicht bekämpfte Inflation von 3 % auf das reale Nettovermögen einzelner Einkommensklassen hat. Die Analyse ist hierbei aber wesentlich umfassender als die in 3.1. genannten Ansätze, weil auch die Nettoschulden des Unternehmenssektors und des Staatssektors einzelnen Einkommensklassen zugeordnet werden; ebenso werden Ansprüche gegen private Versicherungen, Pensionsfonds und Sozialversicherung auf Haushaltsgruppen aufgeteilt. Die Begründung für diese Zuordnung liegt darin, daß eine inflationsbedingte reale Entwertung von Geldschulden der beiden Schuldnersektoren "Unternehmen" und "Staat" letztlich die Eigentümer bzw. die Steuerzahler von Rückzahlungsverpflichtungen entlastet.

Unter diesen Voraussetzungen zeigt sich eine deutlich regressive Tendenz einer Inflation: während Haushalte unter $ 7.000.- Jahreseinkommen (1957) absolute reale Nettovermögensminderungen erleiden, gewinnen Haushalte mit höherem Einkommen; im übrigen wird eine starke Variabilität in jeder Einkommensklasse festgestellt.

Dieses Ergebnis dürfte weitgehend durch die Art und Weise der Zuordnung der Nettoschulden anderer Sektoren bedingt sein, die sich auf viele willkürliche Annahmen stützt. Es handelt sich daher lediglich um einen ersten überprüfungsbedürftigen Versuch, der zwar die Betrachtung der Inflationswirkungen ausweitet, dessen quantitative Resultate aber auch von seinen Autoren mit vielen Einschränkungen versehen werden.

3.3.3. Einige Versuche zur Berücksichtigung inflationsbedingter Auswirkungen auf Transferzahlungen, Steuerzahlungen, Sozialversicherungsabgaben und staatliche Leistungen

1. Transferzahlungen

Über einige amerikanische Versuche, inflationsbedingte reale Änderungen von staatlichen Transferzahlungen (vor allem Renten und Arbeitslosenunterstützung) festzustellen und ihre Auswirkungen auf die personelle Einkommensverteilung weiterzuverfolgen, wurde bereits berichtet, so daß wir hier nicht mehr darauf einzugehen brauchen. Die meisten anderen Versuche bleiben jedoch dabei stehen, inflationsbedingte Realwertminderungen für einzelne Transferzahlungsarten zu ermitteln ohne eine Zuordnung zu einzelnen Einkommensschichten vorzunehmen. Für die BRD stellt beispielsweise Ziercke (1970) fest, daß die dynamische Rente in ihrer gegenwärtigen Konstruktion selbst dann nicht zu einer vollständigen Anpassung führt, wenn die Lohnentwicklung der Preisentwicklung ohne Verzögerung folgt, weil durch die Ausgestaltung der Anpassungsautomatik für die Neurenten eine Verzögerung von ca. 3 1/2 Jahren eintritt. Bei den bereits laufenden Renten kommt das zusätzliche Unsicherheitsmoment hinzu, daß jede Anpassung eine Entscheidung des Gesetzgebers erfordert, die unter bestimmten konjunkturellen Umständen auch zu Ungunsten der Rentenbezieher ausfallen kann. Die Anpassungsverzögerung führt dazu, daß sich die Relation zwischen Rentenzahlungen und Löhnen so lange immer mehr zu Lasten der Rentner verschlechtert, wie zunehmende Inflationsraten auftreten; der Abstand bleibt konstant (d.h. jedes Jahr treten absolut gleiche Verluste auf), solange die Inflationsrate gleich bleibt; erst mit einem Rückgang der Inflationsrate verringert sich der Abstand zwischen Renten- und Lohnniveau wieder;

jedoch werden die früher aufgetretenen Verluste nicht wieder aufgeholt.[1] [2]

Ziercke erwähnt weiterhin, daß die nominellen Bruttolöhne und -gehälter, an die die Renten angepaßt werden, inflationsbedingt in weit stärkerem Maße als die Renten von der Einkommensteuerprogression getroffen werden; hierdurch tritt ein gegenläufiger Effekt auf, der die Bedeutung der institutionalisierten Anpassungsverzögerung mildert.

Zu einer stärkeren Betonung der relativen Verluste der Rentenbezieher gelangt Molitor (1973), weil er zusätzlich von der These ausgeht, daß in der BRD die Löhne der Preisniveauentwicklung hinterherhinken (Lohn-lag), so daß die Renten an eine bereits verzögert reagierende Größe angepaßt werden. Diese These wird jedoch lediglich durch einige theoretische Argumente gestützt, ohne daß die vorliegenden Untersuchungen umfassend herangezogen würden.[3]

Ähnliche Ausführungen über inflationsbedingte Verluste von Rentnern finden sich auch an anderen Stellen. Jedoch sind uns für die BRD keine Studien bekannt geworden, die eine Quantifizierung dieser Realwertminderung der Renten versuchen; ebensowenig liegt eine quantitative Zuordnung der Verluste zu Einkommensgrößenklassen und eine Zusammenfassung mit anderen Inflationseffekten vor.

---

1) Vgl. ähnliche Überlegungen im Geschäftsbericht der Deutschen Bundesbank für das Jahr 1971, S.90 sowie im Jahresgutachten 1972 des Sachverständigenrates zur Begutachtung der gesamtwirtschaftlichen Entwicklung, Ziff.466

2) In der BRD sind neuerdings die sozialen Alters-, Unfall- und Kriegsopferrenten dynamisiert; vgl. Molitor (1973), S.83

3) Auch der Sachverständigenrat zur Begutachtung der gesamtwirtschaftlichen Entwicklung kommt in seinem Jahresgutachten 1972, Ziff.464, zu einer Ablehnung der Lohn-lag-Hypothese.

Völlig unbearbeitet scheint auch die Frage zu sein, in welchem Ausmaß die übrigen großen Sozialleistungskomplexe (z.B. Kindergeld, Wohngeld, Ausbildungsbeihilfe, Sozialhilfe, Lastenausgleich, Sparprämien) inflationsbedingte Realwertänderungen aufweisen und welche Einkommensschichten und Haushaltsgruppen davon im einzelnen betroffen wurden. Hier findet man nur den Hinweis, daß derartige Leistungen nominell fixiert seien, und daß von der daraus folgenden inflationsbedingten Realwertminderung vor allem die ärmeren Schichten belastet würden.

Ein isoliert stehendes Beispiel für eine Begünstigung der mittleren und oberen Schichten stellt außerdem die bei Ziercke (1970) beschriebene inflationsbedingte Entwertung der öffentlichen Wohnungsbaudarlehen in der BRD dar; auch hier fehlt aber eine genauere Zuordnung zu Einkommensklassen und eine Verbindung mit anderen Inflationseffekten.

2. Steuerzahlungen und Sozialabgaben

In Abschnitt 2.2.2.2. wurden bereits mehrere wichtige Einkommensverteilungseffekte angedeutet, die sich infolge des im Steuerrecht herrschenden Nominalwertprinzips bei einer Inflation ergeben können. Es sind dies:

- reale Entwertung der Freibeträge, Pauschalbeträge sowie der Höchstgrenzen für Abzüge
- Verschärfung der realen Progression bei nominell festgelegten Progressionstarifen
- zunehmende systematische Verzerrungen bei Größen, die auf historischen Wertansätzen beruhen (z.B. Schätzung des Wertes einer eigengenutzten Wohnung anhand von Einheitswerten; Festsetzung der Vermögenshöhe für Vermögens- und Erbschaftsteuer anhand von Einheitswerten)
- zunehmende Vorteile längerer Steuerzahlungsfristen bei der Einkommensteuer im Vergleich zur Lohnsteuer
- steuerliche Vorteile durch inflationsbedingte Umschichtungen, die zu steuerfreien Wertsteigerungen anstelle von steuerpflichtigem laufendem Einkommen führen
- steuerliche Nachteile durch Besteuerung des der Substanzerhaltung dienenden Ertragsteils von Geldforderungen
- steuerliche Nachteile infolge einer Berechnung der Abschreibungen auf den Anschaffungswert

Studien, die derartige Effekte umfassend behandeln, ihre Größenordnung abschätzen und sie mit anderen Inflationseffekten in ihrer Auswirkung auf einzelne Einkommensklassen oder sozialen Schichten zusammenfassen, sind uns nicht bekannt geworden.[1]

---

1) Vgl. auch E. Foster (1972), S. 22, der zu dem gleichen Ergebnis (für die USA) kommt.

Es liegen lediglich einige Versuche vor, den besonders auffälligen Effekt der sogenannten "kalten Progression" genauer zu durchleuchten.

Für die USA untersuchen Goetz and Weber (1971), ob die seit 1954 zweimal vorgenommenen Tarifsenkungen bei der Einkommensteuer tatsächlich zu einer Abnahme der realen Steuerlast einzelner Haushaltsgruppen geführt haben oder ob das ständige inflationsbedingte Aufrücken der Haushalte in höhere Progressionsstufen diesen angestrebten Effekt zunichte machte. Da Haushalte auch bei konstantem Preisniveau und allgemein steigenden Realeinkommen in immer höhere Progressionsstufen des Einkommensteuertarifs geraten (Wachstumseffekt) und dieser Effekt als vom Gesetzgeber gewollt angesehen wird, stellt sich das Problem, wie man den Inflationseffekt isoliert. Hierzu unterstellen Goetz and Weber eine Vielzahl von Beispielshaushalten, die entsprechend ihrem Nominaleinkommen im Jahr 1954 in die einzelnen Steuerklassen eingereiht werden; für jeden Haushalt wird dann angenommen, daß sich sein Nominaleinkommen bis 1970 Jahr für Jahr nur im Ausmaß der Preisniveausteigerung (Lebenshaltungskostenindex) erhöht, das Realeinkommen also konstant bleibt. Auf diese Bruttonominaleinkommen werden dann jeweils die gültigen Steuertarife angewendet. Zunächst wird deutlich, daß die nominell fixierten Freibeträge[1)] (allgemeiner Freibetrag, Kinderfreibeträge etc.), die Pauschbeträge für Werbungskosten[1)] etc. sowie die Höchstgrenzen für bestimmte Abzüge (Sonderausgaben)[1)] einen immer kleiner werdenden Teil des nominellen Bruttoeinkommens ausmachen, so daß ein zunehmender Teil als Steuergrundlage dient; dies kann man auch so ausdrücken, daß sich die Freibeträge etc. real entwerten. Gleichzeitig wird dadurch auch das steuerfreie Minimumeinkommen - real gesehen - immer kleiner. Da sich die steuerliche Bemessungsgrundlage nominell erhöht, rücken die Haushalte überdies in höhere Progressionsstufen auf, so daß der jeweilige Grenzsteuersatz zunimmt.

---

1) Das amerikanische Steuerrecht unterscheidet sich in vielen Einzelheiten vom deutschen, so daß die hier verwendeten deutschen Begriffe nur eine grobe Andeutung der Zusammenhänge ergeben können.

In der Periode 1954 - 1963, in der keine Änderungen der Steuertarife vorgenommen wurden, zeigt sich bei einer jahresdurchschnittlichen Preisniveausteigerungsrate von weniger als 2 % bei allen Einkommensklassen ein Anwachsen der Steuerbelastung zwischen 1/2 % und 3 %; dabei nimmt diese Belastung im allgemeinen mit der Anzahl der Kinder stark zu. Auch die beiden Steuersenkungen in den Jahren 1964/65 und 1970 führten für viele Haushaltstypen nicht zu einer so starken Entlastung, daß der Inflationseffekt aufgewogen worden wäre. In den unteren Einkommensschichten bis $ 6.000.- Jahreseinkommen (1954) lag 1970 das reale Nettoeinkommen bei allen Familien mit mehr als einem Kind unter dem Stand von 1954. Während dieser Effekt bei einer Mittelgruppe erst bei 3 oder 4 Kindern eintrat, wiederholte er sich bei den hohen Einkommen. Es ist offensichtlich, daß diese differenzierenden Effekte um so stärker sind je höher die Inflationsraten liegen.

Für Großbritannien hat Paish bereits 1957 eine ähnliche Untersuchung angestellt.[1] Obwohl in der Periode von 1947/48 bis 1956/57 die Steuersätze für alle Einkommensklassen zwischen 600 £ und 10.000 £ Jahreseinkommen (zu Preisen des Jahres 1947) beträchtlich gesenkt wurden, hatte die Preisniveausteigerung von ca. 53 % zur Folge, daß die durchschnittliche Steuerbelastung in dem Bereich unter 2.000.- £ wesentlich weniger abnahm und in dem Bereich über 5.000.- £ sogar stieg. Wäre der gesamte Steuertarif in den Jahren 1947/48 bis 1956/57 unverändert geblieben, so würde ein Durchschnittshaushalt mit zwei Erwachsenen und zwei Kindern und mit 600.- £ Jahreseinkommen (zu Preisen von 1947/48) anstatt 10,6 % fast 20 % seines Arbeitseinkommens an Steuern zahlen. Bei den mittleren Einkommensklassen liegt diese inflationsbedingte Steuererhöhung nicht so hoch, bei den hohen Einkommensklassen erreicht sie wieder ähnliche Werte. Paish überprüft allerdings keine anderen Haushaltstypen (z.B. mit mehreren Kindern), so daß man nicht sagen kann, ob in Großbritannien ebenso wie in den USA eine mit der Kinderzahl zunehmende Belastung verbunden war.

---

1) Paish (1962), S. 280 ff.

Für die Bundesrepublik sind uns keine so detaillierten Berechnungen bekannt geworden. Einzelne Effekte werden beispielsweise von Pfleiderer (1965 und 1973), Brümmerhoff (1973), v. Arnim (1973) und vom Sachverständigenrat (JG 1969, Ziff. 80 ff., JG. 1973, Ziff. 119 ff. und Ziff. 204 ff.) diskutiert. Im Jahresgutachten 1973 des Sachverständigenrates findet sich auch eine Beispielsrechnung für einen 4-Personen-Arbeitnehmerhaushalt mit mittlerem Einkommen des alleinverdienenden Haushaltsvorstandes. Wäre das Preisniveau seit 1965 nicht gestiegen, so hätte dieser Durchschnittshaushalt im Jahr 1973 eine Steuerbelastung von 10,1 % zu tragen gehabt; die tatsächliche Belastung betrug jedoch 12,4 %. Die Differenz von 2,3 % des Einkommens kann man als inflationsbedingte Erhöhung der Steuerlast interpretieren. Aus dieser Angabe für einen Durchschnittshaushalt kann man jedoch noch nicht erkennen, ob die inflationsbedingte Steuermehrbelastung nach Einkommensklassen, nach Kinderzahl, Alter, Berufsgruppen etc. unterschiedlich ist, so daß auch weitergehende Schlußfolgerungen auf die dadurch bedingte Veränderung der Nettoeinkommensverteilung entfallen.[1)]

Da jedoch in der obersten Einkommensklasse die durchschnittliche Steuerbelastung kaum mehr ansteigt, kann dort auch keine "kalte Progression" auftreten. Für Haushalte, die mit Ausnahme des Einkommens in allen anderen steuerlichen Merkmalen gleich sind, kann man daher feststellen, daß die inflationsbedingte Erhöhung der Steuerbelastung vor allem in den unteren und mittleren Bereichen starker Progression auftritt. Außerdem dürfte der in den USA festgestellte Effekt einer mit der Kinderzahl zunehmenden Belastung auch für die Bundesrepublik zutreffen.

---

1) Die im Jahresgutachten 1969, Ziff.84, durchgeführte Vergleichsrechnung für 5 Haushalte unterschiedlicher Einkommenshöhe ergibt die stärkste inflationsbedingte Steuermehrbelastung im Zeitraum 1960 - 68 bei den unteren Einkommensschichten. Da in diesem Zeitraum jedoch gleichzeitig wesentliche Steueränderungen vorgenommen wurden, kann man dies nicht als reinen Inflationseffekt interpretieren.

Bei den Sozialversicherungsabgaben, die bis zu einer Beitragsbemessungsgrenze dem Einkommen proportional sind, hat man in der BRD bisher keine inflationsbedingten Belastungsverschiebungen festgestellt. Inwieweit durch verzögerte Anpassung der Beitragsbemessungsgrenze doch solche Auswirkungen auftreten, ist eine kaum zu beantwortende Frage, weil Wachstums- und Inflationsüberlegungen beim Gesetzgeber gleichzeitig eine Rolle spielen dürften.

3. Staatliche Leistungen

Inflationsbedingte Umverteilungswirkungen, die den Staatssektor einschließlich des Sozialversicherungssystems begünstigen, können grundsätzlich in zweierlei Weise auf die Haushalte zurückwirken: Entweder kann die Steuerbelastung vermindert werden oder es kann das Niveau der öffentlichen Leistungen erhöht werden. In analoger Weise können die den Staatssektor treffenden Inflationsbelastungen auf der Einnahme- oder Ausgabeseite ausgeglichen werden. Beide Ausgleichsbewegungen können überdies gleichmäßig oder nach einzelnen Einnahme- und Ausgabekategorien differenziert vorgenommen werden. Dementsprechend hat man zwischen einer Vielzahl von Bezugspunkten zu wählen, wenn Aussagen über die staatliche Aktivität und deren Lasten oder Begünstigungen im Fall ohne Inflation gemacht werden sollen; die Festlegung eines Bezugspunktes ist jedoch nicht zu umgehen, wenn weiterführende Aussagen gemacht werden sollen.

Die wichtigsten inflationsbedingten Entlastungen des Staatssektors dürften auftreten durch

- real zurückbleibende Rentenzahlungen des Sozialversicherungssystems
- real zurückbleibende Transferzahlungen, die aus dem allgemeinen Staatshaushalt finanziert werden
- reale Wertminderung der ausstehenden Staatsschulden
- reale Erhöhung der Einnahmen aus progressiven Steuern

Lediglich bei der Verringerung der realen Staatsschuld ist jedoch versucht worden, die Entlastung auf die einzelnen Einkommensklassen entsprechend deren jeweiligem Steueraufkommen zurückzuverteilen (z.B. Brownlee and Conrad (1963),

Bach and Stephenson (1974)). Hierbei wurden nur grobe Methoden benutzt, die nicht befriedigen können. Bei den anderen möglichen Entlastungen wurde in der Regel kein Versuch unternommen, eine damit möglich gewordene Verminderung der Staatseinnahmen oder der Sozialversicherungsabgaben quantitativ zu ermitteln und auf Begünstigte zu verteilen.

Gleichfalls fehlt jeder Versuch, inflationsbedingte Änderungen des Niveaus öffentlicher Leistungen und der davon ausgehenden Verteilungseffekte zu erfassen. Wie Hake (1972) in einer umfassenden Untersuchung der Umverteilungseffekte des Budgets zeigt,[1] unterscheiden sich jedoch die umverteilenden Wirkungen der Einnahmenseite ganz beträchtlich von denen der Ausgabenseite; daher ist zu erwarten, daß sich die Ergebnisse über den Nettoeffekt einer Inflation auf die personelle Wohlfahrtsverteilung wesentlich verändern würden, wenn man als Gegenstück der Begünstigung des Staates auf der Einnahmenseite eine Erhöhung der Ausgaben annähme. Nach unserer Überprüfung der Literatur bleibt uns allerdings auch hier nur die Möglichkeit, einen völlig unerforschten Bereich zu konstatieren.

---

1) W. Hake (1972), S. 252 ff.
Vgl. auch die Übersicht bei R.L. Frey (1974)

4. Zur Frage der Auswirkungen einer aktiven Nominallohnpolitik der Gewerkschaften auf die personelle Einkommensverteilung

Unter einer aktiven Nominallohnpolitik kann man in unserem Zusammenhang das Bestreben der Gewerkschaften verstehen, mit Hilfe der in Tarifverhandlungen durchgesetzten generellen Steigerungen der Nominallohnsätze den Anteil der Bruttoeinkommen aus unselbständiger Arbeit am Volkseinkommen (Lohnquote) zu erhöhen.[1] Eine generelle aktive Nominallohnpolitik dieser Art ist abzugrenzen von einer Lohnstrukturpolitik, die darauf abzielt, die Lohnrelationen zwischen einzelnen Branchen oder Berufsgruppen zu verändern, obwohl derartige Bestrebungen ebenfalls zu einer Erhöhung des durchschnittlichen Lohnniveaus führen können. Ebensowenig beschäftigt sich eine generelle aktive Nominallohnpolitik damit, die Relationen zwischen den einzelnen Lohngruppen innerhalb einer Branche zu verändern oder durch die Einführung oder Heraufsetzung von einheitlichen Mindestlöhnen für die einfachste Arbeitskategorie die wirtschaftliche Lage bestimmter Randgruppen zu verbessern.

Im folgenden wird unterstellt, daß die Gewerkschaften eines Landes entsprechend der Themenstellung tatsächlich eine einheitliche aktive Nominallohnpolitik treiben, obwohl man hieran wegen der dezentralisierten Entscheidungsstruktur der Gewerkschaften ernste Zweifel hegen kann. Verfolgen alle Einzelgewerkschaften dagegen eine Lohnpolitik, die jeweils den Anteil ihrer eigenen Mitglieder erhöhen soll, so bringt das zusätzliche Aspekte in die Betrachtung, die hier ausgeklammert bleiben.

---

1) Sinnvollerweise geht man zur Beschreibung des Ziels und zur Messung der Erfolge von einer bereinigten Lohnquote aus; dabei bleiben Lohnquotenänderungen, die durch den Übergang von bisher selbständig Erwerbstätigen in den Status des abhängig Beschäftigten entstehen, unberücksichtigt.

Fragt man nach den Auswirkungen einer aktiven Nominallohnpolitik, so bedarf es eines Vergleichsstandards, d.h. einer alternativen gewerkschaftlichen Lohnpolitik und einer Hypothese darüber, inwieweit aus diesem Grund die Wirtschaftsentwicklung anders verläuft. Leider gibt es jedoch keine lohnpolitische Strategie, die unbestritten als Bezugspunkt dienen könnte; vielmehr besteht eine ganze Skala möglicher Alternativen. Der nächstliegende Bezugspunkt scheint uns eine gewerkschaftliche Lohnpolitik zu sein, die die Aufrechterhaltung der historisch erreichten Lohnquote anstrebt; dieser Vergleichsstandard wird hier unterstellt; andere Alternativen sind denkbar, können hier aber nicht behandelt werden. Selbstverständlich ist es aber bei beiden lohnpolitischen Alternativen völlig offen, ob das angestrebte Ziel erreicht wird; dies hängt von den Aktionen und Reaktionen aller wirtschaftlichen Akteure ab.

Diese Überlegung hilft uns, die Ausgangsfrage so präzis zu formulieren, daß eine weiterführende Analyse vorgenommen werden kann: "Welche Auswirkungen auf die personelle Einkommensverteilung hat eine auf Erhöhung der Lohnquote gerichtete Nominallohnpolitik der Gewerkschaften im Vergleich zu einer auf Konstanthalten der Lohnquote gerichteten Nominallohnpolitik."

Man darf das Ziel einer aktiven Nominallohnpolitik wohl dahingehend spezifizieren, daß eine <u>dauerhafte</u> Erhöhung der Lohnquote angestrebt wird. Jedoch wird in der Regel nicht angegeben, wie hoch die letztlich angestrebte Lohnquote sein soll und in welchen Zuwächsen pro Jahr man sich ihr nähern möchte. Da man bei der Spezifizierung einer solchen Zielsetzung schlecht davon absehen kann, daß es bisher unvermeidliche kurzfristige Konjunkturschwankungen und damit einhergehende Zunahmen und Abnahmen der Lohnquote gibt, muß man das Ziel als Tendenzaussage interpretieren: Angestrebt wird eine bis zu einem Zielwert tendenziell ansteigende Lohnquote, die dann bei diesem Zielwert trendmäßig konstant bleibt.

Den gleichen Tendenzcharakter besitzt auch die Zielformulierung für den Vergleichsstandard.

Aus dieser Überlegung wird deutlich, daß man zwei Fragen trennen muß:

- welche Auswirkungen auf die personelle Einkommensverteilung hat eine aktive Nominallohnpolitik in der möglicherweise recht langen Übergangsperiode der steigenden Lohnquote und in der darauffolgenden Periode der erhöhten Lohnquote

- welche Auswirkungen auf die personelle Einkommensverteilung hat eine aktive Nominallohnpolitik, die kurzfristig (in jedem Jahr) bei wechselnden konjunkturellen Konstellationen versucht, die Lohnquote zu erhöhen oder sie nicht zu weit absinken zu lassen.

Den Vergleichsstandard bildet in beiden Fällen wiederum die genannte lohnpolitische Alternative.

Die erste Frage zielt auf langfristige und dauerhafte Auswirkungen, die zweite Frage ist unmittelbar mit den kurzfristigen Effekten gewerkschaftlicher Lohnpolitik im Konjunkturablauf verknüpft.

Bei beiden Fragestellungen wäre jedoch zunächst die Vorfrage zu klären, welche Auswirkungen der aktiven Nominallohnpolitik und der als Vergleichsstandard benützten alternativen Lohnpolitik auf die <u>funktionelle</u> Einkommensverteilung eintreten, d. h. wie sich die Anteile der einzelnen Einkommensarten (Lohneinkommen, ausgeschüttete Gewinne, einbehaltene Gewinne, Zinseinkommen, Miet- und Pachteinkommen, sonstige Selbständigeneinkommen) am Volkseinkommen ändern; denn erst bei Kenntnis dieser Änderungen kann in einem zweiten Schritt die Verbindung zur personellen Einkommensverteilung hergestellt werden. Diese personelle Einkommensverteilung ergibt sich dann aus dem Besitz unterschiedlicher Mengen an Faktorbeständen

(Arbeitskraft, Vermögen), dem Ausmaß ihres Einsatzes im Wirtschaftsprozeß und den dabei zu erzielenden Faktorpreisen. Hinzukommen die vom Staatssektor bewirkten Abgaben und Transferzahlungen.

Eine Übersicht über die verschiedenen Theorien zur Erklärung der funktionellen Einkommensverteilung auf lange Sicht (für Frage 1) und auf kurze Sicht (für Frage 2) unter Berücksichtigung der zusätzlichen Problematik zweier ganz bestimmter lohnpolitischer Gewerkschaftsstrategien überschreitet bei weitem den Rahmen dieser Studie, gibt es doch kaum ein Gebiet, in dem die Ansichten stärker kontrovers sind; damit fehlt aber das erforderliche Bindeglied für eine vollständige Analyse.

Außerdem können wir nur darauf hinweisen, daß es nach unserer Kenntnis auch keinen Modellansatz gibt, der eine langfristige Analyse der funktionellen Einkommensverteilung mit einer Analyse der personellen Einkommensverteilung verbindet. Eine Verbindung zwischen der leichter erfaßbaren kurzfristigen Analyse der funktionellen Einkommensverteilung im Rahmen von großen ökonometrischen Makromodellen mit einem Modell der kurzfristigen personellen Einkommensverteilung wird bei Metcalf (1969) angedeutet. Eine derartige Modellkombination könnte sich auch dazu eignen, die kurzfristigen Auswirkungen alternativer Gewerkschaftsstrategien auf die personelle Einkommensverteilung zu simulieren. Ergebnisse in dieser Richtung scheinen aber noch nicht vorzuliegen.

Eine Verknüpfung mit unserer Hauptfragestellung kann nur dadurch geschehen, daß wir bestimmte hypothetische Fälle etwas genauer analysieren, ohne zu fragen, zu welchem Zeitpunkt und in welchem Land solche Fälle auftreten. Die folgenden Fälle beziehen sich jedoch nur auf den kurzfristigen Primäreffekt "der ersten Runde". Alle längerfristigen Folgewirkungen und Gegenreaktionen der übrigen Wirtschaftsgruppen, des Staates und des Auslandes sowie die sich daraus ergebenden Auswirkungen auf die personelle Einkommensverteilung bleiben im Dunkeln.

Wir unterstellen grundsätzlich, daß die als Vergleichsstandard dienende Alternativstrategie der Konstanthaltung der historisch gegebenen Lohnquote ihr Trendziel erreicht, selbst wenn kurzfristige Schwankungen der Lohnquote auftreten. Gleichzeitig sei damit nahezu Vollbeschäftigung und weitgehende Preisniveaustabilität verbunden.[1)]

Die aktive Lohnpolitik kann im Vergleich dazu zu folgenden Ergebnissen führen:

a) keine Änderung, weil es trotz Einsatzes gewerkschaftlicher Machtmittel überhaupt nicht gelingt, die angestrebten Nominallohnerhöhungen durchzusetzen

b) erfolgreiche Erhöhung der Lohnquote, weil es gelingt, die angestrebten Nominallohnerhöhungen durchzusetzen und weil die konjunkturelle Konstellation einschließlich der staatlichen Wirtschaftspolitik derart ist, daß die übrigen Einkommensarten, insbesondere die Gewinneinkommen, bei konstant bleibendem Preisniveau entsprechend weniger wachsen oder gar absolut abnehmen; in diesem Fall entspricht die Nominallohnerhöhung der Reallohnerhöhung.

c) keine Erhöhung oder eine unter dem angestrebten Zielwert liegende Erhöhung der Lohnquote, weil es zwar gelingt, die entsprechenden Nominallohnerhöhungen durchzusetzen, aber die Unternehmer mit Preiserhöhungen auf die Lohnkostensteigerung reagieren, so daß das Preisniveau steigt; in diesem Fall bleibt die Reallohnsteigerung hinter der Nominallohnsteigerung zurück. Da die Preiserhöhungen bei unveränderter Kapazitätsauslastung durchgesetzt werden können, ändert sich die Beschäftigungslage nicht. Der Anteil der übrigen Einkommenskategorien geht weniger stark zurück als im Fall b).

---

1) Dies ist eine Annahme, die keineswegs zutreffen muß. Die Ableitung der mit dem Vergleichsstandard einhergehenden Wirtschaftsentwicklung ist ebenfalls eine empirische Frage.

d) keine Erhöhung oder eine unter dem angestrebten Zielwert liegende Erhöhung der Lohnquote, weil es zwar gelingt, die entsprechenden Nominallohnerhöhungen durchzusetzen, aber die Unternehmer mit Preiserhöhungen und Entlassungen auf die Lohnkostensteigerung reagieren, so daß das Preisniveau steigt und Arbeitslosigkeit auftritt. Auch in diesem Fall bleibt die Reallohnsteigerung hinter der Nominallohnsteigerung zurück. Der Anteil der übrigen Einkommenskategorien geht weniger stark zurück als im Fall b). Das reale Volkseinkommen sinkt jedoch wegen der Unterauslastung von Kapazitäten und Arbeitskräftebestand unter die im Fall c) erreichte Höhe.

Der Fall a) ist uninteressant, weil er nicht zu Änderungen der Einkommensverteilung führt.

Der Fall b) fällt in den Bereich einer allgemeinen Theorie der personellen Einkommensverteilung, der es obliegt, Änderungen der funktionellen Verteilung in ihren Auswirkungen auf Haushaltsgruppen zu untersuchen;[1] deren allgemeinere Fragestellung geht weit über den Rahmen dieser Studie hinaus. Wir beschränken uns daher auf die Wiedergabe eines Ergebnisses, das sich bei Simulationsexperimenten von Krupp gezeigt hat:

"Es zeigt sich deutlich, daß die Höhe der Löhne und Renten wesentlichen Einfluß auf die (personelle) Verteilung des Einkommens hat. Hohe Lohnsteigerungen führen zur Abnahme der Ungleichmäßigkeit der Einkommensverteilung. Werden die Rentner an diesen Lohnsteigerungen nicht beteiligt, wird der Effekt stark abgeschwächt. Dies hat sicher seinen Grund darin, daß gerade die sehr niedrigen Einkommen der Rentner

---

1) Vgl. z.B. H.J. Krupp (1968), insbes. S. 68 ff.

zur Ungleichmäßigkeit der Verteilung beitragen."[1]

Dieses Ergebnis entspricht den gängigen Vorstellungen und dürfte der Tendenz nach von den speziellen Annahmen des Kruppschen Simulationsmodells unabhängig sein. Da in der BRD die Rentner wegen der Rentendynamik mit einer gewissen Verzögerung an den Lohnsteigerungen partizipieren, gilt das Ergebnis auch in bezug auf die Renteneinkommen, sofern man die Betrachtungsperiode auf einige Jahre ausweitet, so daß die verzögerte Anpassung mit ins Blickfeld gerät.

Bei den Fällen (c) und (d) besteht eine enge Verbindung zu unserer Hauptfragestellung. Wir müssen jedoch in beiden Fällen nochmals die Unterfälle (c1) und (c2) bzw. (d1) und (d2) unterscheiden. (c1) und (d1) liegen vor, wenn die aktive Nominallohnpolitik der Gewerkschaften letztlich erfolglos ist. Dies kann geschehen, wenn zwar Nominallohnsteigerungen durchgesetzt werden, die zu einer Erhöhung der Lohnquote führen würden, falls das Preisniveau konstant bliebe, aber die Preise (und damit das nominelle Volkseinkommen) in einem solchen Ausmaß steigen, daß jener Teil der Nominallohnsteigerung, der zu einer Erhöhung der Lohnquote führte, gerade kompensiert wird. Den Gewerkschaften gelingt dann trotz aktiver Lohnpolitik nur die Aufrechterhaltung der Lohnquote wie auch bei der Vergleichsstrategie; allerdings bei einem erhöhten Preisniveau und in (d1) auch noch verbunden mit Arbeitslosigkeit.

---

1) H.J. Krupp (1968), S. 188
Krupps Ergebnisse sind zwar auf mittlere Sicht abgeleitet; es war aber kein Grund festzustellen, weshalb sie nicht auch als Primäreffekt auf kurze Sicht interpretiert werden könnten; selbstverständlich haben sie dann eine andere Größenordnung. Da bei Krupp Änderungen der funktionellen Verteilung ohne Berücksichtigung der Kreislaufzusammenhänge exogen vorgegeben werden, bleibt offen, zu Lasten welcher anderen Einkommenskategorie die Lohnerhöhung geht. Vermutlich bleibt aber bei der in der BRD vorliegenden Einkommensstruktur der Haushalte das referierte Ergebnis für ein weites Spektrum alternativer Annahmen über diesen Punkt aufrecht erhalten.

Bei (c2) und (d2) machen Preiserhöhungen die anfänglich durchgesetzte Lohnquotenerhöhung nur teilweise wieder rückgängig, so daß "unter dem Strich" eine Verbesserung gegenüber der Vergleichsstrategie verbleibt; auch hier geht die Lohnquotenerhöhung mit Preisniveauansteigerungen und in (d2) zusätzlich mit Arbeitslosigkeit einher.

Bei der Analyse der Verteilungswirkungen einer Inflation in den Abschnitten 2 und 3 wurden inflationäre Preisniveausteigerungen einfach als gegeben hingenommen, ohne daß nach ihren Ursachen gefragt worden wäre; ebensowenig wurde die Frage aufgeworfen, ob etwa die Verteilungswirkungen je nach Inflationsursache unterschiedlich seien. Im Anschluß an die übliche Vorgehensweise in der Literatur wurde vielmehr unterstellt, daß inflationäre Preissteigerungen ohne Rücksicht auf ihre Ursache behandelt werden können.[1] Wenn man in diesem Sinn eine aktive gewerkschaftliche Lohnpolitik als eine von mehreren möglichen Inflationsursachen ansieht, so wird deutlich, daß man in den Fällen (c) und (d) ihre Auswirkungen auf die personelle Einkommensverteilung einfach durch Rückgriff auf die entsprechenden Ergebnisse des Abschnitts 3 ermitteln kann.[2]
Hier gewinnt nun die Feststellung Gewicht, daß in keiner Studie ein dauerndes Hinterherhinken (wage-lag) oder dauerndes Vorauseilen (wage-lead) der Löhne in bezug auf die Inflationsrate empirisch festgestellt werden konnte und dementsprechend beispielsweise bei Budd and Seiders der Anpassungskoeffizient für den Lohnsatz mit 1 festgesetzt wurde; dies ist gleichbedeutend

---

1) Niehans (1962) weist als einziger darauf hin, daß sich Modifikationen ergeben können, wenn man in die Analyse unterschiedliche Inflationsursachen einbezieht.

2) Hiermit ist selbstverständlich nicht gesagt, daß eine aktive Lohnpolitik immer eine Inflationsursache sein muß. Nur wenn die Fälle (c) und (d) vorliegen, also die gesamtwirtschaftliche Konstellation derart ist, daß aus einer aktiven Lohnpolitik zusammen mit den Reaktionen der übrigen Wirtschaftsgruppen und der Wirtschaftspolitik des Staates inflationäre Preisniveausteigerungen resultieren, kann man die oben erwähnte Schlußfolgerung ziehen. Selbst dann bleibt aber immer noch die Frage offen, wer an der Inflation "schuld" ist. Dies ist ein zusätzliches politisches Wertungsproblem, dessen Lösung davon abhängt, ob man die angestrebte Erhöhung der Lohnquote für gerechtfertigt oder für ungerechtfertigt ansieht.

mit einem Konstantbleiben der Lohnquote. Hieraus kann man den Schluß ziehen: Falls in den untersuchten historischen Perioden eine aktive Lohnpolitik betrieben wurde, so müßten die Fälle (c1) oder (d1) vorgelegen haben, weil keine Änderung der Lohnquote aufgetreten ist.

Ist die konjunkturelle Situation derart, daß mit einer Zunahme der Inflationsrate keine Beschäftigungsvariation einhergeht (Fall c1), so dürften die Ergebnisse des Abschnitts 3.2.1. gelten, also - ohne Rücksicht auf die beschriebenen Einwände - grob zusammengefaßt:

- die untersten Einkommensschichten fallen relativ zurück, weil bei ihnen ungenügend angepaßte Transfereinkommen eine große Rolle spielen

- eine mittlere Gruppe gewinnt relativ, weil bei ihr voll angepaßte Lohneinkommen dominieren

- die obersten Gruppen fallen relativ zurück, weil dort Vermögenseinkommen einen bedeutenden Einkommensanteil ausmachen und einige Vermögenseinkommen kurzfristig nicht voll angepaßt werden.

Würde man allerdings die unterschiedlichen Auswirkungen des nicht-inflationsneutralen Steuersystems und die Auswirkungen auf die Vermögensverteilung einbeziehen, so ergäben sich teilweise gegenläufige Effekte; über das quantitative Ausmaß des Gesamteffekts kann bisher kaum etwas gesagt werden.

Führte die aktive Lohnpolitik gleichzeitig zu Preisniveausteigerungen und einer Abnahme der Beschäftigung (Fall d1), so kann man auf die Ergebnisse des Abschnitts 3.2.3. zurückgreifen. Allerdings werden dort Ergebnisse für den kombinierten Effekt einer Zunahme der Inflationsrate und einer Zunahme der Beschäftigung wiedergegeben; es ist also eine Uminterpretation nötig. Wie Mirer (1971), Brimmer (1971) und auch Hollister and Palmer (1972) gezeigt haben, macht sich zunehmende Arbeitslosigkeit durch Arbeitsausfall und Vergrößerung der Lohndifferenzen besonders ungünstig bei den untersten Einkommensschichten bemerkbar; ebenso dürfte ein überdurchschnittlicher Rückgang der einbehaltenen Gewinne - ein wichtiges Einkommenselement der obersten Einkommensschichten - stattfinden. Ganz grob gesprochen sind die Effekte also den reinen Inflationseffekten gleichläufig, so daß ebenfalls

- ein relatives Zurückbleiben der unteren Einkommensschichten

- eine relative Begünstigung der mittleren und oberen Schichten

- ein relatives Zurückbleiben der obersten Einkommensschicht

zu vermuten ist. Auch hier mögen parallel auftretende Vermögensumverteilungseffekte und die Auswirkungen eines nicht-inflationsneutralen Steuersystems die Ergebnisse modifizieren.

In den Fällen (c2) und (d2) gelingt den Gewerkschaften zumindest kurzfristig ein teilweises Durchsetzen höherer Reallöhne; dem würde ein Anpassungskoeffizient der Lohnsätze über 1 entsprechen. Dieser Fall wird in keiner der behandelten Studien betrachtet, so daß wir uns auf einige allgemeine Überlegungen beschränken müssen.

Es dürfte zu erwarten sein, daß die Erhöhung der Lohnquote vor allem zu Lasten der reinen Gewinneinkommen geht, während die Zins- und Mieteinkommen und die Mischeinkommen der Selbständigen weniger tangiert werden; hier würde sich vermutlich nur eine gewisse reale Minderung infolge des gestiegenen Preisniveaus zeigen. Im Fall (c2) ohne Beschäftigungseffekt dürfte eine solche Veränderung kurzfristig vor allem den arbeitsfähigen Teil der untersten Einkommensschicht und der unteren Mittelschicht begünstigen; dagegen dürften die Renten- und Transfereinkommensbezieher in den unteren Schichten wegen der verzögerten Anpassung ihrer Einkommen sowie die oberen Schichten relativ zurückfallen. Im Fall (d2) ergeben sich bei den von Arbeitslosigkeit betroffenen Gruppen offensichtlich gegenläufige Effekte. Es gibt empirische Hinweise, daß sich diese gegenläufigen Effekte in den unteren Einkommensschichten stärker auswirken, so daß sich dort drei Gruppen deutlich unterscheiden lassen:

- Haushalte, deren Haupteinkommensquelle die nicht voll angepaßten Transfereinkommen sind
- Haushalte, die arbeitslos werden und damit ebenfalls auf weit niedrigere Transfereinkommen angewiesen sind
- Haushalte, die beschäftigt bleiben und erhöhte Reallöhne beziehen.

Die letztgenannte Gruppe wird gegenüber den anderen offenbar relativ begünstigt.

Vermutlich tritt eine solche Differenzierung in den oberen Einkommensschichten weniger zu tage. Ob diese verschiedenartigen Bewegungen die gesamte Einkommensverteilung mehr oder weniger ungleich erscheinen lassen, ist ungewiß, aber vielleicht auch nicht so wichtig. Bedeutsamer dürften die unterschiedlichen Auswirkungen innerhalb derselben Einkommensschicht sein, die bei weiterer Aufspaltung zu Vorschein kommen.

Diese Skizze über die Auswirkungen einer aktiven Lohnpolitik der Gewerkschaften auf die personelle Einkommensverteilung konnte nur aufzeigen, auf welche Fragen bei einer umfassenden Untersuchung einzugehen wäre und welche Beziehungen zu der viel engeren Hauptfragestellung dieser Studie bestehen. Präzisere Ergebnisse sind erst nach einer Verbesserung der empirischen Datenbasis über die personelle Einkommens- und Vermögensverteilung und der Entwicklung einer Theorie der funktionellen Einkommensverteilung unter Einbeziehung alternativer Gewerkschaftsstrategien zu erwarten.

5. Versuch einer abwägenden Zusammenfassung der als plausibel anzusehenden Hypothesen über die Verteilungswirkungen einer Inflation unter besonderer Berücksichtigung der institutionellen Gegebenheiten in der BRD

1. Wenn man das Problem der Verteilungswirkungen einer Inflation näher betrachtet, so erweisen sich einige Punkte als besonders bedeutsam:

   Erstens zeigt sich, daß man aus wirtschaftspolitischer Sicht sinnvollerweise nach den inflationsbedingten Änderungen der Wohlfahrtsverteilung fragt, wie schwierig es auch immer sein mag, genauer zu bestimmen, was unter Wohlfahrt von Personen oder Haushalten zu verstehen ist und anhand welcher Hilfsgrößen sie zu messen wäre.
   Auf jeden Fall wird durch diese Betrachtungsweise eine Zusammenschau der Einkommens- und Vermögensverteilung und eine Einbeziehung der von den Einnahmen und Ausgaben des Staatssektors ausgehenden Verteilungswirkungen erreicht. Gleichzeitig wird offengelegt, daß in die Abgrenzung der Begriffe "Einkommen", "Vermögen" sowie "staatliche Leistungen" und in deren Messung politische Wertungen eingehen. Von hier aus ergibt sich ein Ansatzpunkt für die Beurteilung der Spannweite einzelner Studien.

   Zweitens erweist sich der Inflationsbegriff keineswegs als unproblematisch. Dies ist nicht weiter erstaunlich, wenn man erkannt hat, daß jede Inflationsdefinition implizit eine Vorstellung über den wirtschaftlichen Zustand oder die Wirtschaftsentwicklung ohne Inflation enthält, die als wirtschaftspolitisches Ziel angesehen werden. Auch hier gehen politische Wertungen ein, die darüber entscheiden, wann man für ein Land "Inflation" konstatieren kann und welches Ausmaß man feststellt. Außerdem besitzt der Inflationsbegriff eine zeitliche

Dimension: ein einmaliger Inflationsstoß steht einer langanhaltenden, inflationären Entwicklung gegenüber und auch ein zyklischer Wechsel von kurzen Inflationsperioden und inflationsfreien Zeiträumen ist möglich.[1] Die Verteilungswirkungen der verschiedenen Inflationstypen brauchen nicht gleich zu sein, so daß Ergebnisse für einen Typ nicht ohne Prüfung auch für andere Typen als gültig angesehen werden können. Dies ergibt ein weiteres Einordnungskriterium.

Drittens weisen auch die Auswirkungen einer Inflation einen Zeitaspekt auf: die kurzfristigen Primäreffekte unterscheiden sich in der Regel von den langfristigen Auswirkungen, die auch Sekundär- und Tertiäreffekte umfassen. Die jeweils ermittelten Effekte bedürfen daher einer zeitlichen Präzisierung.

Viertens stellt sich das Problem des Bezugspunktes, von dem aus Inflationswirkungen zu messen sind. Als Kandidaten stehen sich gegenüber:

Jene hypothetische Einkommens- und Vermögensverteilung (oder Wohlfahrtsverteilung), die sich ergeben hätte, wenn keine Inflation aufgetreten wäre; oder eine hypothetische Einkommens- und Vermögensverteilung, die bei einer alternativen erreichbaren Preisniveau-Beschäftigungs-Kombination zustande käme. Im ersten Fall wird ein isolierter Inflationseffekt ermittelt, ohne Rücksicht darauf, ob seine Vermeidung wirtschaftspolitisch überhaupt möglich ist oder ob seine Vermeidung einen Beschäftigungsrückgang zur Folge hat, der seinerseits andere Verteilungseffekte nach sich zieht.

---

1) Entsprechend unserer anfänglichen Abgrenzung betrachten wir nur mäßige Inflationsraten bis höchstens 10 % p.a. und messen sie anhand des Lebenshaltungskostenindex eines mittleren Arbeitnehmerhaushalts.

Im zweiten Fall mißt man den Nettoverteilungseffekt alternativer wirtschaftspolitischer Strategien. In beiden Fällen werden aber die Verteilungseffekte von Preisniveau- oder Beschäftigungsvariationen als unabhängig von den Ursachen dieser Phänomene angesehen. Eine zusätzliche Differenzierung nach Ursachen scheint bisher kaum durchführbar, aber die Unterscheidung nach Bezugspunkten ist wesentlich für die Einordnung der Ergebnisse.

Fünftens zeigt sich, daß die Verteilungswirkungen einer Inflation so stark von den typischen Reaktionen einzelner gesamtwirtschaftlicher Größen, von den institutionellen Gegebenheiten des Steuer- und Transferzahlungssystems und von der einkommens- oder vermögensklassenspezifischen Einkommens- und Vermögensstruktur abhängen, daß die hierbei von Land zu Land gegebenen Unterschiede ausreichen, um zu weit voneinander abweichenden Aussagen zu gelangen. Dies macht Analogieschlüsse ungewöhnlich schwierig.

2. Eine schematische Übersicht über die im Prinzip untersuchungsbedürftigen Effekte zeigt das folgende Schaubild. Die hierin aufgezeigte umfassende Fragestellung ist ungelöst. Manche Untersuchungen beschränken sich darauf, lediglich isolierte Inflationseffekte auf das Markteinkommen und/oder das Vermögen der Haushalte herauszuarbeiten (Felder 1 und 2), andere beziehen Transfereinkommen ein (Felder 2 und 3) und wieder andere prüfen <u>einige</u> steuerliche Effekte (Feld 5). In ähnlicher Weise werden auch von manchen Autoren isolierte Beschäftigungseffekte auf die Verteilung untersucht, deren Behandlung aber außerhalb unseres Themas lag.

Auswirkungen von Inflation und Beschäftigung auf die personelle Verteilung von Einkommen, Vermögen und Wohlfahrt

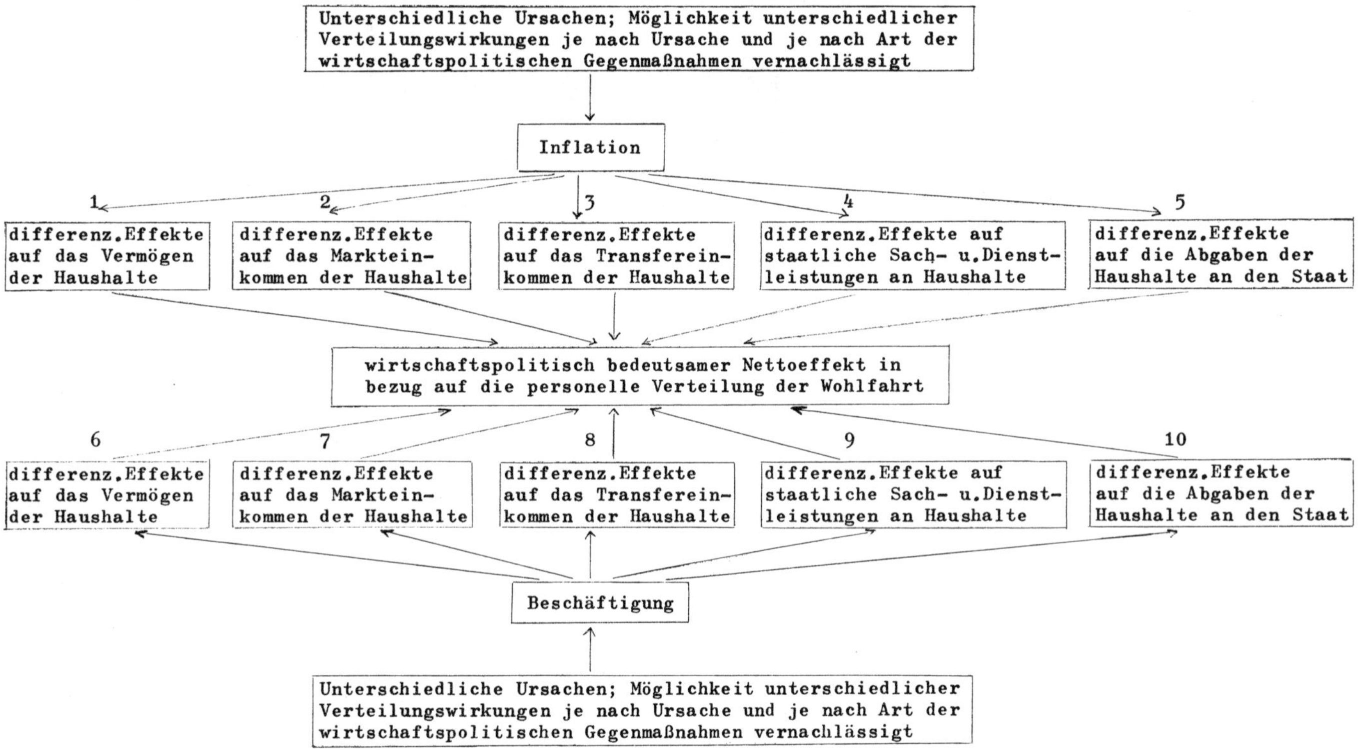

Schließlich findet man einige Ansätze, die den Einfluß ausgewählter Kombinationen von Preisniveausteigerung und Beschäftigungsvariation auf die Verteilung des Markteinkommens und/oder der Transferzahlungen behandeln (Felder 2 + 7 und 3 + 8). Zu den übrigen Punkten liegen nur einige unzusammenhängende, nicht quantifizierte Einzelhypothesen vor.

Zu dieser Begrenzung in der Spannweite der untersuchten Effekte kommt hinzu, daß die jeweiligen Ergebnisse auch nicht für alle Inflationstypen vorliegen und noch viel weniger sind in jedem einzelnen Fall kurz- und langfristige Wirkungen parallel erforscht. Ebenso beschränken sich jene Ansätze, die auf den kombinierten Effekt von Preisniveau- und Beschäftigungsvariationen abzielen auf eine ganz geringe Zahl alternativer Kombinationen. Schließlich kann man feststellen, daß die bisher vorliegenden Ergebnisse ganz überwiegend für die USA erarbeitet wurden, während für die BRD nur wenige Resultate empirisch untermauert sind.

Da bisher bei den ermittelten Effekten keine Zusammenschau gelungen ist, muß auch die folgende Übersicht die Effekte auf die Vermögensverteilung und die Brutto-Einkommensverteilung sowie die sonstigen Effekte getrennt behandeln.

3. Für den isolierten Inflationseffekt auf die personelle Vermögensverteilung liegen die detailliertesten und am besten gesicherten Ergebnisse vor. Dagegen ist über einen kombinierten Inflations-Beschäftigungs-Effekt auf die Vermögensverteilung nichts bekannt.

Die meisten Ergebnisse sind jedoch unter einschränkenden Annahmen abgeleitet, so daß sie zunächst nur als kurzfristiger Primäreffekt eines einmaligen Inflationsstoßes plausibel sind. Im einzelnen zeigte sich für die USA:

- bei einer Gruppierung der Haushalte nach Vermögensklassen werden nur kleine Vermögen überdurchschnittlich betroffen; ansonsten treten nur geringfügige Verschiebungen auf[1)]

- bei einer Gruppierung der Haushalte nach Einkommensklassen wird die unterste Gruppe beim Vermögen etwas begünstigt; sonst gibt es nur geringfügige Verschiebungen

- bei einer Gruppierung der Haushalte nach dem Alter werden die jüngeren Haushalte (bis 44) begünstigt, die älteren zunehmend belastet

- bei einer Gruppierung der Haushalte nach Berufsgruppen tritt eine Begünstigung vor allem bei Landwirten, selbständig Gewerbetreibenden und Facharbeitern auf, während Freiberufliche und Rentner am stärksten benachteiligt werden.

Viel größere Unterschiede zeigen sich innerhalb jeder Einkommensklasse, Vermögensklasse, Altersklasse oder Berufsgruppe, wenn man jede Gruppe nochmals unterteilt in

---

1) Wie in Abschnitt 3.1.3. gezeigt, kommen Budd-Seiders hier zu einem anderen Ergebnis, nämlich zu einer durchgängig ausgleichenden Tendenz mit relativen Begünstigungen der unteren 80 %. Wir sehen jedoch die Schwächen von Budd-Seiders Datenquelle für so gravierend an, daß wir eher den Resultaten des einfachen IWK-Ansatzes auf der Basis der Goldsmith-Daten vertrauen; diese entsprechen im übrigen auch besser den a priori-Vermutungen.

"Eigenheimbesitzer mit Hypothekenschulden", "Eigenheimbesitzer ohne Hypothekenschulden" und "Mieter". Die Mieter werden in allen Gruppen absolut und relativ sehr stark benachteiligt, die nicht verschuldeten Hausbesitzer werden meist nur geringfügig benachteiligt und die verschuldeten Hausbesitzer machen hohe absolute und relative Gewinne.

Bemerkenswert ist schließlich noch das Resultat, daß die Unterschiede in den Inflationseffekten zwischen Haushalten derselben Klasse in den unteren Einkommens- und Vermögensklassen größer sind als in den mittleren und oberen Schichten, weil mit steigendem Einkommen und Vermögen die Vermögenszusammensetzung offenbar ähnlicher wird.

Diese Ergebnisse werden stark von den Annahmen beeinflußt, die über die inflationsbedingten Anpassungen der einzelnen Vermögensgüterpreise gemacht werden. Soweit hierzu spätere, abweichende, empirische Ergebnisse vorliegen (Budd-Seiders) dürften sie aber die Tendenz der Aussagen nicht verändern.

Für die BRD sind bisher keine so detaillierten Ergebnisse abgeleitet worden, da die Datenbasis fast völlig fehlt. Wir vermuten jedoch, daß die oben erwähnten zusammenfassenden Aussagen über den kurzfristigen Primäreffekt einer Inflation der Tendenz nach auch für die BRD gelten, wenngleich die quantitativen Resultate Abweichungen zeigen würden. Die Ergebnisse von Engels u.a. weisen sogar darauf hin, daß die Diskrepanz zwischen Hausbesitzern und Mietern in der BRD noch beträchtlich größer ist; bei der gegebenen Verteilung des Hausbesitzes würde dies darauf hindeuten, daß die Grenze zu den benachteiligten unteren Vermögensklassen in der BRD höher liegt als in den USA und daß die relativen Verluste größer sind. Erschwerend kommt auch noch hinzu, daß in der BRD beträchtliche öffentliche Darlehen von Eigenheim- und Miethausbesitzern in Anspruch genommen wurden, die wegen extrem niedriger Zinssätze und langer Tilgungsfristen einer besonders starken realen Entwertung unterliegen.

Plausibel sind die genannten Effekte zunächst nur als kurzfristige Primäreffekte einer neu einsetzenden, mäßigen Inflation. Es gibt jedoch für die USA wie für die BRD verstreute Hinweise, daß sich die Vermögensstruktur der einzelnen Haushaltsklassen trotz mäßiger Inflation im Durchschnitt nur wenig ändert. Ebenso wurde festgestellt, daß sich die Zinssätze für Geldforderungen und -verbindlichkeiten nur mit einer Verzögerung von mehreren Jahren an die Inflationsrate anpassen, und auch dann nur zu einem Teil. Überdies treten im Verlauf dieses Anpassungsprozesses bei den Gläubigern von alten langfristigen Festverzinslichen Kursverluste auf, so daß sie erst nach Rückzahlung in den Genuß der angepaßten Zinssätze kommen. Diese Überlegungen lassen uns vermuten, daß mindestens ein Jahrzehnt vergeht, bis die Anpassungen an eine trendmäßige <u>konstante</u> Inflationsrate die oben erwähnten Tendenzaussagen unhaltbar machen; solange dürften sich Jahr für Jahr die Vermögensumverteilungswirkungen akkumulieren. Die Aussagen dürften überdies tendenziell auch zutreffen, wenn zunehmende Inflationsraten vorliegen.

4. Bei der Untersuchung des isolierten Inflationseffekts auf die Einkommensverteilung ist die Verbindung zur personellen Verteilung nur stellenweise gelungen und nicht gut gesichert.

   Bei funktioneller Betrachtung zeigte sich für die USA:

   - ein dauerhaftes Zurückbleiben der Löhne ließ sich nicht nachweisen, allenfalls gelegentliches kurzfristiges Zurückbleiben mit darauffolgendem Aufholen

   - Zinssätze reagieren nur mit mehrjähriger Verzögerung und holen nicht voll auf

   - Mieteinkommen bleiben zumindest temporär zurück

- einbehaltene Gewinne entwickeln sich sogar gegenläufig
- Transfereinkommen bleiben zumindest temporär zurück

Bis auf die offene Frage der einbehaltenen Gewinne dürften diese Aussagen auch für die BRD gelten.

Aus der Verbindung dieser Ergebnisse mit der nach Einkommensklassen unterschiedlichen Einkommensstruktur resultieren einige plausible Aussagen über den kurzfristigen Primäreffekt eines erstmaligen Inflationsstoßes auf die personelle Verteilung der Bruttoeinkommen (einschließlich Transferzahlungen, aber ohne Steuerabzug) in den USA:

- die unteren Einkommensklassen (etwa 40 % der Haushalte bei Budd-Seiders) verschlechtern ihre relative Position etwas, vor allem, weil in diesen Gruppen zurückbleibende Transfereinkommen eine wichtige Einkommensquelle darstellen
- die mittleren und oberen Einkommensklassen (mit Ausnahme der obersten 5 %) verbessern ihre relative Position, weil sie vor allem voll angepaßte Arbeits- und Selbständigeneinkommen beziehen
- die obersten fünf Prozent der Einkommensbezieher verschlechtern ihre relative Position, weil dort nicht voll angepaßte Vermögenseinkommen einen großen Einkommensanteil ausmachen.

Die beschriebenen Effekte sind jedoch nur geringfügig. Allerdings ist zu beachten, daß die Aussagen auf der Basis der durchschnittlichen Einkommensstruktur jeder Einkommensklasse abgeleitet sind. Würde man in jeder Einkommensklasse die Haushalte <u>zusätzlich</u> nach ihrer dominierenden Einkommensart gliedern, so könnten dabei vermutlich Untergruppen gefunden werden (z.B. Rentner oder Bezieher von Zinseinkommen), die stärker belastet oder begünstigt werden. Die beträchtliche Streuung innerhalb jeder Einkommensklasse wird in vielen Studien betont.

Eine Berücksichtigung der inflationsbedingten positiven oder negativen Nettovermögenseffekte in einem erweiterten Einkommensbegriff scheint die beschriebene Tendenz zu verstärken.

Bei einer Gruppierung nach Altersklassen zeigt sich die gleiche Tendenz wie beim Vermögenseffekt: Bezogen auf eine mittlere Altersgruppe werden jüngere Haushalte begünstigt und ältere zunehmend belastet.

Inwieweit sich diese Ergebnisse ändern, wenn man den differenzierenden Effekt des Steuersystems hinzunimmt - also auf Nettoeinkommen übergeht - kann bisher nicht gesagt werden.

Nach den vertreuten Hinweisen in deutschen Studien vermuten wir, daß sich diese Aussagen tendenziell auch auf die BRD anwenden lassen.

Auch dieser Einkommenseffekt ist als kurzfristiger Primäreffekt eines einmaligen Inflationsstoßes abgeleitet. Im Gegensatz zum Vermögenseffekt kann man aber kaum sagen, daß er bei Anhalten der Inflation (mit konstanter Rate) jedes Jahr erneut auftritt. Zwar haben die einzelnen Einkommensklassen nur geringe Möglichkeiten, ihre Einkommensstruktur anzupassen, aber die Anpassungen der einzelnen Einkommenskategorien dürften von Jahr zu Jahr ein anderes Muster zeigen. Daher sollte die Gültigkeit dieser Aussagen auf wenige Jahre nach Einsetzen der Inflation beschränkt bleiben. Beschleunigt sich die Inflation, so dürfte erneut das beschriebene Grundmuster auftauchen.

5. Der isolierte Inflationseffekt auf die personelle Einkommensverteilung wird modifiziert, wenn man als Bezugspunkt für die Messung des Effekts eine alternative Preisniveau-Beschäftigungs-Kombination wählt. Dabei wird generell davon ausgegangen, daß eine geringere Inflationsrate mit einer höheren Arbeitslosigkeit "bezahlt" werden muß und daß diese Zunahme der Arbeitslosigkeit ebenfalls Einkommensverteilungswirkungen nach sich zieht. Es muß hier offenbleiben, ob dieser Zusammenhang (Phillipskurve) im längerfristigen Durchschnitt gilt und ebenso, ob er in jedem Jahr eines Konjunkturzyklus auftritt. Diese Fragen sind nicht abschließend geklärt. Festzuhalten ist jedoch, daß die folgenden Ergebnisse unter der Annahme eines derartigen Zusammenhangs ermittelt wurden.

Auf kurze Sicht haben sich in den USA bei einer Preisniveausteigerung, kombiniert mit einer Zunahme der Beschäftigung, folgende Auswirkungen gezeigt:

a) Die untersten Einkommensklassen werden einkommensmäßig relativ begünstigt; die Gründe sind zusätzliche Beschäftigung bisher Arbeitsloser, Übergang von Teilzeit- zu Vollzeitbeschäftigung, Möglichkeit von Überstunden, Teilzeitarbeitsangebote für Hausfrauen und Rentner, Verringerung der Lohndifferenzen zwischen einfacher und qualifizierter Tätigkeit. Im Klassendurchschnitt dominieren diese Beschäftigungseffekte offenbar den vorhin erwähnten reinen Inflationseffekt, der für sich gesehen zu einer Verschlechterung führen würde. Die zwei größten Untergruppen innerhalb dieser untersten Einkommensschicht dürften Haushalte von Rentnern und abhängig Beschäftigten sein. Obwohl auch bei den Rentnern ein positiver Beschäftigungseffekt auftreten mag (Zusatzverdienst), könnte es doch sein, daß das Zurückbleiben der Renteneinkommen bei ihnen den Beschäftigungseffekt überwiegt, so daß sie nicht begünstigt sind.

b) Bei den unteren und oberen Mittelschichten scheinen Beschäftigungseffekte weniger ins Gewicht zu fallen; der Inflationseffekt könnte ab einer bestimmten Grenze dominieren, so daß zumindest die obere Mittelklasse ihre relative Position verschlechtert.

c) Die oberste Einkommensschicht verbessert ihre relative Position sehr stark, weil infolge des mit steigender Beschäftigung verbundenen günstigen Wirtschaftsklimas die einbehaltenen Gewinne sehr stark zunehmen; dieser Effekt scheint den Gewinnrückgang, der mit einem isolierten Inflationseffekt verbunden ist, weit überzukompensieren.

Es ist auch bei dieser Fragestellung ungeklärt, ob sich durch die Hinzunahme inflationsbedingter Nettovermögensänderungen und durch die Berücksichtigung differenzierender Auswirkungen des Steuersystems Modifikationen der Aussagen ergeben.

Aufgrund der wenigen Hinweise in der deutschen Literatur vermuten wir, daß die beschriebenen Effekte auf kurze Sicht auch für die BRD plausibel sind - mit Ausnahme der Ergebnisse für die oberste Einkommensschicht, weil die Rolle der dort sehr wichtigen einbehaltenen Gewinne für die BRD völlig ungeklärt ist.

Auch dieser beschriebene Verteilungseffekt einer kombinierten Preisniveau-Beschäftigungs-Änderung darf nur kurzfristig interpretiert werden. Über eine längere Periode betrachtet, dürften wechselnde Kombinationen von Preisniveau und Beschäftigung zu einer Vielzahl gegenläufiger Effekte führen, die gegenwärtig nicht entwirrt werden können.

6. Ein Versuch, langfristige Verteilungswirkungen einer einmaligen oder ständigen Inflation unter Einbeziehung von Beschäftigungswirkungen herauszuarbeiten, liegt zwar vor (vgl. 3.3.1); jedoch scheinen uns viele Annahmen so wenig gesichert, daß wir den Ergebnissen keinen besonderen Plausibilitätsgrad zumessen; sie werden deshalb in diese Zusammenfassung nicht einbezogen. Ebensowenig kann man aus dem beschriebenen amerikanischen Versuch, inflationsbedingte Vermögensumverteilungswirkungen zugunsten des Staatssektors auf Einkommensklassen zurückzurechnen, irgendwelche Schlußfolgerungen für die BRD ziehen (vgl. 3.3.2.), da hier die sektorale Verschuldungsstruktur völlig anders ist.

7. Zeitlich befristete Auswirkungen einer Inflation auf staatliche Transferzahlungen (Renten, Kindergeld, Wohngeld, Ausbildungsbeihilfe, Sozialhilfe usw.), die zu einer Verringerung ihres Realwertes führen, lassen sich in allen untersuchten Ländern zeigen. Ob bei anhaltender Inflation der Realwert der einzelnen Transferzahlungen immer weiter sinkt oder ob mit einer gewissen zeitlichen Verzögerung Anpassungen erfolgen, die zumindest ein weiteres Absinken verhindern oder gar ein Aufholen der Anfangsverluste ermöglichen, muß für jedes Land und für jede Transferzahlungsart gesondert geprüft werden. Diese Prüfung hat nur dann eine feste Basis, wenn bereits von Gesetzes wegen Anpassungsmechanismen vorgesehen sind, deren Auswirkungen zeitlich terminierbar und in ihrem Ausmaß berechenbar sind. Beruhen Anpassungen auf ad-hoc-Entscheidungen des Gesetzgebers oder der Verwaltung, so kann man kaum sagen, was ohne Inflation geschehen wäre; damit fehlt ein Vergleichsstandard. Eine solche Situation kann zu der paradox anmutenden Aussage führen, daß die Rentenzahlungen trotz Inflation real gesehen nicht sinken, sondern steigen (Beispiel: Kanada), weil erst infolge der Inflation eine Fühlbarkeitsschwelle überschritten wurde, die den zunächst untätigen Gesetzgeber dann zu einer Überanpassung bewog.

Jedenfalls ist diese wichtigste Transferzahlungskategorie bei einer langfristigen Trendbetrachtung in den USA und Kanada offenbar voll angepaßt worden; allerdings gibt es mehrjährige Perioden ohne Anpassung, in denen reale Rückgänge die Einkommensverteilung zu Lasten der Alten in den unteren Einkommensschichten veränderten. Dieses kurzfristige Zurückbleiben ist auch für viele der obengenannten Ergebnisse verantwortlich. Über andere Transferzahlungskategorien liegen keine systematischen Studien vor, die die Verbindung zur personellen Einkommensverteilung herstellen.

In der BRD besteht für Sozialrenten, Unfallrenten und Kriegsopferrenten ein Anpassungsmechanismus. Auch wenn die Löhne ohne Verzögerung der Preisniveauentwicklung folgen, wird durch diesen Mechanismus eine Anpassungsverzögerung von ca. 3 1/2 Jahren bewirkt. Damit sinkt der Realwert der Renten im Vergleich zu den Löhnen bei einer Zunahme der Inflationsrate; erst ein Sinken der Inflationsrate - im Idealfall auf 0 % - macht diese relative Benachteiligung der Rentenbezieher wieder rückgängig. Die hieraus folgenden erkennbaren Einkommensverteilungswirkungen wurden oben bereits berücksichtigt. Auch andere Transferzahlungskategorien haben sich in den letzten Jahren zeitweise oder ständig entwertet. Da hierzu keine systematischen Untersuchungen vorliegen, kann man nur sagen, daß hierdurch vor allem Bezieher unterdurchschnittlicher Einkommen und vermutlich auch die kinderreichen Haushalte benachteiligt wurden.

8. Zu den Auswirkungen eines nicht-inflationsneutralen Steuersystems auf die personelle Einkommensverteilung liegen nur Teilaussagen vor.

   In den USA ergab sich vor allem, daß das steuerfreie Minimumeinkommen infolge der Entwertung der Freibeträge etc. sank; außerdem läßt sich eine mit der Kinderzahl stark zunehmende Belastung feststellen; dieser Effekt war bei den unteren und bei der obersten Einkommensschicht stärker ausgeprägt als bei der Mittelschicht.

   Die Senkung des steuerfreien Minimumeinkommens und die Entwertung der Kinderfreibeträge etc. trifft auch für die BRD zu. Eine Reihe von Einzeleffekten dürfte auch zu einer Begünstigung der Hausbesitzer im Vergleich zu den Mietern geführt haben. Ohne daß genaue und umfassende Berechnungen aller Einzeleffekte vorliegen, wird häufig die These vertreten, daß die unteren Einkommensschichten, vor allem jene Gruppe, die sich der Grenze zur direkten Einkommensteuerprogression nähert, von den differenzierenden Wirkungen des Steuersystems benachteiligt wird. Dieser Vermutung schließen wir uns an.

9. Falls der Staatssektor infolge einer Inflation begünstigt oder benachteiligt wird, erhebt sich die Frage, in welcher Weise dieser Effekt an die Haushalte weitergegeben wird. Obwohl zu vermuten ist, daß der Staatssektor in der BRD inflationsbedingt begünstigt wird - eine bisher allerdings wenig gesicherte Hypothese - scheint es uns völlig offen, ob dies zu erhöhten Staatsleistungen oder zu einer Senkung der Steuerzahlungen führte. Über die hiervon ausgehenden zusätzlichen Umverteilungswirkungen kann daher gegenwärtig nichts gesagt werden.

6. Skizze der offenen Fragen

Am Schluß einer Literaturexpertise über ein wirtschaftspolitisch bedeutsames Problem ist es angebracht, die ungelösten Fragen nochmals zusammenfassend zu skizzieren, um dadurch Anregungen für weitere Forschungen zu geben. Dabei entspricht es dem der Kommission erteilten Auftrag, wenn wir uns auf die Bundesrepublik beschränken.

1. Für die BRD besteht ein grundlegendes Problem in der fehlenden statistischen Datenbasis. Um die Auswirkungen einer Inflation auf die personelle Einkommens- und Vermögensverteilung erfolgversprechend analysieren zu können, wären mindestens folgende Unterlagen erforderlich: Statistische Angaben für einen neueren Stichtag über die Brutto- und Nettoeinkommen (einschließlich aller Steuer- und Transferzahlungen, nach Arten gegliedert) für eine repräsentative Haushaltsstichprobe; Einkommenszusammensetzung jedes Stichprobenhaushalts auf einem Disaggregationsniveau wie in Abschnitt 2 aufgeführt; Brutto- und Nettovermögen jedes Stichprobenhaushalts, ebenfalls nach Vermögensarten untergliedert und zu Tageswerten bewertet; zusätzliche Haushaltsmerkmale wie Personenzahl, Alter und Beruf der erwerbstätigen Mitglieder etc.; Angaben über Arbeitslosigkeit für jeden Haushalt.

   Es versteht sich von selbst, daß eine Gesamterhebung besser wäre als eine Stichprobe; wenn aber nur eine Stichprobe möglich ist, sollte es wenigstens eine geschichtete Stichprobe mit höherem Auswahlsatz für die oberen Einkommens- und Vermögensklassen sein.

   Eine weitere Verbesserung der Datenlage ergäbe sich durch derartige Angaben für mehrere, nur wenige Jahre auseinanderliegende Stichtage. Da aber in Stichproben für verschiedene Stichtage normalerweise die befragten Haushalte wechseln, könnte nochmals eine für die Verteilungsanalyse sehr wichtige Verbesserung der Datenlage durch ein mehrjähriges Verfolgen der Einkommens- und Vermögenslage derselben Haushalte (panel-Methode) herbeigeführt werden.

In gleicher Weise bedürften vor allem die Zeitreihen für Vermögensgüterpreise, Vermögenserträge, Renditen, Stundenlöhne für Freiberufliche und andere nicht tariflich geregelte Arbeitsleistungen einer beträchtlichen Verbesserung und Aufspaltung entsprechend den in Abschnitt 2 genannten Kategorien.

Der Sachverständigenrat zur Begutachtung der gesamtwirtschaftlichen Entwicklung und andere weisen bereits seit Jahren auf die Dringlichkeit verbesserter Verteilungsstatistiken hin. Es sollte durch unsere Literaturübersicht deutlich geworden sein, daß man zunächst eine differenzierte Datenbasis schaffen muß, wenn man ernstlich an empirisch fundierten Ergebnissen über die sehr komplexen Verteilungswirkungen einer Inflation interessiert ist.

2. Mit Hilfe der einfachen IWK- und IWKE-Ansätze (mit konstanter Einkommens- und Vermögensstruktur und vereinfachten Annahmen über die Anpassung der Vermögensgüterpreise und -erträge sowie Lohnsätze; vgl. 3.1.1. und 3.2.1.) könnten bei vorhandener Datenbasis die in Abschnitt 5 formulierten Hypothesen über die kurzfristigen Verteilungswirkungen eines erstmaligen Inflationsstoßes überprüft und verfeinert werden. Auf der Basis der geschilderten Daten ergäbe sich auch die Möglichkeit einer Zusammenschau von Einkommens- und Vermögenseffekten, wenn man auf die Nettoeinkommensverteilung unter Einschluß von Wertänderungen abstellt. Diese Frage ist bisher nicht einmal für den kurzfristigen Inflationseffekt unter den groben Annahmen des IWK-Ansatzes gelöst.

3. Verbesserte Zeitreihen für Vermögensgüterpreise und -erträge sowie bestimmte Lohnkategorien würden die Möglichkeit bieten, die vereinfachten Annahmen über deren Anpassung an eine Inflation ökonometrisch zu testen. Dies wäre die Voraussetzung für Verbesserungen der in Punkt 2 beschriebenen Ansätze, die bisher ebenfalls nicht möglich waren.

4. Schließlich fehlen Untersuchungen über die inflationsbedingte Entwertung der einzelnen Arten von Transferzahlungen und über die einkommensklassenspezifischen, inflationsbedingten Mehrbelastungen durch die progressive Einkommensteuer. Da diese Mehrbelastungen nicht nur von der Einkommenshöhe, sondern von vielen weiteren Merkmalen abhängen, bedürfte es einer Prüfung für eine große Zahl unterschiedlicher Haushaltstypen; ebenso müßten die Inflationseffekte bei Transferzahlungen wahrscheinlich für viele Haushaltstypen ermittelt werden. Zusammenfassende Ergebnisse über durchschnittliche Änderungen der Transfer- und Steuerzahlungen in jeder Einkommensklasse würden die Ergebnisse von Punkt 3 weiter verbessern. Wenn man jedoch die Vielfalt der einzelnen Haushaltstypen voll berücksichtigen möchte, würde man statt einer Analyse nach Netto-Einkommens<u>klassen</u> ein Mikrosimulationsmodell benötigen. Ein derartiges Modell liegt für die BRD bisher ebenfalls nicht vor.

5. Die genannten statistischen Angaben würden es auch ermöglichen, kombinierte Preisniveau-Beschäftigungs-Effekte auf kurze Sicht zu analysieren und eine Zuordnung der Beschäftigungseffekte nach Nettoeinkommensklassen vorzunehmen. Bisher liegen für die BRD in dieser Richtung keine Studien vor. Mit der Ermittlung des Verteilungseffekts einer einzelnen Kombination wäre es jedoch nicht getan. Der Wirtschaftspolitiker wäre vielmehr an einer großen Zahl von Ergebnissen

für alternative Kombinationen von Inflation und Beschäftigung interessiert, da er nur so genügend Informationen für die Auswahl einer optimalen Kombination erhält.

6. Man muß sich darüber im klaren sein, daß die bisher skizzierten offenen Fragen lediglich den kurzfristigen Primäreffekt einer erstmals einsetzenden oder sich verstärkenden Inflation betrafen. Die Ermittlung langfristiger Auswirkungen einer einmaligen Preisniveausteigerung und ebenso einer anhaltenden Inflation mit konstanter oder schwankender Rate auf die personelle Einkommens- und Vermögensverteilung ist ebenfalls ein ungelöstes Problem; eine Lösung scheint uns jedoch in weiter Ferne zu liegen, da sie sowohl ein mittelfristiges makroökonomisches Modell als auch ein Bevölkerungsmodell für den Haushaltssektor und eine geglückte Kombination beider voraussetzt. Für die BRD liegen bisher nicht einmal die Bausteine für ein solches Hypermodell vor.

7. Die bisherige Diskussion war auf die Ermittlung der Nettoeinkommensverteilung abgestellt (vgl. 2.1.1.). Obwohl der von uns verwendete Nettoeinkommensbegriff nur beschränkt als Wohlfahrtsindikator geeignet ist, scheint lediglich die Ermittlung der so abgegrenzten Verteilungseffekte auf absehbare Zeit erreichbar. Die Hinzunahme der staatlichen Sach- und Dienstleistungen erforderte eine Vielzahl weiterer statistischer Indikatoren, deren Aussagewert und deren Verbindung mit der Nettoeinkommensverteilung bisher kaum geklärt ist.

8. Schließlich ist auch die Frage offen, ob die Verteilungswirkungen von Preisniveau- und Beschäftigungsvariationen von den Ursachen dieser Phänomene und von den wirtschaftspolitischen Gegenmaßnahmen abhängig sind. Denkbar wäre

auch noch eine Abhängigkeit von einer mehrere Jahre zurückreichenden unterschiedlichen Vorgeschichte.
Als Unterfrage taucht hier auch die Möglichkeit alternativer lohnpolitischer Gewerkschaftsstrategien auf.
Diese Fragen erfordern eine Analyse auf einer höheren Komplexitätsstufe, für die die bisher genannten Probleme bereits gelöst sein müßten.

Bibliographie

I. Bei der Studie verwendete allgemeine Literatur:

ATKINSON, A.B.	Unequal Shares - Wealth in Britain, London 1972
BRESCIANI-TURRONI, C.	The Economics of Inflation, A Study of Depreciation in Post-War Germany, with a Foreword by L.Ch.Robbins, Transl. by M.E.Sayers, London 1937
BUDD, E.C.	Postwar Changes in the Size Distribution of Income in the US, in: AER, Papers and Proceedings, Vol. 60, (1970) S. 247 - 260
CHAMPERNOWNE, D.G.	The Distribution of Income between Persons, London 1973
DAVID, M.	Alternative Approaches to Capital Gains Taxation, Brookings Institution, Washington 1968
DEUTSCHE BUNDESBANK	Das Ausmaß der Geldentwertung seit 1950 und die weitere Entwicklung des Geldwertes. Gutachten der Deutschen Bundesbank vom 21.7.1965, erstattet auf Wunsch des Bundesfinanzhofes in: Monatsberichte der Deutschen Bundesbank, 20.Jg. Nr.3 (1968), S. 3-19
FERBER, R.	Research in Household Behavior, in: AER, Vol. 52 (1962), S. 19-63
FISHER, I.	Feste Währung, Uchtdorf/Weimar/Leipzig 1937
FISHER, I.	Die Zinstheorie, Jena 1932
GOLDSMITH, R.W.	A Study of Saving in the United States, Vol. III, Princeton 1956

JOHNSON, H.G. — Monetary Theory and Policy, in: Surveys of Economic Theory, Vol.I, Monetary Theory and Policy, London usw. S. 1 ff.

JOHNSON, H.G. and NOBAY, A.R. (Eds.) — The Current Inflation, London usw. 1971

KENDRICK, J.(ed.) — Measuring the Nations Wealth, NBER, Vol.29, Washington 1964

KOWALSKI, L. — Einkommensverwendung, Einkommensverteilung und Vermögensverteilung. Analyse der Zusammenhänge zwischen der funktionalen Verteilung, der Gruppenverteilung des Einkommens und der Vermögensverteilung aus kreislauftheoretischer Sicht, Tübingen 1967

KRELLE, W. — Verteilungstheorie, Tübingen 1962

KRELLE, W. SCHUNCK, J. und SIEBKE, J. — Überbetriebliche Ertragsbeteiligung der Arbeitnehmer, 2 Bd., Tübingen 1968

LAURSEN, K. and PEDERSEN, J. — The German Inflation, 1918 - 1923, Amsterdam 1964

MINCER, J. — The Distribution of Labour Income: A Survey. With Special Reference to the Human Capital Approach, in: JEL, Vol. VIII,(1970),S. 1-26

MORLEY, S. — The Economics of Inflation, Hinsdale,Ill. 1971

NEUMARK, F. — Grundsätze gerechter und ökonomisch rationaler Steuerpolitik, Tübingen 1970

PARKIN, M. and SUMNER, M.T.(eds.) — Incomes Policy and Inflation, Manchester 1972

PHELPS, E.S. — The New Microeconomics in Employment and Inflation Theory, in Phelps, E.S. (ed.) Microeconomic Foundations of Employment and Inflation Theory, New York 1970, S.1-23

PROJECTOR, D.S. and WEISS, G.S. — Survey of Financial Characteristics of Consumers, Board of Governors of the Federal Reserve System, Washington 1966

REDER, M.W. — A Partial Survey of the Theory of Income Size Distribution in: L.Soltow (ed.), Six Papers on the Size Distribution of Wealth and Income, NBER, New York 1969, S. 205 - 253

SELTZER, L.H. — The Nature and Tax Treatment of Capital Gains and Losses, NBER, New York 1951

SIMONS, H.C. — Personal Income Taxation, Chicago 1938

SCHANZ, G. — Der Einkommensbegriff und die Einkommensteuergesetze, Finanzarchiv 13 (1896), S. 1 ff.

STARK, T. — The Distribution of Personal Income in the United Kingdom 1949 - 1963, Cambridge 1972

TITMUSS, R.M. — Income Distribution and Social Chance, London 1962

WISSENSCHAFTLICHER BEIRAT beim Bundesministerium der Finanzen, Gutachten zur Reform der direkten Steuern vom 11.2.67

II. Spezialstudien zu den Verteilungswirkungen einer Inflation oder zu Teilfragen:

(mit Stern versehene Titel konnten trotz mehrfacher Bemühungen nicht zeitgerecht beschafft werden)

AKERLOF, G. — Relative Wages and the Rate of Inflation, in: QJE, Vol. 83 (1969), S. 353 - 374

*ALCHIAN, A.A. and KESSEL, R.A. — Evidence on Wealth Distribution in Inflation, in: Papers at the Meeting of the Econometric Society, Dec. 1955

ALCHIAN, A.A. — Inflation and Distribution of Income and Wealth, in: J.Marchal and B.Ducros (eds.), The Distribution of National Income, Proceedings of a Conference held by the International Economic Association, New York 1968, S. 618 - 638

ALESSI, L.de — Do Business Firms Gain from Inflation? in: The Journal of Business of the University of Chicago, Vol.37 (1964), S. 162 - 166

ALESSI, L.de — The Redistribution of Wealth by Inflation: An Empirical Test with United Kingdom Data, in: SEJ, Vol. 30 (1963/64), S. 113 - 127

ARNDT, N. — Das Volksvermögen in der Bundesrepublik Deutschland, Entwicklung und Verteilung seit 1950, Diss. Köln 1971

ARNIM, H.H.von — Steuerrecht bei Geldentwertung in: Der Betriebsberater, (1973) H.14, S. 621 - 631

*BACH, G.L. — The Impact of Moderate Inflation on Incomes and Assets of Economic Groups, in: Federal Tax Policy for Economic Growth and Stability, Papers and Hearings, Washington 1956

BACH, G.L. — The New Inflation: Causes, Effects, Cures, Providence, R.I., 2.Aufl. 1972 (früher: Inflation: A Study in Economics, Ethics and Politics, 1958)

BACH, G.L. and ANDO, A. — The Redistributional Effects of Inflation, in: RESta, Vol. 39 (1957), S. 1 - 13

BACH, G.L. and STEPHENSON, J. — Inflation and the Redistribution of Wealth, in: RESTa, Vol.56 (1974), S. 1-13

BAILEY, M.J. — The Welfare Cost of Inflationary Finance, in: JPE, Vol. 64 (1956), S. 93 - 110 wiederabgedr. mit Korrekturen in: K.J. Arrow, T.Scitovsky (eds.), Readings in Welfare Economics, Chicago 1969

BARDET, R.L. — Die Auswirkungen von Kaufkraftverminderungen auf die Einkommensverteilung, Berner Diss., Schwarzenbach 1960

BEACH, C.M. — Estimating Distributional Impacts of Macroeconomic Activity, Working Paper No. 38, Industrial Relations Section, Princeton 1972

BLAUER, R. — A Model for the Measurement of the Distributive Impact of Inflation Discussion paper, Brock University (Can.), 1970

BORCHARDT, K. — Strukturwirkungen des Inflationsprozesses, Sonderschriften des IFO-Instituts für Wirtschaftsforschung Nr. 38, Berlin-München 1972

BRANCH, B. — Common Stock Performance and Inflation: An International Comparision in: The Journal of Business (Univ. of Chicago), Jan.1974, S. 48 - 52

BRIMMER, A.F. — Inflation and Income Distribution in the US, in: RESta, Vol. 53 (1971), S. 37 - 48

BRONFENBRENNER, M.and HOLZMAN, F.D. — A Survey of Inflation Theory, in: AER, Vol. 53 (1963), S. 593 - 661

BROWNLEE, O. and CONRAD, A. — Effects upon the Distribution of Income of a Tight Money Policy, in: AER, Papers and Proceedings, Vol.51 (1961), S. 74 - 85

BROWNLEE, O. and CONRAD, A. — Effects upon the Distribution of Income of a Tight Money Policy, in: Stabilization Policies, A Series of Research Studies Prepared for the Commission on Money and Credit, Englewood Cliffs 1963, S. 499 - 558

BRÜMMERHOFF, D. — Nominal- oder Realprinzip in der Einkommenbesteuerung, in: Finanzarchiv, NF Bd.32, H.1 (1973), S. 35 - 45

BUDD, E.C. and SEIDERS, D.E. — The Impact of Inflation on the Distribution of Income and Wealth, in: AER, Papers and Proceedings, Vol.61 (1971), S. 128 - 138

BUDD, E.C. and SEIDERS, D.E. — Methodological Appendix to "The Impact of Inflation on the Distribution of Income and Wealth", vervielf.Manuskript, o.O. o.J.

BURGER, A.E. — The Effects of Inflation (1960 - 1968), in: Fed.Res.Bank of St.Louis Rev., Vol.51 (1969), S. 25 - 36

CARGILL, T.F. — An Empirical Investigation of the Wage-Lag Hypothesis, in: AER, Vol. 59 (1969), S. 806 - 816

CONARD, J.W. — The Causes and the Consequences of Inflation, in: Inflation, Growth, and Employment, A Series of Research Studies Prepared for the Commission on Money and Credit, Englewood Cliffs 1964, S. 1 - 144

DEUTSCHE BUNDESBANK — Geschäftsbericht für das Jahr 1971, Frankfurt a.M. 1972

EISERMANN, G. — Gesellschaftspolitische Aspekte der Geldentwertung, in: Die wirtschaftspolitischen und sozialen Folgen der Geldentwertung, Nürnberger Hochschulwoche 14.-24.November 1966, Nürnberger Abhandlung H.24, Berlin 1964, S. 47 - 68

ENGELS, W. SABLOTNY, H. ZICKLER, D. — Bildung und Verteilung des Volksvermögens in der BRD von 1950 - 1970 Vorbericht über die Ergebnisse eines laufenden Forschungsvorhabens, Frankf./M. 1972 (vervielf.)

FELDSTEIN, M. and ECKSTEIN, O. — The Fundamental Determinants of the Interest Rate, RESta, Vol.52 (1970), S.363-365

FELIX, D. — Profit Inflation and Industrial Growth: The Historic Record and Contemporary Analogies, in: Quarterly Journal of Economics Vol.70 (1956), S. 441 - 463

FÖHL, C. — Lohnpolitik, Verteilungspolitik und Geldwertstabilität, in: Lohnpolitik und Vermögensbildung, Frankfurter Gespräche der List-Gesellschaft, 29.-30.Nov.1963, Protokolle und Gutachten, hrsg.v.E.Stiller, Basel und Tübingen 1964, S. 7 - 44

FOSTER, E. — Costs and Benefits of Inflation, Studies in Monetary Economics, Vol.1 Federal Reserve Bank of Minneapolis, March 1972

FREY, R.L. — Theorie und Messung der finanzwirtschaftlichen Umverteilung in: G.Bombach, B.S.Frey, B.Gahlen (Hrsg.) Neue Aspekte der Verteilungstheorie, Tübingen 1974, S. 401 - 434

FRIEDRICH, H. — Geldversorgung, Preisniveau und reales Wirtschaftswachstum bei alternativen Grundprinzipien der geldwirtschaftlichen Ordnung, Berlin 1967

GIBSON, W.E. — Interest Rates and Inflationary Expectations: New Evidence, in: AER, Vol. 62 (1972), S. 854 - 865

GOETZ, Ch.J. and WEBER, W.E. — Intertemporal Changes in Real Federal Income Tax Rates 1954 - 1970, in: National Tax Journal, Vol. 24 (1971), S. 51 - 63

GOLDSMITH, R.W. and LIPSEY, R. — Studies in the National Balance Sheet of the United States, NBER, Vol.I, Princeton 1963

GRANT, J.McB. and MATHEWS, R.L. — The Effect of Inflation on Company Profits and Financial Structures, in: ER, Vol. 32 (1956), S. 78 - 98

HAKE, W. — Umverteilungseffekte des Budgets, Eine Analyse seiner personalen Inzidenz, Göttingen 1972

*HARRIS, S.E. — The Incidence of Inflation or Who Gets Hurt, Study Paper No.7, Materials Prepared in Connection with the Study of Employment, Growth and Price Levels, for Consideration by the Joint Economic Committee, Congress of the United States, Washington 1959

HASHIMI, R.M. — Studies in Functional Income Distribution, East Lansing 1960

HAUSER, R. — Vermögensumverteilung bei schleichender Inflation, Münchner Universitätsschriften, Reihe der Staatswirtschaftlichen Fakultät, Bd. 2, Kallmünz/Opf. 1969

HAUSER, R. — Geldwertgesicherte Anlagemöglichkeiten als neues sozialpolitisches Instrument, München 1974 (unveröff.Manuskript)

HELMSTÄDTER, E. — Vermögensbildung und Einkommensverteilung bei Inflation. Zwei Bemerkungen über den Zusammenhang einiger strategischer Größen (mit Korreferat von B.Gahlen und Diskussion) in: G.Bombach, B.S.Frey, B.Gahlen (Hrsg.) Neue Aspekte der Verteilungstheorie, Tübingen 1974, S. 467 - 504

HOLLISTER, R.G. and PALMER, J.L. — The Implicit Tax of Inflation and Unemployment: Some Policy Implications, in: K.E. Boulding und M.Pfaff (Hrsg.), Redistribution to the Rich and the Poor, Belmont, Calif. 1972, S. 369 ff.

HOLLISTER, R.G. and PALMER, J.L. — The Impact of Inflation on the Poor, in: K.E.Boulding und M.Pfaff (Hrsg.), Redistribution to the Rich and the Poor, Belmont, Calif. 1972, S. 240 ff.

HOLZMAN, F.D. — Escalation and Its Use to Mitigate the Inequities of Inflation, in: Inflation, Growth and Employment, A Series of Research Studies Prepared for the Commission on Money and Credit, Englewood Cliffs 1964, S. 177 - 230

HOSKINS, W.L. — Inflation: Gainers and Loosers, in: Fed.Res.Bank Business Review, Phila. Febr. 1970, S. 23 - 30

*HOUTHAKKER, H.S. — Protection Against Inflation, Study Paper No.8, Materials Prepared in Connection with the Study of Employment, Growth and Price Levels, for Consideration by the Joint Economic Committee, Congress of the United States, Washington 1959

JECK, A. — Wer gewinnt, wer verliert bei einer Inflation? in: J.Schlemmer (Hrsg.), Enteignung durch Inflation? München 1972, S. 90 - 102

JOINT ECONOMIC COMMITTEE — Staff Report on Employment, Growth, and Price Levels, Washington 1959

KENNEDY, C. — Inflation and the Bond Rate, in: OEP, New Series, Vol. 12 (1960), S. 269 - 273

*KESSEL, R.A. and ALCHIAN, A.A. — How the Government Gains from Inflation, in: Proceedings of 30th Annual Meeting of the Western Economic Association, Stanford (Calif.) 1955, S. 13 - 16

KESSEL, R.A. — Inflation Caused Wealth Redistribution: A Test of a Hypothesis, in: AER, Vol. 46 (1956), S. 128 - 141

KESSEL, R.A. and ALCHIAN, A.A. — The Meaning and Validity of the Inflation Induced Lag of Wages behind Prices, in: AER, Vol. 50 (1960), S. 43 - 66

KESSEL, R.A. and ALCHIAN, A.A. — Effects of Inflation, in: JPE, Vol. 70 (1962), S. 521 - 537

KEYNES, J.M. — A Tract on Monetary Reform, London 1923

KEYNES, J.M. | Social Consequences of Changes in the Value of Money, in: J.M. Keynes, Essays in Persuasion, London 1931, S. 80 - 104

KÖBLE, G. | Die Wirkungen von Preissteigerungen auf den Realwert bestehenden Vermögens, Diss. Freiburg 1969

KOBLITZ, H.G. | Einkommensverteilung und Inflation in kurzfristiger Analyse, Berlin 1971

KRUPP, H.J. | Theorie der personellen Einkommensverteilung, Berlin 1968

KUZNETS, S. | Quantitative Aspects of the Economic Growth of Nations, Ch.VIII, Distribution of Income by Size in: Economic Development and Cultural Change, Vol.XI , No.2, Part II (1963), S. 1-69

LEVINSON, H.M. | Some Problems of Price Indexes and the Gains and Losses from Inflation, in: W.L. Smith and R.L. Teigen (Hrsg.), Readings in Money, National Income, and Stabilization Policy, Homewood (Ill.), 2. Aufl. 1971, S. 169 - 177

MARTY, A.L. | Growth and the Welfare Cost of Inflationary Finance, in: JPE, Vol.75 (1967), S. 71-76

MEISSNER, W. und UNTERSEHER, L. (Hrsg.) | Verteilungskampf und Stabilitätspolitik, Stuttgart 1972

METCALF, Ch.E. | The Size Distribution of Personal Income During the Business Cycle, in: AER, Vol. 59 (1969), S. 657 - 668

*METCALF, Ch.E. | An Econometric Model of the Income Distribution, Chicago 1972

MIRER, Th.W. | A Simulation Model of the Effects of Macroeconomic Fluctuations on the Distribution of Income, unpublished doctoral dissertation, Yale University 1971

MOLITOR, B. Verteilungswirkungen der schleichenden Inflation, in: Hamburger Jahrbuch für Wirtschafts- und Gesellschaftspolitik (1973), S. 78 - 94

MORAG, A. On Taxes und Inflation, New York 1965

MUNDELL, R. Inflation and Real Interest, in: JPE, Vol.71 (1963), S. 280 - 283

NICHOLS, D.A. A Note on Inflation and Common Stock Values, in: Journal of Finance, Vol.23, (Sept.68), S. 655 - 657

NIEHANS, J. The Effects of Post-War Inflation on the Distribution of Income, in: D.C. Hague (Hrsg.), Inflation, Proceedings of a Conference held by the International Economic Association, London 1962, S. 73 - 92

NIEHANS, J. Die Anpassung des Darlehenszinses an die Inflation in einer wachsenden Wirtschaft, Kyklos (1970), S. 58 ff.

NORDHAUS, W.D. The Effects of Inflation on the Distribution of Economic Welfare, Journal of Money, Credit and Banking, Vol.5, No.1, Part. II, (1973) pp. 465 - 504

PAISH, F.W. The Real Incidence of Personal Taxation, Lloyds Bank Review 1957, wiederabgedr. in: F.W.Paish, Studies in an Inflationary Economy, London usw. 1962, S. 280 ff.

PESEK, P.B. A Comparison of the Distributional Effects of Inflation and Taxation, in: AER, Vol. 50 (1960), S. 147 - 153

PFLEIDERER, O. Berücksichtigung der Geldentwertung bei der Besteuerung von Zinserträgen, in: Zeitschr.f.d.ges.Kreditwesen, 18.Jg., H.18 (1965), S. 886 f.

PFLEIDERER, O. Steuerrecht und Sparerschutz in: Zeitschr.f.d.ges.Kreditwesen, 26.Jg., H.22, (1973) S. 1097 f.

PHELPS, E.S. — Anticipated Inflation and Economic Welfare, in: JPE, Vol. 73 (1965), S.1-17

PHELPS, E.S. — Inflation Policy and Unemployment Theory. The Cost-Benefit Approach to Monetary Planning, New York 1972

SACHVERSTÄNDIGENRAT — zur Begutachtung der gesamtwirtschaftlichen Entwicklung, Jahresgutachten verschiedener Jahre

SCITOVSKY, T. and SCITOVSKY, A.A. — Inflation versus Unemployment: An Examination of their Effects, in: Inflation, Growth, and Employment, A Series of Research Studies Prepared for the Commission on Money and Credit, Englewood Cliffs 1964, S. 429 - 470

SIEBKE, J. und WILLMS, M. — Inflation und Zinsniveau in: Wirtschaftsdienst (1972), S. 577 - 582

SIEBKE, J. und WILLMS, M. — Zinsniveau, Geldpolitik und Inflation in: Kredit und Kapital, 5.Jg. (1972), S. 171 - 205

SLICHTER, S.H. — How Bad is Inflation? wiederabgedr. in: L.S.Ritter (ed.) Money and Economic Activity. Readings in Money and Banking, 2nd ed. Boston 1961, pp. 370 - 374

SARGENT, Th.J. — Commodity Price Expectations and the Interest Rate in: Quarterly Journal of Economics Vol. 83 (1969), S. 127 - 140

SCHERF, H. — Inflation und Einkommensverteilung, in: WWA, Bd. 100 (1968), S. 258 - 271

STIGLITZ, J.E. — Distribution of Income and Wealth Among Individuals, in: A.B. Atkinson (Hrsg.), Wealth, Income, and Inequality, Harmondworth 1973, S. 305 - 322

*SWAN, N.W. — Inflation and the Distribution of Income, doct.diss. University of Pennsylvania 1969

TAUSSIG, M.K. — Alternative Measures of the Distribution of Economic Welfare, Princeton, NJ., 1974

THUROW, L.C. — Analyzing the American Income Distribution, in: AER, Papers and Proceedings, Vol. 60 (1970), S. 261 ff.

TURVEY, R. — Inflation as a Tax in World War II, in: JPE, Vol. 69 (1961), S. 70 ff.

TURVEY, R. — The Effect of Price-Level Changes on Real Private Wealth in the United Kingdom, 1954 - 1960, in: Economica, N.S. 29 (1962), S. 171 ff.

WEISBROD, B.A. and HANSEN, L.W. — An Income-Net Worth Approach to Measuring Economic Welfare, in: AER, Vol.58 (1968), S. 1315 - 1329

WICKE, L. — Schuldnergewinne und Gläubigerverluste während einer schleichenden Inflation, in: Zeitschrift f.Wirtschafts- und Sozialwissenschaften (1972), S. 561 - 583

WICKE, L. — Der Einfluß der schleichenden Inflation auf die Vermögensbildung und -verteilung, Bonn 1972

WICKE, L. — Zinserhöhungen bei festverzinslichen Wertpapieren während einer schleichenden Inflation. Ausgleich für inflationsbedingte Realwertverluste? in: Zeitschrift für Wirtschafts- und Sozialwissenschaften. bisher Schmollers Jahrbuch für Wirtschafts- und Sozialwissenschaften, 5.Heft (1973), S.567-585

WILLGERODT, H., BARTEL, K., SCHILLERT, U. — Vermögen für alle, Düsseldorf 1971

WILLMS, M. — Schleichende Inflation, Wirtschaftswachstum und Einkommensverteilung, in: Die Mitarbeit, Zeitschrift für Gesellschafts- und Kulturpolitik (1966), S. 39 - 46

YOHE, W.P. and KARNOSKY, D.S. — Interest Rates and Price Level Changes, 1952 - 1969, Review Federal Reserve Bank of St.Louis, Vol. 51 (1969)

ZERWAS, A. — Simulationsexperimente zur Einkommens- und Vermögensverteilung, Berlin 1974

ZIERCKE, M. — Die redistributiven Wirkungen von Inflationen, Wirtschaftspolitische Studien Bd. 19, Göttingen 1970

Anhang I

Analyse einiger wichtiger empirischer Studien über die Auswirkungen einer Inflation auf Löhne, Zinsen und Gewinne

von Dipl.-Volkswirt Michael Diefenbach

I.1. Fragestellung
I.2. Auswirkungen einer Inflation auf die Löhne
I.3. Auswirkungen einer Inflation auf die Zinsen
I.4. Auswirkungen einer Inflation auf die Gewinne

I.1. Fragestellung

Im Abschnitt 2.2.2. der Hauptuntersuchung wurde für einen einfachen Fall -d.h. unter sehr restriktiven Nebenbedingungen- ausgesagt: Wenn unterschiedliche Vermögens- und Einkommensstrukturen der Haushalte vorliegen, ist die Inflation dann verteilungsneutral, wenn alle Vermögenswerte (Verbindlichkeiten als negativer Vermögenswert betrachtet), laufende Einkommen, Transferzahlungen und an Vermögen und Einkommen anknüpfende Steuerzahlungen gleichzeitig nominell im Ausmaß der Inflationsrate wachsen oder wenn sich bestimmte Kompensationen zwischen einzelnen Einkommensarten und den dazugehörigen Vermögenswerten ergeben. Inwieweit man eine derartige Anpassung bei den wichtigsten laufenden Einkommen (Löhne, Zinsen, Gewinne) erwarten kann, soll im folgenden anhand einiger ausgewählter empirischer Studien im einzelnen geprüft werden.

Nimmt eine Einkommensart nicht gleichzeitig und im gleichen Ausmaß wie die Inflationsrate zu, sondern paßt sie sich nur mit Verzögerung an, so spricht man von einem lag, ein Vorauseilen bezeichnet man als lead.

Ein lag kann verschieden begründet sein (z.B. feste Vertragslaufzeiten, längere Verhandlungsdauer, Zeitablauf bis zur Feststellung von Preiserhöhungen, Auszahlungszeitraum) wobei sich die einzelnen Elemente addieren können.

Bei genauerer Untersuchung zeigt sich, daß die theoretische Definition und die empirische Feststellung von leads und lags stark von der jeweiligen Betrachtungsweise abhängt; insbesondere spielen hier das "Gleichzeitigkeitsproblem" [1] und die Länge der Betrachtungsperiode eine Rolle. Zur genauen Formulierung

---

[1] Das "Gleichzeitigkeitsproblem" entsteht dadurch, daß man praktisch immer gezwungen ist, eine Mindestperiode festzulegen; Vorgänge, die innerhalb derselben Mindestperiode ablaufen, werden als "gleichzeitig" auftretend betrachtet. Vgl. Abschnitt 2.2.2. der Hauptuntersuchung.

muß man dreierlei Perioden unterscheiden:

- die Mindestperiode
- Teilbetrachtungsperioden
- die Gesamtbetrachtungsperiode

Die Abhängigkeit der Ergebnisse von den jeweils gewählten Periodenlängen läßt sich am besten anhand eines Beispiels verdeutlichen:

Wir unterstellen, daß nach einer längeren inflationslosen Periode von t_0 bis t_3 eine zweimalige Erhöhung des Preisniveaus (P) um 1%, jeweils sprunghaft zu Jahresbeginn (t_4 und t_5) stattfindet und daß darauf wieder inflationslose Perioden folgen. Wir betrachten also weder konstante oder zunehmende Inflationsraten noch wieder absinkendes Preisniveau. Die Lohnsätze (L) sollen sich ebenfalls um 1% erhöhen, und zwar im Fall

a) ebenfalls zu Beginn der Jahre t_4 und t_5
b) zu Beginn des zweiten Halbjahres (von t_4 und t_5); dies bedeutet einen lag von 1/2 Jahr
c) zu Beginn des auf die Preisniveausteigerung folgenden Jahres (t_5 und t_6); dies bedeutet einen lag von 1 Jahr.

Bei dieser -sozusagen objektiven- Formulierung werden eine Mindestperiode von einem Tag (z.B. am ersten Tag des Jahres), Teilbetrachtungsperioden von einem halben Jahr und eine Gesamtbetrachtungsperiode von 10 Jahren unterstellt. Diese Angaben sind im folgenden Schaubild I.1. dargestellt. Die gleichfalls skizzierten Fälle d) und e) werden weiter unten erläutert.

Schaubild I.1.

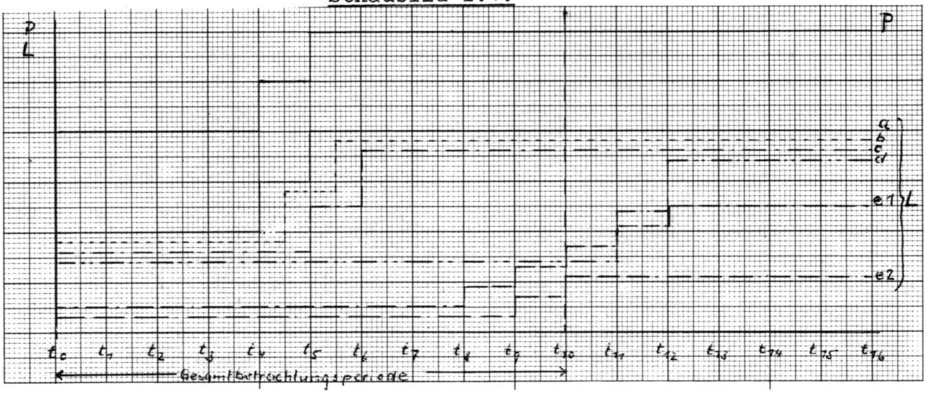

Würde man die Mindestperiode, innerhalb deren die zeitliche Struktur von Ereignissen vernachlässigt wird, auf ein halbes Jahr ausweiten, [1] so würde der lag im Fall b) verschwinden, weil Preis- und Lohnsteigerungen so betrachtet würden, als ob sie in derselben (halbjährigen) Periode aufträten; der lag im Fall c) würde aber noch sichtbar sein. Bei einer Mindestperiode von einem Jahr würde man in allen drei Fällen eine gleichzeitige Anpassung der Lohnsätze an die Preisniveauänderung konstatieren und dementsprechend das Vorliegen von inflationsbedingten Reallohnsenkungen bestreiten.

Eine andere Situation liegt vor, wenn der Anpassungsvorgang innerhalb der Gesamtbetrachtungsperiode noch gar nicht begonnen hat oder zumindest nicht vollendet ist. Würden in einem weiteren Fall d) die Lohnsatzanpassungen erst in den Jahren t_{11} und t_{12} stattfinden, so könnte man bei einer nur bis t_{10} reichenden Gesamtbetrachtungsperiode nicht entscheiden, ob der lag länger als 6 Jahre ist oder ob überhaupt keine Anpassung stattfindet. Vollzieht sich die Lohnsatzanpassung an eine sprunghafte Preisniveauänderung nur in mehreren Schritten (Fall e)) und hat die Anpassung am Ende der Betrachtungsperiode noch nicht die volle Höhe der Inflationsrate erreicht, so muß die Frage offenbleiben, ob später noch eine vollständige Anpassung geschieht (Fall e1)) oder ob der ökonomische Prozeß überhaupt nur zu einer Teilanpassung führt (Fall e2)). Dieser letztgenannte Fall betrifft alle jene Untersuchungen, die nur die kurzfristigen Inflationswirkungen herausarbeiten wollen, weil dabei meist die Gesamtbetrachtungsperiode auf ein Jahr beschränkt wird; später auftretende Anpassungen fallen somit aus der Betrachtung heraus.

Ist die Länge der Gesamtbetrachtungsperiode vorgegeben, so läßt sich eine Maßzahl "Anpassungsgrad" definieren, die den am Ende der Betrachtungsperiode erreichten Bruchteil der gesamten Anpassung angibt. Derartige Anpassungsgrade spielen in vielen Untersuchungen eine Rolle.

---

[1] Eine derartige Ausweitung geschieht implizit, wenn statistische Daten über den entsprechenden Zeitraum aggregiert werden.

Obwohl strenggenommen die Begriffe lag und lead rein zeitliche Größen sind, werden sie üblicherweise bei der ex-post-Betrachtung auch auf die Kombination von zeitlicher und umfangmäßiger Anpassung angewendet; dies kann dann geschehen, wenn die Gesamtbetrachtungsperiode vorgegeben ist. Wir sprechen daher im folgenden von einem lag, wenn innerhalb der Gesamtbetrachtungsperiode keine volle Anpassung der betrachteten Größe an die Preisniveauentwicklung stattgefunden hat (Anpassungsgrad < 1); ein lead liegt bei Überanpassung vor (Anpassungsgrad > 1).

Besondere methodische Schwierigkeiten treten dann auf, wenn die Ausgangsperiode keine inflationsfreier Zeitraum ist. Ebenso wird das Problem wesentlich komplexer, wenn **in jedem Jahr** Preisniveausteigerungen mit gleichbleibender oder schwankender Rate stattfinden und diesen Steigerungsraten die entsprechenden Anpassungen der betrachteten Größe zugeordnet werden sollen. Auf diese Punkte können wir in diesem Rahmen ebensowenig eingehen wie auf das allgemeine methodische Problem der Trennung von Inflationseinflüssen und realen Bestimmungsfaktoren. Wir können lediglich bei der Behandlung der einzelnen Studien durch entsprechende Hinweise diese Problematik wieder in Erinnerung rufen.

I.2. Auswirkungen einer Inflation auf die Löhne

Für die Anpassung der Löhne an Preissteigerungen wird häufig die Existenz eines lags behauptet. Lohn-lags sind geradezu das Standardbeispiel für verzögerte Anpassungen im Inflationsfall. Andererseits ist gerade bei Löhnen der Nachweis eines inflationsbedingten lags besonders schwierig, da die Löhne auch im inflationslosen Fall steigen und es nicht auszuschließen ist, daß auch bei diesen Lohnerhöhungen lags und/oder leads auftreten (z.B. bei der Anpassung an Produktivitätszuwächse).

I.2.1 Indexvergleiche

Die einfachste Methode zur Feststellung von Inflationswirkungen besteht in der Gegenüberstellung von Zeitreihen von Preisindizes und Lohnindizes. Die Existenz eines lags wird dann behauptet, wenn der Preisindex stärker steigt als der Nominallohnindex bzw. wenn der Reallohnindex sinkt.

Nach dieser Methode verfahren die Untersuchungen von Hamilton für Spanien von 1500 bis 1800 sowie für England und Frankreich von 1500 bis 1700 und für London von 1750 bis 1800, von Mitchell für die amerikanischen Nordstaaten im Bürgerkrieg, von Lerner für die amerikanischen Südstaaten im Bürgerkrieg, von Hansen für die Vereinigten Staaten von 1820 bis 1923, und von Bresciani-Turroni für Deutschland von 1913 bis 1923.

Mit diesen Studien, die alle einen Lohn-lag als bewiesen betrachten, setzen sich ausführlich Kessel und Alchian auseinander. [1)]

Da die genannten Untersuchungen auf ganz anderen strukturellen Grundlagen beruhen als die von uns zu betrachtenden schleichenden Inflationen in hochentwickelten Ländern nach dem 2. Weltkrieg, brauchen wir die Ergebnisse im einzelnen hier nicht wiederzugeben.

---

1) Kessel/Alchian (1960), S. 48-59; Zusammenfassung bei Ziercke (1970), S. 51-60.

Es soll nur erwähnt werden, daß in einigen Studien zweifelhaft ist, ob überhaupt Reallohnsenkungen vorliegen.[2] Für jene Fälle, in denen Reallohnsenkungen (für die Gesamtperiode) feststellbar sind, verweisen Kessel/Alchian auf zugrunde liegende Veränderungen realer Faktoren.

Für die Nachkriegsentwicklung in der Bundesrepublik Deutschland von 1950 bis 1967 benutzt Ziercke eine Variante dieser Methode, um auch den Zuwachs der durchschnittlichen Arbeitsproduktivität zu berücksichtigen.[3] Die These lautet, daß ein inflationsbedingter Lohn-lag trotz steigender Reallöhne existiert, wenn der Index des produktivitätsbereinigten Einkommens[4] kleiner ist als der Preisindex für die Lebenshaltung bzw. wenn der Index des Realeinkommens[5] kleiner ist als der Index der durchschnittlichen Arbeitsproduktivität. Die Hypothese wird nur für 1951, 1952 und 1955 bestätigt. Ab 1956 findet die Lohn-lag-Hypothese weder in der ursprünglichen noch in der modifizierten Form eine Bestätigung; "ab 1960 verändert sich die Einkommensverteilung deutlich zugunsten der Arbeitnehmer; die Einkommen der Arbeitnehmer steigen schneller als Preisniveau und Arbeitsproduktivität zusammen".[6]

---

[2] So behauptet beispielsweise Hamilton eine Reallohnsenkung von 1520 bis 1600, während seine Daten andererseits einen Reallohnanstieg von 1522 bis 1602 anzeigen.

[3] Ziercke (1970), S. 60-64

[4] Bruttoeinkommen aus unselbständiger Tätigkeit je durchschnittlich beschäftigtem Arbeitnehmer, dividiert durch Bruttoinlandsprodukt in konstanten Preisen je durchschnittlich Erwerbstätigen.

[5] Bruttoeinkommen aus unselbständiger Tätigkeit je durchschnittlich beschäftigtem Arbeitnehmer, dividiert durch Preisniveau.

[6] Ziercke (1970), S. 63 f.

Zunächst ist kritisch zu bemerken, daß hier ein ähnliches Abgrenzungsproblem wie bei den historischen Studien auftaucht; die Berechnung eines produktivitätsbereinigten realen Einkommens aus den vorliegenden Daten zeigt sofort, daß dieser Index ab 1956 zwar nicht mehr unter das Ausgangsniveau 1950 sinkt, daß er aber sehr wohl in einigen Perioden unter den der Vorperiode sinkt (z.B. 1958/59, 1962/63 und 1962/64, 1966/67).

Wesentlicher erscheint uns jedoch, daß hier nur einer von mehreren möglichen realen Faktoren berücksichtigt ist, die zur Erhöhung der Reallöhne beigetragen haben dürften.[1] So müßten zumindest Veränderungen in der Lohnstruktur beachtet werden. Wenn -was in der Bundesrepublik in dem betrachteten Zeitraum in erheblichem Umfang geschehen ist- Wanderungen aus der Landwirtschaft in den sekundären und tertiären Sektor mit höheren Durchschnittslöhnen erfolgen und/oder bisher Selbständige zu abhängig Beschäftigten am oberen Ende der Lohnskala werden, dann muß dies zu einer Erhöhung des Reallohnindex führen.[2] Weiterhin sollte beachtet werden, daß der Index des produktivitätsbereinigten Realeinkommens von 1960 auf 1961 sowie von 1961 auf 1962 jeweils einen großen Sprung macht, um dann ziemlich konstant zu bleiben. Während dies vom methodischen Ansatz her auf einen Lohn-lead hindeutet, ist die tatsächliche Ursache wohl eher die Verknappung des Faktors Arbeit gewesen.

---

1) Dies ist gewissermaßen der Umkehrschluß zu der Argumentation von Kessel/Alchian, auf den diese auch selbst hinweisen: ".. that real wages rose despite inflation and that if the effects of real forces upon real wages were properly abstracted, one could observe a fall in real wages attributable to inflation" (S.44)

2) vgl. für die USA eine ähnliche Argumentation bei Brimmer (1971), S. 43

I.2.2. Spektral-Analyse von Cargill

Cargill testet die empirische Gültigkeit einer unterstellten Zeitbeziehung von Konsumgüterpreisen und Geldlöhnen über sehr lange Zeitperioden (100-150 Jahre) anhand von fünf Beispielen.[1] Seine Methodik kann als verfeinerter Indexvergleich betrachtet werden. Mit Hilfe einer Spektralanalyse mißt er Kohärenz (linearer Zusammenhang), Phase (Zeitverschiebung) und den Parameter Tau (Verschiebung der Phase unter Berücksichtigung der Frequenz). Er betrachtet nur jene Werte, bei denen zunächst die Hypothese einer Kohärenz von Null zu 95% verworfen werden kann, und dann von den verbleibenden Werten nur jene, bei denen die Hypothese einer Phase von Null zu 95% verworfen werden kann. Er erhält nur wenige signifikante Werte, die wiederum teilweise auf lags, teilweise auf leads hinweisen; jedoch läßt sich nicht die durchgängige Existenz von lags nachweisen. Dabei bestehen noch Unterschiede in der Kohärenz, d.h. dem linearen Zusammenhang von Lohn- und Preisveränderung, bei niedrigen und hohen Frequenzen, also bei lang- oder kurzfristiger Betrachtung. Dies läßt sich mit strukturellen Veränderungen in der längeren Periode begründen.

Cargill gelangt zu dem Schluß, daß die ermittelten Ergebnisse gegen einen Lohn-lag als dauerhafte Lohn-Preis-Zeitbeziehung sprechen; wenn aber eine Zeitdifferenzierung auftaucht, dann ist es eher ein lag. Jedoch gibt es in seinen Daten sehr viele Beispiele dafür, daß keine Zeitdifferenzierung vorhanden ist.

Als wesentlicher Kritikpunkt ist hervorzuheben, daß die strukturellen Veränderungen bzw. die realen Faktoren nicht explizit gemacht werden.

---

[1] Cargill (1969), S. 806-811

I.2.3. Lohnquotenverfahren

Eine andere Methode zur Feststellung von Inflationswirkungen besteht in der Gegenüberstellung von Änderungen der Lohnquote (Anteil des Arbeitseinkommens der Unselbständigen am Volkseinkommen) und Änderungen des Preisindex. Die Gültigkeit der Lohnlag-Hypothese wird dann akzeptiert, wenn bei steigendem Preisindex die Lohnquote fällt; aus einer gleichbleibenden Lohnquote bei steigenden Preisen wird auf gleichzeitige und volle Anpassung geschlossen.

Dieses Verfahren findet sich in einer Untersuchung von Bach und Ando [1] für die USA von 1939 bis 1952 und auf breiterer Datenbasis bei Bach und Stephenson [2] für die USA von 1950 bis 1971 sowie bei Conard [3] für die USA von 1939 bis 1958.

Interessanterweise verwenden die Autoren verschiedene Abgrenzungen der Unterperioden; aus der folgenden Gegenüberstellung wird ersichtlich, wie abhängig die Ergebnisse von der Periodenabgrenzung sind.

Tabelle I.1

Veränderung der amerikanischen Lohnquote in Prozentpunkten bei unterschiedlicher Periodenabgrenzung [4]

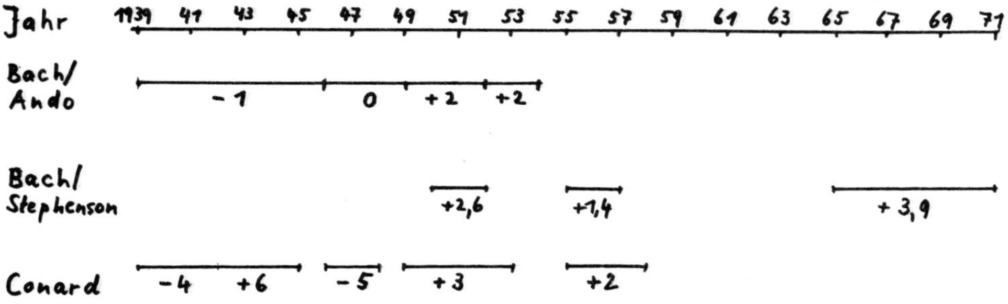

[1] Bach/Ando (1957), S. 2-5

[2] Bach/Stephenson (1974), S. 1 f.

[3] Conard (1964), S.79 ff

[4] Die Länge der Linie über den Zahlenangaben für jeden Autor gibt die Abgrenzung der Unterperioden an. Leider teilen die Autoren die Höhe der durchschnittlichen Inflationsrate in den jeweils gewählten Unterperioden nicht mit. Die Darstellung stützt sich auf die oben erwähnten Arbeiten.

Betrachten wir nur -wegen struktureller Unterschiede vor und nach dem Krieg- die Entwicklung nach 1949, so finden wir stets eine Erhöhung der Lohnquote, was auf den ersten Blick als Widerlegung der Lohn-lag-Hypothese erscheint.[1] Jedoch sind auch hier wieder jegliche reale Faktoren vernachlässigt, worauf auch Bach/Ando hinweisen: "Die Veränderungen waren das Resultat vieler Faktoren, nicht nur der Inflation, und wir kennen keinen befriedigenden Weg, um abzuschätzen, welcher Teil der beobachteten Veränderungen der Inflation zugerechnet werden kann. Das beobachtete Ergebnis läßt vermuten, daß entweder die Umverteilungswirkungen der Inflation schwach waren und überlagert wurden von anderen verteilungsbestimmenden Faktoren oder daß durch Anpassungen, die andauernde Inflationserwartungen reflektieren, der Umverteilungseffekt der Inflation ausgeglichen wurde".[2] (Übers.v. mir, M.D.)

Auch in der Bundesrepublik Deutschland hat trotz Preissteigerungen die Lohnquote von 1950 bis 1967 erheblich zugenommen; dies würde zunächst auf einen lead hindeuten. Ziercke versucht nun, zugrundeliegende reale Faktoren -genauer: die Änderung des Verhältnisses von Selbständigen zu Unselbständigen- zu berücksichtigen, indem er rechnerische Lohnquoten bildet.[3] So hält er bei Lohnquote I den Anteil der abhängig Beschäftigten an den Erwerbstätigen des Ausgangsjahres 1950 konstant; bei Lohnquote II hält er den Anteil des Einkommens aus unselbständiger Arbeit je Arbeitnehmer am Volkseinkommen je Erwerbstätigen des Ausgangsjahres 1950 konstant, d.h. er trifft die Annahme, daß sich die Relation der Einkommen von abhängig Beschäftigten zu Selbständigen nicht ändert. Die Existenz eines Lohn-lags wird dann akzeptiert, wenn die Lohnquote I sinkt bzw. wenn die Lohnquote II stärker steigt als die tatsächliche Lohnquote.

---

[1] Allerdings finden sich, wie Conard erwähnt (S. 79), gegenläufige Veränderungen innerhalb der abgegrenzten Unterperioden; so wird im Zeitabschnitt 1949/1953 eine anfängliche Senkung der Lohnquote durch ein späteres Ansteigen überkompensiert.

[2] Bach/Ando (1957), S. 2f.; vgl. auch Bach/Stephenson (1974), S.2

[3] Ziercke (1970), S. 70-85

Eine Zusammenfassung mehrerer Jahre zu Unterperioden ergibt folgendes Bild:

Tabelle I.2

Änderungen der Lohnquote in der BRD (in Prozentpunkten) 1)

Periode	1950-67	1950-55	1955-60	1960-67
tatsächliche Lohnquote	+ 8	0	+ 2	+ 6
rechnerische Lohnquote I	- 2	- 4	- 1	+ 3
rechnerische Lohnquote II	+10	+ 5	+ 3	+ 2

Nach Zierckes Methode ist somit für 1950/55 ein lag, für 1960/67 ein lead feststellbar. 1) Die Gültigkeit dieser Aussage setzt jedoch voraus, daß die Verteilung nicht durch weitere reale Faktoren beeinflußt wurde; so ist beispielsweise bei dieser Methode impliziert, daß sich die Produktivitätszuwächse gleichmäßig auf Löhne und Gewinne verteilten; und es wird angenommen, daß sich der Seltenheitsgrad des Faktors Arbeit nicht änderte. Letzteres ist wohl in der Bundesrepuplik kaum der Fall gewesen, wie ein Vergleich der Arbeitsmarktlage in den frühen 50er Jahren einerseits und in den 60er Jahren andererseits zeigt. Analog kann man auch mit der Veränderung der Kapitalintensität argumentieren.

Auch bei diesem Vorgehen zeigt sich wieder, daß die Wahl von langen Untersuchungsperioden, in denen weitgehende Veränderungen der realen Faktoren stattfinden, unserem Untersuchungsthema kaum dienlich **ist.** Sinnvoller erscheint uns -wenn man mit der Gegenüberstellung von Lohnquoten und Preisindizes argumentieren will- ein Vergleich der Änderungsraten von Lohnquote und Preissteigerungsrate für kurze Perioden. 2)

---

1) Ziercke (1970), S. 79

2) So zeigen beispielsweise die von Ziercke vorgelegten Jahresdaten, daß jeweils 2 Jahre nach dem Auftreten einer negativen Preissteigerungsrate (1950 und 1953) die tatsächliche Lohnquote gesunken ist und daß jeweils in den Jahren mit plötzlich abnehmender Preissteigerungsrate (1959, 1964, 1967) die tatsächliche Lohnquote nur schwach gestiegen oder gar gesunken ist.

I.2.4. Berechnung von Anpassungskoeffizienten durch Budd/Seiders

Budd/Seiders wollen für ein Simulationsmodell das genaue Ausmaß der Anpassung der Lohneinkommen für das erste Jahr einer Inflation ermitteln; sie unterstellen also für ihr Modell eine inflationslose Vorperiode. [1] Entsprechend einem Ansatz von Niehans [2] definieren sie ihre Anpassungskoeffizienten k_i als gleich der Ableitung der Wachstumsrate der betrachteten Größe -hier des Lohneinkommens- nach der Preissteigerungsrate.[3]

Die Anpassungskoeffizienten dürfen nicht gleichgesetzt werden mit dem Quotienten der statistisch ermittelten Wachstumsraten von Lohneinkommen und Preisniveau, da hierin noch die nicht inflationsbedingt eingetretenen **Veränderungen** der Wachstumsrate des Lohneinkommens enthalten sind, während der Anpassungskoeffizient nur die inflationsbedingt eingetretenen Veränderungen anzeigen soll. Deshalb berücksichtigen Budd/Seiders bei ihren Regressionsrechnungen die Änderung des Outputs bzw. alternativ die Änderung der Arbeitsproduktivität. Sie unterstellen die Existenz von lags und testen dann mit Hilfe der Veränderung der Lohnquote anhand von jährlichen, halbjährlichen und vierteljährlichen Daten für die USA aus der Zeit von 1953 bis 1969 unter Benutzung des Preisindex des Bruttosozialprodukts -und zwar getrennt für Gesamtwirtschaft, private Unternehmen ohne Landwirtschaft und Unternehmen mit eigener Rechtspersönlichkeit ohne Finanzsektor-, ob die unterstellten lags sich bestätigen. Es ergaben sich stets Hinweise auf lags, die jedoch nicht signifikant waren, so daß Budd/Seiders einen Wert von k=1, also volle und gleichzeitige Anpassung, postulieren.

---

[1] Budd/Seiders (1971), S. 3

[2] Niehans (1962), S. 78-80 u. 86-87; vgl. auch Ziercke (1970), S. 34-36

[3] Ist y die Wachstumsrate des Lohneinkommens und p die Inflationsrate, so wird definiert: $k={}^{dy}/dp$; dies wird bei unterstellter inflationsloser Vorperiode zu ${}^{y}/p$;

Offensichtlich handelt es sich bei der Methodik von Budd/Seiders um ein verfeinertes Lohnquotenverfahren. Das Hauptproblem dieses Ansatzes scheint uns zu sein, daß ein Teil der Fragestellung wegdefiniert wird, indem bei der Berechnung der Koeffizienten formelmäßig von einem vorhergehenden inflationslosen Zustand ausgegangen wird, obwohl dies für die benutzten empirischen Daten nicht zutrifft. Dieses Problem gewinnt besondere Bedeutung bei kontinuierlich ansteigendem Preisniveau.

I.2.5. Tests mit einzelbetrieblichen Daten von Kessel/Alchian

Eine völlig andere Methodik verwenden Kessel und Alchian.[1] Sie verzichten auf makroökonomische Daten und testen die Lohn-lag-Hypothese stattdessen anhand von Stichprobendaten von 56 amerikanischen Firmen für die Zeit von 1940 bis 1952. Ihr Verfahren ist unabhängig von der Länge eines eventuell auftretenden lags. Sie gehen davon aus, daß bei Existenz eines lags, oder besser: bei Inflationsverlusten der Arbeitnehmer, Inflationsgewinne der Unternehmen auftreten müssen, die um so größer sind, je größer die betriebliche Lohnsumme im Verhältnis zum Eigenkapital ist.[2] Als Maßstab für Inflationsgewinne wird der Anstieg der Aktienkurse benutzt.

Kessel/Alchian vergleichen zunächst die Unternehmen mit einem Lohnsummen-Eigenkapital-Verhältnis kleiner als 0,5 mit jenen mit einem Verhältnis größer als 1. Außerdem führen sie einen Rangkorrelationstest durch, bei dem die Reihe der nach Größe geordneten Aktienpreisanstiege einerseits und die Reihe der nach Größe geordneten Lohnsummen-Eigenkapital-Verhältnisse andererseits verglichen wird. Bei beiden Tests ergibt sich **keine** Bestätigung für die Lohn-lag-Hypothese.

---

[1] Kessel/Alchian (1960), S. 59-64

[2] Niehans (1962, S. 82) kritisiert dieses Vorgehen und behauptet, daß das Verhältnis von Lohnsumme zu Gewinn ein besserer Maßstab sei.

Ziercke zeigt, daß sich die Rangfolge der Unternehmen nach dem Verhältnis von Lohnsumme zu Eigenkapital ändert, sofern unterschiedliche jährliche Inflationsraten und Veränderungen der betrieblichen Lohnsumme im Zeitablauf nicht berücksichtigt werden. [1]

Wir möchten hier eher kritisch vermerken, daß wir die Aktienkurse nicht für einen geeigneten Maßstab für Inflationsgewinne halten, da sie von zu vielen anderen -z.T. spekulativen- Elementen beeinflußt werden. Unabhängig von der bedenklichen Annahme einer gleichen Inflationsrate für alle Unternehmen (bei betriebswirtschaftlicher Betrachtung), muß außerdem berücksichtigt werden, daß der Aktienpreisanstieg bei Unternehmen mit niedrigem Lohnsummen-Eigenkapital-Verhältnis auch höher sein kann, da sie durch ihre Kapitalintensität inflationsbedingt größere stille Reserven bilden werden. [2]

I.2.6. Zusammenfassung

Zusammenfassend läßt sich feststellen, daß trotz zum Teil unterschiedlicher Fragestellungen mit keinem der Verfahren bzw. in keiner der Studien entweder ein lag oder ein lead bewiesen werden konnte; genauso wenig ist aber deren mögliche Existenz widerlegt worden.

Weiterhin muß festgestellt werden, daß in allen Studien stets ein Durchschnittslohnsatz unterstellt wird; möglicherweise ist jedoch eine gleichzeitige und volle Anpassung des Durchschnittslohnsatzes das Resultat aus lags und leads bei einzelnen Beschäftigtengruppen (z.B. öfftl. Dienst versus andere). Das Problem unterschiedlicher lags bei einzelnen Lohnkategorien scheint weitgehend unbearbeitet.

---

[1] Ziercke (1970), S. 88-90

[2] Auch Kessel/Alchian selbst sagen: "There exists an indefinitely large number of variables that might be so correlated with wage-to-equity ratios that the effects of the wage lag upon changes in equity values would be concealed".

I.3. Auswirkungen einer Inflation auf die Zinsen

Die Entwicklung der Zinssätze im Inflationsfall kann nicht, wie es bei den Lohnsätzen möglich ist, isoliert betrachtet werden, sondern muß im Zusammenhang gesehen werden mit den dahinterstehenden Geldvermögenswerten, die im allgemeinen nominell fixiert sind. Durch diese Nominalwert-Fixierung transferiert die Inflation zunächst reale Kaufkraft von Gläubigern zu Schuldnern; diese Umverteilung kann durch einen höheren Zinssatz neutralisiert werden. [1]

---

[1] Es sei: y = Nennwert des Geldvermögens
p = Preissteigerungsrate
i = Nominal-Zinssatz (i' = neuer Zinssatz)
l = Nominal-Lohnsatz (l' = neuer Lohnsatz)

Der neue Nominal-Zinssatz muß sein: $i'=i+p+i.p$

Der Zinssatzanstieg um p gleicht den fallenden Realwert der Geldforderungen aus, der Anstieg um $i.p$ den fallenden Realwert der Zinszahlungen.

Die vergleichbare Formel für den Nominallohnsatz lautet: $l' = l + l \cdot p$

Bei der Behandlung der Zinssatzanpassung wird meist der Faktor $i \cdot p$, der formal der gesamten Lohnsatzanpassung entspricht, als geringfügig vernachlässigt; dies ist bei allen folgenden Überlegungen zu beachten.

Dieser Unterschied bedingt verschiedenartige Anpassungsprozesse für Lohnsätze und Zinssätze, wenn Inflationsverluste vermieden werden sollen.

Im folgenden wird angenommen, daß plötzlich nach inflationslosem Zustand eine Preisniveauerhöhung eintritt oder daß sich eine schon existierende Inflationsrate erhöht und daß diese (höhere) Inflationsrate dann beibehalten wird. Wird als Inflationsrate die Preisniveauerhöhung pro Jahr betrachtet und werden Anpassungsprozesse innerhalb eines Jahres als "gleichzeitig" ablaufend angesehen, so existiert dann kein lag (im Sinne des Abschnitts I.1.), wenn die Lohnsätze jedes Jahr erneut im Ausmaß der Inflationsrate zusätzlich wachsen und wenn der Zinssatz einmalig im ersten Jahr im Ausmaß der Inflationsrate zunimmt.

Ein lag bei der Anpassung des Zinssatzes läßt sich mit zwei Fragestellungen erfassen:

1) Nach welcher Zeit hat sich der Zinssatz im Ausmaß der Inflationsrate erhöht? [1]
2) Um welchen Bruchteil der Inflationsrate hat sich der Zinssatz nach einer bestimmten Zeit erhöht?

Als Antwort auf die zweite Fragestellung erhält man eine Maßzahl, die man als "Anpassungsgrad" bezeichnet; [2] eine weitere aufschlußreiche Maßzahl stellt die "mittlere Wirkungsverzögerungszeit" ("mean lag") dar, die angibt, nach wieviel Perioden die Hälfte des jeweiligen Anpassungsgrades erreicht ist.

---

[1] Oft lautet die Fragestellung auch : Nach welcher Zeit hat sich der Zinssatz um einen bestimmten Bruchteil der Inflationsrate erhöht.

[2] Ein Anpassungsgrad von 0,5 besagt beispielsweise, daß bei einer Erhöhung der Inflationsrate von 2% p.a. auf 3% p.a der Zinssatz in einem vorgegebenen Zeitraum von 4% p.a. auf 4,5% p.a. steigt.

Die Analyse der inflationsbedingten Zinssatzanpassung wird dadurch erschwert, daß ein veränderter Nominalzinssatz unter den üblichen institutionellen Rahmenbedingungen bei vielen langfristigen Forderungen nur jeweils für Neuanlagen gilt, d.h. daß nur die jeweils fällig gewordenen Teile des Gesamtbestandes und die Erträge zu den erhöhten Zinssätzen wieder angelegt werden können. Außerdem kommt hinzu, daß aufgrund der höheren Verzinsung von Neuemissionen die Altbestände Kursverluste aufweisen, die jedoch nur bei Verkauf vor Fälligkeit realisiert werden. Dieser "Inflationsverlust", der in der aktuellen Diskussion der Bundesrepublik ein große Rolle spielt, wird bei den folgenden Studien als "rein rechnerisch" vernachlässigt.

Dieses Problem unterschiedlicher Nominalzinssätze für Alt- und Neuforderungen spielt nur bei kurzfristigen Wertpapieren -wenn die Laufzeit kürzer ist als die Minimumperiode im Sinne des Gleichzeitigkeitsproblems von Abschnitt I.1.- keine Rolle; auch jene Geldvermögensbestände, bei denen eine Zinssatzänderung jeweils für den Gesamtbestand gilt (z.B. Sparguthaben), sind nicht davon betroffen.

I.3.1. Der grundlegende Ansatz von Irving Fisher

Fisher geht von der Annahme aus, daß beide Vertragsseiten (Kreditgeber und-nehmer) sich an den Realwerten orientieren und bei erwarteten Preissteigerungen neue Verträge mit angepaßten Bedingungen schließen. Der beobachtete nominale Marktzinssatz i_n setzt sich zusammen aus dem (erwarteten) realen Ertragssatz auf Realkapital r (Grenzertragsrate des Realkapitals; "natürlicher" Zins) und der erwarteten Preissteigerungsrate p^e, also: $i_n = r + p^e$.

Während er in seinem Werk "Appreciation and Interest" (1896) noch eine vollständige Anpassung postuliert, spricht er später in seiner "The Theory of Interest" (1930) nur noch von unvollständiger Anpassung. Die auftretenden lags werden mit mangelnder Voraussicht begründet, also mit dem Prozeß der Erwartungsbildung.

Angenommen wird, daß die Wirtschaftssubjekte ihre Zukunftserwartungen an der Entwicklung der Vergangenheit orientieren, wobei die Gewichtung mit zunehmender zeitlicher Entfernung linear (arithmetisch) abnimmt; d.h. der Einfluß einer tatsächlich eingetretenen Preissteigerungsrate wirkt um so stärker auf die erwartete Inflationsrate, je näher sie an die Gegenwart heranreicht: $p^e = \sum_{z=0}^{n} w(z) \cdot p_{t-z}$.[1] Nach dieser Methode ermittelte Fisher für die USA mit jährlichen und vierteljährlichen Daten beispielsweise für 1915-1927 für den Zinssatz auf Handelswechsel eine Anpassungsdauer von insgesamt über 30 Jahren, mit einer mittleren Wirkungsverzögerungszeit von 10 Jahren.

Bei allen Untersuchungen ist zu berücksichtigen, daß die erwartete Preissteigerungsrate p^e nicht direkt beobachtbar ist. Die üblichen Regressionsansätze bewirken daher, daß die theoretisch mögliche Unterscheidung zwischen einem Erwartungsbildungs-lag und einem Anpassungs-lag aufgehoben wird und ein einheitlicher lag zustande kommt.

I.3.2. Die Untersuchung von Thomas Sargent, 1969

Sargent untersucht die Entwicklung des langfristigen und kurzfristigen Zinssatzes für die USA in den Perioden 1902-1940 und 1902-1954, und zwar im Rahmen eines über den Fisher'schen Ansatz hinausgehenden Modells. Er berücksichtigt neben den Preiserwartungen noch Höhe und Wachstumsrate des Sozialprodukts sowie die Wachstumsrate der Geldmenge.

Er unterscheidet zwischen drei Zinssätzen:

i_e ist ein realer Gleichgewichts-Zinssatz, der dem natürlichen Zins im Sinne von Wicksell entspricht.

i_m ist der reale Markt-Zinssatz, der gleich der Umlaufrendite minus erwarteter Preissteigerungsrate ist.

i_n ist der Nominal-Zinssatz bzw. die Umlaufrendite.

---

[1] p = tatsächliche Preissteigerungsrate in vergangenen Perioden
p^e = erwartete Preissteigerungsrate
n = Anzahl der Perioden, die der Erwartungsbildung zugrunde liegen.
z = Periodenindex
t = Zeitindex
$w(z)$ = Periodengewichtungsfaktoren

Der Nominalzinssatz läßt sich definieren als Summe von
- Gleichgewichtszinssatz
- Abweichung des Marktzinssatzes von Gleichgewichtszinssatz
- Abweichung des Nominalzinssatzes vom Marktzinssatz.

Dabei ist der dritte Faktor gleich der Fisher'schen Preiserwartungsvariablen; allerdings arbeitet Sargent mit geometrisch statt arithmetisch abnehmender Gewichtung.

Durch Annahme darüber, von welchen makroökonomischen Größen die drei Summanden jeweils abhängig sind, kommt er zu einer Funktion, bei der der Nominalzinssatz
- positiv abhängig ist von der Wachstumsrate des Sozialprodukts und von der Höhe der Preiserwartungen
- und negativ abhängig ist von der Höhe des Sozialprodukts und von der Wachstumsrate der Geldmenge.

Als Ergebnis ermittelt er bezüglich der Preiserwartungen, die wichtigster Bestimmungsfaktor sind, ähnlich lange Wirkungsverzögerungszeiten wie Fisher, nämlich mehr als 20 Jahre. Dabei ist die Wirkung auf den kurzfristigen Zinssatz größer als auf den langfristigen Zinssatz.

Bei einer Kontrolluntersuchung mit geänderten Schätzverfahren ermittelt er für den kurzfristigen Zins bei den Preiserwartungen eine "regressive Komponente"; d.h. kurzfristig wird nicht nur ein anhaltender Inflationstrend erwartet, sondern auch ein Fallen des Preisniveaus, was den Zinsanstieg bremst.

I.3.3. Die Untersuchung von Yohe/Karnosky, 1969

Yohe und Karnosky untersuchen die Entwicklung des kurzfristigen und langfristigen Zinssatzes für die USA in der Periode 1952-1969 anhand von Monatsdaten. Sie arbeiten streng nach dem Fisher'schen Ansatz, indem sie eine Regression bilden zwischen den Zinssätzen einerseits und laufenden und vergangenen Preissteigerungen andererseits, so daß die Wirkungen aller anderen zinssatzbeeinflussenden Faktoren in das konstante Glied der Gleichung hineinverlagert werden.

Methodisch unterscheidet sich die Untersuchung von früheren Studien durch ein neueres ökonometrisches Verfahren, die sog. Almon-lag-Technik [1], die die Erwartungen zu einer kontinuierlichen Funktion vergangener Preisniveau-Bewegungen werden läßt. Im Sinne der oben erwähnten zweiten Fragestellung bestimmen sie den Anpassungsgrad nach 1, 2, 3 und 4 Jahren sowie die mittleren Wirkungsverzögerungszeiten. Entscheidendes Ergebnis sind erstaunlich hohe Anpassungsgrade bereits nach wenigen Jahren mit mittleren Wirkungsverzögerungszeiten von teilweise weniger als einem Jahr. Es erfolgt jedoch keine volle Anpassung, da die Veränderung der Preiserwartungen tendenziell den Gleichgewichtszinssatz senkt.

Wird beispielsweise unterstellt, daß die Erfahrungen der letzten 48 Monate für die Erwartungsbildung relevant sind, so ergibt sich, daß der kurzfristige Zins bei einer 1%igen Erhöhung der Inflationsrate (z.B. von 2% jährlich auf 3%) innerhalb eines Jahres um 72 Prozentpunkte (z.B. von 4% auf 4,72%) und nach vier Jahren um 69 Prozentpunkte gestiegen ist; für den langfristigen Zins, der weniger empfindlich auf veränderte Preiserwartungen reagiert, lauten die entsprechenden Ergebnisse 59 und 56 Prozentpunkte. [2]

Als Hauptgrund für die schnellere Anpassung gegenüber den Ergebnissen früherer Untersuchungen führen Yohe/Karnosky institutionelle Veränderungen an. Insbesondere erwähnen sie:

- insgesamt höhere Preissteigerungsraten gegenüber früheren Zeiten, verbunden mit größerer Publizität;
- Abbau der Geldillusion und verringerte Effekte von Preissteigerungen auf das Realvermögen, also Auswirkungen auf das Sparverhalten;
- allgemein flexiblere Zinssätze durch geänderte Geldpolitik;
- wegen fehlender Preiszyklen stärkere Gewichtung der nahen Vergangenheit.

---

[1] Im Unterschied zum Koyck-lag-Verfahren

[2] Der geringere Anpassungsgrad nach 4 Jahren gegenüber jenem nach 1 Jahr hängt zusammen mit der erwähnten Senkung des Gleichgewichtszinssatzes; siehe Yohe/Karnosky, S.24, Anm.1

Als Beweis für die Wichtigkeit der institutionellen Veränderungen dient ihnen die Verschiedenheit der Ergebnisse, wenn die Gesamtperiode in die Teilperioden 1952 - 1960 und 1961 - 1969 zerlegt wird. Für die erste Teilperiode ergeben sich bei nur niedrigem statistischem Bestimmtheitsmaß Anpassungsgrade von nur 0,20 bis 0,35, für die zweite Teilperiode dagegen bei hohem Bestimmtheitsmaß Werte zwischen 0,70 und 0,95.

Als statistisch befriedigende Ergebnisse für 1961-69 führen sie beispielhaft an:

a) Bei einer 1%igen Erhöhung der Preissteigerungsrate ist der kurzfristige Zins nach 2 Jahren um 0,95% gestiegen, wobei sich die Hälfte des Effekts bereits nach 4-5 Monaten ergibt.

b) Bei einer 1%igen Erhöhung der Preissteigerungsrate ist der langfristige Zins nach 4 Jahren um 0,83% gestiegen, wobei sich die Hälfte des Effekts bereits nach einem Jahr und vier Monaten ergibt.

Abschließend testen Yohe/Karnosky den methodischen Ansatz von Sargent mit ihrem Datenmaterial, d.h. sie berücksichtigen Niveau und Veränderung des Sozialprodukts sowie die Veränderung der Geldmenge explizit als Bestimmungsfaktoren. Bei einer zugrundegelegten lag-Struktur von 16 Quartalen (4 Jahre) änderte sich der Anpassungsgrad (der Einfluß der Preiserwartungen) kaum, aber die mittlere Wirkungsverzögerungszeit verdoppelte sich ungefähr. Dies ist verständlich, weil das Preisniveau der letzten Perioden nun implizit in die anderen unabhängigen Variablen eingeht.

I.3.4. Die Untersuchung von Feldstein und Eckstein, 1970

Feldstein und Eckstein wollen nicht allein untersuchen, wie der Zinssatz durch die Inflation beeinflußt wird, sondern sie wollen alle Bestimmungsgründe zusammen für den langfristigen Zinssatz in den USA für die Periode 1954-1969 ermitteln. Ausgangspunkt ist die Keynes'sche Liquiditätspräferenz-Theorie, die üblicherweise als Geldnachfragefunktion dargestellt wird, hier jedoch als Bestimmungsgleichung für den Zinssatz dient; d.h. der Zinssatz ist eine Funktion von Geldmenge und Sozialprodukt, in einer Variante zusätzlich von der Veränderung der Geldmenge.

Hinzugefügt wird der Fisher'sche Preiserwartungseffekt, und zwar nach dem gleichen ökonometrischen Verfahren wie bei Yohe/ Karnosky (Almon-lag-Technik).[1)]

Bei Unterstellung von 24 Quartalen (6 Jahre) als relevant für die Erwartungsbildung ergaben sich Anpassungsgrade zwischen 0,90 und 0,95 bei einer mittleren Wirkungsverzögerungszeit von ca. 8 Quartalen. Das Ergebnis für den Einfluß der Inflation ändert sich nicht erheblich, wenn Staatsschuld und erwartete Zinssteigerungen als weitere Bestimmungsgründe mit berücksichtigt werden.

Das Ergebnis ändert sich, wenn nicht die Umlaufrendite aller langfristigen Wertpapiere betrachtet wird, sondern isoliert die Rendite der Neuemissionen: der Anpassungsgrad wird größer als 1, d.h. die Anpassung übersteigt die zugrundeliegende Preissteigerung. Feldstein/Eckstein begründen dies einerseits mit der steuerlichen Behandlung von Kapitalgewinnen und andererseits mit der Ausstattung der Anleihen: die Wahrscheinlichkeit einer vorzeitigen Tildung macht die erwartete Rendite kleiner als die offiziell angegebene Rendite.

Abschließend zerlegen Feldstein/Eckstein die Bewegung der Zinssätze von 1954 bis 1969 quartalsweise in die Wirkungen der Veränderungen von Liquidität, Staatsschuld, Inflation und erwarteter Zinssatzveränderung. Sie ermitteln, daß der von ihnen implizierte Realzinssatz von 1954 bis 1969 von 0,90% auf 3,70% und der Nomiralzinssatz von 3,05% auf 6,90% gestiegen sind.
Bis 1966 ist sinkende Liquidität Hauptursache der steigenden Zinssätze gewesen und die Inflationskomponente ist sogar kleiner geworden; seit 1966 hat die Inflation den Zinssatz wesentlich erhöht.

---

1) Die Struktur ist vergleichbar mit dem erweiterten Modell von Yohe/Karnosky; dort gibt es allerdings keine Komponente "Geldmenge", sondern nur die Komponente "Veränderung der Geldmenge", aber noch zusätzlich den Faktor "Veränderung des Sozialprodukts".

I.3.5. Die Untersuchung von Siebke/Willms, 1972

Siebke und Willms untersuchen die Entwicklung des langfristigen Zinssatzes -repräsentiert durch die Umlaufrendite öffentlicher Anleihen- für die Bundesrepublik Deutschland für die Periode 1960-1971 anhand von Monats- und Quartalsdaten. Modellstruktur und ökonometrische Methodik entsprechen genau dem Vorgehen von Yohe/Karnosky, so daß wir uns hier auf die Resultate beschränken können; zeitlich besteht eine Vergleichbarkeit mit deren zweiter Teilperiode 1961-1969. Wesentlich ist, daß sich bei Siebke/Willms noch erheblich kleinere lags zeigen. Werden nur die Preiserwartungen explizit berücksichtigt, so ergibt sich nach 2 Jahren ein Anpassungsgrad zwischen 0,86 und 0,92, nach 2 1/2 Jahren zwischen 0,83 und 0,96, wobei die Hälfte dieser Anpassungen bereits nach 6 bis 7 Monaten erreicht wird. [1)] In dem erweiterten Modell, d.h. unter Berücksichtigung der Wachstumsraten von Geldmenge und Sozialprodukt, ist der Anpassungsgrad geringer und die mittlere Wirkungsverzögerungszeit länger, nämlich 0,80 und 9 bis 10 Monate, bei einer Relevanzperiode von 2 bis 2 1/2 Jahren. Es zeigt sich also auch hier, daß die alleinige Verwendung zeitverzögerter Preissteigerungsraten als Determinante die zeitliche Anpassung des Preiserwartungseffekts überschätzt. Weiterhin ermitteln Siebke/Willms für 1964-1971 einen ziemlich stabilen Realzins -hier definiert als Nominalzins minus erwarteter Inflationsrate- von ca. 5% bei einer Schwankung des Nominalzinses zwischen 6% und 8,6%.

---

1) Die Spannweite der Ergebnisse ist davon abhängig, ob Monats- oder Quartalswerte verwendet werden.

I.3.6. <u>Die Untersuchung von Budd/Seiders, 1971</u>

Budd und Seiders ermitteln zunächst anhand von Quartalsdaten für die USA für die Periode 1952 - 1969 mit demselben ökonometrischen Verfahren wie die drei zuletzt beschriebenen Studien den Zeitraum der <u>vollen</u> Anpassung,[1] beantworten also die oben erwähnte erste Fragestellung. Er beträgt für den langfristigen Zins 36 Quartale (9 Jahre) mit einer mittleren Wirkungsverzögerungszeit von 10,6 Quartalen, für den kurzfristigen Zins 32 Quartale (8 Jahre) mit einer mittleren Wirkungsverzögerungszeit von 9,5 Quartalen, jeweils unter Berücksichtigung der Höhe des Sozialprodukts und der Wachstumsrate der realen Geldmenge. Für ihr Modell benötigen sie den Anpassungsgrad innerhalb eines Jahres im Sinne der oben erwähnten zweiten Fragestellung. Als Ergebnis ermitteln sie 0,25 für den langfristigen Zinssatz und 0,29 für den kurzfristigen Zinssatz; sie unterstellen die Gültigkeit dieser Werte auch für den Fall eines vorhergehenden inflationslosen Zustandes. Die weiteren Berechnungen gehen über den Ansatz der bisher zitierten Autoren hinaus, sind jedoch für ihr Modell notwendig, in dem nicht die Veränderung des Zinssatzes, sondern die Veränderung des Zinseinkommens benötigt wird.

Die Überlegungen werden hier wiedergegeben, weil sie für den Abschnitt I.3. über die Gewinne notwendig sind. Zur Ermittlung der relativen Veränderung des Zinseinkommens bei einer 1%igen Preisniveauerhöhung in einem Jahr muß zunächst die absolute Zinssatzveränderung (entspricht in der Höhe dem Anpassungsgrad) dividiert werden durch den Zinssatz eines Basisjahres, so daß man die Zinssatz-Elastizität erhält; da die Zinsanpassung nur Neuanlagen bzw. Wiederanlagen fällig gewordener Anleihen betrifft, muß diese Elastizität multipliziert werden

---

1) Die volle Anpassung steht im Widerspruch zu den Ergebnissen von Yohe/Karnosky; vgl. S. I/21

mit dem jeweiligen Fälligkeits- oder Tilgungsanteil der betreffenden Wertpapierart.[1] Die von Budd/Seiders ermittelten Anpassungskoeffizienten sind: für Industrieobligationen 0,18; für Pfandbriefe 0,30; für Staatsanleihen 0,33; für Schatzwechsel 7,8.

Diese Berechnung gilt jedoch nur für börsenmäßig gehandelte Papiere und nicht für die Verbindlichkeiten der sogen. "financial intermediaries", also insbesondere Sparguthaben. Hier betrifft eine Zinssatzveränderung die gesamte Einlage und die Zinssätze bilden sich nicht auf dem Markt, sondern werden von den Schuldnern (den Banken) festgelegt in Abhängigkeit von der Nettorendite, die diese aus ihren Anlagen erzielen. Hier ermitteln Budd/Seiders Anpassungskoeffizienten zwischen 0,15 und 0,70 je nach Schuldner- (Bank-) Typ.

I.3.7. Die Untersuchung von William Gibson, 1972

Gibson geht ebenfalls davon aus, daß die Höhe des Nominalzinssatzes von den erwarteten Inflationsraten maßgeblich beeinflußt wird; er ermittelt diese jedoch nicht aus den gewichteten Preissteigerungsraten der Vergangenheit, sondern übernimmt die Ergebnisse aus regelmäßigen Befragungen von maßgeblichen Wirtschaftspraktikern und -theoretikern über deren Inflationserwartungen. Die von Gibson geschätzten Parameter geben an, um welchen Bruchteil dieser Preiserwartungen die Renditen amerikanischer Staatsanleihen - gegliedert nach 5 Laufzeitgruppen - in dem Zeitraum 1952 - 1970 jeweils nach 6 Monaten angestiegen sind.

---

[1] Im Gegensatz zum Lohneinkommen, bei dem die volle Anpassung bei k = 1 erreicht ist, muß beim Zinseinkommen k ein Mehrfaches von 1 sein, wenn volle Anpassung erreicht werden soll; dabei muß k um so größer sein, je niedriger der Ausgangszinssatz liegt; k hängt außerdem von der Laufzeit ab.

Tabelle I.3.

Reaktion der Zinssätze amerikanischer Staatsanleihen auf Preisniveausteigerungserwartungen in Bruchteilen der jeweiligen Erwartungen.

Periode	1952-1959		1959-1970	
Laufzeit der Staatsanleihen	bei Preiserwartungen f. 6 Monate	12 Monate	bei Preiserwartungen f. 6 Monate	12 Monate
3 Monate	0,26	0,45	0,9266	1,0869
6 Monate	-	-	0,9358	1,0957
9-12 Monate	-	-	0,9110	1,0658
3-5 Jahre	0,18	0,45	0,8312	0,9903
10 Jahre u. mehr	0,09	0,26	0,6012	0,7342

Quelle: Gibson (1972)

Es zeigt sich somit, daß die Anpassung
- zunimmt mit dem Zeithorizont der Erwartungen (erstaunlicherweise auch, wenn die Laufzeiten kürzer als der Erwartungshorizont sind)
- abnimmt mit zunehmender Laufzeit
- größer ist in der zweiten Untersuchungsperiode.

Mit einer zusätzlichen Unterteilung der zweiten Untersuchungsperiode läßt sich feststellen, daß die starke Erhöhung des Anpassungsgrades etwa ab 1965 einsetzt, also gleichzeitig mit dem Anstieg der Inflationsraten.

Einen Parameterwert größer als 1 führt Gibson auf Versuche zurück, einen Ausgleich für früher nicht vorgenommene Anpassungen zu schaffen.

Eine mögliche Erklärung für die stärkere Anpassung in der zweiten Untersuchungsperiode könnte darin gesehen werden, daß die Anpassungsgeschwindigkeit der Erwartungen mit der Höhe der Preissteigerungsraten zunimmt.

Eine andere - nach Gibson bessere - Erklärungsmöglichkeit besteht in der These, daß in der ersten Teilperiode keine langsamere Anpassung der Erwartungen an die Preissteigerungen stattfand, sondern daß die bereits gebildeten Erwartungen eine geringere Auswirkung auf die Zinssätze hatten. Dies hängt zusammen mit den relativ hohen Transaktions- und Informationskosten bei niedrigen Inflationsraten. Auch der Vergleich von Preiserwartungen und tatsächlicher Preisentwicklung zeigt geringfügig bessere Vorhersagen für die zweite Periode.

I.3.8. Zusammenfassung

Der Realzins wird üblicherweise definiert als Differenz von Nominalzinssatz und Preissteigerungsrate der gleichen Periode; es handelt sich hier um den realen Marktzins. Andererseits bildet sich der Nominalzinssatz nach Irving Fisher als Summe von Realzins und erwarteter Preissteigerungsrate; bei diesem Realzins handelt es sich um einen Gleichgewichtszinssatz bzw. natürlichen Zinssatz im Sinne von Wicksell. Offensichtlich sind die beiden Realzinssätze nur gleich, wenn die erwartete Preissteigerungsrate gleich ist der tatsächlichen Preissteigerungsrate; ist erstere kleiner, so ergeben sich Realwertverluste. Dieser und die folgenden Zusammenhänge gelten natürlich nur, wenn im Inflationsfall nicht der Gleichgewichts-Realzins beeinflußt wird. Das schließt auch ein, daß es keine institutionellen Schranken gibt, die eine volle Anpassung des Nominalzinses an die Preissteigerung verhindern. Nach Fisher bilden sich die Preiserwartungen als gewichteter Durchschnitt der Preissteigerungsraten der Vergangenheit; die Gleichheit von erwarteter und tatsächlicher Preissteigerungsrate ergibt sich also erst mit einer Zeitverzögerung.

Die Ermittlung des genauen funktionellen Zusammenhangs für die Nachkriegszeit in den USA und in der Bundesrepublik Deutschland ist Untersuchungsziel von Yohe/Karnosky, Feldstein/Eckstein, Siebke/Willms, und teilweise von Budd/Seiders. Alle vier Studien berücksichtigen in wechselnder Kombination Höhe sowie absolute und relative Veränderung von Geldmenge und Sozialprodukt als weitere Bestimmungsfaktoren des Zinsniveaus, die den Einfluß der Preiserwartungen im Funktionszusammenhang verändern.

Gibson geht in seiner Untersuchung von Befragungen über die Erwartungen aus, die man natürlich als empirisches Material zur Grundlage der Theorienbildung machen kann.

Wesentliches Ergebnis der Studien ist, daß die Zeitverzögerungen sehr viel kürzer sind als früher angenommen. Während historische Untersuchungen die lags noch in Jahrzehnten maßen, zeigen die hier ermittelten Werte für den langfristigen Zinssatz (für den kurzfristigen Zinssatz jeweils noch kürzere Fristen), daß

- eine Anpassung von etwa 70 bis 90% an eine anhaltende Erhöhung der Preissteigerungsrate in einem Zeitraum zwischen 1 und 4 Jahren erreicht wird
- die Hälfte dieses Effekts bereits nach gut einem Jahr erreicht wird (z.T. auch innerhalb eines Jahres)
- die volle Anpassung ca. 6 bis 9 Jahre dauert.

Allerdings verkürzen sich diese Zeitverzögerungen für die Nachkriegsperiode ganz wesentlich, je näher die Untersuchungsperiode an die heutige Zeit heranreicht; dies steht in Verbindung mit den zunehmenden Preissteigerungsraten seit Mitte der 60er Jahre; leider gibt es noch keine veröffentlichten Untersuchungen für die 70er Jahre.

Die hier angegebenen Werte können der Ermittlung der Inflationsverluste für den Fall dienen, daß sich die Preissteigerungsrate einmalig erhöht und dann auf diesem Niveau verbleibt. Liegen ständig zunehmende Preissteigerungsraten vor, so ist die erwartete Preissteigerungsrate stets kleiner als die tatsächliche, so daß jedes Jahr neue Inflationsverluste auftreten; allerdings werden sich in einem solchen Fall wahrscheinlich die für die Vergangenheit ermittelten Koeffizienten verändern.

Eine weitere Quelle von Inflationsverlusten - die schon eingangs erwähnt wurde - besteht darin, daß die angepaßten Nominalzinssätze nicht sofort für alle Geldvermögenswerte gelten, sondern bei vielen Wertpapieren nur die Neuanlagen in den Genuß der höheren Erträge kommen.

Dies ist teilweise die Thematik der Untersuchung von Budd/Seiders; bei den übrigen Untersuchungen wird dieses Problem vernachlässigt. Zum Abbau dieser Ursache von Inflationsverlusten trägt die bei steigenden Preissteigerungsraten abnehmende Dauer der durchschnittlichen Laufzeiten bei, die auch zu geringeren "rechnerischen" Kursverlusten führt.

I.4. Auswirkungen einer Inflation auf die Gewinne

I.4.1. Mögliche Untersuchungsansätze

Wenn von inflationsbedingten Gewinnen der Unternehmungen die Rede ist, wird im allgemeinen an die Gläubiger-Schuldner-Hypothese gedacht. Diese besagt, daß das Reinvermögen eines Unternehmens im Inflationsfall nominal und real ansteigt, weil das Sachvermögen im Ausmaß der Preissteigerungsrate nominal wächst, die Netto-Geldschulden dagegen nominal fixiert sind oder alternativ: weil das Sachvermögen real gleich bleibt, der Wert der Netto-Verschuldung dagegen real sinkt. Diese Wertsteigerung - ein "rechnerischer" Gewinn, jedoch Teil des Einkommens im weiteren Sinn[1] - schlägt sich dann z.B. bei Aktiengesellschaften im Kurswert der Aktien nieder.[2]

Ein anderer Ansatz bezieht sich auf die Untersuchung von inflationsbedingten Veränderungen der Gewinne im Sinne der betrieblichen G&V bzw. der volkswirtschaftlichen Gesamtrechnung, also ohne Berücksichtigung von Wertsteigerungen. Unterstellt man vereinfachend, daß Umsätze, Vorleistungen sowie die den Kapitalverschleiß kompensierenden Abschreibungen im Ausmaß der Preissteigerungsrate wachsen, so ergibt sich eine inflationsbedingte Zunahme der Gewinne einmal dann, wenn die Lohnausgaben nicht im Ausmaß der Preissteigerungen wachsen, also ein Lohn-lag existiert. Eine inflationsbedingte Zunahme der Gewinne tritt außerdem auf, wenn die Zinsausgaben des Unternehmens (netto nach Abzug der Zinseinnahmen) nicht im Ausmaß der Preissteigerungsrate wachsen.[3] Hier ist nun allerdings Vorsicht in der Argumentation geboten, denn diese Zinszahlungen enthalten - wie in Abschnitt I.3. ausführlich gezeigt - einen zumindest partiellen Ausgleich für die oben erwähnten Wertverluste bei den Gläubigern bzw. Wertsteigerungen bei den Schuldnern (den Unternehmen).

---

1) vgl. Hauptuntersuchung, Abschnitt 2.2.2.2.

2) vgl. dazu die Untersuchungen von de Alessi (1964), Kessel (1956), Kessel/Alchian (1962), Alchian (1968), Bach/Ando (1957), Bach/Stephenson (1974); Zusammenfassungen bei Ziercke (1970) und Wicke (1972).

3) Gleiches gilt natürlich auch für Miet- und Pachtausgaben (netto), die hier jedoch aus Literaturmangel nicht ausführlich behandelt werden.

Dieser Zusammenhang wird im nächsten Unterabschnitt anhand der Untersuchung von Budd/Seiders aufgezeigt. Die gesamte Argumentation begründet die Notwendigkeit eines modifizierten Einkommensbegriffes bei der Analyse von Inflationswirkungen auf die Gewinne, um nicht zu Fehlurteilen zu gelangen.

I.4.2. Die Untersuchung von Budd/Seiders, 1971

Budd/Seiders ermitteln für die Gewinne - wiederum für die USA, 1952 - 1969 - folgende Anpassungskoeffizienten:

k_I:	Einkommen von Personengesellschaften (incl. Landwirtschaft)	1,037
k_{II}:	Gewinne vor Steuern[1], enge Kapitalgesellschaften	1,115
k_{III}:	Gewinne vor Steuern, Publikumsgesellschaften (weite Kapitalgesellschaften)	1,074

Es ergeben sich also Inflationsgewinne bzw. leads nach unserer Definition. Diese Werte sind abgeleitet aus den Anpassungskoeffizienten für Lohneinkommen und Zinseinkommen[2], aus den Verhältniszahlen Lohnsumme/Gewinn und Netto-Zinsausgaben/Gewinn sowie aus der Forderungs- und Schuldenstruktur der Unternehmen.[3] Dabei ist unterstellt, daß die anderen gewinnbestimmenden Faktoren -Umsätze, Vorleistungen, Abschreibungen - im Ausmaß der Preissteigerungsrate wachsen. Da Budd/Seiders für das Lohneinkommen einen Anpassungskoeffizienten von 1 ermittelt haben, sind nur noch die mit Zinsen verbundenen Komponenten relevant für die Ermittlung des Anpassungskoeffizienten der Gewinneinkommen.

---

1) Nicht persönliche Einkommensteuer, sondern nur Körperschaftsteuer (kein gespaltener Steuersatz).

2) Siehe Abschnitt I.2.4 und I.3.6

3) Die Berechnung gilt nicht für Unternehmen des Finanzsektors; für diese ist k = 0,70; dies ist der Anpassungskoeffizient der Verbindlichkeiten der "financial intermediaries" gemäß Abschnitt I.3.6. k_{III} ist ein gewichtetes Ergebnis des gesamten Unternehmensbereichs.

Die Tatsache, daß die Zinseinkommens-Anpassungskoeffizienten kleiner als 1 sind, obwohl sie erheblich größer als 1 sein müßten, um Inflationsverluste bei den Zinsempfängern zu vermeiden,[1] ist - isoliert betrachtet - noch nicht entscheidend für Inflationsgewinne der Unternehmen: denn die Unternehmen sind nicht nur Schuldner (Zinszahler), sondern auch Gläubiger (Zinsempfänger).

In den Fällen, in denen die Zins-Anpassungskoeffizienten kleiner als 1 sind, treten Inflationsgewinne dann auf wenn

a) Zinsausgaben- und Zinseinnahmen-Anpassungskoeffizienten gleich groß sind, aber die Summe der Zinsausgaben größer als die Summe der Zinseinnahmen ist;
b) die Summe der Zinsausgaben gleich der Summe der Zinseinnahmen ist, aber der Zinsausgaben-Anpassungskoeffizient kleiner ist als der Zinseinnahmen-Anpassungskoeffizient,
c) bestimmte Kombinationen von (a) und (b) vorliegen.

Für dem Unternehmensbereich ohne Finanzsektor ist es allerdings typisch, daß sowohl die Zinsausgaben größer als die Zinseinnahmen[2] als auch der Zinsausgaben-Anpassungskoeffizient kleiner als der Zinseinnahmenkoeffizient sind; letzteres hängt damit zusammen, daß Fremdkapital langfristiger aufgenommen wird als Ausleihungen erfolgen. Damit kann hier auf Inflationsgewinne geschlossen werden.

In einem weiteren Schritt ermitteln Budd/Seiders den Anpassungskoeffizienten für Gewinne nach Unternehmenssteuern; er beträgt k_{IV} = - 0,757, und zwar wieder ohne Berücksichtigung des Finanzsektors. Der Koeffizient wird negativ, weil steuerrechtlich die Abschreibungen nicht zu Wiederbeschaffungspreisen, sondern nur zu Anschaffungskosten ermittelt und abgesetzt werden dürfen.[3]

---

1) Dies beruht darauf, daß die Zinserhöhungen auch die Realwertminderungen der Geldforderungen kompensieren müssen.

2) Im Finanzsektor ist es umgekehrt; deshalb ist dort der Anpassungskoeffizient für die Gewinne kleiner als 1.

3) Vgl. die aktuelle Diskussion über die "Versteuerung von Scheingewinnen".

Die gleiche Argumentation gilt für jene Warenbestände, die nicht nach der LIFO-Methode sondern nach der FIFO-Methode bewertet werden. Für den Finanzsektor ist der entsprechende Anpassungskoeffizient zwar kleiner als 1, aber positiv, da Abschreibungen und Warenbestände dort keine erhebliche Rolle spielen.

Durch einige funktionale Umgestaltungen und teilweise Verwendung des Cash-flow statt des Gewinnes als Bezugsgröße sowie durch bestimmte Annahmen über die Ausschüttungspolitik der Publikumsgesellschaften, deren Darstellung den Rahmen dieses Abschnitts sprengen würde, ermitteln Budd/Seiders auch noch die Anpassungskoeffizienten für Dividenden der Publikumsgesellschaften als $k_V = 0{,}854$ und für einbehaltene Gewinne der Publikumsgesellschaften als $k_{VI} = -1{,}916$.

Um die Gesamtsituation der Unternehmen beurteilen zu können, müssen die hier wiedergegebenen Werte im Zusammenhang gesehen werden mit den Anpassungskoeffizienten in der Vermögensrechnung, nämlich $k = 1$ für Sachvermögen und $k = 0$ für Forderungen und Verbindlichkeiten.

I.4.3. Zusammenfassung

Die Untersuchung von Budd/Seiders stellt die einzige uns bekannt gewordene Studie dar, in der Aussagen über die Auswirkungen einer Inflation auf die Gewinne in etwas stärker disaggregierter Form unter Einbeziehung mehrerer Einflußkanäle abgeleitet werden. Da die Gewinne als Residualeinkommen von einer Vielzahl anderer Einkommensarten mitbestimmt werden, gehen mehrere, vereinfachende Annahmen über das Verhalten dieser anderen Einkommensarten im Inflationsprozeß in die Berechnungen ein, so daß die Ergebnisse noch als wenig gesichert betrachtet werden müssen. Überdies zeigt sich hier besonders deutlich, daß die üblichen Gewinnbegriffe bei Inflation einer Neuinterpretation bedürfen, wenn die Ergebnisse aussagekräftig sein sollen. Dieses Problem kommt zu dem ohnehin besonders schwierigen Erfassungsproblem hinzu.

Unter diesen Einschränkungen bleibt festzuhalten, daß sich in den USA die ausgeschütteten Gewinne nicht ganz an die Inflationsrate anpassen, während die einbehaltenen Gewinne nominell und real sogar sehr stark abnehmen.

ANHANG II

Kurzcharakteristiken ausgewählter empirischer Studien über die Auswirkungen einer Inflation auf die personelle Einkommens- und Vermögensverteilung

G.L. Bach and A. Ando (1957)
J. Niehans (1962)
R.W. Goldsmith and R.E. Lipsey (1963)
J.W. Conard (1964)
R. Blauer (1971)
A.F. Brimmer (1971)
E.C. Budd and D.E. Seiders (1971)
Th.W. Mirer (1971)
E. Foster (1972)
R.G. Hollister and J.L. Palmer (1972)
W.D. Nordhaus (1973)
G.L. Bach and J. Stephenson (1974)

G.L. Bach and A. Ando, The Redistributional Effects of Inflation
in: REStа, vol. 39 (1957), S. 1 - 13

I. Allgemeine Charakterisierung

Empirische Studie, basierend auf Daten für die USA für den Zeitraum 1939 - 1954. Eine Inflation wird anhand des Lebenshaltungskostenindex gemessen. In der Studie wird versucht, inflationsbedingte Änderungen der funktionalen Einkommensverteilung, inflationsbedingte Änderungen der Vermögensverteilung und inflationsbedingte Unterschiede in der Entwicklung einzelner Unternehmen aufzudecken. Methodische Schwächen schränken den Aussagewert einzelner Ergebnisse ein.

II. Hauptergebnisse

1. Der Versuch, Zusammenhänge zwischen den inflationären Preissteigerungen und den Anteilen einzelner Einkommensarten (Löhne und Gehälter, landwirtschaftl. Einkommen, Einkommen aus Unternehmertätigkeit in Firmen ohne eigene Rechtspersönlichkeit, Mieteinnahmen, Zinseinkommen, Dividendeneinkommen, Transferzahlungen) am Gesamteinkommen (Total personal income) aufzuzeigen, führt nicht zu eindeutigen Ergebnissen; lediglich der Anteil der Zinszahlungen nimmt eindeutig ab. Auf divergierende Bewegungen innerhalb jeder Einkommenkategorie wird hingewiesen. Schlußfolgerungen über Veränderungen der Verteilung nach Einkommensgrößenklassen werden nicht für möglich gehalten.

2. Als Vermögensverteilungswirkung wird eine Gesamtsumme von brutto 500 Mrd $ (in Preisen des Jahres 1952) für den Zeitraum 1939 - 1952 errechnet. (Ermittlung der jährlichen Entwertung aller monetären Aktiva mit Hilfe des Lebenshaltungskostenindex, der von 1939 bis 1952 von ca. 58 auf ca. 115 stieg.) Der Versuch einer Aufteilung auf Sektoren (Haushalte, Unternehmen ohne eigene Rechtspersönlichkeit, nicht-finanzielle Unternehmen mit eigener Rechtspersönlichkeit, Finanzinstitute, Staat) entsprechend der jeweiligen Nettoposition ergibt, daß die intersektorale Nettoumverteilung weit geringer ist als die Bruttosumme. Hauptgläubigersektor sind die Haushalte, Hauptschuldnersektor der Staat.

Eine Aufspaltung des Haushaltssektors nach Einkommensgrößenklassen, Berufsgruppen, Nettovermögensklassen und Alter mit Angabe des Anteils der monetären Aktiva und der Schulden am Bruttovermögen zeigt, daß die Anteilsunterschiede im allgemeinen erstaunlich gering und zeitlich stabil sind. Größere Unterschiede zeigen sich bei der altersmäßigen Gruppierung. Nur bei dieser Gruppierung sind beträchtliche Belastungsunterschiede zu Lasten der Älteren zu vermuten.

3. Entsprechend dem Steueraufkommen einzelner Einkommensklassen werden die "Gewinne" des Staatssektors auf die Haushalte umgerechnet. Unter der Annahme, daß ohne Inflation die Staatsschuld aus Steuereinnahmen zurückbezahlt werden müßte, ergibt sich ein leichter Nettoeffekt zu Gunsten der höheren Einkommensschichten.

4. Aus den vorliegenden Daten wird geschlossen, daß die Haushalte ihre Vermögenszusammensetzung trotz inflationärer Preissteigerung kaum geändert haben.

5. Auf Stichprobenbasis wird die Hypothese untersucht, daß Firmen in einer Nettoschuldnerposition gegenüber Firmen in einer Netto- gläubigerposition besser gestellt sind. Diese Hypothese wird nicht bestätigt.

6. Zusammenfassend wird nochmals auf die starken Unterschiede von Haushalt zu Haushalt hingewiesen; die Hypothese, daß die Inflationsrate voll im Zinssatz eskomptiert sei, wird mit kurzer Begründung (ohne Daten) für die USA für diesen Zeitraum abgelehnt, so daß die früheren Aussagen aufrecht erhalten werden können.

III. <u>Würdigung</u>

1. Es handelt sich um eine partielle Analyse, bei der eine ziemlic[h] lange, ohne Begründung ausgewählte Periode ohne Beachtung irgen[d]welcher Rückwirkungen der festgestellten Umverteilungswirkunge[n] untersucht wird.

Als Bezugspunkt für die Analyse der Vermögensverteilungswirkungen wird unterstellt:

- keine Antizipation der Inflationsrate in den Erträgen der monetären Aktiva und Passiva
- gleiche Höhe und gleiche Verteilung der Geldvermögensbildung mit und ohne Inflation
- Preise und Erträge der preisvariablen Aktiva erhöhen sich genau im Ausmaß der Inflationsrate
- reale Wirtschaftsentwicklung seit 1939 trotz Inflation genauso wie ohne Inflation mit Ausnahme obiger Punkte.

Für die Analyse der Einkommensverteilung und der differenzierenden Wirkungen auf Firmen wird der Bezugspunkt nicht explizit gemacht.

Da diese Annahmen allenfalls für eine kurze Betrachtungsperiode zu Beginn einer Inflation haltbar sind, bleibt offen, wie stark die auf die lange Untersuchungsperiode bezogenen Ergebnisse hierdurch verzerrt werden. Ergebnisse für alternative Bezugspunkte werden nicht abgeleitet.

2. Die Gesamtwirtschaft wird einmal in die Sektoren: Haushalte, Unternehmen ohne eigene Rechtspersönlichkeit, Kapitalgesellschaften, Finanzinstitute, Staat aufgeteilt; Ausland wird vernachlässigt. Ein Versuch der Durchrechnung der über den Staatssektor laufenden Umverteilungswirkungen auf die Steuerzahler (nach Einkommensklassen) wird vorgenommen. Eine Durchrechnung der Umverteilung zu Gunsten des Unternehmenssektors findet nicht statt.

3. Der Haushaltssektor wird nur in bezug auf das Vermögen nach Einkommensklassen, Nettovermögensklassen, Berufsgruppen und Alter untergliedert.

4. Es werden nur die stark zusammengefaßten Vermögenskategorien "monetäre Aktiva mit fixierten Preisen" "Aktiva mit variablen Preisen" sowie "Passiva" ausgewiesen, Implizit wurde unterstellt, daß die Preise der "Aktiva mit variablen Preisen" genau im Ausmaß der Inflationsrate zusätzlich gestiegen sind. Die Vermögenszahlen beziehen sich auf das Jahr 1950. Die Datenquelle "Goldsmith" ist als besonders verläßlich bekannt.

5. Es werden nur Gesamteinkommenszahlen vor Steuerabzug angegeben; darauf werden die bei monetären Aktiva konstatierten realen Vermögensverluste bezogen; eine Analyse einzelner Einkommensklassen und ihrer jeweiligen Einkommensstruktur wird nicht vorgenommen.

6. Zusammenfassende Verteilungsmaße werden nicht ermittelt.

7. Es wird ein sehr grober Versuch unternommen, die zugunsten des Staatssektors festgestellte inflationsbedingte Vermögensumverteilung auf einzelne Einkommensklassen entsprechend deren jeweiliger Einkommensteuerbelastung zurückzurechnen; andere Rückrechnungsalternativen (z.B. Erhöhung der staatlichen Leistungen) werden nicht geprüft.

8. Es wird unterstellt, daß sich die Einkommens- und Vermögensstruktur der Haushalte während des gesamten Zeitraums trotz beachtlicher Inflationsraten nicht geändert hat. Diese Annahme ist für die lange Zeitspanne kaum haltbar. Die Ergebnisse dürfen daher nur als Anfangseffekte interpretiert werden. Die Aufsummierung der Bruttoverluste scheint nicht zulässig.

9. Bei der Berechnung der Bruttoverluste wird unterstellt, daß die Geldvermögensbildung auch ohne Inflation in gleicher nomineller Höhe (d.h. real höher) zustande gekommen wäre; dies bedeutet die durch nichts gesicherte Annahme, daß ohne Inflation eine höhere Sparneigung bestanden hätte.

10. Eine Übertragung der Ergebnisse auf die BRD scheint uns ohne zusätzliche Untersuchung nicht vertretbar. Die Ergebnisse in bezug auf die inflationsbedingten Änderungen der Anteile einzelner Einkommenskategorien sind ohnehin sehr zweifelhaft; dasselbe gilt für die Ermittlung von Bruttoinflationsverlusten. Die Resultate in bezug auf die inflationsbedingte Vermögensumverteilung zwischen Sektoren und Haushaltsgruppen hängen weitgehend von der sektoralen und gruppenspezifischen Vermögensstruktur ab, die in der BRD sicherlich teilweise anders ist. Dasselbe gilt für die Verschuldungsstruktur einzelner Unternehmen.

Jürg Niehans, The Effects of Post-War Inflation on the Distribution of Income
in: D.C. Hague (ed.), Inflation, London 1962, S. 73 - 92

I. Allgemeine Charakterisierung

Theoretische und empirische Studie, mehr exploratorischer Art. Verstreute empirische Daten aus dem Jahrzehnt 1950 - 1960 für die USA werden herangezogen. Theoretisch werden alle denkbaren inflationsbedingten Einflußgrößen, die die Einkommensverteilung nach Personengruppen bestimmen, auf hohem Abstraktionsniveau abgeleitet; dabei werden auch inflationsbedingte Realwertänderungen des Vermögens (einschließlich Wertzuwächse des Sachvermögens aufgrund von Preissteigerungen) als Einkommen betrachtet. Für einige als dominant angesehene Effekte werden dann empirische Abschätzungen versucht.

II. Hauptergebnisse

Nachfolgend werden nur die empirisch spezifizierten Aussagen wiedergegeben. Der Autor betrachtet seine Ergebnisse als erste versuchsweise Tendenzaussagen, die vielfältiger Nachprüfung und Ergänzung bedürfen. Die Aussagen 1 bis 3 beziehen sich lediglich auf laufendes Einkommen ohne Berücksichtigung von Realwertänderungen des Vermögens.

1. Für die fünfziger Jahre in den USA wird geschätzt, daß die ziemlich gleichmäßige Preissteigerung kaum eine Verschiebung der laufenden Einkommen von der Gruppe der Lohneinkommensbezieher (abhängig Beschäftigten) zur Gruppe der Gewinnbezieher (Selbständige) hervorgerufen haben dürfte.

2. Für den gleichen Zeitraum wird bei einem Vergleich zwischen der unteren und oberen Einkommensschicht festgestellt, daß die Preissteigerungen die Einkommensverteilung eher zugunsten der unteren Einkommensschichten verändert haben; jedenfalls besteht kaum Grund zu der Hypothese, daß die Inflation die Ungleichheit der Einkommensverteilung verschärft hat.

3. Bei einem Vergleich einer aktiven Altersgruppe (25 - 35 Jahre) mit einer inaktiven Altersgruppe (über 65 Jahre) zeigt sich, daß sehr wahrscheinlich die inaktive Gruppe infolge der Inflation gegenüber den aktiven Gruppen benachteiligt war; allerdings kann sich bei einer über mehrere Jahrzehnte anhaltenden, gleichmäßigen Inflation dadurch ein Ausgleich ergeben, daß jeder einzelne nacheinander beiden Gruppen angehört.

4. Auf der Basis der von Goldsmith für 1949 für die USA zusammengestellten statistischen Daten über Vermögen und Vermögenszusammensetzung nach Einkommens- und Vermögensgrößenklassen sowie nach Berufs- und Altersgruppen werden Vermögensverteilungseffekte der Preisniveausteigerungen abgeleitet; dabei werden jedoch nur die hochaggregierten Größen "Nettogeldvermögen" und "Vermögensbestandteile mit variablen Preisen" unterschieden; außerdem wird unterstellt, daß die Zinserträge des Nettogeldvermögens keinerlei Inflationszuschlag enthalten und daß die Preise der "Vermögensbestandteile mit variablen Preisen" inflationsbedingt ebenfalls im Ausmaß der Inflationsrate steigen. Auf dieser Basis ergibt sich:
   - die absoluten realen Verluste pro Haushalt vergrößern sich mit zunehmendem Einkommen, mit zunehmendem Alter und mit zunehmendem Nettovermögen.
   - Bei einer Betrachtung nach Berufsgruppen zeigen sich besonders hohe absolute Verluste für Haushalte, die aus dem Arbeitsleben ausgeschieden sind, für Freiberufliche, für selbständige Gewerbetreibende und für leitende Angestellte. Die Verluste sind bei Landwirten am geringsten.
   - Betrachtet man die relativen realen Verluste in bezug auf das jeweilige Vermögen, so findet man eine Zunahme mit dem Lebensalter; unter den Berufsgruppen sind auch die relativen Verluste bei Rentnern und Freiberuflichen besonders hoch; jedoch zeigen hier auch Angestellte und Hilfsarbeiter beträchtliche Verluste; auch hier sind Landwirte am günstigsten gestellt. Nach Einkommens- und Vermögensklassen gruppiert findet man mit Ausnahme der jeweils untersten Klasse ziemlich ähnliche Größenordnungen der relativen Verluste.

- Betrachtet man die relativen realen Vermögensverluste in bezug auf die Einkommenshöhe, so zeigen sich sowohl bei der untersten als auch bei der obersten Einkommensgrößenklasse ziemlich hohe Belastungen, während die mittleren Einkommensklassen weit weniger betroffen sind. Nach dem Lebensalter geordnet sind die relativen Vermögensverluste in bezug auf das Einkommen etwa ab der Altersklasse von 55 Jahren und älter besonders hoch.

III. Würdigung

1. Theoretisch werden die Verteilungseffekte von Preissteigerungen von güterwirtschaftlich bedingten Verteilungseffekten, die während einer inflationären Periode auftreten, separiert. Außerdem werden Anfangseffekte einer schlagartig einsetzenden Inflation und Dauereffekte einer kontinuierlichen Inflation gemeinsam analysiert. Dies bedeutet, daß im Prinzip ein längerfristiger Zeitpfad der Einkommensverteilung ohne Inflation als Bezugspunkt benützt wird; der Anfangspunkt wird willkürlich gewählt.

   Bei der Ableitung empirischer Ergebnisse werden jedoch dann viele Vereinfachungen vorgenommen, so daß sich der Bezugspunkt nicht mehr auf einfache Weise charakterisieren läßt. Die Vereinfachungen sind bei der Untersuchung der realen Vermögensumverteilungseffekte besonders stark (keine Anpassung der Zinssätze, volle Anpassung der Preise preisvariabler Aktiva).

2. Bei manchen Überlegungen werden die Sektoren Haushalte, Unternehmen, Staat andeutungsweise unterschieden; eine Durchrechnung von Umverteilungseffekten findet jedoch nicht statt.

3. Haushalte werden für die Betrachtung der laufenden Einkommen in Unselbständige und Selbständige unterteilt; für die Untersuchung der Vermögensumverteilungswirkungen wird alternativ nach Einkommensgrößenklassen, Vermögensgrößenklassen, Altersklassen und Berufsgruppen gegliedert. Diese Aufspaltung ermöglicht einigen Einblick.

4. Die wichtigsten Elemente des Nettovermögens werden erfaßt; positiv hervorzuheben ist die Bewertung zu Tageswerten; jedoch liegt der Aggregationsgrad so hoch, daß insbesondere bei den preisvariablen Aktiva wichtige Differenzierungen untergehen.

5. Das Einkommen ist hochaggregiert (Arbeitseinkommen, Transferzahlungen, Zinseinkommen, Gewinneinkommen, Wertänderungen am Vermögen) Steuerzahlungen werden nicht berücksichtigt; der hohe Aggregationsgrad läßt wichtige Differenzierungen untergehen.

6. Zusammenfassende Verteilungsmaße werden nicht benützt; die Analyse stützt sich auf Vergleiche von einzelnen Gruppendurchschnitten.

7. Wohlfahrtseffekte, die über den Staatssektor laufen, werden nicht berücksichtigt.

8. Anpassungen der Vermögensstruktur werden theoretisch für möglich erachtet, aber bei den empirischen Feststellungen nicht berücksichtigt.

9. Bei einigen empirischen Aussagen werden nach Gruppen unterschiedliche, aber konstante Sparneigungen berücksichtigt.

10. Eine Übertragung der nur als erste grobe Annäherung aufzufassenden Ergebnisse auf die BRD ist nicht ohne weiteres möglich, da sie meist von bestimmten Zahlenwerten einzelner Parameter abhängen. Diese Zahlenwerte müssen für die BRD eigens ermittelt werden.

11. Zusammenfassend: Exploratorische Studie mit wichtigen theoretischen Überlegungen über Art und Zustandekommen einzelner inflationsbedingter Umverteilungseffekte. Die empirischen Ergebnisse beruhen auf vielfachen Vereinfachungen und sind datenmäßig wenig abgesichert; sie werden vom Autor selbst als "informed guesses" bezeichnet. Eine Übertragung auf andere Zeiträume oder Länder ist nur mit Hilfe von Zusatzstudien möglich.

Einige Ergebnisse über die Auswirkungen einer Inflation auf die personelle Vermögensverteilung
aus: R.W. Goldsmith and R. Lipsey, Studies in the National Balance Sheet of the United States, vol. I, Princeton 1963

I. Allgemeine Charakterisierung

Umfassende empirische Studie über das Volksvermögen, seine Zusammensetzung und Verteilung seit 1900 in den USA. In den Kapiteln 7 und 8 werden für die Jahre 1950, 1953, 1958, 1962 leverage-ratios (Inflationswirkungskennzahlen) für Haushalte unterschiedlicher Gruppierung abgeleitet, die einen Ansatzpunkt für die Untersuchung der Auswirkungen inflationärer Preissteigerungen auf die Vermögensverteilung bilden. Außerdem wird untersucht, inwieweit diese Kennzahlen im Zeitablauf variabel sind, da eine geringe Variabilität die Verallgemeinerung der für einen Zeitpunkt abgeleiteten Ergebnisse ermöglichen würde. Das Preisniveau wird generell mit Hilfe des BSP-Index gemessen.

II. Hauptergebnisse

1. Gruppiert man die Vermögensbestandteile eines Haushalts in preiskonstante Forderungen und Verbindlichkeiten sowie in preisvariable Aktiva und bildet man einen Quotienten aus dem Wert der preisvariablen Aktiva und dem Nettovermögen, so erhält man eine Inflationswirkungskennzahl (leverage ratio, IWK), die angibt, um welchen Prozentsatz das Nettovermögen (zu laufenden Preisen) zunimmt, wenn sich die Preise der preisvariablen Aktiva um ein Prozent ändern. Unterstellt man, daß die Preise der preisvariablen Aktiva im gleichen Ausmaß steigen wie das allgemeine Preisniveau, so lassen sich mit dieser Inflationswirkungskennzahl Aussagen über die Auswirkungen einer inflationären Preissteigerung auf das Nettovermögen der jeweils betrachteten Gruppe machen. Ist die Kennzahl gleich 1, so steigt das Nettovermögen zu laufenden Preisen in gleichen Ausmaß wie die Preissteigerungsrate, d.h. das reale Nettovermögen bleibt gleich; liegt die Kennzahl unter 1, so sinkt das reale Nettovermögen, liegt sie über 1, so nimmt das reale Nettovermögen zu.

Ein Vergleich der Inflationswirkungskennzahlen unterschiedlicher Haushaltsgruppen ermöglicht somit Schlußfolgerungen über die differenzierenden Auswirkungen einer Inflation auf die jeweiligen Nettovermögen.

Die IWK für den gesamten Haushaltssektor beträgt für 1950 0,85 und entspricht damit ungefähr der Nettogläubigerposition des Haushaltssektors; für dieses Stichjahr sind auch korrigierte IWK für Nettovermögensklassen, Einkommensklassen, Altersgruppen und Berufsgruppen vorhanden. Sie zeigen: (S.208) Niedrige Werte in den untersten Nettovermögensklassen und etwa durchschnittliche Werte ab $ 2.000,-. Bei den Einkommensklassen scheint die unterste Kategorie etwas begünstigt, während sich sonst keine Abhängigkeit von der Einkommenshöhe ausmachen läßt. Bei der Altersklassifikation zeigt sich eine deutliche Abnahme mit zunehmendem Lebensalter, d.h. jüngere Haushalte, insbes. in der Gruppe 25 - 34 Jahre, werden zu Lasten der älteren begünstigt. Bei den Berufsgruppen weisen Landwirte die höchste und Rentner die niedrigste IWK auf. Für die Jahre 1953 und 1962 liegen nur unkorrigierte IWK vor, die zum Teil andere Tendenzen zeigen. Goldsmith meint jedoch, daß dies nur scheinbare Unterschiede sind, die aus der ungenügenden Berücksichtigung von Versicherungs- und Pensionsansprüchen etc. folgen; es ist auch aus anderen Untersuchungen bekannt, daß die den IWK zugrunde liegende Stichprobenbefragung monetäre Aktiva stark unterschätzt. Aufgrund verschiedener Indizien schließt Goldsmith, daß die Variabilität der IWK im Zeitraum 1950 - 1962 nur gering war.

2. Eine Analyse der einzelnen Haushalte in jeder Einkommens- oder Vermögensklasse zeigt, daß die IWK sehr stark streuen. Beispielsweise hatten 1953 in der Nettovermögensklasse bis 500,-$ 96% der Haushalte entweder IWK = 0 oder IWK > 1; die Streuung in den oberen Vermögensklassen ist zwar nicht so extrem, aber doch beträchtlich. (S.211 ff.)

3. Während die IWK nicht stark zwischen Einkommens- oder Vermögensklassen divergieren, zeigen sich innerhalb jeder Gruppe sehr starke Unterschiede zwischen den Untergruppen "Mieter", "Besitzer eines Eigenheims ohne Hypothekenbelastung" und "Besitzer eines Eigenheims mit Hypothekenbelastung". Die durchschnittlichen IWK dieser drei Gruppen über alle Nettovermögensklassen hinweg lauten: 0,58; 0,78; 1,15. (S. 213 ff). Die Unterschiede sind in den höheren Einkommens- und Vermögensklassen jedoch weniger ausgeprägt als in den unteren Klassen.

4. Für die einzelnen Vermögenskategorien lassen sich für den Zeitraum 1949 - 1958 Preisindices ermitteln, die wesentlich von der Entwicklung des allgemeinen Preisniveaus abweichen. Leitet man mit Hilfe dieser Preisindices korrigierte IWK ab, so kann man daraus erkennen, wie sich die reale Vermögensposition einzelner Haushaltsgruppen bei dieser tatsächlichen Preisentwicklung ohne weitere Ersparnisse und ohne Vermögensumschichtung entwickelt hätte. Es zeigt sich, daß in diesem Zeitraum generell die Eigentümer von Eigenheimen mit Hypothekenbelastung, und in den höheren Einkommens- und Altersgruppen auch Mieter am besten abschneiden. Mieter mit niedrigem Einkommen, die gleichzeitig Arbeiter und relativ jung waren, hatten unter den Preisänderungen am meisten zu leiden. Diese Preisänderungen der Vermögensgüter waren allerdings nicht ausschließlich inflationsbedingt. Eine Abspaltung des inflationsbedingten Teils wird von Goldsmith nicht vorgenommen.

5. Eine detaillierte Analyse von IWK nach mehreren Haushaltsmerkmalen gleichzeitig (auf der Basis eines Consumer Union Survey von 1958) sowie eine separate Analyse der IWK der oberen Vermögensklassen auf der Basis von Erbschaftsteuerdaten (R. Lampman) führt zu vielen weiteren Einzelergebnissen, die hier nicht zusammenfassend wiedergegeben werden können. Ebenso gibt es eine umfangreiche Analyse der IWK von einzelnen Industriezweigen über längere Zeiträume.

III. <u>Würdigung</u>

1. Der IWK-Ansatz liefert recht differenzierte Ergebnisse. Diese Ergebnisse sind jedoch in ihrem Aussagewert eingeschränkt, weil unterstellt wird, daß eine Entwicklung mit unveränderter Vermögenszusammensetzung, unveränderten Ertragssätzen und unveränderten Vermögensgüterpreisen als Bezugspunkt ohne Inflation dienen kann, und weil ferner unterstellt wird, daß im Inflationsfall die Preise aller Geldforderungen und Verbindlichkeiten unverändert bleiben und die Preise der preisvariablen Aktiva genau im Ausmaß der Inflationsrate steigen. Diese Annahmen besitzen im Zeitpunkt des Inflationsbeginns auf kurze Sicht einige Plausibilität. Während eines bereits anhaltenden Inflationsprozesses vollziehen sich vermutlich Anpassungen, die die Ergebnisse des IWK-Ansatzes fragwürdig werden lassen.

2. Ein Vorteil des IWK-Ansatzes besteht - wenn man über Haushaltsstichprobendaten verfügt - in den vielfältigen alternativen oder kombinierten Gliederungsmöglichkeiten. Hier wird eine Gliederung nach Einkommenshöhe, Nettovermögenshöhe, Beruf, Alter, Wohnstatus und nach kombinierten Merkmalen versucht. Auch für andere Sektoren und für einzelne Branchen werden IWK ermittelt; jedoch wird keine "Durchrechnung" der Gewinne oder Verluste im Unternehmenssektor auf einzelne Haushaltsgruppen vorgenommen.

3. Das Nettovermögen scheint zumindest für 1950 ziemlich umfassend ermittelt, während für spätere Zeiträume Lücken klaffen. Grundsätzlich wird zu Tageswerten bewertet.

4. Auf Fragen der Einkommensverteilung geht die Studie nicht ein.

5. Das Nettovermögen wird prinzipiell stark disaggregiert ausgewiesen. Dieses niedrige Aggregationsniveau wird auch beibehalten, wenn Preisindices für einzelne Vermögenskategorien und daraus verfeinerte IWK ermittelt werden. Beim einfachen IWK-Ansatz werden jedoch nur die stark zusammengefaßten Aggregate "preiskonstante" und "preisvariable" Aktiva und Passiva benützt.

6. Zusammenfassende Verteilungsmaße werden nicht errechnet.

7. Wohlfahrtseffekte, die über den Staatssektor laufen, bleiben außer Betracht.

8. Vermögens- und Einkommensstruktur sowie Sparquote werden als unveränderlich angenommen.

9. Eine Übertragung der Ergebnisse auf die BRD scheint nicht ohne weiteres möglich, da wichtige Unterschiede in der Vermögenszusammensetzung und in der Nettoposition bekannt sind (z.B. Staatssektor in USA Hauptschuldner, in der BRD Nettogläubiger; Hausbesitz in den USA viel weiter gestreut als in der BRD; stärker ausgebautes Sozialversicherungssystem in der BRD macht geringere private Altervorsorge erforderlich und ermöglicht andere Vermögensstruktur).

Joseph W. Conard, The causes and consequences of inflation
in: Commission on Money and Credit (ed.)
Inflation, Growth and Employment
Englewood Cliffs 1964, S. 1 - 144

I. <u>Allgemeine Charakterisierung</u>

Umfassende theoretische und empirische Studie über Ursachen und Auswirkungen der Inflation in den USA von 1946 - 1959. Inflation wird alternativ mit Hilfe des BSP-Index und des Lebenshaltungsindex gemessen; Aussagen über die Vermögensverteilungswirkungen der Inflation beruhen vor allem auf der Datenbasis von Goldsmith; (1950)

II. <u>Hauptergebnisse</u>

Im folgenden werden nur Ergebnisse über die Auswirkungen einer Inflation auf die personelle Einkommens- und Vermögensverteilung festgehalten.

1. Als Versuch einer stärkeren Disaggregation der Vermögenskategorien und ihrer Realwertentwicklung im Verlauf einer Inflation wird folgende Tabelle wiedergegeben (aus Harris (1959)):

Realwertänderungen verschiedener Vermögenskategorien von 1948 - 58 (in Währungseinheiten des Jahres 1948) (gekürzt)

Anleihen des Staates New York	- 36%
Bundesanleihen	- 29%
Vorzugsaktien (Standard &Poor's Index)	- 25%
Bargeld und Bankguthaben	- 17%
Einfamilienhäuser	+ 1%
Landwirtschaftliches Vermögen	+ 28%
Aktien von:	
New York City Banken	+ 81%
Eisenbahnen	+ 106%
Versorgungsunternehmen	+ 125%
Industrieunternehmen	+ 225%

Ähnliche Angaben für den Zeitraum von 1900 - 1958 von Goldsmith/ Lipsey (1963) werden ebenfalls referiert. Es wird jedoch kein Versuch unternommen, güterwirtschaftlich bedingte Realwertänderungen von inflationsbedingten zu trennen.

2. Auf der Basis eines einfachen Ansatzes, bei dem die positive oder negative Nettoforderungsposition in Beziehung gesetzt wird zum Nettovermögen (unter der Annahme, daß Ertragssätze keinerlei Inflationszuschlag enthalten und daß die Preise preisvariabler Vermögensgüter genau im Ausmaß der Inflationsrate steigen), werden für Haushalte in verschiedener Gruppierung folgende Aussagen abgeleitet (Datenbasis 1950):

Bei einer Klassifizierung der Haushalte nach Einkommensklassen (Bruttoeinkommen) ergeben sich nahezu gleiche prozentuale Vermögensverluste in jeder Einkommensklasse (nur bei der niedrigsten Einkommensklasse sind die Verluste merklich geringer). Bezieht man die absoluten Vermögensverluste jedoch auf das mittlere Einkommen jeder Klasse, so zeigt sich, daß die prozentualen Verluste von der untersten Einkommensklasse bis zur Einkommensklasse um $ 5000,- (1950) abnehmen und bei höheren Klassen wieder zunehmen; in diesem Sinn sind also die mittleren Schichten am geringsten "belastet".

Auch bei einer Klassifizierung der Haushalte nach Nettovermögensklassen, ergeben sich mit Ausnahme der untersten Gruppe nahezu gleiche prozentuale Verluste.

Bei einer Klassifizierung nach dem Alter des Haushaltsvorstandes zeigen sich dagegen deutliche Unterschiede: Die jüngeren Jahrgänge (18 - 44) haben entweder die geringsten prozentualen Vermögensverluste oder sie gewinnen sogar absolut, während ältere Haushalte (insbes. über 65) stark verlieren; bei diesen Haushalten ist eine zehnprozentige Preisniveausteigerung mit einem Rückgang des realen Nettovermögens um etwa 2 1/4% verbunden.

Die größten Unterschiede zeigen sich in allen Einkommensgruppen, Vermögensgruppen, Altersgruppen und Berufsgruppen zwischen den Eigentümern von Eigenheimen und den Mietern; Mieter tragen fast immer weit höhere Verluste.

3. Gibt man die Annahme auf, daß die Preise aller preisvariablen Aktiva genau im Ausmaß der Inflationsrate steigen und benutzt man an ihrer Stelle die tatsächlich eingetretenen Preissteigerungen (von 1949-1958) so verschieben sich die Ergebnisse. Insbesondere hohe Gewinne der obersten Einkommensschicht werden sichtbar.

4. Mit einigen Hinweisen wird auch die Frage der Einkommensumverteilung behandelt; diese Ergebnisse werden aber nicht auf Einkommensgrößenklassen bezogen. Es wird festgestellt: Sozialrenten sind zeitweise real beträchtlich gesunken; ebenso die Arbeitslosenunterstützung. Begünstigte von nominell fixierten Lebensversicherungsrenten hatten ebenfalls eine reale Entwertung hinzunehmen; außerdem wird vermutet, daß Personen in Anstalten, Pflegeheimen, Waisenhäusern, Gefängnissen etc. betroffen sind, da die staatlichen Mittel hierfür nicht entsprechend aufgestockt wurden. Die Behauptung eines allgemeinen wagelag wird abgelehnt. Eine Anpassung der nominellen Zinssätze an die Inflationsrate scheint nur verzögert und nur teilweise stattzufinden; die Anpassung der Mieten dürfte ebenfalls verzögert erfolgen.

III. <u>Würdigung</u>

1. Bei den Aussagen zur Vermögensverteilung dient als Bezugspunkt eine bestimmte historische Vermögensverteilung und -zusammensetzung, kombiniert mit bestimmten Annahmen über die Preis- und Ertragsentwicklung ohne Inflation. Hiermit können allenfalls Anfangseffekte einer erstmalig einsetzenden Inflation in jenem Zeitpunkt erfaßt werden, für den die statistischen Vermögensdaten gelten; alle Sekundäreffekte und Anpassungen bleiben außer Betracht. Für die Aussagen zur Einkommensverteilung bleibt der Bezugspunkt ziemlich unklar.

2. Die Gruppierung der Haushalte zur Ableitung der Vermögenseffekte ist zweckmäßig und informativ; für die Einkommensverteilungseffekte wird keine sinnvolle Gliederung vorgenommen. Effekte, die über den Unternehmenssektor laufen, werden nur erfaßt, soweit sie sich in Aktienkursen spiegeln.

3. Die verwendeten Daten von Goldsmith und Lipsey für die Nettovermögen sind ziemlich umfassend und nach dem Tageswertprinzip ermittelt; sie beziehen sich jedoch auf einen Stichtag (1950), der noch stark von Kriegsfolgen beeinflußt war.

4. Nettoeinkommensdaten werden nicht verwendet.

5. Für einige Aussagen wird das Nettovermögen stark disaggregiert; jedoch können auf diesem niedrigen Aggregationsniveau keine Aussagen über Inflationseffekte auf Preise, Erträge etc. abgeleitet werden.

6. Verteilungsmaße werden nicht verwendet.

7. Wohlfahrtseffekte, die durch eine inflationsbedingte vermögensmäßige Begünstigung des Staatssektors entstehen, werden nicht erfaßt.

8. Anpassungen in der Einkommens- und Vermögensstruktur werden nicht erfaßt; ebensowenig Änderungen der Sparneigung.

9. Eine Übertragung der Ergebnisse auf einen anderen Zeitraum in den USA scheint nur mit Vorbehalt möglich; eine Übertragung auf die BRD ist ohne zusätzliche Untersuchung über die hiesigen Einkommens- und Vermögensstruktur nicht vertretbar.

Rosalind Blauer, Fixed Income and Asset Groups in Canada
Brock University, St. Catherines/Ont., Canada 1971, (vervielf.)

I. Allgemeine Charakterisierung

Empirische Studie über die Auswirkungen nicht vorhergesehener mäßiger inflationärer Preissteigerungen auf die personelle Einkommens- und Vermögensverteilung in Kanada (1950 - 1967); methodisch wird ein partieller makroökonomischer Ansatz mit einem mikroökonomischen Simulationsmodell auf der Basis von Haushaltsstichprobendaten von 1961 bzw. 1964 kombiniert. Inflation wird mit Hilfe des Lebenhaltungskostenindex gemessen. Charakteristisch ist auch die starke Disaggregation der Vermögens- und Arbeitseinkommen sowie der Transferzahlungen; durch die Möglichkeit, die einzelnen Stichprobenhaushalte, nachdem sie den Inflationswirkungen ausgesetzt waren, nachträglich umzugruppieren, lassen sich Aussagen nach verschiedensten Kriterien ableiten.

II. Hauptergebnisse

1. Für einzelne Lohnkategorien, Vermögenserträge, Transferzahlungsarten und Vermögensgüterpreise werden die realen Wachstumsraten in verschiedenen Perioden mit Preisniveaustabilität und mit unterschiedlichen Inflationsraten festgestellt; dabei wird zwisch gleichperiodiger und verzögerter Reaktion unterschieden. Es zei sich eine große Vielfalt von Reaktionen, so daß weder die These von der gleichmäßigen Anpassung aller Löhne noch jene von der gleichmäßigen Anpassung aller Preise von preisvariablen Aktiva aufrecht erhalten werden kann; ebensowenig ließen sich jedoch eindeutig "fixierte Einkommen" identifizieren; selbst wichtige Transferzahlungen werden angepaßt, und zwar in Inflationsperioden real gesehen sogar stärker als in Zeiten der Preisniveaukonstanz. Die vorliegende Kurzfassung der Studie enthält allerdings keine vollständige Übersicht der quantitativen Ergebnisse

2. Gruppiert man die Haushalte nach ihrer Haupteinkommensquelle (Lohnempfänger, Bezieher von Renten und anderen Transfereinkommen, Selbständige, Vermögenseinkommensbezieher), so zeigen sich folgende Haupttendenzen:

a. Eine Verstärkung des Trends zur Einkommens- und Vermögensumverteilung zu Lasten der Renten- und Transfereinkommensbezieher, der auch bei Preisniveaustabilität zu beobachten war.

b. Eine Abschwächung des Trends zur Vermögensumverteilung zugunsten der Vermögenseinkommensbezieher, der bei Preisniveaustabilität stärker ausgeprägt erscheint; dieser Trend wurde auch durch Verbesserungen der Einkommenssituation nicht völlig kompensiert.

3. Bei einer Gruppierung der Haushalte nach Einkommensgrößenklassen zeigt sich:

a. eine auch bei Preisniveaustabilität gegebene Tendenz zur Umverteilung von Einkommen und Vermögen zu Lasten der ärmeren Haushalte (unter $ 3000,-) verstärkte sich in Inflationsperioden

b. die Tendenz zur Verstärkung der Ungleichheit in der Vermögensverteilung (nach Einkommensklassen), die bei Preisniveaustabilität zu beobachten war, wurde bei Inflation (mit Ausnahme der untersten Gruppe) abgeschwächt; die gleiche Tendenzabschwächung war auch bei einer Gruppierung nach Nettovermögensklassen feststellbar.

4. Bei einer Gruppierung nach dem Alter des Haushaltsvorstands ergeben sich beim Einkommen gegenläufige Tendenzen, so daß man nicht von einer inflationsbedingten Umverteilung sprechen kann. Beim Vermögen ist jedoch eine inflationsbedingte Umverteilung zu Lasten der älteren und zugunsten der jüngeren Haushalte feststellbar.

5. Schließlich wird noch eine inflationsbedingte Vermögensumverteilungstendenz zugunsten von Hausbesitzern mit starker Hypothekenverschuldung konstatiert. Außerdem scheint eine richtig vorhergesehene Inflation Vermögensumverteilungswirkungen zu Lasten von Aktienbesitzern hervorzurufen.

6. Alle genannten Tendenzen modifizieren lediglich Änderungen der personellen Einkommens- und Vermögensverteilung, die auch in Zeiten der Preisniveaukonstanz auftreten; eine auffällige und schwerwiegende Umkehr dieser Tendenzen wurde durch die Inflation nicht hervorgerufen.

III. Würdigung

1. Als Bezugspunkt werden zwei Nachkriegsperioden mit Preisniveaukonstanz gwählt. Änderungen der personellen Einkommens- und Vermögensverteilung, die sich in diesen Referenzperioden ergeben haben, werden als güterwirtschaftlich bedingt und auch in den Inflationsperioden als fortbestehend angenommen. Obwohl es auch hiergegen Einwände gibt, ist dies ein methodisch vertretbares Vorgehen, solange man kein umfassendes Strukturmodell einer Volkswirtschaft besitzt. Allerdings bleiben in der vorliegenden Kurzfassung gewisse Zweifel, wie die einzelnen Preis-, Lohn- und Ertragsänderungen entsprechend diesem Ansatz ermittelt wurden, wenn Unterschiede zwischen den Referenzperioden auftreten. Außerdem werden alle makroökonomischen Änderungen nur auf eine Haushaltsstichprobe eines bestimmten Jahres (1961 bzw. 1964) bezogen; die Ergebnisse können also nur als Schätzung der Umverteilungswirkungen auf kurze Sicht, ausgehend von Zustand 1961, angesehen werden. Da alle Faktorbestände (einschl. Arbeitskraft) konstant gehalten werden, können über mögliche Beschäftigungswirkungen keine Aussagen gemacht werden. Die Berücksichtigung möglicher Anpassungsverzögerungen scheint methodisch wenig abgesichert.

2. Es werden ausschließlich Änderungen innerhalb des Haushaltssektors behandelt; eine Durchrechnung von Umverteilungswirkungen, die über den Unternehmenssektor laufen, findet indirekt durch Berücksichtigung geänderter Aktienkurse etc. statt. Umverteilungswirkungen, die über den Staat laufen, bleiben außerhalb der Betrachtung.

3. Die Haushalte werden alternativ nach Einkommenshöhe, Nettovermögenshöhe, Lebensalter, dominierender Einkommensquelle, Hausbesitzer-Mieter-Status, Ausbildung, Wohnsitz und Berufsgruppen gegliedert. Jedoch bleibt bei Einkommen und Vermögen unklar, ob eine methodisch korrekte Gliederung nach den anfänglichen Größen erfolgt.

4. Es wird ein Einkommenbegriff unter Berücksichtigung von Transferzahlungen vor Steuerabzug und ohne Wertänderungen am Vermögen verwendet. Im übrigen scheinen Einkommen und Vermögen die meisten Elemente - beträchtlich disaggregiert - zu enthalten. Eine Nachprüfung anhand der vorliegenden Unterlagen war allerdings nicht möglich. Außerdem bleibt unklar, ob die einbehaltenen Gewinne der Kapitalgesellschaften den Haushalten zugerechnet wurden.

5. Zusammenfassende Verteilungsmaße werden nicht verwendet.

6. Wohlfahrtseffekte, die über den Staatssektor laufen, werden vernachlässigt.

7. Es wird ausdrücklich angenommen, daß die Faktorbestände und damit die quantitative Einkommens- und Vermögensstruktur unverändert bleiben. Hierdurch können Beschäftigungswirkungen nicht erfaßt werden. Auch andere Verteilungseffekte, die aus einer nach Einkommensklassen unterschiedlichen Anpassung an eine inflationäre Entwicklung resultieren können, werden vernachlässigt.

8. Da die Analyse auf die kurze Frist beschränkt ist, bleiben mögliche Änderungen der Sparneigung außerhalb der Betrachtung.

9. Eine Übertragung auf die BRD scheint nicht vertretbar, da hier sowohl die inflationsbedingten Preis- und Ertragsänderungen als auch die Einkommens- und Vermögensstruktur der Haushalte unterschiedlich sein dürften; ebenso bestehen Unterschiede in der Ausgestaltung der Transferzahlungssysteme.

10. Zusammenfassend: Die Studie bringt differenzierte empirische Ergebnisse, die aber nur kurzfristig und auf ein bestimmtes Jahr in Kanada bezogen interpretiert werden dürfen.

Bei der Ableitung der makroökonomischen Bezugsgleichungen bleiben Zweifel an ihrer methodischen Korrektheit. Da die Ergebnisse für Einkommen und Vermögen getrennt ermittelt werden, auf das Einkommen vor Steuerabzug abgestellt ist und Verteilungseffekte, die über den Staatssektor laufen, unberücksichtigt bleiben, sind keine unmittelbaren Schlußfolgerungen über Änderungen der Wohlfahrtsverteilung möglich. Da die Ergebnisse vermutlich sehr sensitiv in bezug auf Änderungen der Einkommens- und Vermögensstruktur und auf Änderungen der makroökonomischen Parameter sind, ist eine Übertragung auf andere Zeiträume oder Länder kaum vertretbar.

A.F. Brimmer, Inflation and Income Distribution in the US
in: REStа, vol. 53 (1971), S. 37 - 48

I. Allgemeine Charakterisierung

Empirische Studie, basierend auf Daten für die USA für den Zeitraum 1961 - 1969; als inflationär werden Steigerungen des Bruttosozialproduktindex angesehen. Kennzeichnend für die Studie ist, daß eine bestimmte Wirtschaftsperiode analysiert wird, die sich in zwei Unterperioden mit unterschiedlich starker, schleichender Inflation und unterschiedlicher Beschäftigungssituation einteilen läßt. Alle Einkommensverschiebungen, die sich beim Vergleich der beiden Unterperioden feststellen lassen, werden methodisch inkorrekt der Inflation zugerechnet; dies macht viele Ergebnisse fragwürdig.

II. Hauptergebnisse

1. Es werden zwei Unterperioden (1961 - 1965, 1966 - 1969) unterschieden; in der ersten Unterperiode zeigt sich noch kräftiges reales Wachstum; in der zweiten Unterperiode findet nur geringes reales Wachstum statt. Die inflationäre Entwicklung wird vor allem mit den erhöhten Staatsausgaben für Rüstungskäufe wegen des Vietnamkrieges in Verbindung gebracht. Die regionale Verteilung der Rüstungskäufe führte zu einem Ausgleich regionaler Wachstumsunterschiede.

2. Generell hat die starke Wirtschaftsaktivität zu einer Verringerung der Einkommensunterschiede zwischen Haushaltsgruppen geführt. Dieser Rückgang der Einkommensunterschiede war in der zweiten, inflationären Periode weit stärker als in der ersten. Wichtige Einflußfaktoren sind:

   - Änderung der Beschäftigtenstruktur in Richtung auf höher bezahlte Gruppen
   - Zunahme der Familien mit mehreren Verdienern
   - Rückgang des Einkommensanteils des obersten Fünftels, vor allem bedingt durch Rückgang des Unternehmereinkommens, der Dividenden und der Mieteinnahmen.

   Auch die nicht-weiße Bevölkerung hat ihre Position im Vergleich zur weißen Bevölkerung verbessern können.

III. Würdigung

1. Als Bezugspunkt wird implizit die Einkommensverteilung zu Beginn der Betrachtungsperiode unterstellt; damit werden alle Änderungen in der Betrachtungsperiode mit der Inflation in Verbindung gebracht. Dieses Vorgehen ist unbefriedigend. Ergebnisse für alternative Bezugspunkte werden nicht ermittelt.

2. Eine Unterteilung in Wirtschaftssektoren findet nicht statt.

3. Haushalte werden nach Einkommenshöhe geordnet in fünf Gruppen eingeteilt. Weitere Unterteilungen sind: Weiße versus Nicht-Weiße, Alte versus Nicht-Alte, landwirtschaftliche versus nicht-landwirtschaftliche Haushalte; in jeder Untergruppe wird dann wieder eine Unterteilung in Einkommensgruppen vorgenommen; diese Unterteilung ist aufschlußreich.

4. Vermögenstatbestände werden nicht einbezogen.

5. Das gesamte persönliche Einkommen des Landes wird in die wichtigsten Unterkategorien aufgespalten; jedoch fehlt eine Angabe über die Einkommensstruktur der einzelnen Einkommensklassen; hierfür werden nur allgemeine Vermutungen geäußert; Kapitalgewinne werden vernachlässigt. Das Einkommen wird vor Steuerabzug betrachtet.

6. Die Disaggregation des persönlichen Einkommens scheint für den vorliegenden Zweck ausreichend.

7. Als Verteilungsmaß wird der Gini-Koeffizient benützt; hierdurch können Verteilungsänderungen, die durch gegenläufige Bewegungen zwischen den Einkommensklassen entstehen, und Verschiebungen innerhalb der Einkommensklassen nicht erfaßt werden.

8. Änderungen der individuellen Wohlfahrt, die durch inflationsbedingte Verschiebungen im Staatssektor hervorgerufen werden, bleiben außerhalb der Betrachtung.

9. Die Einkommens- und Vermögensstruktur der Haushalte wird implizit als konstant angenommen.

10. Über Änderungen der Sparneigung wird nichts gesagt.

11. Eine Übertragung der Ergebnisse auf die BRD erscheint ausgeschlossen, da eine ganz bestimmte, historisch einmalige Inflationsperiode analysiert wird und die Ergebnisse außerordentlich stark von der jeweils vorliegenden Wirtschaftsstruktur abhängen.

E.C. Budd and D.F. Seiders
The Impact of Inflation on the Distribution of Income and Wealth
in: AER, Papers and Proceedings, vol. 61 (1971), S. 128 - 138
sowie: "Methodological Appendix" zu obigem Artikel, vervielfält. Manuskript, o.O., o.J.

I. Allgemeine Charakterisierung

Empirische Studie, basierend auf Daten für die USA für den Zeitraum ca. 1950 - 1970; (z.T. Quartalsdaten); die Ergebnisse beziehen sich auf den Inflationstyp der schleichenden Inflation, die als mäßige Erhöhung des BSP-Index definiert wird.

Es handelt sich um die detaillierteste und am weitesten vordringende Studie über die Wirkungen einer Inflation auf die personelle Einkommens- und Nettovermögensverteilung. Für eine große Zahl von Einkommens- und Vermögenskategorien wird empirisch abgeschätzt, in welchem Ausmaß sie sich infolge einer Inflation im ersten Jahr ändern; diese Informationen werden dann in einem Mikrosimulationsmodell auf Stichprobenbasis (aus dem Jahr 1962) mit ca. 2600 Haushalten verarbeitet, so daß hypothetische Verteilungen unter unterschiedlichen Annahmen über die Inflationsraten ermittelt und mit der tatsächlichen Verteilung verglichen werden können. Änderungen der Beschäftigungslage, die mit unterschiedlichen Inflationsraten verbunden sein können, werden aber nicht einbezogen.

II. Hauptergebnisse

1. Die empirisch geschätzten Koeffizienten für die Anpassung der einzelnen Vermögensgüterpreise, und der einzelnen Einkommensarten lauten:

TABLE 1-PRICE ADJUSTMENT COEFFICIENTS FOR NET WORTH MODEL

Net Worth Component	Adjustment Coefficient
Publicly traded common stock, including mutual funds	1.118
Equity in closely-held corporations	1.207
Equity in nonfarm proprietorships and partnerships	1.144
Equity in farm business	1.122
Investment real estate, owner-occupied homes, equity in profit sharing plans, and "other assets" (royalties, patents, etc.)	1.00
Claims (checking, saving, and brokerage accounts; bonds, mortgages, notes, and other loans; preferred stock)	0.00
Debts (mortgages, loans, and noninstallment debt; debit balance on brokerage accounts)	0.00

Source: Methodological Appendix

TABLE 2-PRICE ADJUSTMENT COEFFICIENTS FOR INCOME MODELS

Income Component	Adjustment Coefficient
Wage and salary income	1.000
Income of unincorporated enterprises (farm and nonfarm)	1.037
Dividends from publicly-held corporations	0.854
Income (after tax) from closely-held corporations	-0.757
Interest on U.S. government bills	0.790
Interest on other U.S. government marketable securities	0.775
Interest on U.S. savings bonds	0.183
Interest on state and local securities	0.327
Interest on corporate and foreign securities	0.178
Interest on mortgages and other loans	0.294
Interest on time deposits of commercial banks	0.698
Interest on savings accounts, savings and loan associations	0.280
Interest on savings accounts, mutual savings banks	0.370
Interest on credt union shares	0.148
Net rental income	0.230
Royalty income	1.000
Transfer income:	
Pensions and annuities, p=.05	0.620
Pensions and annuities, p=.02	0.390
Other income	0.000
Income items imputed to consumer units as owners of corporations:	
Retained earnings, publicly-held corporations	-1.916
Profits before tax, publicly-held corporations	1.074
Profits before tax, closely-held corporations	1.115

Source: Methodological Appendix

Die Anpassungs-Koeffizienten k_i sind folgendermaßen zu interpretieren:
Wenn - ausgehend von einer Periode ohne Inflation - eine jährliche Preissteigerungsrate von p eintritt, wird sich der jeweilige Preis oder die Einkommensart in der gleichen Periode mit einer Rate von k·p ändern. Für k = o bleibt der jeweilige Preis konstant, für k = 1 ändert er sich im Ausmaß der Inflationsrate p usw. Für $k < 1$ treten reale Verluste auf. Die geschätzten k-Werte sind von der Periodenlänge abhängig. Sie beträgt in der Studie ein Jahr. Bei verschiedenen Einkommensarten, die über längere Fristen nominell fixiert sind, ist berücksichtigt, daß ein bestimmter Bruchteil der Verträge in jedem Jahr neu abgeschlossen wird und dies im Inflationsfall nur zu entsprechend angepaßten Bedingungen geschieht.

Aus diesen Ergebnissen verdient hervorgehoben zu werden, daß bei allen Beteiligungen an Firmen und an landwirtschaftlichen Betrieben eine Überanpassung stattfindet, während Haus- und Grundbesitz genau Schritt hält; Arbeitseinkommen spiegelt ebenfalls die gesamte Inflationsrate wider (kein wage-lag) während Zins- und Mieteinkommen beträchtlich zurückbleiben; einbehaltene Gewinne weisen sogar einen absoluten Rückgang auf.

2. Mit Hilfe der ermittelten Anpassungskoeffizienten werden für alle Haushalte der Stichprobe die sich ergebenden Nettovermögen bei konstanter Vermögenszusammensetzung unter der Annahme einer Inflationsrate von 2% bzw. 5% ermittelt. Wenn die Haushalte entsprechend der Höhe ihres Nettovermögens vor Inflation geordnet sind, so wird durch die Inflation eine durchgängige Tendenz zu geringerer Ungleichheit herbeigeführt. Die unteren vier Fünftel der Haushalte vergrößern ihre Anteile am Gesamtvermögen, das obere Fünftel verliert. Der Hauptgrund hierfür liegt darin, daß die unteren vier Fünftel Nettoschuldner sind. Die absoluten Gewinne oder Verluste sind jedoch gering; sie liegen bei 5% Inflationsrate im Gruppendurchschnitt zwischen 28.- und 168.-$ pro Haushalt und pro Jahr.

3. Die Verteilungswirkungen in bezug auf das Einkommen werden für vier verschiedene Einkommensbegriffe abgeleitet. In jedem Fall handelt es sich um das reale Markteinkommen unter Hinzunahme der staatlichen Transferzahlungen, aber vor Abzug der persönlichen Lohn- bzw. Einkommensteuer. Der Einkommensbegriff I umfaßt die üblichen Bestandteile (ohne Eigennutzung von eigenem Wohnraum); der Einkommensbegriff II umfaßt zusätzlich die einbehaltenen Gewinne der Unternehmen mit eigener Rechtspersönlichkeit; beim Einkommenbegriff III sind auch noch die Körperschaftsteuerzahlungen der Unternehmen mitenthalten; der Einkommensbegriff IV baut auf dem Einkommensbegriff II auf; er umfaßt zusätzlich die realen Wertänderungen des Nettovermögens.

Generell ergeben sich auch bei einer Inflationsrate von 5% nur geringe Umverteilungseffekte in bezug auf das Einkommen. Legt man den Einkommensbegriff II zugrunde, so zeigt sich, daß der Anteil der unteren zwei Fünftel sowie der Anteil der oberen 5% zurückgeht, während die mittlere Gruppe gewinnt. Der Grund hierfür liegt einmal im hohen Anteil der staatlichen Transferzahlungen in den unteren Einkommensschichten, die nicht voll angepaßt werden; zum anderen sind die obersten Einkommensschichten besonders an den einbehaltenen Gewinnen beteiligt, die sogar absolut abnehmen, während bei den mittleren Gruppen das Arbeitseinkommen dominiert, das keine Anpassungsverzögerung aufweist. Werden die inflationsbedingten realen Nettovermögensänderungen hinzugenommen (Einkommensbegriff IV), so verstärkt sich die Umverteilung zu Lasten der unteren Hälfte und der oberen 5% und zugunsten der 45%-Gruppe dazwischen. Diese mittlere Gruppe wird hierbei vor allem durch eine relativ hohe Verschuldung begünstigt.

III. Würdigung

1. Auf der Basis partieller ökonometrischer Schätzungen werden für einzelne Vermögens- und Einkommensarten Koeffizienten abgeleitet, die das Ausmaß der Anpassung <u>im ersten Jahr</u> der Inflation angeben. Dieses Verfahren ergibt sinnvolle Resultate, die jedoch nur unter Einschränkungen gültig sind. Positiv zu bewerten ist, daß Strukturwandlungen aufgrund "realer Faktoren" nicht fälschlich der Inflation zugerechnet werden. Die Einschränkungen sind:
   - es besteht keine Sicherheit über die gesamtwirtschaftliche Kompatibilität der einzelnen Koeffizienten, da kein totales Strukturmodell für die Schätzung herangezogen wird (es gibt bisher kein derartiges Modell)

- die Koeffizienten gelten nur für das erste Jahr; ebenso die ermittelten Verteilungseffekte. Längerfristige Auswirkungen können nicht erfaßt werden; ebensowenig können Auswirkungen einer bereits seit einiger Zeit anhaltenden Inflation in einer bestimmten Unterperiode erfaßt werden.
- der Faktor "Inflation" wird isoliert betrachtet; der zumindest kurzfristig unlösbare Zusammenhang zwischen Inflation und Beschäftigung wird vernachlässigt, so daß der Bezugspunkt keine wirtschaftspolitisch erreichbare Alternative darstellt.
- der Bezugspunkt für jeden Haushalt wird unter der Annahme der Konstanz der Vermögens- und Einkommensstruktur des Jahres 1962 ermittelt. Nur wenn diese Strukturen auch in späteren Jahren ähnlich sind, können ähnliche Ergebnisse auch für eine andere Ein-Jahr-Periode erwartet werden.

Ergebnisse werden für denselben Bezugspunkt, aber für alternativ angenommene Inflationsraten abgeleitet.

2. Die Untersuchung bezieht sich auf den stark disaggregierten Haushaltssektor; Umverteilungswirkungen, die über die einzelnen Unternehmenssektoren laufen, werden auf die Haushalte durchgerechnet; jedoch bleiben Umverteilungswirkungen über den Staatssektor, sofern sie sich nicht in Transferzahlungen spiegeln, unbeachtet.

3. Durch die Mikrosimulationstechnik wird der Haushaltssektor in soviele Gruppen gespalten, wie repräsentative Haushalte vorhanden sind; die Ergebnisse werden dann jedoch nur nach 10 bis 12 geordneten Gruppen ausgewiesen; der durch die Gruppierung entstehende Informationsverlust wäre vermeidbar.

4. Das Vermögen ist ungewöhnlich stark disaggregiert. Wichtige fehlende Positionen sind: Ansprüche aus Lebensversicherungen und betrieblicher Altersversorgung einschl. Pensionskassen etc; Ansprüche auf Sozialversicherungsrenten; Gebrauchsvermögen; Konsumentenkredite. Die Bewertung findet soweit möglich zu Marktpreisen statt; eine wichtige Ausnahme bilden jedoch Festverzinsliche, die zu Nominalwerten angesetzt werden; hierdurch werden Umverteilungseffekte aufgrund inflationsbedingter Kursverluste aus der Betrachtungsperiode hinaus verlagert, so daß sie verschwinden.

Außerdem gibt es Hinweise, daß in der Datenquelle die Geldvermögen beträchtlich unterschätzt werden; dies mag die Ergebnisse systematisch verzerren.

5. Das Einkommen ist ebenfalls ungewöhnlich stark disaggregiert; es wird in vier verschiedenen Definitionen ausgewiesen; als wichtige fehlende Position ist die Eigennutzung von eigenem Wohnraum zu nennen. Beim Einkommensbegriff IV besteht die Gefahr einer verzerrenden Doppelzählung, weil sowohl einbehaltene Gewinne als auch Wertsteigerungen der Aktien zum Einkommen gerechnet werden. Da Bruttoeinkommensbegriffe vor Abzug der persönlichen Steuern benutzt werden, bleiben inflationsbedingte differenzierende Steuereffekte außerhalb der Betrachtung.

6. Es wird kein zusammenfassendes Verteilungsmaß ermittelt; die Darstellung baut vielmehr auf Quantilen auf, die bei den oberen Einkommens- und Vermögensklassen feiner gestuft sind. Positiv hervorzuheben ist, daß sowohl eine Klassifizierung nach anfänglicher Einkommens- bzw. Vermögenshöhe als auch nach Endhöhe vorgenommen wird; es zeigen sich jedoch nur geringe Unterschiede.

7. Inflationsbedingte Wohlfahrtseffekte, die aus den realen Änderungen der staatlichen Transferzahlungen, der Zinszahlungen und der Staatsschuld entstehen können und sich in einer veränderten realen Steuerlast oder in einem geänderten Niveau öffentlicher Leistungen zeigen müßten, werden vernachlässigt.

8. Die Einkommens- und Vermögensstruktur der Haushalte wurde als konstant unterstellt, und zwar wurde die Struktur des Jahres 1962 benutzt. Alle Effekte, die von Anpassungsreaktionen ausgehen können, werden vernachlässigt. Da sich mit oder ohne Inflation die Vermögensstruktur der Haushalte im Zeitablauf ändert, lassen sich die Ergebnisse nur dann auf andere Jahre übertragen, wenn eine ähnliche Vermögensstruktur festgestellt werden kann. Derselbe Einwand gilt für die Anpassungskoeffizienten.

9. Da die Untersuchungsperiode nur ein Jahr beträgt, bedurfte es keiner Annahme über die Sparneigung, bezogen auf Jahreswerte. Effekte, die durch Änderungen des Sparverhaltens während der Periode entstanden, wurden vernachlässigt.

10. Eine Übertragung der Ergebnisse auf die BRD ist weder für das Jahr 1962 noch für andere Jahre ohne Nachprüfung möglich; denn es kann ohne genaue Untersuchung nicht behauptet werden, daß in der BRD die personelle Einkommens- und Vermögensverteilung, die nach Einkommens- und Vermögensklassen ermittelte Einkommens- und Vermögensstruktur sowie die empirischen Anpassungskoeffizienten ähnlich wären.

11. Als zusammenfassende Würdigung läßt sich festhalten: Eine sehr differenzierte Studie mit einigen überraschenden Ergebnissen in bezug auf das Einkommen vor Steuern; Einschränkungen ihres Aussagewertes ergeben sich aus der Vernachlässigung einiger Effekte, aus der Kürze der Betrachtungsperiode, aus der Orts- und Zeitgebundenheit der zugrunde liegenden empirischen Schätzungen und Daten, aus vermutlich beachtlichen Fehlern der Datenquelle und infolge einiger vereinfachender Annahmen.

Thad W. Mirer, A Simulation Model of the Effects of Macroeconomic Fluctuations on the Distribution of Income
unpublished Doctoral Dissertation, Yale University
New Haven/Conn. 1971

I. Allgemeine Charakterisierung

Empirische Studie, basierend auf Daten aus einer Haushaltsstichprobe 1962 über Einkommens- und Vermögenshöhe und -zusammensetzung sowie auf verschiedenen makroökonomischen Daten der USA für den Zeitraum 1953 - 1968. Die Studie versucht, auf mikroökonomischer Basis die Auswirkungen unterschiedlicher Konjunktursituationen auf die personelle Einkommensverteilung für eine kurze Periode zu analysieren. Charakterisch ist die Kombination eines empirisch geschätzten makroökonomischen Modells mit einem, auf einer Haushaltsstichprobe beruhenden mikroökonomischen Simulationsmodell; hervorstechend ist ferner die starke Disaggregation des Arbeitseinkommens in ca. 60 Unterkategorien. Beschäftigungs- und Inflationseffekte werden getrennt und kombiniert behandelt. Die Inflationsrate wird mit Hilfe des BSP-Index gemessen.

II. Hauptergebnisse

1. Mit Hilfe eines Systems ökonometrischer Gleichungen wird abgeschätzt, in welchem Ausmaß sich einzelne Einkommensarten in Abhängigkeit von der konjunkturellen Situation -gekennzeichnet durch die Beschäftigtenquote, die Änderung der Beschäftigtenquote und die Inflationsrate (BSP-Index)- ändern. Mengenmäßige Beschäftigungseffekte werden dabei jeweils gleichmäßig auf alle Anbieter der jeweiligen Produktionsfaktorleistung verteilt, so daß nur Durchschnittsaussagen möglich sind. Es werden sechs Arten von Vermögens- und Unternehmereinkommen und zehn Arten von Arbeitseinkommen unterschieden; jede Arbeitseinkommenkategorie wird nochmals in 6 Unterarten -entsprechend dem Alter der Arbeitskräfte- aufgespalten. Die sehr differenzierten Ergebnisse können nur angedeutet werden. Unter den Arbeitseinkommen schwanken die Einkommen der Freiberuflichen, der leitenden Angestellten und der einfacheren Angestellten am wenigsten in Abhängigkeit von der Konjunkturlage;

ihre Anteile sind stark antizyklisch; Facharbeiter und Hilfsarbeitereinkommen sind stark zyklisch. Bei den Vermögenseinkommen sind vor allem die einbehaltenen Gewinne der Kapitalgesellschaften stark zyklisch. Eine Zunahme der Inflationsrate wirkt sich besonders negativ auf landwirtschaftliche Einkommen und auf einbehaltene Gewinne aus, während vor allem Hilfsarbeitereinkommen begünstigt sind.

. Bei der Unterteilung der einzelnen Arbeitskategorien nach dem Lebensalter zeigt sich, daß die Arbeitseinkommen um so stärker in Abhängigkeit von der Beschäftigungsquote schwanken, je jünger die Arbeitskräfte sind. Allerdings werden bei der Ableitung dieser Aussage Beschäftigungseffekte von Lohnsatzeffekten nicht klar getrennt.

. Werden die Ergebnisse des Makromodells (3 Versionen) mit Hilfe des Mikrosimulationsmodells auf einzelne Haushalte bezogen, so erhält man eine Antwort auf die Frage: "Wie hätte die personelle Einkommensverteilung im Jahre 1962 ausgesehen, wenn in diesem Jahr eine andere gesamtwirtschaftliche Konjunkturlage geherrscht hätte?" Dabei wird unterstellt, daß jeder Haushalt auch in anderen Konjunkturlagen über dieselben Produktionsfaktoren verfügt hätte. Das Haushaltseinkommen wird als laufendes Markteinkommen - also ohne Steuerabzug, ohne Transferzahlungen und ohne Wertänderungen - definiert; es werden zwei Einkommensbegriffe unterschieden, einmal mit, einmal ohne einbehaltene Gewinne der Kapitalgesellschaften. Hier werden nur Ergebnisse für den umfassenderen Einkommensbegriff und für das Makromodell in Version 3 wiedergegeben.

Als Bezugspunkt wird eine Konjunkturlage mit Vollbeschäftigung und 3% Inflationsrate angenommen. Im ersten Fall wird ein Inflationseffekt isoliert: Hätte die Inflationsrate anstatt bei 3% bei 2% gelegen, so wären bei unveränderter Vollbeschäftigung die ganz armen Schichten (unteres Zehntel) und die obere Hälfte der Einkommensklassen relativ begünstigt worden; das obere Fünftel hätte sogar absolute Realeinkommenssteigerungen aufzuweisen.

Kehrt man die Betrachtung um -also bei einer Zunahme der Inflationsrate von 2% auf 3% und Verwendung der 2%-Situation als Bezugspunkt- so hieße das, daß vor allem die untere Mittelschicht von einer Steigerung der Inflationsrate begünstigt wird, während ganz Arme und obere Mittelschicht sowie ganz Reiche relativ oder gar absolut verlieren.

In einem zweiten Fall wird der kombinierte Effekt eines Rückgangs der Inflationsrate von 3% auf 2% und einer gleichzeitig auftretenden Unterbeschäftigung von 2,5% geprüft. Der Beschäftigungseffekt ist teilweise gegenläufig zum Inflationseffekt und überwiegt ihn bei weitem. Die Ergebnisse der kombinierten Effekte ähneln dem Ergebnis eines insolierten Beschäftigungseffekts. Auch jetzt sind die ganz armen Schichten begünstigt, und die untere Mittelschicht ist benachteiligt. Die obere Mittelschicht ist wieder begünstigt, während die ganz Reichen die stärksten relativen und absoluten Einkommenrückgänge aufweisen; dies beruht vor allem auf dem starken Rückgang der einbehaltenen Gewinne. Betrachtet man derartige Änderungen in umgekehrter Richtung, d.h. 2% Inflationsrate und 2,5% Arbeitslosigkeit sei der Bezugspunkt und der kombinierte Effekt einer Zunahme der Inflationsrate um 1% sowie einer Abnahme der Arbeitslosigkeit um 2,5% wird geprüft, so zeigt sich:

- ganz Arme werden benachteiligt
- untere Mittelschicht wird begünstigt
- obere Mittelschicht wird benachteiligt
- Spitzeneinkommen werden begünstigt.

Diese qualitativen Aussagen gelten nur im Bereich zwischen Unter- und Vollbeschäftigung und zwischen 0% und 3% Inflationsrate. Sie dürfen nicht ohne weiteres in den Überbeschäftigungsbereich mit höheren Inflationsraten übertragen werden.

4. Obwohl in jeder Beschäftigungskategorie die Lohneinkommen um so weniger konjunkturanfällig sind, je älter die Arbeitnehmer sind, zeigt sich bei einer Simulation der Gesamteinkommen nach Altersklassen, daß die jüngeren Jahrgänge (bis 35) und die älteren Jahrgänge (ab 55) überdurchschnittliche zyklische Schwankungen aufweisen, wenn sich die Beschäftigungsquote ändert.

III. Würdigung

1. Die Fragestellung der Studie ist auf die personelle Einkommensverteilung eines einzelnen Jahres unter alternativen Annahmen über die gesamtwirtschaftliche Lage beschränkt; dementsprechend bedarf es nur eines Bezugspunktes für eine Periode. Hierfür wird gesamtwirtschaftlich ein Zustand der Vollbeschäftigung mit 3% Inflationsrate gewählt; einzelwirtschaftlich dient die tatsächliche Einkommen- und Vermögensstruktur der Haushalte im Jahr 1962 als Bezugspunkt. Von hier aus werden Verteilungseffekte gemessen, wobei sowohl isolierte Veränderungen der Inflationsrate und der Beschäftigungsquote als auch kombinierte Veränderungen betrachtet werden. Obwohl die Effekte im Unterbeschäftigungsbereich weitgehend der Änderung der Inflationsrate bzw. der Beschäftigungsquote proportional sind, bleibt offen, ob dies auch für den Überbeschäftigungsbereich mit mehr als 3% Inflation gilt.

2. Für das gesamtwirtschaftliche Modell wird keine Sektorgliederung vorgenommen. Einzelwirtschaftlich wird nur der Haushaltssektor betrachtet. Verteilungseffekte zwischen Haushaltssektor und übrigen Sektoren, die sich nicht in Änderungen der Markteinkommen entsprechend der verwendeten Definition widerspiegeln, werden nicht erfaßt.

3. Die Gruppierung der Haushalte in 50 Einkommensklassen und sechs Altersklassen scheint für den Untersuchungszweck völlig ausreichend.

4. Da sich die Studie nur auf Einkommensverteilungswirkungen bezieht, sind Vermögensbestandteile nur als Einkommensquelle interessant. Hierfür sind die in der Haushaltsstichprobe enthaltenen Vermögensbestandteile ausreichend.

5. Es wird ein Markteinkommensbegriff, ohne Steuerabzug und ohne Berücksichtigung der Transferzahlungen, benützt; dabei wird Einkommen ohne einbehaltene Gewinne und Einkommen zuzüglich einbehaltener Gewinne unterschieden. Wertänderungen am Vermögen bleiben unberücksichtigt. Aus diesem Einkommensbegriff kann man Wohlfahrtsaussagen nicht unmittelbar ableiten, weil vor allem die Transferzahlungen und ihre Änderungen bei wechselnder Konjunkturlage für die unteren Einkommensschichten bedeutsam sein dürften.

Hinzu kommt, daß insbesondere Zins-, Dividenden- und landwirtschaftlichem Einkommen in der Haushaltsstichprobe beträchtlich unterschätzt werden.

6. Es werden sechs Arten von Vermögens- und Unternehmereinkommen und 60 Arten von Arbeitseinkommen unterschieden. Diese sehr weitgehende Disaggregation ist völlig ausreichend.

7. Zusammenfassende Verteilungsmaße werden nicht verwendet; für jede Einkommensklasse wird vielmehr das in der veränderten gesamtwirtschaftlichen Lage entstehende Verhältnis des Klassendurchschnittseinkommens zum Gesamtdurchschnittseinkommen ermittelt und graphisch dargestellt.

8. Wohlfahrtseffekte, die infolge veränderter Steuerlast oder veränderter staatlicher Geld- und Sachleistungen entstehen, werden vernachlässigt.

9. Die Einkommens- und Vermögensstruktur aller Haushalte wird als konstant unterstellt. Ebenso wird angenommen, daß sich Arbeitslosigkeit bei einzelnen Arbeitskategorien immer zu gleichen Teilen auf alle Träger der entsprechenden Arbeitskategorie verteilt. Beide Annahmen sind nicht unbedenklich, aber für die kurze Periode von einem Jahr sicherlich vertretbar; sie lassen allerdings nur Durchschnittsaussagen zu.

10. Wegen der kurzen Betrachtungsperiode bleiben konjunkturbedingte Änderungen der Ersparnisbildung außerhalb des Blickfeldes.

11. Eine Übertragung der Ergebnisse auf andere Perioden in den USA scheint nur mit einigen Vorbehalten möglich, weil die Einkommensstruktur Veränderungen unterliegen kann. Einer Übertragung auf die BRD stehen große Bedenken entgegen, weil sowohl die Einkommensstrukturkoeffizienten der Haushalte als auch die Parameter der makroökonomischen Gleichungen andere Werte aufweisen dürften.

12. Zusammenfassend: Die Studie bringt beachtenswerte Ergebnisse über die kurzfristigen Auswirkungen unterschiedlicher gesamtwirtschaftlicher Situationen auf die personelle Einkommensverteilung für ein bestimmtes Jahr (1962) in den USA; dabei ist insbesondere die starke Disaggregation des Arbeitseinkommens neuartig und informativ. Ob sich die Ergebnisse auch für Überbeschäftigungssituationen mit höheren Inflationsraten anwenden lassen, erscheint fraglich. Die Beschränkung auf das Markteinkommen (ohne Transferzahlungen, Wertänderungen, Steuerabzug) macht unmittelbare Schlußfolgerungen auf die Änderungen der personellen Wohlfahrt unmöglich.

Edward Foster, Costs and Benefits of Inflation
Studies in Monetary Economics, No.1,
Federal Reserve Bank of Minneapolis,
March 1972

I. Allgemeine Charakterisierung

Übersichtsartikel über Vor- und Nachteile einer schleichenden Inflation, speziell auf die USA bezogen; keine Originalstudie

II. Hauptergebnisse

1. Auch bei ständiger und von allen vorhergesehener Inflation treten gesamtwirtschaftliche Kosten auf; sie ergeben sich dadurch, daß sich die Opportunitätskosten der Kassenhaltung vergrößern (höherer realer Zinssatz), dies zu verringerter realer Kassenhaltung führt und damit andere Ressourcen stärker als bisher für Zahlungszwecke eingesetzt werden müssen. Quantitative Schätzungen dieses Verlustes ruhen u.a. auf der Annahme, daß die nominellen Zinssätze genau um die Inflationsrate steigen. Dieses Ergebnis wird selbst im Rahmen des neoklassischen Modells bestritten, so daß keine genaueren Aussagen möglich sind.

2. Neuere Modelle des Arbeitsmarktes zeigen, auf welche Weise die empirisch festgestellte Beziehung zwischen der Inflationsrate und der Unterbeschäftigung auf kurze Sicht zustande kommen kann. Bei langfristiger Betrachtung stehen sich jedoch zwei Behauptungen gegenüber:
   - sobald sich die Erwartungen über ständige Preisniveausteigerungen allgemein verbreitet haben, finden Anpassungen statt und die Unterbeschäftigung steigt wieder auf ihr "normales" Ausmaß bei Preisniveaustabilität; eine ständige Senkung der Unterbeschäftigungsquote erforderte daher eine ständige Beschleunigung der Preisniveausteigerungen, d.h. zunehmende Inflationsraten.
   - auch wenn sich die Erwartungen allgemein an ständige Preisniveausteigerungen angepaßt haben, bleibt noch ein Teil des kurzfristig zu beobachtenden Rückgangs der Unterbeschäftigungsquote auf Dauer bestehen. Bisherige empirische Studien scheinen die zweite These zu stützen, aber die Frage muß noch als offen betrachtet werden.

Auf jeden Fall besteht die Möglichkeit kurz- und langfristiger positiver Beschäftigungseffekte, die möglichen anderen Nachteilen der Inflation gegenüber gestellt werden müssen.

3. Die Möglichkeit zu abschließenden Ergebnissen über die Auswirkungen der Inflation auf die personelle Einkommens- und Vermögensverteilung zu gelangen, wird sehr skeptisch beurteilt, da insbesondere die Isolierung der inflationsbedingten Änderungen der relativen Preise und ihrer zeitlichen Abfolge kaum befriedigend gelingen dürfte. Es werden dann zentrale Ergebnisse von Hollister/Palmer, Budd/Seiders, Kessel, de Alessi, Bach/Ando, Pesek, Brownlee/Conrad referiert, aber nicht in ihrem Aussagewert abgeschätzt.

4. Der Mangel an bisherigen Ergebnissen über mögliche Verteilungswirkungen durch inflationsbedingte Änderungen der realen Transferzahlungen und Steuerzahlungen wird konstatiert. Ein interessantes Rechenbeispiel über inflationsbedingt unterschiedliche Änderungen der realen Einkommensteuerlast je nach Einkommensklasse zeigt, daß die unteren (bis 5000,- $) und die oberen Einkommensschichten (ab 30.000,- $) stärker betroffen sind.

5. Weiterhin wird eine Reihe möglicher Auswirkungen einer schleichenden Inflation auf die Allokation der Ressourcen diskutiert. Die Ergebnisse sind aber weitgehend ungesichert.

III. Würdigung

Ein guter Überblick über den Stand der Diskussion, der weit über unser Thema hinausgeht. Die referierten Ergebnisse zur Einkommens- und Vermögensverteilung werden nicht sorgfältig genug auf ihren Aussagegehalt geprüft.

R.G. Hollister and J.L. Palmer
The Impact of Inflation on the Poor
in: K.E. Boulding, M. Pfaff (eds.) Redistribution to the Rich and the Poor, Belmont/Calif. 1972, S. 240 ff.

I. Allgemeine Charakterisierung

Empirische Studie, basierend auf Daten für die USA für den Zeitraum 1947 - 1967.

Die Studie beschäftigt sich lediglich mit den Auswirkungen einer Inflation auf die Bevölkerungsgruppe der "Armen", die unter einer bestimmten Einkommensgrenze liegen. (entsprechend der Festlegung der Social Security Administration waren das 1964 34 Millionen Personen). Charakteristisch ist auch, daß unter der Annahme, daß eine geringere Inflationsrate von höherer Arbeitslosigkeit begleitet gewesen wäre, deren Auswirkungen auf die "Armen" einbezogen werden; d.h. es wird zur Messung der Inflationseffekte ein von anderen Studien abweichender Bezugspunkt gewählt. Zur Inflationsmessung wird der Lebenshaltungsindex benutzt.

II. Hauptergebnisse

1. Entsprechend der Ausgabenstruktur der untersuchten Gruppe der "Armen" und besonderer Untergruppen, wie z.B. der "armen Alten", der "Armen in städtischen Gebieten" und der "Armen in ländlichen Gebieten", werden besondere Lebenshaltungskostenindices konstruiert. Es zeigt sich, daß von 1953 - 1967 die Preisindices der "Armen" etwas weniger stiegen als der allgemeine Lebenshaltungskostenindex einer typischen Familie. In der Betrachtungsperiode sind die "Armen" somit durch inflationsbedingt unterschiedliche Preissteigerungen einzelner Güterkategorien nicht schlechter gestellt worden; jedoch mag diese Behauptung bei einer auf anderen Ursachen beruhenden oder anders bekämpften Inflation nicht zutreffen.

2. Der Einfluß der schleichenden Inflation auf die Einkommen der Armen wird nach einzelnen Einkommenskategorien getrennt analysiert. Es wird zunächst festgestellt, daß 95% der "armen Alten" öffentliche Transferzahlungen erhalten und ca. 20% noch Lohneinkommen aus eigener Arbeit beziehen; nur 10% beziehen überhaupt nominell fixierte Einkommen (Zinsen, Annuitäten, nichtdynamisierte Renten). Für die " Armen in arbeitsfähigem Alter" stellen Löhne und öffentliche Transferzahlungen die wichtigsten Einkommensquellen dar.

3. Zur wage-lag-Hypothese wird nicht Stellung genommen. Die festgestellten inflationsbedingten Änderungen der Lohneinkommen der "Armen" resultieren aus erhöhter Beschäftigung dieser Gruppe (weniger Arbeitslose, weniger Teilzeitbeschäftigung, vergrößerte Mitarbeit anderer Familienmitglieder, Überstunden) sowie aus einer Verringerung der relativen Lohndifferenzen zwischen einzelnen Arbeitskategorien in Zeiten angespannter Arbeitsmärkte. Diese Ergebnisse werden auch durch Regressionsschätzungen des Anteils der Armen in Abhängigkeit von der Arbeitslosenquote und dem Preisniveau gestützt.

4. Für mehrere Arten von Transferzahlungen wird gezeigt, daß sie im Trend in der Betrachtungsperiode real beträchtlich gestiegen sind, teilweise sogar stärker als die durchschnittlichen Realeinkommen, so daß man kaum von realen Verlusten sprechen kann; bei diesen politisch bestimmten Größen ist der Vergleichsstandard "ohne Inflation" allerdings kaum feststellbar; außerdem gibt es Untergruppen und Unterperioden für die diese Aussage nicht gilt.

5. Als Vermögenseffekt der Inflation wird die inflationäre Entwertung von nominell fixierten Zinserträgen monetärer Aktiva bezeichnet; im Durchschnitt beträgt diese Entwertung nur Bruchteile eines Prozent des gesamten durchschnittlichen Jahreseinkommens, so daß sie für die Gruppe insgesamt völlig belanglos ist. Es gibt jedoch Hinweise, daß für eine sehr kleine Untergruppe, für die diese Einkommen wesentlich sind, der Effekt bedeutsam sein kann. Zur Frage einer Eskomptierung der Inflationsrate im Zinssatz wird nicht Stellung genommen.

6. Im Ergebnis sehen die Verfasser eine Situation mit höheren Inflationsraten und geringerer Arbeitslosigkeit für die Gruppe der "Armen" als günstiger an als die Alternative einer größeren Arbeitslosigkeit und geringerer Preisniveausteigerungen; diese Aussage bezieht sich selbstverständlich nur auf die üblicherweise ins Auge gefaßten Größenordnungen von wenigen Prozent.

III. Würdigung

1. Für die einzelnen Teiluntersuchungen werden unterschiedliche Bezugspunkte zugrunde gelegt: Für die Untersuchung der Lohneinkommen wird eine Alternativsituation mit geringerer Inflation und höherer Arbeitslosigkeit bei gleicher realer Lohnhöhe benutzt. Der Bezugspunkt für die Analyse der Transfereinkommen wird nicht präzisiert. Für die Vermögenserträge wird unterstellt, daß sie ohne Inflation nominell gleich hoch gewesen wären.
Ergebnisse für alternative Bezugspunkte werden nicht abgeleitet. Für diese begrenzte Analyse scheint diese pragmatische Wahl der Bezugspunkte vertretbar, obwohl die Gefahr von Inkonsistenzen nicht ganz auszuschließen ist.

2. Es wird lediglich eine Untergruppe des Haushaltssektors betrachtet. Eine Durchrechnung der inflationsbedingten Einkommens- und Vermögenswirkungen, die über den Unternehmens- und Staatssektor laufen, wird nicht vorgenommen.

3. Die Studie beschränkt sich auf die Gruppe der "Armen" und unterteilt in sinnvoller Weise weiter nach Lebensalter, Hautfarbe, Art des Wohnorts, Beschäftigtenstatus etc.

4. Das Nettovermögen wird faktisch - trotz gegenteiliger Behauptung - nicht einbezogen, so daß inflationsbedingte Vermögensumverteilungswirkungen außer Betracht bleiben. Der in der Studie genannte minimale Vermögenseffekt ist in Wirklichkeit ein Einkommenseffekt in bezug auf die Vermögenseinkommen.

5. Die Einkommen werden vor Steuerabzug und mit Ausnahme von Wertänderungen am Vermögen schwerpunktmäßig behandelt. Wichtig ist die Einbeziehung der unterschiedlichen Beschäftigungsmöglichkeiten. Die Ableitung spezieller Lebenshaltungsindices für die "Armen" und einzelne Untergruppen überzeugt nicht, da nicht geprüft wird, ob die Ergebnisse von nicht-inflationsbedingten Strukturwandlungen beeinflußt werden. Damit bleibt auch offen, ob sich für einzelne Untergruppen bei gleichem Nominaleinkommen inflationsbedingt unterschiedliche Realeinkommen ableiten lassen.

6. Der Aggregationsgrad scheint für die Zwecke der Untersuchung angemessen.

7. Zusammenfassende Verteilungsmaße werden nicht verwendet, da sich die Studie nur auf einen Teil der Bevölkerung bezieht. Der verwendete "Anteil der Armen an der Gesamtbevölkerung" kann als einfaches Verteilungsmaß betrachtet werden.

8. Wohlfahrtseffekte, die aus einer inflationsbedingten Änderung der realen Steuerlast oder der staatlichen Sachleistungen entstehen können, werden nicht einbezogen.

9. In der Studie wurde - aufgrund amtlichen Datenmaterials - die Einkommens- und Vermögensstruktur des Jahres 1960 zugrunde gelegt. Mögliche Änderungen der Einkommens- und Vermögensstruktur wurden nicht berücksichtigt. Sie sind allerdings bei der betrachteten Gruppe kaum zu erwarten.

10. Mögliche Änderungen der Sparneigung werden vernachlässigt, da die Studie kurzfristig orientiert ist.

11. Gegen die aufgeführten Regressionsrechnungen lassen sich Einwendungen erheben, die von den Verfassern auch gesehen werden; jedoch dürfte hierdurch das Gesamtergebnis nicht berührt werden.

12. Eine Übertragung der Ergebnisse auf die BRD ist nicht ohne weiteres möglich. Bei der Frage des Einflusses der Arbeitslosigkeit ist zu beachten, daß in der BRD der Zusammenhang zwischen Arbeitslosigkeit und Preisniveausteigerungen vermutlich anders ist (Phillipskurve); ferner müßte beachtet werden, daß die Zusammensetzung der Arbeitslosen nach sozialen Gruppen und deren Änderung in der BRD unterschiedlich ist (kein Rassenproblem).
Das institutionelle System der staatlichen Transferzahlungen weist ebenfalls große Unterschiede zu den USA auf, so daß die Frage der inflationsbedingten Anpassungen erneut geprüft werden müßte.

William D. Nordhaus
The Effects of Inflation on the Distribution of Economic Welfare
in: Journal of Money Credit and Banking
vol. 5, No. 1, Part II, 1973, S. 465 - 504

I. Allgemeine Charakterisierung

Empirische Studie, basierend auf Daten für die USA (Einkommens- und Vermögensstruktur des Jahres 1962; übrige Daten ca. 1950 - 1971, z.T. Vorkriegsdaten); die Ergebnisse beziehen sich auf die langfristigen Auswirkungen einer einmaligen (10% Preissteigerung) und einer dauerhaften Inflation (Zunahme der Inflationsrate um 1% p.a.) auf die Verteilung der Wohlfahrt zwischen Haushalten; sie werden für drei unterschiedliche Modellauffassungen über den gesamtwirtschaftlichen Wirtschaftsablauf auf der Basis eines Mikrosimulationsmodells abgeleitet. Sowohl bei der Definition des Wohlfahrtsmaßes als auch bei der Ermittlung des Vergleichspfades und bei der Bewertung der Ergebnisse mit Hilfe gesamtwirtschaftlicher Wohlfahrtsfunktionen werden neue Wege beschritten. Mit unterschiedlichen Inflationsraten einhergehende Beschäftigungswirkungen werden in einer der Modellversionen einbezogen. Der Aussagewert der Ergebnisse ist wegen der großen Zahl weitreichender, auf ihre Realitätsnähe hin kaum abschätzbarer Annahmen, nur schwer zu beurteilen.

II. Hauptergebnisse

1. Um Haushalte mit unterschiedlicher Personenzahl, unterschiedlicher Lebenserwartung, unterschiedlicher Vermögens-Einkommens-Relation und unterschiedlichem künftigem Arbeitseinkommen vergleichen zu können, werden zwei Wohlfahrtsmaße definiert:
   a. Das annuity income, das als jener konstante jährliche Konsumstrom pro Kopf definiert ist, der mit Hilfe des gesamten, innerhalb der zu erwarteten Lebenszeit noch anfallenden Einkommens und des Anfangsvermögens erworben werden könnte.
   b. Das utility-equivalent-annuity-income, das den Wert jenes konstanten Konsumstroms pro Kopf darstellt, der den gleichen Nutzen bringt, wie das gesamte, optimal über die Zeit verteilte annuity income.

Es zeigt sich, daß die Wohlfahrtsverteilung entsprechend diesen Definitionen im Jahr 1962 weniger ungleich war als die Vermögensverteilung, aber ungleichmäßiger als die Einkommensverteilung; diese Aussage gilt für alle verwendeten Verteilungsmaße. In die Ermittlung der Wohlfahrtsverteilung gehen allerdings komplizierte und wenig gesicherte Annahmen über Lebenserwartung, künftiges Arbeitseinkommen, künftige Kapitalrendite etc. ein.

2. Die drei unterschiedenen Modellvorstellungen über die langfristigen gesamtwirtschaftlichen Effekte eines einmaligen Inflationsstoßes von 10% p.a. bzw. einer dauerhaften Zunahme der Inflationsrate um 1% p.a. werden als klassische, neoklassische und keynesianische Version bezeichnet.
   a. Im klassischen Modell gibt es auf lange Sicht keine Auswirkungen auf reale Größen; lediglich Übergangseffekte in bezug auf die gegenwärtige Vermögensverteilung treten wegen falsch vorhergesehener Inflationsrate auf. Bei einem einmaligen Inflationsstoß ergibt sich lediglich eine einmalige Entwertung aller in Geldeinheiten fixierten Forderungen. Bei einer permanenten Zunahme der Inflationsrate sinkt der reale Zinssatz zunächst und steigt dann allmählich auf sein altes Niveau. Hieraus ergibt sich ein zeitweise verringerter realer Einkommensstrom aus dem Besitz von Geldforderungen; Beschäftigungseffekte treten nicht auf.
   b. Im neoklassischen Modell treten ebenfalls keine Beschäftigungseffekte auf; jedoch führt die inflationsbedingte Verminderung des Realwertes der Forderungen, die Änderung des Realzinses und der Gewinnrate sowie der Vermögens-Einkommens-Relation zu Änderungen der Ersparnis und des Reallohnes. Um diese Änderungen zu erfassen, wurde ein makroökonomisches Modell ökonometrisch geschätzt. Hieraus ergeben sich Zeitpfade für den Lohnsatz, den Zinssatz, die Gewinnrate und die Vermögensbildung, die in das Mikrosimulationsmodell eingespeist werden. Eine wesentliche Rolle spielt die erwartete Inflationsrate, die -mit einer distributed-lag-function determiniert- die Anpassungsgeschwindigkeit des Realzinses bestimmt; es wird eine mittlere Verzögerung von 5 Jahren bei letztlich voller Anpassung zugrunde gelegt. Eine numerische Wiedergabe einzelner Modellparameter wäre nur im Modellzusammenhang verständlich.

Die längerfristigen Ergebnisse des Makromodells werden weder für die Normalsituation noch für die zwei Inflationsfälle wiedergegeben. Auch bleibt offen, ob die Modellergebnisse für die Normalsituation mit den isolierten Vorausschätzungen des künftigen Arbeitseinkommens, der Ertragsrate etc. im Mikrosimulationsmodell kompatibel sind.

c. Im keynesianischen Modell wird die Inflation lediglich als ein Element eines ungleichgewichtigen Wirtschaftsprozesses betrachtet, das unlösbar mit Beschäftigungsvariationen und anderen Anpassungsprozessen verbunden ist; es wird daher zusätzlich eine Gleichung für einen trade-off zwischen Inflationsrate und Unterbeschäftigungsquote geschätzt; eine dauerhafte Zunahme der Inflationsrate von 2% p.a. auf 3% p.a. reduziert die Arbeitslosenquote dauerhaft von 5,4% auf 3,9%. Die Zuordnung veränderter gesamtwirtschaftlicher Beschäftigungsquoten auf die einzelnen, im Mikrosimulationsmodell enthaltenen repräsentativen Haushalte ist nur mit groben Annahmen möglich. Auch bei dieser Modellversion werden die längerfristigen Ergebnisse des Makromodells weder für den Normalfall noch für die Inflationsfälle wiedergegeben, so daß sie nicht beurteilt werden können.

3. Die Ergebnisse über die längerfristigen inflationsbedingten Änderungen der Wohlfahrtsverteilung auf mikroökonomischer Ebene sind nicht in allen Punkten bei den drei Modellversionen gleich.

Gemessen am Variationskoeffizienten und an einem Schiefemaß für die nach Wohlfahrtsklassen gruppierten Haushalte haben beide Inflationsarten in allen drei Modellversionen einen ausgleichenden Effekt.

Wird mit Hilfe einer Regressionsschätzung geprüft, ob die relativen Änderungen der Wohlfahrtsposition bei den einzelnen Haushaltsgruppen im unteren Bereich oder im oberen Bereich infolge der Inflation stärker ausfallen, so ergibt sich für den klassischen und den keynesianischen Fall: beide Inflationstypen wirken progressiv, d.h. im unteren Bereich sind die relativen Gewinne größer bzw. die relativen Verluste geringer als im oberen Bereich.

Im neoklassischen Modell wirken sich beiden Inflationstypen regressiv aus.

Ermittelt man den Variationskoeffizienten für die Wohlfahrtsposition der einzelnen Haushalte, so kann man aus dessen Höhe erkennen, in welchem Ausmaß mit der Änderung der Wohlfahrtsverteilung nach Größenklassen auch Änderungen der individuellen Position der einzelnen Haushalte einhergingen. Es zeigt sich, daß mit dem ausgleichenden Effekt der Inflation in allen Modellversionen eine, um ein Mehrfaches größere individuelle Mobilität (Aufstiege und Abstiege) verbunden ist. Dies deutet auf ein beträchtliches Ausmaß an unsystematischer Umschichtung im Inflationsfall hin.

4. Schlußfolgerungen über die Auswirkungen der beiden Inflationstypen aufgrund aggregierter oder individueller Verteilungsmaße implizieren bestimmte Wertungen. Diese Wertungen können mit Hilfe einer sozialen Wohlfahrtsfunktion formalisiert werden. Mangels einer allgemein akzeptierten Wohlfahrtsfunktion werden vier alternative Funktionen benützt, die unterschiedliche Annahmen über den sozialen Grenznutzen des annuity-income pro Kopf machen. Die Skala reicht von konstantem sozialem Grenznutzen bis zu extrem stark abnehmendem sozialem Grenznutzen.

Alle sozialen Wohlfahrtsfunktionen führen für beide Inflationstypen in der keynesianischen Modellversion zu einer positiven Bewertung der Ergebnisse (mit einer geringfügigen Ausnahme). Die beiden stärker egalitär orientierten sozialen Wohlfahrtsfunktionen ergeben sogar für alle drei Modellversionen eine positive Bewertung beider Inflationstypen. Lediglich die lineare und logarithmische soziale Wohlfahrtsfunktion zeigen für die klassische und die neoklassische Modellversion teils positive, teils negative Bewertung.

III. Würdigung

1. Es werden in einem mehrstufigen Verfahren dreierlei Bezugspunkte ermittelt; sie unterscheiden sich durch die zugrundeliegende makroökonomische Modellversion (klassisch, neoklassisch, keynesianisch). Alle Modellversionen unterstellen die im Schätzzeitraum (ca. 1950 - 1970) durchschnittlich gegebene Inflationsrate (2-3% p.a.) als normal; die Ergebnisse beziehen sich also immer nur auf die darüber hinausgehenden einmaligen oder permanenten inflationären Preisniveausteigerungen. Prinzipiell müssen für jede makroökonomische Modellvariante langfristige Zeitpfade der relevanten Größen für die Normalsituation (ohne Inflation) und für die beiden Inflationstypen numerisch abgeleitet und in das Mikrosimulationsmodell des Haushaltssektors eingespeist werden. Dieses Vorgehen ist methodisch sinnvoll, jedoch wird es in der Studie nicht dokumentiert, so daß keine Überprüfung und Beurteilung im Detail möglich ist. Da die Modellparameter auf der Basis der Nachkriegsdaten geschätzt sind, unterliegen sie den üblichen methodischen Vorbehalten, insbesondere. daß künftig keinerlei Strukturbrüche auftreten. In die Schätzung des erwarteten Lebenseinkommens der Haushalte in der Normalsituation und in den beiden Inflationssituationen sowie in die Umrechnung in die beiden Wohlfahrtsmaße gehen weitere, nur schwer zu beurteilende Annahmen ein, deren Unsicherheit selbstverständlich auf den ermittelten Bezugspunkt durchschlägt. Die dem Mikrosimulationsmodell zugrunde liegende Haushaltsstichprobe des Jahres 1962 wird als eine nicht mehr veränderliche Gruppe aufgefaßt (keine Geburten, Todesfälle etc.), so daß Bezugspunkt und Ergebnisse unmittelbar nur für diese Gruppe in diesem Jahr bei einem Betrachtungshorizont bis an das jeweilige Lebensende gelten. Da im Zeitablauf in der Bevölkerung immer mehr neue Haushalte auftreten, während der Anteil der Stichprobenhaushalte zurückgeht, gelten die Aussagen nicht ohne zusätzliche Annahmen für einen späteren Bevölkerungsquerschnitt.

2. Die Makromodelle sind nicht durchgängig nach Sektoren aufgespalten; insbesondere fehlen der Auslandssektor und ein voll ausgebildeter Staatssektor. Eine systematische Durchrechnung von Umverteilungswirkungen zwischen Haushaltsgruppen, die über andere Sektoren laufen, wird nicht vorgenommen. Für die Steuerzahlungen und staatlichen Leistungen wird explizit Neutralität unterstellt; Transferzahlungen werden nicht erwähnt. Da für Aktiva lediglich die beiden Kategorien: "in Geldeinheiten fixierte Forderungen und Verbindlichkeiten" und "preisvariable Aktiva" gebildet werden, ist auch eine differenziertere Analyse des Unternehmenssektors unmöglich.

3. Da in dem Mikrosimulationsmodell die Haushaltsstichprobe Haushalt für Haushalt manipuliert wird, könnten die Ergebnisse im Prinzip für jeden Haushalt einzeln ausgewiesen werden; auch die zur darstellerischen Vereinfachung gewählte Gruppierung in 22 Wohlfahrtsklassen bzw. in Altersklassen entspricht noch allen Wünschen auf Differenzierung der Ergebnisse.

4. Als Elemente des Nettovermögens werden die in der Stichprobenbefragung 1962 erhobenen Bestandteile herangezogen (vgl. auch Budd-Seiders); allerdings fehlen Ansprüche aus Lebensversicherungen, betriebliche Altersversorgung, Sozialversicherung und Teile des Gebrauchsvermögens; die Größenordnung dieser Auslassungen scheint sehr beträchtlich; die Bewertung ist möglichst marktnah (Ausnahme: Festverzinsliche); infolge einer Aggregation zu zwei Kategorien (net money fixed assets, net variable assets) gehen jedoch viele Differenzierungen unter.

5. Das in der Stichprobe disaggregierte Einkommen wird ebenfalls stark aggregiert (labor income, business income, restliches Einkommen), so daß auch hierbei Differenzierungen untergehen. Staatliche Transferzahlungen, die für das Ergebnis der auf den gleichen Daten basierenden Untersuchung von Budd-Seiders bedeutsam sind, scheinen völlig vernachlässigt zu sein.

6. Die Ergebnisse werden für die beiden Wohlfahrtsmaße für jede Modellversion und für jeden Inflationstyp nach 22 Wohlfahrtsklassen, nach Altersklassen sowie nach einigen anderen Gruppierungen dargestellt; darüber hinaus werden jedoch für jede Alternative mehrere zusammenfassende Verteilungsmaße errechnet:
   - Mittelwert
   - Variationskoeffizient
   - Schiefekoeffizient (3. standardisiertes Moment)
   - Regressivitätskoeffizient (Koeffizient einer logarithmischen Regressionsrechnung über das Verhältnis zwischen der Änderung des annuity income zum ursprünglichen annuity income bei jedem Haushalt)
   - Mobilitätskoeffizient (der die mit der generellen Änderung des Variationskoeffizienten einhergehenden relativen Änderungen der individuellen Wohlfahrt mißt)

   Überdies wird das Ergebnis mit Hilfe alternativer sozialer Wohlfahrtsfunktionen bewertet. Diese weitgehende Auswertung der Ergebnisse läßt kaum Wünsche offen.

7. Die Vernachlässigung von Wohlfahrtseffekten, die über den Staatssektor laufen (Steuerzahlungen, Transferzahlungen, staatliches Leistungsniveau) ist bedenklich, da sie vermutlich eine relevante Größenordnung aufweisen.

8. Soweit ersichtlich werden im Mikrosimulationsmodell sowohl Einkommens- und Vermögensstruktur als auch Beschäftigungsstruktur (Anteile der Haushalte an der Gesamtbeschäftigung) konstant gehalten, obwohl eine allmähliche Anpassung der Erwartungen an die neue Inflationsrate unterstellt wird. Hierdurch mögen Verzerrungen eintreten, die sich vermutlich in Richtung auf eine Übertreibung der Inflationseffekte auswirken.

9. Die Annahmen über die Sparneigung sind in den makroökonomischen Modellversionen unterschiedlich; im mikroökonomischen Simulationsmodell werden durch die Ermittlung des Wohlfahrtsmaßes bestimmte Annahmen über die Ersparnisbildung impliziert, die jedoch nicht zu Unterschieden zwischen den Haushalten führen dürften.

10. Eine unmittelbare Übertragung der Ergebnisse auf die gegenwärtige Lage in der BRD ist nicht ohne empirische Nachprüfung möglich, weil
   - Unterschiede in der Einkommens- und Vermögensstruktur der Haushalte bestehen dürften
   - die Parameter der makroökonomischen Modelle andere Werte aufweisen dürften
   - möglicherweise sogar eine andere makroökonomische Modellstruktur den Verhältnissen in der BRD besser angepaßt wäre.

11. Zusammenfassend läßt sich feststellen:
   Die Studie bringt durch die Kombination mehrerer empirisch geschätzter makroökonomischer Modelle mit einem Mikrosimulationsmodell einen bedeutsamen methodischen Fortschritt; ähnliche Fortschritte sind in der Erarbeitung und Verwendung neuartiger Wohlfahrtsmaße und in der Verwendung alternativer sozialer Wohlfahrtsfunktionen zu sehen; dadurch werden prinzipiell auch die langfristigen Verteilungswirkungen einer Inflation analysierbar, und zwar in ihrer Kombination mit gleichzeitigen Beschäftigungswirkungen. Diese methodischen Verbesserungen müssen jedoch gegenwärtig noch mit einer Vielzahl von ungesicherten Detailannahmen erkauft werden, die in nicht genau abschätzbarer Weise auf die Ergebnisse durchschlagen; hinzu kommen einige Einschränkungen, die sich aus der ungenügenden Einbeziehung des Staatssektors und aus dem hohen Aggregationsgrad der Einkommens- und Vermögensbestandteile ergeben. Die abgeleiteten Ergebnisse sind deshalb **nur** mit großer Vorsicht verwendbar; eine unmittelbare Übertragung auf die BRD erscheint nicht vertretbar.

G.L. Bach and J.B. Stephenson
Inflation and the Redistribution of Wealth
in: The Review of Economics and Statistics
vol. 56 (1974), S. 1 - 13

I. Allgemeine Charakterisierung

Empirische Studie, basierend auf Daten über sektorale Vermögensverteilung, Vermögensverteilung nach Haushaltsgruppen sowie Daten über Firmenbilanzen aus den USA (Zeitraum ca. 1950 - 1971). Die Studie versucht, die Größenordnung der Vermögensumverteilung infolge der tatsächlich erfolgten Preissteigerungen in diesem Zeitraum (gemessen am Bureau of Labor Statistics consumer price index) abzuschätzen; außerdem wird geprüft, ob sich während dieser Inflationsperioden signifikante Unterschiede in der Gewinnlage zwischen börsennotierten Firmen je nach der Höhe ihrer Nettogläubiger- oder Nettoschuldnerposition ergeben haben. Die Studie weist allerdings methodische Schwächen auf, die den Aussagegehalt der Ergebnisse beeinträchtigen.

II. Hauptergebnisse

Die im folgenden referierten Ergebnisse werden von den Autoren nicht als abgewogene und zu einem Gesamtbild integrierte Schlußfolgerungen präsentiert, sondern eher als Hinweise, aus denen der Leser selbst Schlußfolgerungen ziehen soll.

1. Aus der Zunahme der Lohnquote in den stark inflationären Unterperioden zwischen 1950 - 1971 wird der Schluß gezogen, daß sich die Inflation entgegen den üblichen Behauptungen zugunsten der Lohn- und Gehaltsempfänger und zu Lasten der Gewinnbezieher auswirkt. Hierbei ist auch wichtig, daß die Gewinne wegen der Bemessung der Abschreibungen anhand der Anschaffungskosten anstelle der Wiederbeschaffungskosten zu hoch ausgewiesen werden.

2. Unter der Annahme, daß im Zinssatz keinerlei Inflationsaufschlag enthalten ist und daß der Zustand absoluter Preisniveaukonstanz seit 1946 als Bezugspunkt dienen kann, wird für die insgesamt in Geldeinheiten fixierten Forderungen (brutto gerechnet) für den Zeitraum 1946 - 1971 eine Umverteilung von Gläubigern zu Schuldnern in Höhe von 1,2 Billionen US$ errechnet. Im Jahre 1971 hat jedes Prozent Preissteigerung eine Umverteilung von 3,5 Milliarden US$[1] bewirkt. Eine Diskussion des Ausmaßes möglicher Zinsanpassungen führt zu dem Ergebnis, daß sich die Umverteilungswirkung unter Berücksichtigung derartiger Anpassungen etwa auf die Hälfte der obigen Zahl, also auf 0,6 Billionen US$ schätzen läßt.

3. Da es für Inflationsgewinne oder -verluste einzelner Haushalte oder Sektoren auf das Nettogeldvermögen ankommt, werden für vier Stichjahre (1939, 1949, 1960, 1970) die Nettopositionen der fünf Sektoren Haushalte, Unternehmen ohne eigene Rechtpersönlichkeit, nicht finanzielle Unternehmen mit eigener Rechtspersönlichkeit, finanzielle Unternehmen, Staat ermittelt. Durchgängig waren die Haushalte Nettogläubiger und der Staat hauptsächlicher Nettoschuldner; daraus wird ohne quantitative Abschätzung geschlossen, daß die Umverteilung hauptsächlich zugunsten des Staates ging.

4. Die These, daß derartige Umverteilungen zugunsten des Staates letztlich zugunsten der Steuerzahler stattfinden, wird durch Wiedergabe einer Tabelle über die durchschnittliche Steuerbelastung einzelner Einkommensgrößenklassen andeutungsweise spezifiziert. Die Werte für die Steuerbelastung reichen vom 25% des Einkommens im untersten Fünftel bis 39% im obersten Fünftel. Weitere Quantifizierungen werden nicht vorgenommen.

---

[1] Hier wird das deutsche Zahlensystem verwendet;
d.h. 1 trillion (amerik.) = 1 Billion (dt.)
1 billion (amerik.) = 1 Milliarde (dt.)
1 million (amerik.) = 1 Million (dt.)

5. Auf der Basis einer Haushaltsstichprobe (für 1969) wird festgestellt, daß die Haushalte der untersten und der obersten Einkommensklassen eine derartige Vermögenszusammensetzung aufweisen (positive Nettogeldvermögen), daß inflationsbedingte Vermögensumverteilungen zu ihren Lasten gehen, während die mittleren Einkommensgruppen begünstigt werden. Das gleiche gilt für eine Gruppierung nach Nettovermögensklassen. Eine Gruppierung nach Lebensalter zeigt, daß Haushalte mit einem über 55-jährigen Haushaltungsvorstand belastet, die übrigen begünstigt werden.
Alle Aussagen sind jedoch mit Vorsicht zu betrachten, da in der Haushaltsstichprobe ca. 75% aller in Geldeinheiten fixierten Forderungen und 44% aller preisvariablen Aktiva (insbes. Aktien und Besitzrechte an Firmen ohne eigene Rechtspersönlichkeit) nicht angegeben wurden. Die Autoren vermuten, daß hierdurch insbesondere die Belastung der oberen Einkommensschichten unterschätzt wird.
Weiter wird festgestellt, daß sich die Vermögenszusammensetzung des Haushaltssektors seit 1939 trotz unterschiedlicher Inflationsraten kaum geändert hat.
Ebensowenig konnten Unterschiede in der Vermögenszusammensetzung zwischen Haushalten mit hohen und mit niedrigen Inflationsratenerwartungen festgestellt werden.

6. Inflationsbedingte Unterschiede in der Gewinnsituation von Unternehmen können sich auf zwei Arten ergeben:
- infolge einer unterschiedlichen Nettogläubiger- oder Nettoschuldnerposition
- infolge unterschiedlicher zu versteuernder Scheingewinne, die sich aus der Bemessung der Abschreibungen aufgrund von Anschaffungskosten anstelle von Wiederbeschaffungskosten ergeben.

  Auf der Basis der Bilanzdaten einer großen Zahl von börsennotierten Gesellschaften wird mit Hilfe verschiedenartiger statistischer Testverfahren ein Nachweis dieser Hypothese versucht. Die Ergebnisse sind jedoch widersprüchlich, so daß die Hypothese unbestätigt bleibt.

III. Würdigung

1. Die einzelnen Elemente der Studie enthalten verschiedene Bezugspunkte und beziehen sich auf verschiedene Betrachtungsperioden.

   a. Für die Ermittlung der inflationären Entwertung der gesamten Bruttogeldforderungen wird offenbar eine Wirtschaftsentwicklung unterstellt, bei der seit 1946 das Preisniveau konstant geblieben wäre, während alle übrigen Größen sich -real gesehen- gleich entwickelt hätten. Ein solcher Bezugspunkt ist methodisch falsch, da die aufgezeigten Verteilungswirkungen zu realen Änderungen der Wirtschaftsentwicklung geführt haben müssen (Wachstumsrate, Investition, Konsum etc.); Umverteilungswirkungen einer Inflation lassen sich nicht so einfach "herausrechnen". Selbst wenn man den Bezugspunkt akzeptiert, ist die angegebene Zahl vermutlich auch für die Bruttoforderungen zu hoch, weil berücksichtigt werden müßte, daß das nach 1946 gebildete Geldvermögen bereits in "entwerteten" Dollars entstand, so daß es nicht ohne Korrektur mit früheren Dollarsummen addiert werden darf. Der Berechnungsvorgang wird allerdings nicht dokumentiert und bleibt somit unüberprüfbar. Schließlich ist die Zahl für Verteilungsaussagen irrelavant, weil nahezu jedes Wirtschaftssubjekt gleichzeitig Gläubiger und Schuldner ist bzw. während der Gesamtperiode seine Position gewechselt hat. Für die Verteilungswirkung kommt es auf den Saldo zwischen Forderungen und Schulden zu jedem Stichtag im Zeitablauf an. Hierfür stellen die Autoren keine Berechnungen an.

   b. Für die Aussagen über die inflationsbedingt vergrößerte Lohnquote wird unterstellt, daß die Lohnquote ohne Inflation konstant geblieben wäre oder sich nur im Ausmaß der Änderung der Unselbständigenquote geändert hätte. Hierbei werden offensichtlich Änderungen des Beschäftigungsgrades und andere reale Einflußfaktoren vernachlässigt, so daß dem Ergebnis kein Aussagewert zuzubilligen ist.

   c. Für die Aussage über Inflationsverluste und-gewinne am Vermögen der nach Einkommensklassen gruppierten Haushalte wird lediglich das Verhältnis zwischen Nettoforderungsposition und Gesamtvermögen im Jahr 1969 (auf der Basis einer sehr lückenhaften freiwilligen Haushaltsstichprobe) herangezogen; es wird also Konstanz dieser Vermögensstrukturen über den Gesamtzeitraum (1946 - 1971) als Bezugspunkt unterstellt;

dies ist für einen so langen Zeitraum für jeden einzelnen Haushalt sicherlich fragwürdig, selbst wenn es für große Gruppen im Durchschnitt gelten sollte.

d. Bei der Ermittlung inflationsbedingter Gewinnunterschiede zwischen Unternehmen wird insbesondere unterstellt, daß keine Überwälzung stattgefunden hat (also alle Aktionsparameter trotz Inflation real gesehen den Werten ohne Inflation entsprachen); dies ist ebenfalls ein sehr fragwürdiger Bezugspunkt, der für das negative Ergebnis mit verantwortlich sein könnte. Außerdem wird vernachlässigt, daß inflationsbedingte Wertsteigerungen beim Sachvermögen stattfinden.

2. Die Sektorgliederung wird nach den vorn genannten großen Sektoren sowie innerhalb des Haushaltssektors nach Einkommens-, Vermögens- und Altersklassen für wenige Stichtage vorgenommen; für die vollständige Erfassung der Nettoeffekte in dem gesamten Untersuchungszeitraum bräuchte man jedoch diese Sektoraufteilung und ihre Änderungen mindestens für jährliche Stichtage. Eine explizite Durchrechnung der Ergebnisse auf die Letzteigentümer bzw. Letztbegünstigten findet nicht statt.

3. Die wichtigsten Elemente des Nettovermögens der Haushalte (außer Sozialversicherungsansprüche) scheinen erfaßt, jedoch ist die Datenquelle für ungewöhnlich großes underreporting (ca. 75% der monetären und 44% der preisvariablen Aktiva) bekannt; sie ist damit nur sehr beschränkt brauchbar.

4. Beim Einkommen wird auf das monetäre Markteinkommen (ohne Eigennutzung, Kapitalgewinne, Transferzahlungen und ohne Steuerabzug) abgestellt; dies ist ein für Verteilungsfragen wenig aussagekräftiger Indikator.

5. Da nur monetäre und preisvariable Aktiva bzw. Lohneinkommen und sonstige Einkommen gegenübergestellt werden, liegt der Aggregationsgrad sehr hoch; dementsprechend sind von vornherein nur wenig differenzierte Aussagen zu erwarten.

6. Verteilungsmaße werden nicht ermittelt.

7. Durch die Wiedergabe einer Tabelle über Steuerlastquoten einzelner Einkommensschichten wird angedeutet, daß sich die ermittelten Inflationsgewinne des Staates in dieser Weise wieder auf die Haushalte verteilen könnten; es fehlt jedoch jede Quantifizierung und jeder Versuch, diesen Rückverteilungseffekt mit dem zunächst ermittelten Primärverteilungseffekt (bei dem die oberste Einkommensschicht besonders belastet war) zu saldieren. Damit bleibt das Gesamtergebnis in bezug auf den Nettoeffekt offen.

8. Über den Gesamtzeitraum wird implizit konstante Vermögens- und Einkommensstruktur und das Verbleiben jedes Haushalts in seiner Einkommens- bzw. Vermögensklasse unterstellt. Dies ist eine äußerst fragwürdige Annahme.

9. Es wird unterstellt, daß die Ersparnis ohne Inflation - real gesehen - unverändert geblieben wäre.

10. Eine Übertragung der Ergebnisse auf die BRD ist nicht möglich, da ohne Nachprüfung nicht unterstellt werden darf, daß die Einkommens- und Vermögensstruktur und andere relevante Faktoren in der BRD denen in den USA ähneln. Ein sehr wichtiger, allgemein bekannter Unterschied liegt in der fast völlig fehlenden Staatsverschuldung in der BRD (gemessen an der Nettoposition).

11. Zusammenfassend läßt sich sagen:
Die Ergebnisse können nur als Teilaspekte der angesprochenen Problematik betrachtet werden; sie sind nicht zu einem Gesamtbild integriert und auch nicht in ihrer relativen Bedeutung gegeneinander abgewogen. Der Bezugsrahmen ist nicht genau abgegrenzt und nicht konsistent. Hieraus folgen gravierende methodische Schwächen, die den einzelnen Aussagen den Charakter unzusammenhängender und teilweise unbestätigter Einzelhypothesen verleihen. Die Datenbasis weist in ihrem Kernstück (Haushaltsstichprobe) bekannte schwerwiegende Mängel auf, so daß sich darauf allenfalls Tendenzaussagen stützen lassen.

Schriften der Kommission für wirtschaftlichen und sozialen Wandel

Band 1: **Berufliche Leistungsfähigkeit im mittleren und höheren Erwachsenenalter**
Eine Analyse des Forschungsstandes
von Prof. Dr. Hans Thomae und Prof. Dr. Ursula Lehr unter Mitarbeit von Dr. Gernot Dreher und Dr. Werner Opgenoorth
1973. XVI/98 Seiten. Kart. 18,— DM. ISBN 3-509-00615-1

Band 2: **Organisation für Innovationsentscheidungen**
Das Promotoren-Modell
von Prof. Dr. Eberhard Witte
1973. X/74 Seiten. Kart. 13,50 DM. ISBN 3-509-00616-X

Band 3: **Regionale Strukturpolitik in der Bundesrepublik**
Kritische Bestandsaufnahme
von Prof. Dr. J. Heinz Müller
1973. X/40 Seiten. Kart. 8,80 DM. ISBN 3-509-00592-9

Band 4: **Alternative Verwendungsmöglichkeiten wachsender Freizeit**
Ökonomische und sozialpolitische Implikationen
von Prof. Dr. Bernhard Külp und Dipl.-Ökonom Robert Mueller
1973. VIII/166 Seiten. Kart. 22,80 DM. ISBN 3-509-00591-0

Band 5: **Herausforderungen des deutschen Managements und ihre Bewältigung**
untersucht von Booz-Allen & Hamilton, Unternehmensberatung, Düsseldorf, mit einer kritischen Stellungnahme von Prof. D. Heinz Hartmann, Münster
1973. VI/112 Seiten. Kart. 19,— DM. ISBN 3-509-00629-1

Band 6: **Anforderungen an ein Berufsbildungssystem**
Aus gesellschaftlicher, individueller und betrieblicher Sicht
von Dr. W. Dietrich Winterhager
1973. VIII/118 Seiten. Kart. 19,50 DM. ISBN 3-509-00649-6

Band 7: **Der Lernerfolg im Erwachsenenalter**
Ergebnisse psychologischer, soziologischer und didaktischer Forschung
von Prof. Dr. Alois G. Brandenburg
1974. X/142 Seiten. Kart. 21,50 DM. ISBN 3-509-00651-8

Band 8: **Umweltbelastung — Sozialökonomische Gegenkonzepte**
Zur Internalisierung externer Nachteile
von Prof. Dr. Konrad Littmann unter Mitarbeit von Dipl.-Volksw. Dr. Berend Krüger, Dipl.-Volksw. Volkmar von Obstfelder und Dipl.-Volksw. Rudi Ulbrich
1974. VIII/108 Seiten. Kart. 22,80 DM. ISBN 3-509-00665-8

Verlag Otto Schwartz & Co., Göttingen

Schriften der Kommission für wirtschaftlichen und sozialen Wandel

---

Band 9: Tätigkeitsspezifische Eignungstests

Entwicklungs- und Anwendungsprobleme
von Dr. Wolfgang Schneider, Dipl.-Psych. Harald Heim und Dr. Peter A. Wacker, Institut Mensch und Arbeit, München
1975. VIII/136 Seiten. Kart. 23,— DM. ISBN 3-509-00755-7

Band 10: Patentwesen und technischer Fortschritt

Kritische Würdigung der Zusammenhänge in ausgewählten Branchen der Bundesrepublik Deutschland anhand empirischer Untersuchungen
Ifo-Institut für Wirtschaftsforschung, München

Teil I: *Die Wirkung des Patentwesens im Innovationsprozeß*
von Dipl.-Holzw. Dr. Klaus Grefermann, Dipl.-Volksw. Dr. Karl Heinrich Oppenländer, Dipl.-Ing. Dr. Elfried Peffgen, Dipl.-Kfm. Dr. Karl Röthlingshöfer, Dipl.-Volksw. Lothar Scholz
1974. XIV/242 Seiten. Kart. 22,— DM. ISBN 3-509-00754-9

Teil II: *Patent- und Lizenzpolitik der Unternehmen*
von Dipl.-Holzw. Dr. Klaus Grefermann und Dipl.-Kfm. Dr. Karl Röthlingshöfer
1974. XIV/186 Seiten. Kart. 22,— DM. ISBN 3-509-00772-7

Band 11: Struktur und Finanzierung der Aus- und Weiterbildung

Eine Untersuchung zum Zusammenhang von Finanzierung und sachlicher Steuerung
von Prof. Dr. Friedrich Edding (Projektleiter), Dr. Ullrich Boehm, Gisela Dybowsky und Dr. Hedwig Rudolph
1974. XII/174 Seiten. Kart. 23,50 DM. ISBN 3-509-00662-3

Band 12: Perspektiven des technischen Wandels und soziale Interessenlage

Eine empirische Untersuchung über die Einstellung zum technischen Wandel von Spitzenmanagern, Naturwissenschaftlern und Ingenieuren aus industrieller Forschung und Entwicklung und kaufmännischen Angestellten der Industrieverwaltung
von Klaus Barck M. A., Dipl.-Ing. Otfried Mickler, Dr. Michael Schumann unter Mitarbeit von Dipl.-Volksw. Frank Gerlach, Dr. Martin Osterland, Dr. Hans Jürg Schaufelberger, Rolf Schröder M. A., Hans Albert Wulf M. A.
1974. VIII/160 Seiten. Kart. 23,— DM. ISBN 3-509-00746-8

Band 13: Analyse mobilitätshemmender Motivationen

von Dipl.-Soz. Dr. Manfred Werth, Institut für Sozialforschung und Sozialwirtschaft, Saarbrücken
1974. X/300 Seiten. 37 Seiten Anhang. Kart. 18,— DM.
ISBN 3-509-00756-5

Schriften der Kommission für wirtschaftlichen und sozialen Wandel

Band 14: Freizeit und Alltag
Probleme der zunehmenden Freizeit
von Dipl.-Soz. Felizitas Lenz-Romeiß
1974. VIII/80 Seiten. Kart. 14,— DM. ISBN 3-509-00763-8

Band 15: Motive und Steuerungen von Ausbildungs-Entscheidungen in verschiedenen sozialen Schichten
von Dr. Karl-Michael Kuntz
1974. VIII/52 Seiten. Kart. 12,— DM. ISBN 3-509-00771-6

Band 16: Die Innovationsentscheidung
Bestimmungsgründe für die Bereitschaft zur Investition in neue Technologien
von Prof. Dr. Alois Günter Brandenburg, Peter Brödner, Prof. Dr. Hans-Wilhelm Hetzler und Gerd Schienstock unter Mitarbeit von Ingeborg Arndt, M. R. Felde und Dipl.-Ing. Friedrich Hamke
1975. VIII/198 Seiten. Kart. 17,— DM. ISBN 3-509-00777-8

Band 17: Verbraucherinteressen und Verbraucherpolitik
von Prof. Dr. Gerhard Scherhorn u. a.
1975. ca. 240 Seiten. Kart. ca. 28,— DM. ISBN 3-509-00778-6

Band 18: Rationalisierungsschutzabkommen
Wirksamkeit und Probleme — Untersuchung zur Vermeidung sozialer Härten bei technischen und wirtschaftlichen Veränderungen
von Dipl.-Soz. Fritz Böhle und Prof. Dr. Burkart Lutz, Institut für sozialwissenschaftliche Forschung, München
1974. VIII/74 Seiten. Kart. 16,— DM. ISBN 3-509-00776-X

Band 19: Aktuelle Probleme regionaler Mobilität
Ergebnisse und Lücken der Forschung
von Prof. Dr. Rainer Mackensen (Projektleiter), Dipl.-Soz. Monika Vanberg und Dipl.-Kfm. Klaus Krämer
1975. ca. 300 Seiten. Kart. ca 18,50 DM. ISBN 3-509-00779-4

Band 20: Die Entwicklung neuer Formen der Arbeitsorganisation
Internationale Erfahrungen und heutige Problemstellungen
von Lisl Klein B. A., Tavistock Institute of Human Relations, London
1975. VIII/117 Seiten. Kart. 19,50 DM. ISBN 3-509-00780-8

Band 21: Technologie und Innovation in der industriellen Produktion
Theoretischer Ansatz und empirische Analyse am Beispiel der Mikroelektronik
von Dr. Lothar Scholz
1974. XVI/322 Seiten. Kart. 19,40 DM. ISBN 3-509-00781-6

Verlag Otto Schwartz & Co., Göttingen

Schriften der Kommission für wirtschaftlichen und sozialen Wandel

Band 22: **Berufsbildung in Großunternehmen**
Eine Untersuchung der Bildungsmaßnahmen in ausgewählten Unternehmen
von Dipl.-Sozialw. Lore Seifert und Dipl.-Hdl. Heinz Uebele, Deutsche Gesellschaft für Personalführung e. V., Düsseldorf
1974. X/72 Seiten. 40 Seiten Tabellen. Kart. 12,60 DM.
ISBN 3-509-00782-4

Band 23: **Betriebliche Personalplanung**
Eine Literaturanalyse
von Prof. Dr. Eduard Gaugler unter Mitarbeit von Dipl.-Kfm. Karl-Heinz Huber und Dipl.-Kfm. Christoph Rummel
1975. X/356 Seiten. Kart. 19,40 DM. ISBN 3-509-00783-2

Band 24: **Methoden und Informationserfordernisse der technologischen Vorausschau**
von Dipl.-Ing. Erhard Ulrich und Ing. grad. Manfred Lahner
1975. VI/88 Seiten und 20 Übersichten. Kart. 12,60 DM.
ISBN 3-509-00784-0

Band 25: **Die Garantie des Rechts auf Arbeit**
von Dr. Michael Rath
mit einem Anhang über die rechtliche Vereinbarkeit und wirtschaftliche Realisierbarkeit
von Ulrich Lohmann
1975. VIII/214 Seiten. Kart. 16,— DM. ISBN 3-509-00785-9

Band 26: **Arbeitsmarktstrukturen und öffentliche Arbeitsmarktpolitik**
Eine kritische Analyse von Zielen und Instrumenten
von Prof. Dr. Burkart Lutz und Dr. Dipl.-Soz. Werner Sengenberger, Institut für sozialwissenschaftliche Forschung, München
1974. IV/154 Seiten. Kart. 16,— DM. ISBN 3-509-00786-7

Band 27: **Politische Planung im Regierungssystem der Bundesrepublik Deutschland**
von Prof. Dr. Heribert Schatz
1975. VIII/112 Seiten. Kart. 12,60 DM. ISBN 3-509-00787-5

Band 28: **Politische Durchsetzbarkeit innerer Reformen**
von Prof. Dr. Fritz W. Scharpf unter Mitarbeit von Lutz Mehwald M. A. und Dipl.-Verw.-Wiss. Rainer Schmitges
1974. X/138 Seiten. Kart. 12,60 DM. ISBN 3-509-00788-3

Verlag Otto Schwartz & Co., Göttingen

Schriften der Kommission für wirtschaftlichen und sozialen Wandel

---

Band 37: **Wettbewerb, Unternehmenskonzentration und Innovation**
Literaturanalyse zur These vom Wettbewerb als Entdeckungsverfahren von Prof. Dr. Udo Müller unter Mitarbeit von Dipl.-Volkswirt Peter Stahlecker
1975. ca. X/260 Seiten. Kart. ca. 26,— DM. ISBN 3-509-00823-5

Band 38: **Unternehmensgröße, Unternehmenskonzentration und technologische Entwicklung**
Literaturanalyse von Dipl.-Volksw. Lioba Jüttner-Kramny
1975. VIII/254 Seiten. Kart. ca. 21,— DM. ISBN 3-509-00824-3

Band 39: **Arbeitszeitverteilung und Freizeitgestaltung**
Eine Projektion über die Möglichkeiten der Arbeitszeitverteilung und ihre Auswirkungen auf die Freizeitgestaltung der Bevölkerung
von Annekathrin Klemp und Jürgen Klemp

Band 40: **Diskrepanz zwischen Aufgabenentwicklung und Finanzierung in den Gemeinden**
von Heinz Zielinski M. A.

Band 41: **Perspektiven der Sozialpolitik**
Synopse sozialpolitischer Vorstellungen der Bundesregierung, SPD, FDP, CDU, CSU, DAG, des DGB und der Bundesvereinigung der Deutschen Arbeitgeberverbände
von Dipl.-Volksw. Dr. Gerhard Wilhelm Brück und Dipl.-Polit. Harald Eichner unter Mitarbeit von Dipl.-Volksw. Maria Kuhkalani
1974. VI/312 Seiten. Kart. 19,40 DM. ISBN 3-509-00803-0

Band 42: **Definition und Entwicklung der Staatsquote**
Abgrenzung, Aussagekraft und Anwendungsbereiche unterschiedlicher Typen von Staatsquoten
von Prof. Dr. Konrad Littmann, Institut für Finanzwissenschaft der Universität Hamburg, unter Mitarbeit von Dipl.-Volksw. Dr. Berend Krüger
1975. XII/204 Seiten. Kart. 16,— DM. ISBN 3-509-00804-9

Band 43: **Stabilitätspolitik bei steigender Staatsquote**
von Prof. Dr. Alois Oberhauser, Freiburg
1975. VIII/93 Seiten. Kart. 12,60 DM. ISBN 3-509-00805-7

Band 44: **Voraussetzungen erfolgreicher Umweltplanung in Recht und Verwaltung**
von Dr. Hans-Georg Flickinger und Dr. Stefan Summerer
1975. XII/210 Seiten. Kart. 16,— DM. ISBN 3-509-00806,5

Verlag Otto Schwartz & Co., Göttingen

Schriften der Kommission für wirtschaftlichen und sozialen Wandel

Band 52: **Der Arbeitsmarkt für Akademiker in Schweden**

von Akad. Rat Dr. Egon Jüttner

1975. ca. 110 Seiten. Kart. 12,60 DM. ISBN 3-509-00814-6

Band 53: **Beschäftigungsprobleme von Hochschulabsolventen im internationalen Vergleich**

von Dipl.-Volksw. Manfred Tessaring und Dipl.-Volksw. Heinz Werner

1975. ca. 350 Seiten. Kart. 19,40 DM. ISBN 3-509-00833-2

Band 54: **Bürgerbeteiligung in der Bundesrepublik**

— Zur Freizeitaktivität verschiedener Bevölkerungsgruppen in ausgewählten Beteiligungsfeldern (Kirchen, Parteien, Bürgerinitiativen und Vereinen) —

von Bernt Armbruster und Dr. Rainer Leisner

1975. 291 Seiten. Kart. 19,40 DM. ISBN 3-509-00834-0

Band 55: **Konflikte solidarischer Lohnpolitik**

— Zur ökonomischen und sozialen Problematik tarifpolitischer Lohnstrukturnivellierung —

von Dr. Hans-Adam Pfromm

1975. 155 Seiten. Kart. 16,— DM. ISBN 3-509-00835-9

Band 56: **Zur Polarisierung von Arbeit und Freizeit**

— Desintegration von Sozialfunktionen und Ansätze zur Reintegration von Arbeit und Freizeit in der Industriegesellschaft —

von Frauke Höbermann

1975. 149 Seiten. Kart. 12,60 DM. ISBN 3-509-00836-7

Band 57: **Regionale Planung berufsbezogener Bildungseinrichtungen**

— Analyse bestehender Einrichtungen und Entwicklung optimaler Konzeptionen zum Abbau des regionalen Gefälles im Angebot von Berufsbildungsplätzen —

von Dipl.-Volksw. Hans-Joachim Back, Dipl.-Ökonom Peter Böhle, Dipl.-Ökonom Johannes Löser und Cand. lbs. Rita Pieper Institut für Regionale Bildungsplanung — Arbeitsgruppe Standortforschung — GmbH, Hannover

unter Mitarbeit von Cand. phil. Hans-Hermann Bünte, Dipl.-Pädagoge Peter Henning und Cand. arch. Cornelia Hirschfeld

1975. 177 Seiten. Kart. 16,— DM. ISBN 3-509-00837-5

Band 58: **Neue Bildungsmedien und -technologien in der Schul- und Berufsausbildung**

von Prof. Dr. Helmar Frank, Institut für Kybernetik, Berlin und Paderborn

Mit einer kritischen Stellungnahme von Prof. Dr. Felix von Cube, Universität Heidelberg

1975. ca. 300 Seiten. Kart. 19,40 DM. ISBN 3-509-00838-3

Verlag Otto Schwartz & Co., Göttingen

Schriften der Kommission für wirtschaftlichen und sozialen Wandel

---

Band 66: **Die Chancen staatlicher Innovationslenkung**

— Ansätze für eine staatliche Beeinflussung der Richtung und des Umfangs der Innovationen auf der Unternehmensebene —

von Prof. Dr. Konrad Littmann

unter Mitarbeit von Dipl.-Volksw. Inge Bornemann und Dipl.-Volksw. Rainer Paulenz

1975. 256 Seiten. Kart. 19,40 DM. ISBN 3-509-00846-4

Band 67: **Freizeitpolitik in der Bundesrepublik**

von Dipl.-Soz. Felizitas Lenz-Romeiß

1975. 175 Seiten und 20 Seiten Anhang. Kart. 16,— DM.
ISBN 3-509-00847-2

Band 68: **Ansätze zur Lösung des Jungarbeiterproblems**

von Prof. Günter Wiemann

unter Mitarbeit der Studienreferendare Karl-Heinz Böse, Horst Biermann, Joachim Düffert, Peter Heilhoff, Hans-Adolf Knopp, Hans-Georg Kappler und Christoph Markert

ISBN 3-509-00848-0

Band 69: **Argumente für und gegen eine beschäftigungsorientierte Bildungspolitik**

— Literaturanalyse —

von Dipl.-Volksw. Gerhard Kühlewind und Dipl.-Volksw. Manfred Tessaring

1975. 158 Seiten. Kart. 16,— DM. ISBN 3-509-00849-9

Band 70: **Arbeitsbedingungen im Wandel**

— Ein Literatur- und Materialbericht —

von Dipl.-Sozialwirt Ulrich Mergner, Dr. Martin Osterland und M. A. Klaus Pelte, Soziologisches Forschungsinstitut Göttingen (SOFI)
mit Stellungnahmen des Instituts für angewandte Arbeitswissenschaft e. V., Köln und des Wirtschafts- und Sozialwissenschaftlichen Instituts des DGB, Düsseldorf

1975. ca 350 Seiten. Kart. 19,40 DM. ISBN 3-509-00850-2

Band 71: **Die Umverteilung der Einkommen durch den Staat in der Bundesrepublik in den Jahren 1960—72**

von Dr. Martin Heilmann

1975. ca. 160 Seiten. Kart. ISBN 3-509-00851-0

Band 72: **Neue Strukturen der Arbeitszeitverteilung**

— Möglichkeiten, Voraussetzungen und Konsequenzen —

von Dr. Bernhard Teriet

1975. ca. 150 Seiten. ISBN 3-509-00852-9

Verlag Otto Schwartz & Co., Göttingen

Schriften der Kommission für wirtschaftlichen und sozialen Wandel

---

Band 73: **Die internationale Verflechtung der Umweltproblematik**
von Dipl.-Volksw. Rainer Buhné, am Institut für Europäische Wirtschaftspolitik der Universität Hamburg
Direktor: Prof. Dr. Harald Jürgensen
1975. 140 Seiten. Kart. ISBN 3-509-00853-7

Band 74: **Staatliche Förderung „umweltfreundlicher" Technologien**
von Prof. Dr. Karl William Kapp
unter Mitarbeit von lic. rer. pol. Hans Baumann und lic. rer. pol. Peter Wachtl
1975. 238 Seiten. Kart. ISBN 3-507-00854-5

Band 75: **Der Anteil staatlich-administrierter Preise am Preisindex**
— Eine empirische Untersuchung für die Periode 1950 bis 1973 —
von Dr. Helmut Bott
1975. 140 Seiten. Kart. ISBN 3-509-00855-3

Band 76: **Warenkennzeichnung — ein Mittel der Verbraucherinformation**
von Adrian Weser unter Mitarbeit von Ingrid Annuk
1975. 137 Seiten. Kart. ISBN 3-509-00856-1

Band 77: **Verdeckte Arbeitslosigkeit**
— Probleme der Messung in der Bundesrepublik —
von Dipl.-Volksw. Franz Egle, Dipl.-Volksw. Angelika Ernst und Dipl.-Volksw. Peter Schnur
1975. ca. 220 Seiten. Kart. ISBN 3-509-00857-X

Band 78: **Abgrenzung regionaler Aktionsräume der Arbeitskräftepolitik**
— Zwei Gutachten zur regionalen Arbeitsmarktpolitik und zur Typisierung von Arbeitsmarktregionen —
von Dr. Ursula Engelen-Kefer und Prof. Dr. Paul Klemmer
1975. ca. 200 Seiten. Kart. ISBN 3-509-00858-8

Band 79: **Niveau- und strukturorientierte Umweltpolitik**
— Instrumentenanalyse und internationaler Vergleich —
von Dipl.-Volksw. Peter Stamer, am Institut für Europäische Wirtschaftspolitik der Universität Hamburg
Direktor: Prof. Dr. Harald Jürgensen
1975. ca. 210 Seiten. Kart. ISBN 3-509-00859-6

Band 80: **Instrumente der Umweltpolitik**
— Informationsvoraussetzungen, Erfolgsbedingungen, Wirkungsanalyse —
von Prof. Dr. Horst Siebert unter Mitarbeit von Dipl.-Volksw. Wolfgang Vogt
1975. 270 Seiten. Kart. ISBN 3-509-00860-X

Verlag Otto Schwartz & Co., Göttingen

Schriften der Kommission für wirtschaftlichen und sozialen Wandel

Band 81: **Die Flexibilität öffentlicher Ausgaben**

— Eine Analyse der Restriktionen ausgabenpolitischer Handlungsspielräume —

von Dr. Dieter Ewringmann, Finanzwissenschaftliches Forschungsinstitut an der Universität Köln

1975. ca. 170 Seiten. Kart. 16,— DM. ISBN 3-509-00861-8

Band 82: **Die Verteilung von Gütern und Diensten auf die verschiedenen Bevölkerungsschichten**

— Eine Literaturstudie zu Problemen der Messung und der politischen Beeinflußbarkeit —

von Dr. Klaus-Dirk Henke

1975. ca. 140 Seiten. Kart. 12,60 DM. ISBN 3-509-00862-6

Band 83: **Die Steuerungsfunktion von Zertifikaten und formalisierten Ausbildungsgängen für das Beschäftigungssystem**

von Dipl.-Volksw. Dr. Klaus Schweikert und Dorothea Grieger M. A.

1975. 209 Seiten. Kart. 16,— DM. ISBN 3-509-00863-4

Verlag Otto Schwartz & Co., Göttingen